图书在版编目（CIP）数据

国内西夏学研究综述 : 2014—2023 / 韩树伟编著.
兰州 : 甘肃教育出版社, 2025. 3. -- ISBN 978-7-5423-
6136-3

Ⅰ. K246.307-53

中国国家版本馆CIP数据核字第2025MH3629号

国内西夏学研究综述（2014—2023）

韩树伟　编著

责任编辑　宋颖文

封面设计　石　璞

出　版　甘肃教育出版社

社　址　兰州市读者大道568号　730030

电　话　0931-8436105（编辑部）　0931-8773056（发行部）

传　真　0931-8773056

发　行　甘肃教育出版社　　印　刷　兰州银声印务有限公司

开　本　710毫米×1020毫米　1/16　印　张　33　插　页　2　字　数　439千

版　次　2025年3月第1版

印　次　2025年3月第1次印刷

书　号　ISBN 978-7-5423-6136-3　　定　价　68.00元

国内西夏学研究综述

(2014 — 2023)

韩树伟　编著

甘肃教育出版社

甘肃·兰州

序

  韩树伟副教授长期关注西夏学学术史，在多年积累的基础上完成了《国内西夏学研究综述（2014—2023）》一书，正式出版前，要我写几句话，作为序言。这部书的最大特点是将学术综述与论著目录结合起来，大大方便了读者的阅读和使用。

  1908年、1909年黑水城文献出土后，立即引起国内外学者的极大关注。沙俄学者首先对这批文献进行了整理研究，涌现出伊凤阁、聂历山、克恰诺夫、索弗罗诺夫、克平等一批西夏学家。日本的西夏学研究也取得了一定的成绩，二三十年代的石滨纯太郎，五十年代以来的冈崎精郎、西田龙雄是西夏学研究方面的代表人物。

  我国对黑水城文献的研究者，首推罗振玉、罗福成、罗福苌。1914年，罗福苌著《西夏国书略说》，1915年，罗福成撰《西夏国书类编》，这是中国学者最早系统地对西夏文献的译释和研究。继罗氏父子之后的王静如，在20世纪30年代初相继发表《西夏研究》第一至三辑，内容涉及西夏佛经、历史、语言、官印等。1932年，《国立北平图书馆馆刊》刊出西夏文专号，由中、苏、日三国专家撰稿。

  20世纪二三十年代，罗振玉、罗福成、罗福苌、王静如等和外国学者一起，共同把西夏学研究推向新阶段。正如苏联西夏学专家戈尔巴切娃所说的，西夏学的新阶段"是同聂历山、王静如、罗福苌和石滨纯太郎的名字紧密联系在一起的"。

二战期间，中、苏等国的西夏学研究一度中断，直到战后，苏联和日本相继恢复西夏学研究。1963年，戈尔巴切娃和克恰诺夫的《西夏文写本和刊本目录》出版，第一次使世人了解到俄藏黑水城文献有400余种。1964年，索弗罗诺夫和克恰诺夫的《西夏语语音研究》出版。20世纪六七十年代，克平对西夏文《文海》《孙子兵法》展开研究，出版相关研究成果。20世纪80年代后期，克恰诺夫的四卷本《天盛改旧新定律令》相继出版，第一次把西夏文《天盛改旧新定律令》翻译成俄文，在西夏法律文献翻译史上具有开创性意义。更为重要的是，与俄译文一同刊布的西夏文影印件，让更多的研究者见到了《天盛改旧新定律令》的原貌，为中国学者的研究提供了可以参照的底本。克恰诺夫的《西夏史纲》《西夏文字典》等重要著作也相继出版。索罗宁是俄罗斯新生代西夏学者，对西夏密教有深入的研究。

二战后，日本西夏学研究方面的代表人物是西田龙雄，他的《西夏语的研究》《西夏文华严经》《西夏王国的语言和文化》等相继出版。此外，冈崎精郎的党项古代史研究，松泽博的西夏契约解读，都在国际上产生了重要影响。年轻一代的学者有池田巧、荒川慎太郎、佐藤贵保等。欧美西夏学研究也有出色的表现，英国学者格林斯蒂德出版《西夏文字分析》，美国学者邓如萍出版《白高大夏国》。此外，法、德等国也有专家从事西夏文献的解读。

20世纪50年代，我国的西夏学研究几乎是空白，像四川大学吴天墀先生这样默默进行着西夏史研究的学者乃凤毛麟角。60年代初，老一辈西夏学者王静如先生又开始了西夏文史研究，并着手招收研究生，培养新一代西夏学研究人才。1964年，中国科学院民族研究所和敦煌文物研究所共同组织敦煌西夏洞窟调查。但总体来说，这一时期学习与研究西夏学的人非常少。70年代以后，这种状况才有所改变，1972—1975

年，宁夏博物馆对银川西夏王陵进行考古调查与发掘，出土了大批建筑构件、金银饰物、竹木雕刻、丝绸织物以及鎏金铜牛、妙音鸟等珍贵文物；1983—1984年，内蒙古自治区文物考古研究所会同阿拉善盟文物工作站对黑水城遗址进行了大规模的考古发掘，出土3000多件夏汉文文献及其他民族文字文献。此外，宁夏、甘肃、陕西、内蒙古等地的西夏城址、墓葬、寺庙、佛塔、窖藏还出土了大量西夏文献、钱币、瓷器、官印、符牌、碑刻、版画、雕塑等文物。在考古发现的基础上，相关学者相继推出了《西夏文物》《西夏文物研究》《黑城出土文书（汉文文书卷）》《西夏佛塔》《宁夏灵武窑发掘报告》等著作。

80年代初到90年代中期的西夏文献研究，主要是利用俄国学者公布的西夏文影印件展开，出版了《文海研究》《同音研究》《类林研究》《西夏谚语》《西夏天盛改旧新定律令》《宋代西北方音》《夏译〈孙子兵法〉研究》《圣立义海研究》《贞观玉镜将研究》等。

这一时期最能彰显中国特色的是西夏历史文化研究，1979年，蔡美彪《中国通史》第六册专列西夏史和辽金史并列，首次在中国通史中确立了西夏史的地位。这一时期出版的西夏专史和专题研究有《西夏史》《西夏简史》《西夏史稿》《西夏史论文集》《元昊传》《党项史研究》《西夏佛教史略》《唐代党项》《西夏史研究》《简明西夏史》《西夏战史》《辽夏金经济史》《西夏与周边民族关系史》《西夏经济史研究》《宋夏关系史》《西夏文化概论》《西夏辽金音乐史稿》《西夏道教初探》《党项与西夏资料汇编》等。另外，《西夏纪》《西夏书事》《西夏志略》《西夏纪事本末》等几部重要的汉文史籍相继点校出版。西夏学从早期的黑水城文献整理与西夏文字释读，拓展成对党项民族及西夏王朝的政治、经济、军事、地理、宗教、考古、文献、文物、语言文字、文化艺术、社会风俗等的全方位研究，完整意义上的西夏学已经形成。

1996年开始，中国社会科学院民族研究所、俄罗斯科学院东方学研究所圣彼得堡分所（后更名为俄罗斯科学院东方文献研究所）、上海古籍出版社陆续整理出版《俄藏黑水城文献》，到21世纪初，出土文献整理出版成为西夏学研究的新潮流，宁夏大学西夏学研究院等单位相继推出《中国藏西夏文文献》《中国藏黑水城汉文文献》《中国藏黑水城民族文字文献》，北方民族大学推出《英藏黑水城文献》《日本藏西夏文献》《法藏敦煌西夏文文献》。此外，《斯坦因第三次中亚考古所获汉文文献（非佛经部分）》《俄藏黑水城艺术品》也相继出版。

原始文献资料的整理出版，为中国西夏学插上了腾飞的翅膀，宁夏大学西夏学研究院相继推出《西夏研究丛书》《西夏文献研究丛刊》《西夏学文萃》，中国社会科学院西夏文化研究中心和宁夏大学西夏学研究院联合推出《西夏文献文物研究丛书》《西夏文物》《西夏学文库》，还有没有纳入上述丛书的著作，近200种，其中《西夏学文库》计划出版100种，现已出版60种，20种正在编辑出版中。

国家社科基金重大项目成果《西夏通志》和教育部哲学社会科学研究重大委托项目成果《西夏多元文化及其历史地位研究》，是西夏历史文化研究的集大成者，《西夏通志》体裁介于"纪传体"断代史和"章节体"论著之间，它的出版弥补了元修宋、辽、金三史却没有给西夏修一部纪传体专史的缺憾。《西夏多元文化及其历史地位研究》，从中华民族交往交流交融的视角，阐释西夏文化及其在中华文化中的地位和作用。

西夏文字词典的编纂是西夏学研究的又一亮点，早期苏联学者聂历山的《西夏语文学》附有西夏文字典，克恰诺夫也编纂出版《西夏文字典》。我国学者后来居上，李范文最早在国内出版《夏汉字典》，随后贾常业的《简明西夏文字典》《新编西夏文字典》、韩小忙的《西夏文词典（世俗文献部分）》相继出版，史金波主持的《西夏文大词典》已经进入出版阶段，韩小忙的《西夏文词典（佛教文献部分）》正在编纂中。这些字词书，加上出土文献西夏骨勒茂才编纂的夏汉对音对义双解词语集《番汉合时掌中珠》，大大方便了西夏文的学习和研究。

在学术研究全面展开的同时，西夏文数字化和西夏文化大众化受到高度重视，多家西夏文书版系统问世，西夏文国际编码正在进一步完善。宁夏大学西夏学研究院推出《话说西夏》《解密西夏》《还原西夏》《神秘西夏》《西夏文明》等系列通俗著作。史金波出版《西夏文教程》，为国内外第一部西夏文教程，极具实用性。

这些成就的取得，首先得益于党和国家繁荣哲学社会科学的方针，也离不开几代学人的不懈努力。国家社科基金项目就有百十项支持，其中重大项目、特别委托项目、冷门绝学团队项目达13项。今年，中国社会科学院中国历史研究院首批扶持的10个"绝学"学科中，西夏学也名列其中。

上述只是简要梳理百年西夏学历程，难免挂一漏万，仅供阅读《国内西夏学研究综述（2014—2023）》时参考。欢迎更多的学者研究西夏学，鞭策西夏学。

杜建录

2024年12月19日

前 言

　　西夏是公元11—13世纪由党项羌建立的政权，自称"大夏"或"大白高国"。因地处西北，中原宋朝称它为西夏，这一名称一直被延续下来。西夏在最强盛时期的地理范围，包括今天的宁夏大部、陕西北部、甘肃西北部、青海东北部和内蒙古一部分地区，人口200多万，都兴庆府（治今宁夏银川）。西夏立国近两百年（1038—1227），党项人积极吸收先进的汉族文化，凭借宜农宜牧的自然条件，创造了独具特色的西夏文化，推进了西北地区的民族融合、经济发展，为中国元代大一统奠定了基础。

　　1908年，沙俄探险家彼得·库兹米奇·科兹洛夫（P. K. Kozlov）和英籍匈牙利人马尔克·奥莱尔·斯坦因（Marc Aurel Stein），先后在今内蒙古自治区额济纳旗的黑水城（Khara-Khoto）遗址发现和劫走了大量源自西夏和元代的西夏文、汉文、藏文和蒙古文文献，人称"黑水城文献"。"黑水城文献"的发现，在西方催生了一门新的东方学学科——西夏学。这批被掠夺至俄罗斯科学院东方文献研究所的珍贵文献，刺痛了很多国人的心，激发了无数仁人志士的爱国之情。在这样的历史背景下，一代又一代的中国学人加入西夏学的研究队伍中，奋起直追，前赴后继，薪火相传。

　　截至目前，关于西夏学研究的概况，已有学者做了一些工作，如周峰《二十一世纪西夏学论著目录（2001—2015年）》（潘美月、杜洁祥主编《古典文献研究辑刊》第28编第5册，新北市：花木兰文化出版社，2019年）、杨志高《百年中国西夏学研究报告》（甘肃文化出版社，2022年），二位学者的侧重点虽有不同，而且时间上也有重合，但是研究效果达到了异曲同工之妙，皆有助于读者全面地了解和掌握西夏学学术研究的相关信息。基于此，笔者以自己先前发表的首篇西夏学研究综述时间即2014年为上限，2023年为下限，按照十年时间，共分十章依次介绍西夏学的研究成果，每章分研究综述、论著目录两节。这样做的好处是：研究综述可以帮读者分析这几年的学术研究情况，论著目录则更直观地引导读者快速查询。一言以蔽之，拙著旨在为学界同仁提供查阅上的便利，展现中国近些年在西夏学研究方面取得的学术成就。

需要说明的是，2014年、2015年西夏学研究综述和论著目录，均被收入景爱先生主编的《辽金西夏研究（2014—2015）》（中国文史出版社，2018年）。2016年、2017年西夏学研究综述和论著目录，均被收入郝春文先生主编的《2018敦煌学国际联络委员会通讯》（上海古籍出版社，2018年）。2018年、2019年西夏学研究综述和论著目录，因未能发表而搁置起来。2020年、2021年西夏学研究综述和论著目录，均被收入《中国辽夏金研究年鉴》，至今未见出版。2022年、2023年西夏学研究综述和论著目录，是从苏阳和我合署拟发表的《2022—2023年西夏学研究综述》中析出来的，直接收入拙著中，内容会更加丰富、全面。

与此同时，兰州大学敦煌学研究所马振颖博士曾发表《2015年西夏学研究论著目录》，被收入郝春文先生主编的《2016敦煌学国际联络委员会通讯》（上海古籍出版社，2016年），但未见其发表《2015年西夏学研究综述》。北方民族大学文史学院专门史专业2016级硕士研究生王帅龙在《西夏研究》2017年第4期、2018年第2期分别发表了2016年、2017年西夏学研究综述。宁夏大学硕士研究生张涛发表了《2018年西夏学研究综述》，被收入史金波、宋德金主编的《中国辽夏金研究年鉴2018》（中国社会科学出版社，2020年）。宁夏大学硕士研究生丁卓源在《西夏研究》2020年第2期发表了《2019年西夏学研究述评》。宁夏大学杨志高教授发表了2019年西夏学研究综述、论著目录，被收入史金波、宋德金主编的《中国辽夏金研究年鉴2019》（中国社会科学出版社，2023年）。最近四年的相关综述、目录，因笔者孤陋寡闻，暂未看到。

　　鉴于以上情况，笔者希望将最新、最全的整理成果呈现在读者面前，同时也尊重以上学者的原创成果，读者可自行查阅比较。

　　自20世纪初西夏学兴起，中国学人怀着满腔热血，奋起直追，无不以为国争光为己任。时至今日，当年被掠夺至国外的黑水城文献依旧漂泊他乡，未能回归故土，这依旧是国人心中的伤痛。但是，对于西夏学的研究，国人始终未敢懈怠，孜孜以求，代际相传，通过《国内西夏学研究综述（2014—2023）》就能窥到目前国内已经形成了老、中、青的西夏学研究学术阶梯。在此，希望拙著能鼓励更多的年轻学者加入西夏学研究队伍中，不要忘却中国有一门世界性的显学——西夏学。

　　　　　　　　　　　　　　　　　　　甘竹石人
　　　　　　　　　　　　　　2024年09月17日于金城铁塔鸿翩阁

目录 | Contents

第一章

2014年西夏学研究

第一节　2014年西夏学研究综述

2014年，西夏学研究在一批老、中、青专家和学者的辛勤努力下取得了丰硕的成果，涌现出大量的论著。据不完全统计，本年度共出版著作20部、发表学术论文249篇。

一、著　作

关于文献考释，蔡永贵等《俄藏黑水城汉文文献词汇研究》（宁夏人民出版社，2014年），全书主要包括：《俄藏黑水城文献》整理研究情况、俄藏黑水城汉文文献简述、俄藏黑水城汉文文献词汇研究现状、俄藏黑水城汉文文献词汇研究的方法、俄藏黑水城汉文文献词汇研究的价值、俄藏黑水城汉文文献词汇概述、文书类文献词汇概述、文献中的实词、文献中的虚词、佛经附属类文献词汇概述等，对语言学研究具有参考价值。陈瑞青《黑水城宋代军政文书研究》（知识产权出版社，2014年），利用《宋西北边境军政文书》分别探讨了宋代公文的草稿制度、贴黄制度、催办制度、保密制度和点检制度，是近年来集中公布的宋代出土文献之一，在中国文书制度史上起到了承上启下的作用，对于研究两宋之际基层政治、军事、司法、经济等问题具有重要的史料价值。杜建录主编《黑水城文献论集》（学苑出版社，2014年），以黑水城出土的包括公文、典籍、契约、词诉状、书信等大量的元代文书为基础，结合传世典籍，系统地探讨了元代的政治、经济、民族、文化、司法审判以及社会生活，多角度地反映了元代的社会面貌。史金波《西夏文物·内蒙古编》（中华书局、天津古籍出版社，2014年），是国家社科基金特别委托项目"西夏文献文物研究"的重要组成部分和基础性工作，属大型系列文物调查及学术研究成果。首次全面收录内蒙古藏西夏时期遗存文物和遗址情况，共分四册，包括遗址卷、金属器卷、陶瓷器卷、石刻石器卷、木漆器卷、造型绘画卷等十卷，每卷又分若干类。书中依次编列文物图版，同时配以科学、准确的文字说明。

史金波、魏同贤、[俄]克恰诺夫主编《俄藏黑水城文献（23）》（上海古籍出版社，2014年），为《俄藏黑水城文献》的西夏文佛教部分。收录了多幅大般若经的卷末题记、书影等，具有很高的史料价值。佛教文献已进入金刚经、大宝积经（卷一至卷八八）内容。装帧形式复杂。中俄双方学者精心擘画编辑，所收刻本、写本兼具彩色佛经版画、写经题记等，弥足珍贵。孙继民、宋坤、陈瑞青等《考古发现西夏汉文非佛教文献整理与研究》（社会科学文献出版社，2014年），对考古发现的全部西夏汉文非佛教文献（包括俄藏、英藏、中国藏、日本藏）进行了全面整理和研究，共分为整理编与研究编两大部分。其中整理编是对文献进行的文书学整理，主要是释录和校勘文字，包括定名、题解、录文、标点、校记和参考文献等；研究编则是对整理编部分文献进行的历史学研究，主要涉及西夏榷场制度、封爵制度、军事制度、官职制度等相关问题，具有重要的史料价值。〔清〕周春著、胡玉冰校补《西夏书校补》（中华书局，2014年），在原著4万余字的基础上，辑录了宋元典籍中的西夏基础史料，辅之考古所获的西夏文献，校补资料多达105万字，是作者近年来在学术领域取得的又一重要学术成果。该书将黑水城所出《天盛律令》《番汉合时掌中珠》等西夏原始文献与陕甘宁等地新出西夏碑刻文献资料等汇为一编，为同类型文献整理汇编工作提供了范式，一定程度上弥补了"二十四史"中无西夏专史的缺憾，对于我们了解西夏历史具有重要的参考价值。

在西夏文化艺术方面，陈育宁、汤晓芳《西夏艺术史》（上海三联书店，2014年），在前人整理的基础上，将涵盖国内、国外驳杂琐碎的众多西夏艺术品收集整合，无论洞窟、遗址、馆藏，都有序地收纳其中，全书统编为绘画、雕塑、建筑、工艺美术、书法碑刻与雕版、音乐舞蹈六大部分，搭建成迄今最完整的西夏艺术体系。此书是当前关于西夏艺术最全面、最系统的集大成之作，它将深藏密运的西夏艺术发展呈现给世人。刘扬忠《儒风汉韵流海内：两宋辽金西夏时期的"中国"意识与民族观念》（刘扬忠、蒋寅主编《古典文学与华夏民族精神建构》，河北教育出版社，2014年），全书分上、下编，主要阐述了两宋时期的汉民族忧患意识与爱国主义精神、辽朝汉化的过程、金代文学中所表现的华夏正统观念，以及西夏的华儒情怀等，对梳理和解释华夏民族精神的建构、形成的历史等，不仅具有较高的学术价值，而且有着重要的现实意义。聂鸿音《打开西夏文字之门》（国家图书馆出版社，2014年），是"中国珍贵典籍史话丛书"之一种，介绍了《番汉合时掌中珠》的出土、保存、刊布、整理、研究等过程及主要内容。邱新荣主编《西夏史话》（宁夏人民出版社，2014年），是宁夏回族自治区地方志办公室规划编修的"宁夏地方史话丛书"的一个分册。全书以历史事实为依据，通过大量的趣味性叙事故事，讲述了西夏王朝的历史、文化、人物、地理地貌等方面，将秦汉魏晋以来的历史沿革、文化底蕴一一展现在读者面前。于光建《神秘的河陇西夏文化》（甘肃教育出版社，2014年），内容主要包括：石破天惊——张澍与西夏碑的发现、大白高国——西夏的兴亡、梵声塔影——西夏时期的河陇佛教、尊孔崇儒——西夏文字与河陇儒学、石窟艺苑——西夏石窟艺术等，有助于了解河陇地区的西夏文化。

关于佛教，崔红芬《文化融合与延续：11—13世纪藏传佛教在西夏的传播与发展》（民族出版社，2014年），从党项部落生活的地域、党项与吐蕃的历史渊源、西夏王国与周边吐蕃政权的关系、西夏境内民族成分、河西地区悠久的藏传佛教发展传统等方面入手，分析了党项部落在内迁前就开始受到藏传佛教的影响，西夏在藏传佛教的东传过程中起了积极作用，同时西夏受到汉传佛教的影响，二者相互融合，对认识西夏文化的融合与延续具有重要意义。段玉泉《西夏〈功德宝集偈〉跨语言对勘研究》（上海古籍出版社，2014年），运用跨语言对勘方法，以西夏文献《圣胜慧到彼岸功德宝集偈》解读为重心，充分利用藏学界、梵文学者已有的研究成果，开展汉、藏、西夏文本对勘研究。杨志高《西夏文〈经律异相〉整理研究》（社会科学文献出版社，2014年），是西夏文与汉文两种语言对勘的整理和研究之作，全书包括三部分："导论"部分全面分析、探讨了《经律异相》西夏文版本的翻译方法、特点、所表述的佛俗时间及重要价值；"校读、译注"部分对原文图版西夏文字的错讹、脱衍等现象进行了校读；"索引"部分提供西夏文、汉文首字索引，便于查阅和对照。全书不仅与汉文整理本相得益彰，而且可以进一步订正汉文本的错讹，加深对其的理解，为元代西夏文大藏经的深入研究提供了新的视角。

法律类，杜建录、波波娃主编《〈天盛律令〉研究》（上海古籍出版社，2014年），全书分《天盛律令》校勘考释，《天盛律令》专题研究上、下篇。内容主要包括《当铺门》校勘考释、《季校门》校勘考释、《司序行文门》校勘考释等，对研究西夏时期的法律社会具有重要的史料价值。

总论性质的论著，杜建录主编2部：《西夏学》第九辑（上海古籍出版社，2014年），共收录文章44篇，主要内容包括对西夏学开拓者和奠基者王静如先生的纪念性文章，以及对西夏律令制度、西夏年号和姓氏、西夏宗教信仰、西夏服饰、西夏文字等方面的研究。如《〈天盛律令〉修纂新探》《西夏官阶制度补考》《隋唐五代宋初党项拓跋部世次嬗递考》《西夏龙州考》《西夏文教育考》《西夏景教流传初探》《西夏晚期佛教绘画的杂糅与世俗倾向》《西夏公服刍议》《西夏发式初探》等。《西夏学》第十辑（上海古籍出版社，2014年），是2013年在北京举行的第三届西夏学国际学术论坛暨王静如先生学术思想研讨会的专号，共收录文章46篇，涉及西夏历史文献、语言文字、文艺宗教、历史地理等，对研究西夏历史文化等具有重要的参考价值。景爱主编《辽金西夏研究（2012）》（同心出版社，2014年），收录了2012年辽金西夏历史文献的若干篇学术文稿，从诸多方面对2012年辽金西夏研究成果做了全面详尽的述评。作者力求详细介绍辽金西夏学科的研究成果和相关的学术信息，其宗旨是促进学术交流，实现学术资源共享，具有很高的学术价值。［日］杉山正明著，乌兰、乌日娜译《疾驰的草原征服者：辽 西夏 金 元》（广西师范大学出版社，2014年），是日本讲谈社《中国的历史》系列中的"辽西夏金元"一卷。《中国的历史》为日本讲谈社百周年献礼之作，是日本历史学家写给大众的中国通史读本。丛书自上古到近代，内容涵盖量大，撰述者均为日本该领域的代表性学者，作品大多构思巧妙，写法轻松，观点新颖，富有洞见，同时吸取了近些年的诸多学术成果，利用了最新出土的史料，是一套可读性与严肃性兼备的重磅历史佳作。

二、论　文

下面从文化艺术、宗教研究、法律社会、政治经济、文献考释、西夏遗民、历史地理、民族关系以及研究综述等九个方面择要论述。

（一）文化艺术

文化方面，关于思想、教育，保宏彪3篇：《从西夏年号看西夏文化的阶段性》（《西夏学》第九辑，2014年），在一定程度上反映了党项在立足民族文化基础上接受、学习并改造汉文化的过程，折射出西夏文化的阶段性。《西夏文学概览》（《宁夏人大》2014年第10期），对西夏文学的范围作了说明，指出党项的文学创作因与西夏文学一脉相承而被视为"先声"，西夏后裔以汉文、西夏文为工具而持续至元明时期的文学创作活动则被称作"遗响"。《西夏学发展历程》（《宁夏人大》2014年第8期），叙述了占有今宁夏中北部、甘肃大部、内蒙古西部和陕西北部地区的党项羌的历史。崔云胜《从张掖几处西夏历史遗迹看西夏文化对后世的影响》（《西夏学》第十辑，2014年），西夏文化已渗透到河西民众的日常生活当中，仍然在潜移默化地发挥着作用，对后世产生着重要影响。郭艳华《宋夏战争与北宋文人的"倦客"情怀及文学呈现》（《北方论丛》2014年第5期），通过揭示宋夏战争与北宋文人的"倦客"情怀之间的有机联系，不仅可以深入发掘北宋文人士大夫的多重人格心理，也可窥见民族关系格局对时代精神以及文学风貌的深远影响。赵瑞阳、郭艳华《宋夏战争对北宋士人精神及文化心态的影响》（《宁波教育学院学报》2014年第5期），以宋夏战争作为研究媒介，探讨了宋夏战争对北宋士人精神的影响。

李柏杉、周毅《消逝族群的历史建构与文化想象——基于对西夏佛塔的历史民族志解读》（《宁夏社会科学》2014年第6期），西夏佛塔不仅再现了西夏佛国香火缭绕的盛况，更是一个展现显密融合佛教文化的文化地标。刘嘉伟《西夏诗人余阙之诗风及成因》（《西夏研究》2014年第4期），对西夏诗人余阙的诗风进行了探讨，指出其诗风的成因受质直尚义民族性格的影响，也受到了理学师承的涵化，以及柳贯、贡师泰等文友的熏陶。余阙所取得的文学实绩彰显了西夏人对中国文化史、文学史的巨大贡献。苏航《西夏文〈御驾西行烧香歌〉中西行皇帝身份再考》(《民族研究》2014年第4期),在西夏文诗歌《御驾西行烧香歌》甲乙合校本的基础上,结合相关汉、藏文资料,对其中西行皇帝的身份进行了讨论。袁志伟《10—12世纪中国北方民族的佛教思想与文化认同》(西北大学博士学位论文,2014年6月),从现实政治、精神理念两方面探讨了中原佛教文化在推动北方少数民族发展进步方面的作用,对少数民族在吸收中原佛教思想文化的基础上形成的民族特色文化做了探析,体现了以汉文化为主体的多元文化在中国思想文化发展史上的作用,促进了各民族与汉族之间的文化认同。叶建雄、单迪《西夏音韵数据库及其安卓平台拓展》(《西夏学》第九辑,2014年),论述了西夏音韵数据库系统的运行演化模式。从解析库表到音位矩阵的生成范式及其实例,阐明了西夏单元音音位矩阵的合理构型。赵生泉《西夏文教育钩沉》(《西夏学》第九辑,2014年),指出西夏文教育名义上可能由"番学"负责,实际上却由负责译经的"国师院"掌管,认为只有在推行唐宋式科举,普通人可以凭借文化修养跻身上层后,西夏文才真正在全社会推广开来。

关于西夏文草书,彭向前《西夏文〈孝经传〉草书初探》(《宁夏社会科学》2014年第2期),首次对俄藏Инв.No.2627中的西夏文草书《孝经传》结字做了分析,探讨了西夏文草书中的"同符异用""一字多写""形似字"等问题。纠正了格林斯蒂德西夏文楷书转写中的错误,并对相关例句做了试译。这对复原久已亡佚的吕惠卿《孝经传》,对促进西夏文草书研究都具有重要意义。谷莉《西夏书籍装帧设计及其历史文化因素探论》(《江苏师范大学学报》2014年第6期),指出无论在书籍的封面设计还是插页排版以及装帧类型上,中古时期的西夏经卷文书和世俗书籍都显示出多种文化因素融汇交流的艺术特征。贾常业《西夏文字的字形结构组合形式与造字方法》(《西夏研究》2014

年第1期），从西夏文字的字形结构入手，对其构字的组合形式进行了分类，用大量的例字例证揭示了西夏文字的造字方法。牛达生《从考古发现西夏竹笔谈起——兼论西夏主要使用传统毛笔》（庆振轩、杨富学主编《敦煌文化与唐代文学国际学术研讨会论文集》，民族出版社，2014年），从书法学的角度，结合出土文献，对西夏存在使用硬笔如竹笔、木笔的情况等做了阐述，并引用西夏汉文《杂字》"诸匠部"中的"笔匠"等相关文献、形象资料，论证作者提出的西夏主要使用传统毛笔的观点，进一步说明中原传统文化对西夏的影响。赵生泉《西夏文书法演变的阶段性》（《西夏研究》2014年第3期），指出西夏陵残碑是探讨西夏书法演变的最佳切入点。认为西夏文碑刻书法分为三个时期：早期下限到谅祚时期；中期从谅祚行汉礼开始，至乾顺晚期结束；此后为晚期。

关于饮食、丧葬祭祀，刘朴兵《略论西夏饮食文化》（《西夏研究》2014年第2期），指出西夏境内生活着党项、汉、吐蕃、回鹘等民族，其饮食文化具有多民族的特点。孔德翊《西夏国家祭祀初探》（《宗教学研究》2014年第2期），指出西夏国家祭祀从祭祀礼仪、祭祀内容到祭品选择等方面都发生了变化，这些变化从某种程度上讲是党项民族政权在建立过程中国家神权统一和不同文化之间整合的结果。穆旋、赵彦龙、刘晔《西夏丧葬文书整理研究》（《兰台世界》2014年第29期），对就目前所见的冥契、祭文和发愿文三种共四件文书进行了研究，发现这些丧葬文书为我们呈现出较为完整的西夏丧葬过程，展示出儒、释、道三教合一的多元文化特质。岳键《西夏三号陵献殿形制的探讨与试复原》（《西夏学》第十辑，2014年），根据基址上大小柱洞的排列规律及其所显示的梁柱垂直投影平面图，指出西夏三号陵献殿很可能为上方下圆、两重屋檐叠加的重檐攒尖顶形制的木结构宫殿。认为利用《营造法式》和西夏时期的建筑图像及构件遗存，可以对献殿做出初步的框架性复原。张雯《略论党项民族葬俗在西夏建国后的延续与演化——闽宁村西夏墓地与西夏陵的比较研究》（《西夏学》第十辑，2014年），对党项墓的布局、建筑特点，以及丧葬方式进行了探讨，反映出党项民族的文化传统和习俗，为研究西夏葬俗提供了珍贵的资料。

关于服饰，魏亚丽《西夏帽式研究》（宁夏大学硕士学位论文，2014年3月），分七个章节进行了论述，不仅有助于深化对西夏服饰文化的整体认知，而且有助于揭示西夏社会的等级结构与民族文化的多样性。罗位芝《西夏党项族服饰研究》（湖南工业大学硕士学位论文，2014年6月），以现有的、有关西夏的文献资料和图像资料为媒介，论述西夏服饰的发展历程、党项族服饰和其他同时期民族服饰的关联，综合分析了党项族服饰的多元化特性。任怀晟《西夏公服刍议》（《西夏学》第九辑，2014年），将《辽史》《宋史》《隆平集》等汉文文献，《圣立义海》《天盛律令》等西夏文献，以及黑水城、榆林窟等处的图像资料进行对比发现，文献记载中西夏存在类似宋朝的公服门类，并将其与宋朝的进行了对比。任怀晟、杨浣《西夏官服管窥》（《西夏研究》2014年第3期），通过梳理史料，对西夏官服的情况进行了考证。魏亚丽、杨浣《西夏"东坡巾"初探》（《西夏学》第九辑，2014年），说明"东坡巾"是中原和西夏服饰文化交流与融合的产物。吴峰天《西夏发式初探》（《西夏学》第九辑，2014年），论述西夏李元昊颁布的"秃发令"及后来吸收周边其他民族的优秀成分，形成了西夏发式特有的风格和传播模式。

关于医学，保宏彪《西夏医学概述》（《宁夏人大》2014年第9期），指出在医学水平并不发达的时期，党项人生病后并不求医问诊，而是求助于神明，请巫师送鬼驱邪。对于病重之人，则将其搬到其他房间以避灾祸，称为"闪病"。梁松涛2篇:《黑水城出土西夏文古佚医方"豆冰丹"考》（《贵阳中医学院学报》2014年第2期），首次对《俄藏黑水城文献》第十册编号为Инв.No.911所载西夏文医方进行了释读、考校，认为此医方为消积冷之"豆冰丹"，组方为"硇砂、零香、白椒、附子、青盐、巴豆"，其所依据底本可能为某种已佚的汉文医籍。《黑水城出土西夏文医方"水胀食鸣丸"考》（《陕西中医学院学报》2014年第6期），首次对《俄藏黑水城文献》第十册Инв.No.4979医方第9页所载第1则西夏文医方进行了释读、考校，认为此医方为治疗肠胃类水胀食鸣丸，组方为白茯苓、补骨脂，其所依据底本可能为某种已佚汉文医方。木仕华《弭药（Mi-nyag）新考》（《西夏学》第九辑，2014年），以党项羌人的自称"弭药"为例，考求其语源及内涵和外延伸缩置换的历程，以及有关的历史文化背景。聂鸿音《从药名异译论西夏医方的性质》（《中华文史论丛》2014年第3期），认为现存的大多数西夏文医方抄本并非西夏本土的医学著作，而只是黑水城某个寺院保存的民间零散医方的杂抄。孙伯君2篇：《西夏文〈除念定碍剂门〉考释》（《藏学学刊》第十一辑，2014年），指出俄藏黑水城出土西夏文Инв.No.2892卷首《除念定碍剂门》与《大乘要道密集》卷一之《除定障碍剂门》的内容一致，并参考汉文本对西夏文本进行了翻译。《西夏文〈治风碍剂门〉考释》（《西夏研究》2014年第3期），指出俄藏黑水城出土西夏文Инв.No.2892中《治风碍剂门》与《大乘要道密集》卷一之《治风剂门》的内容一致，并参考汉文本对西夏文本进行了翻译。

艺术方面，关于石窟壁画，陈光文《敦煌莫高窟第297窟甬道南壁西夏文题记译释——兼论西夏统治敦煌的时间问题》（《敦煌学辑刊》2014年第2期），对该题记进行了重新译释，结合该题记对西夏统治敦煌的时间进行了探讨。贾维维《榆林窟第3窟壁画研究》（首都师范大学博士学位论文，2014年5月），运用图像学、艺术史、历史文献学等方法分析、挖掘壁画图像的特点以及关键信息，并与河西走廊地区的其他一些西夏石窟壁画等作比较，从整体上审视西夏石窟造像体系的理论框架，对西夏石窟壁画研究具有参考价值。马瑶《敦煌〈引路菩萨图〉与黑水城〈阿弥陀佛来迎图〉的比较与分析》（陕西师范大学硕士学位论文，2014年5月），画中的菩萨和阿弥陀佛被描绘得精美绝伦，体现了古代佛教的繁荣昌盛和佛教文化的博大精深。其指出西夏时期的佛教绘画虽然具有自己独特的艺术特征，但仍然留存有唐宋时期的绘画技法和特点。卯芳《艺术表现的承接性——以榆林窟第三窟〈文殊变〉〈普贤变〉为例》（《西夏研究》2014年第4期），指出榆林窟第三窟《文殊变》《普贤变》在艺术表现形式上继承了唐宋传统，并在此基础上进行了丰富与发展，形成了独具风格的艺术风貌，充分体现出艺术表现的承接性。齐庆媛《金代与西夏菩萨像造型分析》（《故宫学刊》2014年第1期），基于实地调查和学界披露的相关资料，采用考古类型学与美术史样式论相结合的方法，着眼于菩萨的发髻与宝冠、服装、装身具、躯体形态等方面，阐释菩萨像造型的发展规律，有助于加深对金代和西夏佛教物质文化的认识。

史伟《东千佛洞西夏壁画中的药师佛及其审美意蕴》（《西夏学》第九辑，2014年），介绍了位于我国河西走廊西端的东千佛洞，指出其既是河西地区佛教洞窟艺术的继承，又是西夏社会宗教历史的体现，更是西夏晚期佛教艺术的一朵奇葩。孙达《榆林窟第29窟壁画之审美特征及宗教观念初探——以〈药师经变图〉、〈阿弥陀经变图〉为侧重点》（《西夏学》第九辑，2014年），指出洞窟壁画在线条、色彩及构图等方面，表现出西夏绘画的审美特征。而洞窟壁画所表现出的观音、净土等信仰，也可窥见当时宗教观念的延续状况。孙寿龄《武威发现西夏覆钵式喇嘛塔石刻造像》（《西夏学》第十辑，2014年），对武威市北城区出土的一件西夏时覆钵式喇嘛塔石造像从形制结构方面进行了介绍，指出塔体的装饰花纹都是密教流行的纹饰，体现了藏传佛教独特的密宗艺术。谭黛丽、于光建《论凉州西夏碑碑座图像的构图意境》（《西夏研究》2014年第2期），指出西夏碑是一通西夏文和汉文对照、文字最多、保存最完好的西夏碑刻，其碑座是西夏碑的重要组成部分，由狮子、莲花、天马、麒麟组成的独特浮雕图案是碑文内容的艺术表现形式，是西夏社会历史文化的反映。汤晓芳《西夏三号陵出土迦陵频伽、摩羯的艺术造型》（《西夏学》第九辑，2014年），指出迦陵频伽和摩羯背插双翅和尾翅的艺术形象造型独特，其与传统的中原同类构件艺术形态相异。王艳云《西夏晚期佛教绘画的杂糅与世俗倾向》（《西夏学》第九辑，2014年），指出佛教传入中国后，便开始了中国风格的民族化和世俗化演进历程。展现出西夏在传承发展中原艺术的进程中鲜明的民族信仰方式、文化审美取向和大胆创新的精神。张宝玺《张掖大佛寺西夏涅槃像考释》（《西夏学》第十辑，2014年），对位于张掖的国内罕见的西夏涅槃像进行了论述，指出西夏在奉佛方面投入巨大，对研究西夏佛教信仰及西夏社会生活有重要意义。

关于版画，于光建《武威西郊西夏2号墓出土木板画内涵新解》（《西夏研究》2014年第3期），将汉、魏、唐、宋墓葬文献同1977年于武威西郊西夏墓出土的31块彩绘木板画随葬品进行了对比，认为这批木板画是西夏对中原墓葬习俗中墓室壁画或者随葬陶俑等明器的另一种变体和创新，其真正的内涵是代表镇墓辟邪的墓葬神煞，为研究西夏绘画艺术、丧葬习俗以及服饰等提供了重要的实物资料。

关于造纸术，李晓岑、贾建威《西夏古纸的检测和初步研究》（《西北民族研究》2014年第1期），对部分西夏古纸样品经过观察和实验分析，反映出西夏造纸技术的状况，其中对一卷藏文刻经残卷进行了分析，发现它是迄今藏族使用狼毒草造纸的最早实例，对研究宋代中国纸和造纸术在西北地区的流传和演变有一定的意义。王胜泽《西夏丝绸"婴戏莲印花绢"纹样探析》（《民族艺林》2014年第3期），指出西夏丝绸"婴戏莲印花绢"的美学特征与生产工艺在当时已达到很高水平，印花绢的表现内涵也彰显了各民族间文化融合的特征。

（二）宗教研究

关于道家道教，项璇2篇：《西夏流传道家道教六种文献考辨》（四川师范大学硕士学位论文，2014年4月），对西夏流传道家道教六种文献的考证发现道家道教应在西夏有较为广泛及长久的影响，作为道教群经之首的《灵宝无量度人上品妙经》更是在西夏有较深的影响，那些祈禳济度、养生长生的方术应颇受西夏人民喜爱。《西夏道家道教研究综述》（《宁夏师范学院学报》2014年第4期），从文献宗教性、文学性、道佛关系、文化等方面入手，对西夏道家道教的研究进行了论述，有一定的参考价值。

关于景教，陈广恩《西夏景教流传初探》（《西夏学》第九辑，2014年），指出西夏推行多元宗教，其中包括景教，从《马可波罗行纪》《史集》等域外史料，以及敦煌莫高窟考古发现，来说明景教在西夏的流传情况。

关于佛教，陈玮《西夏天王信仰研究》（《西夏学》第九辑，2014年），指出西夏的天王信仰主要体现在黑水城出土的密宗仪轨中，敬礼崇拜的对象主要是多闻天王，在黑水城及敦煌出土的版画、卷轴画、唐卡中多有出现，既反映了藏传佛教艺术在西夏的流行，也反映了藏汉佛教艺术的交融以及由此带来的西夏天王信仰内涵的多元性。樊丽沙《出土文献所见西夏禅宗发展相关问题》（《求索》2014年第10期），从出土的黑水城禅宗文献和西夏各地佛教遗迹来阐释西夏禅宗的发展问题，指出禅师的社会地位并不是最高，认为与西夏多民族聚居的国情息息相关。公维章《西夏时期的三十五佛信仰》（《西夏学》第九辑，2014年），指出三十五佛信仰是中国中古时期一种重要的佛教信仰形式，为西夏时期一种重要的佛教信仰。牛达生《佛教不是西夏"国教"论》（《西夏研究》2014年第3期），从什么是"国教"这一问题进行论述，并分别就佛教不是西夏"国教"、藏传佛教更非西夏"国教"进行了研究，得出西夏"国教"非佛教的结论。相反，秦宇《为国祈安：西夏尊佛教为国教考》（《文史杂志》2014年第5期），指出西夏奉佛教为"国教"应是一项兼有政治、军事等因素综合考量的政策，主要目的是笼络河西集全力用兵于宋而保国安邦。在内外力作用下，佛教作为一种"区域文化"便上升为主流宗教意识形态。孙伯君《西夏遗存文献所见藏传佛教的传承世系》（《中华文史论丛》2014年第3期），对西夏遗存文献中所载藏传佛教"大手印"修法的传承脉络进行了梳理，为明确西夏所传"金刚默有母修法"、"大手印"烧施念定、大黑求修法、金刚亥母修习法等与萨迦派的关联，进而为厘清西夏藏传佛教的传承世系和早期藏传佛教的面貌提供了证据。郝振宇《西夏佛教区域差异比较研究》（《宁夏大学学报》2014年第6期），指出西夏是崇佛之国，境内多佛寺，佛寺分布区划为明显的崇盛区和"荒漠区"，佛寺的地理位置反映出西夏佛教的地域性分布特征，通过佛寺的地域性分布可以凸显西夏佛教流布的地域狭隘性，并深入了解西夏佛教信仰的区域基础层次性，同时剖析了西夏佛教的功能和区域差异表现，将对西夏佛教的地位有一个整体性的新认识。

关于佛经，安娅《西夏文译本〈炽盛光如来陀罗尼经〉考释》（《宁夏社会科学》2014年第1期），对俄藏西夏文《炽盛光如来陀罗尼经》刻本与抄本进行了首次解读、对勘，并参照该经的俄藏汉文本对刻本的前后顺序进行了修正。崔红芬2篇：《甘博藏西夏文〈普贤行愿品疏序〉研究》（《宁夏社会科学》2014年第3期），认为甘肃省博物馆藏的G21.055［10705］佛经为西夏文活字本《华严经普贤行愿品》，不仅反映了西夏人希望以崇佛诵经来保佑国祚长久的美好愿望，而且彰显了佛教之兴盛。《英藏西夏文〈大宝积经〉译释研究》（《西夏学》第十辑，2014年），依据《开元释教录》的体系，宝积、华严、般若、大集和涅槃被称为中国汉传佛教五大部。菩提流志汇编本《大宝积经》流传到西夏，被翻译成西夏文并流行不同版本。在英藏黑水城西夏文佛经文献中共发现九件西夏文《大宝积经》残经，对研究佛经具有参考价值。柴冰《西夏〈首楞严经〉文本考辨》（《西夏学》第十辑，2014年），指出现存西夏《首楞严经》的相关文本出土于拜寺沟方塔、山嘴沟石窟及黑水城，不仅反映了净土宗、华严宗、密宗、禅宗在西夏的传布，还昭示了《首楞严经》被各派吸纳取舍后在西夏通行。值得关注的是《首楞严经》的注释本有西夏文本存世，可见《首楞严经》经文本身在西夏较为流行。付佩宁《西夏文〈佛说佛母出生三法藏般若波罗蜜多经〉卷十九译释》（陕西师范大学硕士学位论文，2014年5月），分四章对今藏于俄罗斯科学院东方文献研究所的西夏文《佛说佛母出生三法藏般若波罗蜜多经》原件进行了译释，其中第三章是文章的核心。

何金兰《甘肃省博藏西夏文〈观弥勒菩萨上生兜率天经〉释译》（《西夏学》第十辑，2014年），对1972年出土于甘肃武威小西沟岘修行洞，现藏于甘肃省博物馆的西夏文《观弥勒菩萨上生兜率天经》做了全文释译，指出1908年在内蒙古黑水城就有发现，经后还有施经发愿文，除了赵天英对该经进行探讨并做了逐字对译外，到目前为止，学术界还未对该佛经文献进行全面翻译。胡进杉《西夏刻本〈妙法莲华经〉扉画赏析》（《西夏学》第九辑，2014年），指出西夏遗存的文献，除了大量的文字篇章外，也留下了为数可观的图画，包括手绘、雕印，其种类有岩画、壁画、卷轴画、单幅挂画，以及附在书籍中的册页画等。赖天兵《江南抑或西夏——金刚上师胆八与白云宗主道安题款〈普宁藏〉扉画的年代、内容与图本》（《西夏学》第九辑，2014年），就一幅金刚上师胆八与白云宗主道安题款的《普宁藏》汉风扉画的制作年代、内容与图本来源等问题展开讨论，指出这些藏经的扉画含有汉地因素的藏传佛教艺术风格与纯汉地艺术风格。麻晓芳《西夏文〈圣广大宝楼阁善住妙秘密论王总持经〉考释》（《西夏研究》2014年第4期），对俄藏西夏文Инв.No.5098佛经《圣广大宝楼阁善住妙秘密论王总持经》进行了释读，首次刊布了该佛经的西夏文原文，通过与藏文、唐不空及唐菩提流志译本对勘，认为此经与不空、菩提流志两汉文本更为接近，行文风格与不空译《大宝广博楼阁善住秘密陀罗尼经》最为相似。

聂鸿音4篇：《〈金光明总持经〉：罕见的西夏本土编著》（《宁夏师范学院学报》2014年第4期），指出俄藏西夏文《金光明总持经》是一部罕见的西夏本土编著，编者辑录了夏仁宗校译本《金光明最胜王经》里的咒语并加上了题目和念诵法，但整体的编写水平不高。《〈圣曜母陀罗尼经〉的西夏译本》（《宁夏社会科学》2014年第5期），指出其写本和刻本共12件，这12份原件分属两个内容不同的译本，即11世纪和12世纪之交的夏崇宗初译本和12世纪中晚期的夏仁宗校译本，仁宗校译最主要的目的是重新翻译经中的咒语；此文为咒语的校译提供了实例，证明前期翻译的依据是汉文而后期校译的依据是梵文。《西夏"回鹘僧译经"补证》（《西夏研究》2014年第3期），指出在西夏译《无垢净光总持》的一个抄本里存在西夏语不送气清声母字和汉语浊声母字对音的特殊现象，这恰好是回鹘文音译汉语的特点。《〈西夏佛经序跋译注〉导言》（《西夏学》第十辑，2014年），指出"西夏佛经序跋"是西夏时代（1038—1227）帝后臣民在编印或散施佛经时写下的短文，并对西夏文的序跋进行了比较详细的解说，并加以翻译和注释，为中国文学史和佛教史研究者提供了完整的基础素材，也为西夏语文爱好者提供了实用的阅读材料。宋坤《俄藏黑水城所出两件〈多闻天王修习仪轨〉缀合及复原》（《西夏学》第十辑，2014年），指出所收φ214号、φ234号两件文书的书写朝代、装帧格式、所用纸张、笔迹行距等均相同，且两者内容均为《多闻天王修习仪轨》，故二者可以缀合为一件文书。且由缀合后的文书可见，西夏多闻天王信仰与唐宋时期有明显不同，应与西夏所传藏传佛教均为密教范畴有关。孙伯君2篇:《〈大乘要道密集〉与西夏文本关系再探》(《西夏学》第十辑,2014年),通过对勘发现有些西夏文本题名与内容均可以勘同,但有些虽然题名一致,实际内容却大相径庭,指出西夏文本与汉文本有千丝万缕的联系,反映西夏与元代的藏传密教之间有很深的渊源。《澄观"华严大疏钞"的西夏文译本》(《宁夏社会科学》2014年第4期),对Инв.No.7211号佛经与汉文大藏经经过对照,对澄观"华严大疏钞"残存西夏文进行了翻译,并就其翻译年代和相关注释术语做了探讨。

孙飞鹏2篇:《〈华严经〉卷十一夏汉文本对勘研究》(《西夏学》第十辑,2014年),通过对比校勘,探讨西夏文《华严经》译经、校经所据的汉文底本以及各种版本《华严经》之间的关系。认为西夏文《华严经》所据底本与《金藏》本更为接近且较《金藏》为善,应出自修订过的《开宝藏》。通过几处本校,指出西夏文本前后卷中存在着用语表达差异,提出了西夏文本《华严经》为多人翻译完成的观点。《西夏文〈佛说百喻经〉残片考释》(《宁夏社会科学》2014年第3期),通过释读、缀合英藏黑水城文献Or.12380-0260(K.K,II.0284.pp)与Or.12380-0534(K.K,II.0231.h)的两件西夏文残片,指出其内容为《佛说百喻经》中的一则故事,此为西夏文《佛说百喻经》的首次发现,丰富了西夏文佛教文献目录的内容。王长明《西夏文〈大般若波罗蜜多经〉(卷一)考释》(陕西师范大学硕士学位论文,2014年5月),系统考察了此经卷规格、翻译校勘年代、底本、源流、抄写特点,有助于加深对西夏文献学,特别是版本学的认识;为夏、汉对译补充了新资料,探讨此卷中佛教术语的翻译特点,为西夏佛学研究提供了个案资料。杨志高《〈经律异相〉的经录入藏和西夏文本的翻译雕印》(《西夏学》第十辑,2014年),指出《经律异相》是中土一部现存最早、影响广泛的佛教类书,也是一部重要的佛教故事总集。内容主要由经律藏中为说明佛教教理而讲述"异相"的佛教寓言、譬喻、传说等21部类故事构成。张九玲《西夏文〈宝藏论〉译注》（《宁夏社会科学》2014年第2期），参照《大正藏》僧肇译汉文本对俄藏Инв.No.46号西夏文刻本《宝藏论》进行了翻译和校注，指出西夏文本应该是民间刻本或寺院刻本，可补汉文本之缺。张笑峰、王颖《英藏西夏文〈圣胜慧到彼岸功德宝集偈·魔行品〉考》（《西夏学》第十辑，2014年），首次对英国国家图书馆东方部所收藏的编号Or.12380-3086a、Or.12380-3086b、Or.12380-3086cRV、Or.12380-3086dRV的四件文书进行了录释，确定其为《圣胜慧到彼岸功德宝集偈·魔行品》，并与《中国藏西夏文献》中所收录的文书G21·053〔T23-2〕-4P、5P比对，得出其为不同版本的结论。

（三）法律社会

关于《天盛律令》，陈如衡《从〈天盛律令〉看西夏婚姻法》（《兰台世界》2014年第11期），重点分析了西夏的婚姻法中的结婚条件、结婚价钱、结婚嫁妆、婚姻中的约束和改嫁条件等各方面内容，有助于对西夏婚姻法的了解。沈莹《西夏婚姻法制研究》（南京师范大学硕士学位论文，2014年4月），依据《天盛律令》辅以其他西夏文、汉文资料进行分析对比，有助于认识中国婚姻制度的多样性，以及西夏统治者在婚姻立法中坚持兼容并蓄，不盲目全盘接受中原婚姻的立法指导思想，对当下婚姻法制的建设有参考意义。戴羽4篇：《比较法视野下的〈天盛律令〉研究》（陕西师范大学博士学位论文，2014年11月），结合同时期宋律、金律以及西夏末期的《法则》《亥年新法》等法典，与《天盛律令》进行了横向、纵向的比较，对以此分析其成因、考探《天盛律令》部分法律制度的来源等具有重要作用。《比较法视野下的西夏酒曲法》（《西夏研究》2014年第2期），夏宋酒曲务均统属于三司，西夏踏曲库等机构设置与宋相仿，禁私造曲等法令也与宋较为接近，但用刑更为严苛。西夏以酒曲价格作为量刑基准，相较于宋以酒曲数量为基准更为合理严谨，体现了一定的立法水平。《〈天盛律令〉杀人罪初探》（《西夏研究》2014年第4期），从类型上，西夏故杀、斗杀、过失杀、戏杀等四种杀人罪在宋律"六杀"的基础上适当地进行了简化。《天盛律令》在借鉴宋律的过程中，主要移植操作性强的具体规则，主动忽略法理性强的概念及原则性规定，表现出显著的实用性。《西夏附加刑考探》（《兰州学刊》2014年第4期），附加刑主要包括籍没刑、罚金刑、黥刑、戴枷刑，是西夏刑罚的重要组成部分。西夏附加刑立法较为详备，特别是违法责任规定上具有较强的可执行性。与宋附加刑相较，西夏附加刑具有重刑化、民族化的特点，具有鲜明的民族特色。

　　［俄］克恰诺夫著，王颖译《"他山之作"：11—12世纪远东国家使节交往的文献资料——西夏〈天盛改旧新定律令〉》（《西夏研究》2014年第4期），不仅为西夏法制研究增添了珍贵史料，而且为从"他者"立场而非中国传统史料的视角重新审视11—12世纪远东国家使节交往提供了崭新的素材。李华瑞《〈天盛律令〉修纂新探——〈天盛律令〉与〈庆元条法事类〉比较研究之一》（《西夏学》第九辑，2014年），不仅弥补了西夏文献的匮乏，而且对西夏政治、军事、经济、刑法的深入研究都有重要作用，使人们对中国历史上第一部用少数民族文字印行的法典有了较为清晰的了解。骆艳《俄藏未刊布西夏文献〈天盛律令〉残卷整理研究》（宁夏大学硕士学位论文，2014年3月），对Инв.No.174、3810、4432、6741、785、2585和2586等几个编号进行了初步整理和释读，可为已刊布的相关材料及汉译本补出部分残缺字词。邵方《西夏的民族习惯法》（《中国政法大学学报》2014年第6期），对调解部族内部纠纷的"和断官"、带有党项民族习惯法特征的"以马赎罪"等"赔命价"的"和解"原则进行了探讨。苏晓红《北宋河湟民族地区的蕃汉经济法规》（《青海民族大学学报》2014年第2期），主要包括商品、土地、茶

盐、钱钞等方面的内容，对河湟民族地区经济秩序和社会稳定起了重要作用。王颖《黑水城出土西夏法律文献中的贿赂犯罪述略》（《四川民族学院学报》2014年第6期），与同时期唐宋律典进行比较，说明西夏法律既有继受又有所损益，对当时史治澄清和社会稳定起到了一定的积极作用。魏淑霞《〈天盛律令〉关于西夏官员贪赃问题的规定》（《西夏学》第九辑，2014年），将西夏法典《天盛律令》与唐宋律法中关于官员贪赃的条款进行比较，探讨西夏律典中对官员贪赃的预防与惩处，体现出等级性和不平等性的特点。于光建《〈天盛改旧新定律令〉典当借贷条文整理研究》（宁夏大学博士学位论文，2014年3月），全文分上、下两篇，上篇重在文献译释，下篇进行专题研究，为揭示西夏典当借贷制度提供了丰富的材料，并与唐、宋、辽、金、元相关法律制度进行了比较分析，对研究西夏典当借贷制度具有一定的意义。

关于《法则》，梁松涛、杜建录《黑水城出土西夏文〈法则〉性质和颁定时间及价值考论》（《西夏学》第九辑，2014年），认为因夏蒙战争，原有法典《天盛律令》在实际执行过程中已不能适应形势所需，故于光定二年（1212）颁定了补充法典《法则》。《法则》保存了西夏晚期基层社会的重要史料，保存了"以例入法"的法典形态，对厘清西夏王朝的法律传承和演变规律，以及丰富中华法系具有重要意义。梁松涛、张玉海2篇：《黑水城出土西夏文〈法则〉卷九新译及其史料价值述论》（《西夏研究》2014年第1期），对黑水城出土西夏文《法则》卷九进行了录文、释读与翻译，对研究西夏社会具有重要意义。《再论西夏的官与职——以西夏官当制度为中心》（宁夏社会科学》2014年第3期），利用新译《亥年新法》等西夏文法典，对西夏职官制度中"官""职"问题做了系统梳理，指出西夏中晚期官阶复杂，以职定阶，在革职时，通常以该职所对应的最高官阶算。恩荫制度中，只继承官阶，而不任职。王龙《西夏文〈法则〉卷八"为婚门"

考释》(《西夏学》第十辑，2014年)，探讨了西夏文《法则》卷八"为婚门"与《天盛律令》等法律文献的关系，旨在为研究西夏晚期婚姻法、法律制度、西夏社会历史提供一份基础资料。许伟伟《〈法则〉卷九诸司职考》(《西夏学》第九辑，2014年)，结合《天盛律令》及相关西夏文献，对御前衙门官、前内侍司、内宿司、阁门司、帐下、巫提点、宝器库、殿前司、御护勇士等司职进行了分类考证，揭示了相关西夏司职的面貌，对西夏司职研究具有参考价值。赵焕震《西夏文〈亥年新法〉卷十五"租地夫役"条文释读与研究》(宁夏大学硕士学位论文，2014年5月)，可提供一个辨识较为准确的西夏文本，为研究西夏相关问题提供了参考。周永杰、李炜忠《论佛教戒律对西夏司法的影响》(《西夏研究》2014年第3期)，结合出土的佛教发愿文，探讨西夏法律在引入佛教戒律的同时对其进行了改造，呈现出彼此影响、相互适应的关系。

关于契约文书，曹阳《西夏赋役文书整理与研究》(宁夏大学硕士学位论文，2014年5月)，结合《宋史》《金史》《续资治通鉴长编》等史料以及西夏法典《天盛律令》的相关记载，参照《中国赋役制度史》《中国赋税史》等资料，对西夏的赋役制度进行了研究。马玲玲《西夏契约档案整理与研究》(宁夏大学硕士学位论文，2014年5月)，运用归纳、比较、分析等方法，对西夏买卖、借贷、典当以及租赁等契约档案进行了分类梳理，并将其与唐、宋、元等时期的契约档案进行了比较，对了解和认识西夏契约档案的内容特点、价值等具有重要作用。史金波3篇:《黑水城出土西夏文卖人口契研究》(《中国社会科学院研究生院学报》2014年第4期)，对三件中世纪稀见的人口买卖契做了初步翻译。《黑水城出土西夏文众会条约(社条)研究》(《西夏学》第十辑，2014年)，对两件新发现的西夏文众会契做了初步译释，为研究中国古代的社邑制度提供了新的资料。《西夏文卖畜契和雇畜契研究》(《中华文史论丛》2014年第3期），将基本完整的20件西夏文草书卖畜契和雇畜契译成汉文，并进行考释和研究，反映了西夏牲畜买卖的具体情况，对研究西夏的商业、农牧业经济和社会生活具有重要价值。于光建《西夏文〈乾定戌年罨斡善典驴契约草稿〉初探》（《西夏学》第十辑，2014年），结合出土的其他西夏契约文献，认为西夏时期在签订正式契约之前，一般要起草一份草稿；受西夏晚期政局动荡和蒙古军队围攻的影响，凉州地区出现了物价上涨的现象；凉州地区的商品货币经济比黑水城等地区较为发达，是西夏西部的商贸中心。张煜坤《西夏户籍档案整理与研究》（宁夏大学硕士学位论文，2014年3月），全文分四部分进行论述，其中第三、四部分是文章的核心，有助于对西夏户籍档案的数量、内容形式、保存状况、珍藏地点有大致的了解，进一步认识这类出土文献的价值。

（四）政治经济

政治方面，保宏彪《辽宋夏金时期鄂尔多斯高原的行政建制》（《西夏研究》2014年第3期），依次对辽、宋、夏、金在鄂尔多斯高原的东、南、西、北等控制区进行的行政建制做了详细的阐述，可见他们之间不仅有冲突与战争，而且彼此在行政建制上有继承和发展。党菊红、党寿山《西夏西凉府署大堂》（《西夏学》第十辑，2014年），追溯凉庄道署的历史渊源，剖析凉庄道署与西凉府署的关系，比较凉庄道署大堂与西夏前期建筑，说明清凉庄道署大堂乃西夏西凉府署大堂，是迄今所见西夏唯一一座府署建筑，对研究中国古代建筑尤其是西夏建筑具有重要的实物价值。高仁《细腰胡芦诸寨的修筑与明珠、灭藏、康奴等族的就抚》（《西夏学》第九辑，2014年），是北宋种世衡、范仲淹等人通过修筑堡寨招抚番部的成功案例，使得三族彻底归附宋朝。梁斌、石艳《辽宋夏金政权历史地位辨》（《哈尔滨学院学报》2014年第4期），以辽宋夏金政权割据一方的历史事实为依据，分析古代"中国"的含义和"夷夏"观念的演进，认为辽宋夏金政权皆属于历史时期的中国之范畴。
［韩］朴志焄《西夏的自国认识及宋朝观——以元昊统治时期为中心》
（《宋史研究论丛》第十五辑，2014年），以元昊时期为中心，阐述了夏
宋之间的关系，说明西夏的自国认知以及宋朝观。

　　关于军事，高奕睿、张笑峰《夏译汉文军事典籍中的一致性》（《宁
夏师范学院学报》2014年第1期），从《孙子兵法三家注》《孙子传》
《六韬》《黄石公三略》《将苑》等西夏译本中选取三个多次出现的短语
作为范例，对夏译汉文军事典籍中的一致性进行了考察。康华《宋夏战
争中的军事情报探析》（《兰台世界》2014年第22期），以宋夏之间比较
典型的三川口和好水川这两个战役，来分析二者之间的军事情报，说
明北宋逊于西夏。梁继红《武威藏西夏文乾定酉年增纳草捆文书初探》
（《西夏学》第十辑，2014年），从形制特点和内容方面分析，武威藏西
夏文乾定酉年增纳草捆文书是关于乾定酉年农户"里溜没细苗盛"增纳
草捆数量和种类的记录，保存完整，可与《天盛律令》互为印证，是研
究西夏官方文书和社会经济的重要文献和实物资料。史金波《西夏军抄
的组成、分合及除减续补》（《宋史研究论丛》第十五辑，2014年），根
据汉文文献、近代出土的西夏文法典和军事文书，证实西夏的基层军事
组织"抄"内有正军、辅主和负担等，军抄人员减损时不断补充的方
法，是恢复军抄活力、保持军抄战斗力的必要措施。直至西夏晚期仍然
实行着这种除减续补制度，这对研究西夏的军事战略具有重要意义。尤
桦《西夏时期察军略论》（《西夏学》第九辑，2014年），以西夏兵书
《贞观玉镜将》中关于军事监督方面的法律条文为依据，着重分析察军
的职能、职权和西夏监察职官的特性，探讨其在西夏监军制度等方面的
重要意义。

　　关于制度，翟丽萍《西夏官阶制度补考》（《西夏学》第九辑，2014
年），以《天盛律令》《官阶封号表》（甲种本）为基础资料，对西夏官

品与官阶做了梳理，论证了西夏文官名应该采用音译。赵彦龙、穆旋《从出土档案看西夏官吏请假制度》（《档案管理》2014年第4期），对甘肃武威出土的两份汉文请假条和《天盛律令》中有关请假规定的研究，可知西夏请假制度手续之严格，程序之规范，反映了西夏官吏的管理制度。张鹏《金对西夏使节接待制度研究》（《赤峰学院学报》2014年第2期），分析了金对西夏使节的具体接待过程，研究了使节往来在两政权发展中的意义与作用，从不同方面反映了两个政权的社会生活。

经济方面，关于钱币，万泉《一种鉴定西夏、辽、金、元代钱币辅助方法的探讨》（《中国钱币》2014年第6期），探讨了少数民族融合中原文化铸造出一些具有中原特点的货币，对钱币研究者提供了一些参考价值。杨富学、李志鹏《北宋钱荒之西夏因素考析》（《西夏研究》2014年第1期），利用西夏境内窖藏中发现的北宋铜钱，指出除销钱为器、官私蓄藏、劣币驱除良币等因素外，铜钱外流是不可忽视的因素之一，说明西夏对北宋铜钱永无止境的渴求和大量输入，对北宋钱荒的形成起到推波助澜的作用。朱浒《宁夏发现西夏文钱币"番国宝钱"》（《中国钱币》2014年第4期），对宁夏同心县出土的两枚西夏文钱币进行了释读，表明其成为继"贞观宝钱"后国内发现的第六种西夏文钱，填补了西夏货币史的空白，具有重要的历史价值和学术价值。

关于榷场，陈瑞青《从黑水城文献看西夏榷场管理体制》（《宁夏社会科学》2014年第1期），对西夏榷场文书中反映的西夏榷场住户资质申请制、货物无禁检验制、交易替头代理制和回货扭算报告制进行了探讨，指出西夏榷场中由银牌安排官颁发给商户的执照分为"头子"和"凭由"两种，都具有照验商户物品的职能。

关于畜牧业，郝振宇《法律视域下西夏畜牧业管理机构及相关问题探析》（《陇东学院学报》2014年第2期），提出西夏的牧业机构分为专门性和兼职性两种，探讨了其各自的职权范围，说明在法律保护下西夏畜牧业长足发展，并对经济、军事、民族性等方面有一定的影响。崔玉谦《熙宁初年甘谷城垦田争议考述》（《西夏学》第九辑，2014年），从甘谷城进筑经过与甘谷城垦田争议始末及垦田争议产生的复杂原因入手做了深入探讨。［俄］克恰诺夫著，史志林、颉耀文、汪桂生译《西夏国的水利灌溉》（《敦煌学辑刊》2014年第2期），通过传世历史文献、斯文·赫定等人考古发掘的遗址、黑水城出土文书等说明西夏的水利灌溉情况，对研究西夏农业经济具有重要意义。

关于手工业，俞琰、邱夷平、许福军《西夏纺织刍议》（《西夏研究》2014年第4期），将西夏与宋辽金就纺织工具的发展情况进行对比，推测西夏纺织水平，并从文献、壁画、出土实物等方面来看，西夏纺织工具有纺轮、单锭纺车与多锭纺车斜织机、立织机、罗织机、小花本束综提花机等多种类型。

（五）文献考释

蔡永贵、靳红慧《〈俄藏黑水城文献〉俗字研究的文字学价值——以第六册为例》（《西夏学》第九辑，2014年），考察了俗字对于汉语文字学研究的价值，对大型汉字工具书的科学编写，对研究汉字的发展、建立近代汉字学，尤其对研究简化字的源流和简化的理据及过程具有重要的学术意义。常岚、于光建《武威西郊西夏墓墓葬题记述论》（《宁夏社会科学》2014年第2期），对1970年发现于甘肃武威西郊的其中六座有题记的墓葬进行了论述，为研究西夏社会历史提供了重要的第一手资料。杜建录、邓文韬《黑水城出土两件租赁文书考释》（《宋史研究论丛》第十五辑，2014年），将两件黑水城出土的元代租赁文书与同出土于黑水城的西夏租赁契相比，指出元代租佃契数量很少，认为与元代这一地区流行农奴制、在一定程度上限制了封建租佃制的发展有密切的关系。杜立晖《黑水城西夏汉文南边榷场使文书补考》（《宁夏社会科学》2014年第1期），指出文书中"银牌安排官"之"银牌"二字，当是西夏牌符制度中级别最高的一种，"银牌安排官"可能为中枢机构的派出官员或机构，认为大庆三年（1142）文书的书式等与其他榷场使文书不同，故不宜将所有南边榷场使文书的时代统一定性为"后大庆三年"。杜维民《唐夏州张宁墓志考释》（《西夏研究》2014年第3期），对出土于陕西省靖边县的《唐夏州张宁墓志》进行了考释，记述了墓主参与唐朝镇压南山党项反抗的相关活动，指出其内容或可与史书相互印证，或可弥补史书之缺失，具有较高的史料价值。

胡玉冰3篇:《辽金元明清及近代重要汉文西夏文献解题》（《宁夏师范学院学报》2014年第2期），指出辽、金两代传世文献和出土文献中关于西夏的记载，虽然数量不多，却是第一手的汉文西夏文献；元代是汉文西夏文献的选编删汰时期；明代是汉文西夏文献的重辑、重修期；清代是汉文西夏史籍成书最多的时代。传世的西夏史籍中脱、讹、衍、倒等现象严重，需加以整理后方能利用。《十七种清及近代重要汉文西夏文献解题》（《西夏学》第十辑，2014年），有助于学者利用清朝及近代重要汉文西夏文献。《宋代重要汉文西夏史料解题》（《宁夏师范学院学报》2014年第1期），主要包括三种文献类型:专书文献、专题文献、散见文献，为研究宋夏关系提供了重要的材料。何宏米、李德芳、陈封椿《简议黑城出土的西夏蒙书》（《兰台世界》2014年第17期），以黑水城出土的西夏文献为主，探讨了西夏蒙书的思想、特点和价值，展现了西夏启蒙教育教材编译工作取得的成绩，有助于了解西夏启蒙教育的基本面貌。李冰《黑水城出土汉文刻本TK172〈六壬课秘诀〉考释》（《西夏学》第十辑，2014年），将黑水城出土的刻本TK172与《官板大六壬神课金口诀》进行对比，发现两者不仅篇目排列次序一样，内容也基本相同，认为两者应属于同一版本系统文献，故TK172可命名为《六壬金口诀》。刘广瑞2篇:《河北新出西夏文墓志铭简释》（《西夏研究》

2014年第3期），以河北大名县新出土的夏汉文合璧墓志铭中的西夏文史料为基础，结合其背面的汉文墓志铭《宣差大名路达鲁花赤小李钤部公墓志》及小李钤部家族相关墓志铭等史料对其进行初步考证。这方西夏文墓志铭为学界提供了一件夏汉文合璧碑刻史料，第一次以西夏文形式展现了西夏姓氏"小李"，是研究西夏移民史的重要实物资料。《日本藏西夏汉文文书初探——张大千旧藏西夏汉文文书研究之一》（《西夏学》第十辑，2014年），对日本所藏西夏汉文文献进行了整理与研究，发现这些西夏汉文文书主要是张大千收集品，从文书中获取了有关西夏社会经济诸多领域的信息，有助于了解西夏社会生活与经济关系的一些变化。

任韧《〈英藏黑水城文献〉汉文文献俗字研究》（宁夏大学硕士学位论文，2014年3月），以《说文解字》《干禄字书》《玉篇》《敦煌俗字典》《广韵》等工具书、韵书以及唐宋时期部分作品用字作为正字标准，比对研究俗字。认为《英藏黑水城文献》的俗字研究，对《汉语大字典》的补正、参考，以及汉字规范和汉字简化工作，都有重要的意义。孙伯君《西夏语名量词考论》（《民族语文》2014年第2期），对西夏语中的个体量词、集体量词、度量量词和临时量词等名量词进行了梳理，并通过存世文献中的使用例证，厘清了其中的西夏语固有词和汉语借词。张珮琪《论西夏语的来去动词》（《西夏学》第九辑，2014年），利用分布法及计量分析法，厘清了对立单位之间的异同。曾汉辰《西夏大黑天传承初探——以黑水城文书〈大黑求修并作法〉为中心》（《中国藏学》2014年第1期），利用帕木竹巴·多吉嘉波文集中的文献《吉祥智慧怙主的历史》，探讨了黑水城文书《大黑求修并作法》中记载的上师传承，指出西夏时期流行的大黑天与帕木竹巴所传承的大黑天法有共同来源。赵彦龙3篇：《试述西夏文书档案的版本状况》（《图书馆理论与实践》2014年第10期），结合西夏故地黑水城等地出土的西夏文书档案，对西夏文书档案的用纸状况、版式结构、装帧形式、文字及字体、制版方式等进行了探讨。《西夏档案的遗存及特点》（《宁夏师范学院学报》2014年第1期），真实地反映了西夏社会各方面的原始面貌，对西夏档案的发现及遗存、种类、数量等进行了全面而具体的统计和归纳。《西夏官府文书档案研究的几个问题》（《西夏学》第十辑，2014年），对西夏官府文书档案进行了有规律的整理，最后重点对其所反映出的相关内容进行了比较全面深入的研究。赵天英、闫惠群《罕见的西夏铜烙印考》（《西夏学》第十辑，2014年），对甘肃省静宁县博物馆藏的一方西夏印进行了考释，这方印是目前所见唯一的一枚烙印。《天盛律令》里有多处烙印使用之记载，反映出西夏畜牧业中牲畜登记注册与实体烙印相结合的管理制度。

（六）西夏遗民

陈玮《北宋定难军节度观察留后李继筠墓志研究》（《西夏研究》2014年第4期），收录于《中国藏西夏文献》，主要记录了志主李继筠的家族世系及其在夏州定难军的个人仕宦经历，志文对五代宋初的数任夏州定难军节度使为中央政府所优宠，以及定难军参与中央政府统一全国的战争也多有反映，为研究五代宋初夏州定难军历史及其职官制度提供了重要的文物资料。邓文韬2篇：《元代西夏遗民进士补考——兼论元朝对西夏遗民的文教政策》（《西夏学》第九辑，2014年），对元代21位参与科举考试的西夏遗民从姓名、籍贯、出身、科次、仕宦事迹等方面进行了系统整理，指出西夏遗民进士具有数量多、习儒不绝、出身门第高低不等、敢于试较难的南人科目、仕途较顺利等特点。认为其科举事业繁荣之原因与元朝文教政策的扶持分不开。《元代西夏遗民研究》（宁夏大学硕士学位论文，2014年3月），从政治、经济、军事、文化等方面对元代的西夏遗民进行了详细的分类和阐述，通过分析西夏遗民在各个领域中的不同地位，说明了其在元代色目人中的待遇与状况。高建国2篇：《府州折氏族源、改姓的新证据——介绍两方新墓志》（《西夏学》第九辑，2014年），对2012年府谷县出土的两方墓志进行了考释，《折克禧墓志铭》中"折屈氏"的记载，进一步确证府州折氏族源为鲜卑；《折惟正墓志铭》中折氏于贞观时期改单姓，为讨论折倔氏改姓折氏的时间提供了一种新认识。《鲜卑族裔府州折氏研究》（内蒙古大学博士学位论文，2014年6月），以出土的墓志铭为重要的基础材料，结合传统史料，对盘踞在府州一带的鲜卑族后裔折倔氏，从其族源，历经唐末、五代、北宋的发展历程，最后遭到西夏攻击而衰落的过程作了详细的论述，对研究鲜卑族府州折氏以及民族融合、民族关系等具有重要意义。高锦花、白晶丽《种世衡及种家将西北事迹考略》（《延安大学学报》2014年第6期），对种世衡祖孙三代修城筑砦、招徕蕃部的事迹进行了阐述，肯定了他们在抵御西夏和辽金方面的功绩，但由于北宋"崇文抑武"的政策，武将总体上难以在战场中有效地发挥自己的军事战略才能。康秀林《种世衡：范仲淹环州御西夏策略的践行者》（《西夏研究》2014年第2期），团结沿边少数民族共同御敌；修筑城堡，屯兵营田，以修筑战略要地细腰城而闻名；教民习武，奖励骑射，就地提升兵民军事训练以提高防御能力。黄兆宏《西夏政权的奠基人——李德明》（《哈尔滨学院学报》2014年第12期），对李德明的内外措施进行了介绍，并说明其历史贡献。

孔德翊《宋代墓志中所见宋人对西夏的称呼》（《民族艺林》2014年第2期），以地理区域、族群源流、政治立场来称呼西夏政权，为研究宋夏关系提供了较为翔实的一手资料。彭向前2篇：《试论〈长编〉对党项西夏专名的校勘价值》（《贵州师范大学学报》2014年第5期），认为标点本《长编》将那些经清人改译的专名予以回改，但不少地方不顾对音规则，只管机械地照搬，且不做任何交代；影印本《长编》中清人误以藏语安多方言来改译《长编》里的党项、西夏专名，遵循一定的对音规则，具有特殊的校勘价值，可据以订正译音词的讹误。指出标点本《长编》的价值要低于影印本。《早期党项八大部西夏姓氏考》（《西夏研究》2014年第2期），将早期党项的八个姓氏与西夏建国后的西夏姓氏做了勘同，并对汉文史籍中关于这些部落名称的错误记载做了订正，从中可以窥见数百年间党项宗族部落发生的剧变。汤开建《隋唐五代宋初党项拓跋部世次嬗递考》（《西夏学》第九辑，2014年），对吴天墀、周伟洲、邓辉等前人的研究进行了论证与辨析，利用出土文献，对隋唐五代宋初的党项拓跋部进行了考释。佟建荣《西夏蕃姓订正》（《西夏学》第九辑，2014年），利用出土文献中保留的大量蕃姓，将多种资料进行互比，对其中部分形式进行了订正。杨浣2篇：《藏、蒙史籍所载西夏故事溯源两则》（《西夏学》第九辑，2014年），认为《红史》中大雕、黄牛哺育西夏开国君主成长一事应该是汉籍所载北亚民族祖先"狼生说"的变形；《蒙古源流》中西夏末代皇帝死时情景则与各族文献所载佛史上一些高僧被冤斩之后脖颈流乳的传说同出一辙。《藏文史籍所载西夏故事溯源》（《西藏研究》2014年第4期），对《红史》中的7个情节进行了阐述，指出藏籍西夏叙事乃是不同来源的故事传说在元朝廷和西藏萨迦派联合统治西夏河西故地的背景主导下杂糅而成的。张琰玲《党项与西夏女性人物汇考》（《西夏研究》2014年第3期），搜集整理了唐宋以来党项与西夏史籍、类书、文集、墓志铭等汉文资料中所见136名党项与西夏女性的资料，从姓氏、社会关系、封赠与事迹、史料来源等方面进行了介绍，并探讨了党项与西夏妇女的社会地位、社会关系等问题。周峰《元代西夏遗民杨朵儿只父子事迹考述》（《民族研究》2014年第3期），根据北京市石景山区文物研究所收藏的杨朵儿只墓志及其他史料，对元代较有影响力的西夏遗民家族杨氏家族，尤其是杨朵儿只及其子杨文书讷的生平事迹进行了考述。

（七）历史地理

董立顺《西夏环境史专题初步研究》（陕西师范大学硕士学位论文，
2014年5月），从畜牧业、农业、野生动植物以及自然灾害等方面着手，
探析西夏民众为了寻求生计和复杂的自然环境互动的方式以及过程，明
确西夏民众如何认识、适应和利用自然，并与自然共处。在西北干旱
半干旱的环境背景下，有助于认识西夏民众与生存环境之间的互动关
系。郝振宇《贸易与战争：自然地理视域下的夏宋交往方式》（《延安
大学学报》2014年第1期），指出西夏的自然地理环境决定了西夏以畜
牧业为主、种植业为辅的经济结构，认为西夏对宋在时空范围内形成了
自然地理制约下的农牧结构性失衡与以武力获取经济补充的格局，贸易
与战争成为夏宋交往的主要方式。何文泽、刘家铨《西夏在中西贸易中
的角色》（《长春师范大学学报》2014年第1期），指出西夏在11世纪上
半叶占据河西走廊地区，从而控制了中国与西方陆上贸易要道"丝绸
之路"，西夏结合优越的地理区位和自身社会经济发展特点，积极参与
到中西贸易中，成为中西贸易中的商品中转站和货源地之一。金勇强
《至道二年（996年）潼关以西至灵州地震考》（《西夏研究》2014年第4
期），根据对相关文献的考证，指出《中国历史地震图集（远古至元时
期）》所收录的至道二年（996）潼关以西至灵州地震的宏观震中并非
在灵州南，应在夏州附近或更北；关于地震的伤亡数字，认为《中国历
史地震图集》所称十余万人亦有不实之处。李华瑞《略论宋夏时期的中
西陆路交通》（《中国史研究》2014年第2期），指出西夏建国前后对中
西陆路交通产生两个重大影响：一是李继迁攻占灵州造成中唐以来形成
的以灵州为中转的中西交通路线衰落，而元昊攻占河西走廊使河西诸政
权朝贡中断、西域诸国朝贡再次改道；二是北宋不能再如此前回访或出
使西域诸国，同时中断了西行求佛法的活动。认为宋朝没有能力去控制
通往中亚和欧洲的陆路，加上经济重心南移基本完成，使得宋对外的交

通主要转向海上丝绸之路。

黎树科、张振华《甘肃民勤境内西夏时期古城遗址》（《西夏学》第十辑，2014年），对民勤县境内残存在沙漠中的部分古城遗址进行了全面调查，发现一批西夏时期的遗迹遗物，为研究西夏时期党项游牧民族在民勤境内定居或游牧生活提供了珍贵的实物资料。张振华、黎树科《甘肃武威境内新发现的西夏时期寺庙遗址》（《西夏学》第十辑，2014年），对古浪县寺洼寺院遗址和天祝藏族自治县百灵寺遗址进行了全面调查。在调查中发现大量残存遗物，进一步证实了这两处遗址为西夏时期重要的寺院遗址，为研究西夏时期佛教在武威的传播和发展提供了新的实物资料。刘利华《克夷门考》（《西夏研究》2014年第1期），通过研究和实地考察，从克夷门本身的含义、蒙古人南下的通道、重要的战略地位三个因素提出克夷门在今内蒙古自治区乌海市乌达区附近，同时指出贺兰山说的局限性。娄娟娟《11—13世纪初鄂尔多斯高原及其邻近地区城市地理研究》（陕西师范大学硕士学位论文，2014年5月），从区域城市的发展状况、城市的空间布局及影响城市发展的因素等方面展开论述，有助于为区域城市经济转型发展提供历史借鉴。陆瑶《宋辽夏金政权在鄂尔多斯高原地区的疆界变迁》（陕西师范大学硕士学位论文，2014年3月），探讨了从北宋建立至金朝灭亡近两百八十年时间里各政权在鄂尔多斯高原地区的疆界变迁过程，旨在总结其疆界变动的特点与规律。秦宇《西夏佛寺地理分布研究》（《五台山研究》2014年第3期），指出点状的佛寺分布，是当时此地政治、经济、交通、历史条件等因素的综合体现，有助于对西夏的综合国情有一个整体的认识。沈浩注《北宋清远军故城初探》（《西夏研究》2014年第1期），结合实地调查和相关史料认为环县北部甜水城遗址就是清远军故城，否定了范仲淹修筑该城的说法。

史志林、汪桂生、颉耀文《西夏元时期黑河流域水土资源开发利用研究》（《中国农史》2014年第6期），认为西夏时期黑河流域的农业人口有12万左右，绿洲面积约38000公顷；元代黑河流域农业人口较西夏减少，大约有5万人，绿洲面积减少到约31900公顷。垦殖绿洲主要分布在黑河流域中游的张掖南部和酒泉周边、下游的居延地区等地。问王刚《西夏龙州考》（《西夏学》第九辑，2014年），指出西夏龙州先后有石堡寨、威塞军、龙州、威德军等四个不同的名称，系统考究了现有文献资料，有助于对西夏龙州的设立与地望、西夏龙州的基本功能等有比较清晰的认识。杨蕤《西夏故都兴庆府复原的考古学观察》（《草原文物》2014年第1期），从考古学的角度对西夏故都兴庆府的布局及其相关问题略作梳理和讨论。张多勇、王淑香《北宋防御西夏的前沿阵地环州城考察研究》（《西夏研究》2014年第1期），指出为对西夏进行有效防御，范仲淹任环庆路经略安抚使时确定了"堡寨防御"战略，在环州境内建立了一系列城、堡、寨，构建了环州防御系统，与华池境内的大顺城防御系统和怀安防御系统共同构成了环庆路防御体系。周会丽《内蒙古地区西夏城址的初步研究》（内蒙古师范大学硕士学位论文，2014年5月），将文献资料和考古实物资料相结合，对内蒙古地区西夏城址做了初步研究，有助于加深对内蒙古地区西夏城址的认识。

（八）民族关系

陈德洋《试论金宣宗时期的金夏之战》（《西夏学》第九辑，2014年），对卫绍王大安三年（1211）至金宣宗元光二年（1223）金夏双方展开长达13年的战争进行了介绍。指出其原因在于西夏报复金朝未尽宗主国责任、进行领土扩张和经济掠夺。指出金夏长期交战却让蒙古坐收渔翁之利。陈玮《金代汉文石刻所见金夏关系研究》（《北方文物》2014年第4期），利用金代汉文石刻中的《杨瀛神道碑》《法门寺天眷元年碑》《完颜娄室神道碑》《香林寺屯兵洞题记》《完颜希尹神道碑》《金、西夏界堠碑》《韩景□神道碑》《石宗璧墓志铭》等12至13世纪初反映金夏关系的重要文物资料，说明金朝对边界战略要地的重视和金夏沿边军事状态的持续紧张状态。崔玉谦《宋夏缘边堡寨军事功能研究》（宁夏大学硕士学位论文，2014年3月），指出宋夏之战分战略防御时期、战略转型时期、战略进攻时期三个阶段，各个阶段堡寨的军事功能也不尽相同，可以说宋夏缘边堡寨的军事功能是不断深化与丰富的。李恺《宋夏关系中的堡寨》（湖北大学硕士学位论文，2014年5月），运用历史比较法和统计法，解释宋夏二者间堡寨数量多于宋辽之间的原因，说明堡寨在宋夏战争与贸易中的地位。对堡寨的研究有助于全面深入认识宋夏关系。高建国《府州折氏与辽的关系》（《内蒙古社会科学》2014年第5期），指出鲜卑族裔府州折氏在辽朝的军事高压之下迅速成长为一支藩镇力量，并依托中原王朝的支持，继续抗辽守边。折氏与辽的多次军事冲突，既夹杂着辽与北宋的关系，也有折氏为保护所辖党项部族、保境安民的努力和责任。

郝晋婷《从域外文献看十到十三世纪中国的民族认同》（西北大学硕士学位论文，2014年6月），晚唐五代十国时期中国南北局势纷乱，导致民族居住地域的迁徙与变化，极大地促进了民族观念的认同，带动了民族融合的族际渗透。同时这些外国文献为欧洲社会了解中国的社会制度、文学艺术、哲学思想、民情风俗等提供了更好的平台。石坚军、张晓非《蒙古经略西夏诸役新考》（《西北民族论丛》第十辑，中国社会科学出版社，2014年），根据成吉思汗灭金平宋战略论述了蒙古军自黑水城迂回包抄中兴府而平定西夏的"斡腹"战略与灭夏之役的性质。汤开建《〈梦溪笔谈〉中"回回"一词再释——兼论辽宋夏金时代的"回回"》（《北方民族大学学报》2014年第1期），反对"回回即回鹘之音转"的结论，认为唐以后来华的聚居在西夏境内信仰伊斯兰教的大食商人，经宋辽金时代的发展，分布区域越来越广，以致散布到西北各地。王东、杨富学《五代宋初西北政治格局之再思考——以北汉与党项关系为中心的考察》（《兰州学刊》2014年第1期），指出夏州党项自五代时期就有独立发展之意图，在后唐时期即已成为影响力较大的割据势力之一；在西北政治格局中，党项经常与中原王朝联盟，以对抗北汉与辽朝的联盟；党项通过与各方势力的周旋，以获得最大限度的各种利益，从而发展壮大了自己，为其后西夏国的建立奠定了基础。魏玉贵《唃厮啰王朝与西夏关系考述》（陕西师范大学硕士学位论文，2014年5月），认为唃厮啰王朝与西夏王朝的建立，不仅大大改变了西北地区的政治格局，而且对我国西北地区的民族历史发展进程产生了深远且重大的影响。许伟伟《敦煌学视角下的西夏与周边民族关系研究——评〈西夏与周边关系研究〉》（《西夏研究》2014年第3期），对杨富学先生与其弟子陈爱峰之新著《西夏与周边关系研究》一书进行了评介，最后从敦煌学的视角，论述了西夏与周边的关系。周峰《张宁墓志所见唐朝与党项的战争》（《西夏学》第九辑，2014年），对唐代张宁墓志进行了考释，揭示了一场发生在唐穆宗长庆二年（822）由夏绥银宥节度使李祐主导的对南山党项部的战争。张宁墓志将南山党项部出现的时间提前了20余年，是目前可见最早的关于南山党项部的记载。

（九）述评及其他

陈光文《西夏时期敦煌史研究述评》（《西夏研究》2014年第2期），从西夏实际统治敦煌的时间，西夏统治时期敦煌的社会、经济与文化两大方面进行了回顾与梳理，总结研究其中存在的问题和不足，并提出今后研究的展望。程遂营《生态视域中夏至北宋都城择定与迁移研究》（《中原文化研究》2014年第3期），指出夏至北宋的都城始终保留在以河南为中心，包括陕西、山西、河北和山东部分区域的黄河中下游地区，认为良好的生态环境促进了夏至北宋都城所在地经济、社会、文化的发展与繁荣。杜立晖《黑水城文献与元代地方行政体制研究综述》（《2014敦煌学国际联络委员会通讯》，2014年），对黑水城收录的700余件元代行政类文书进行了论述，是研究以亦集乃路为中心的元代地方行政体制的珍贵一手资料。黎大祥《西夏凉州护国寺历史变迁述论》（《西夏学》第十辑，2014年），依据文献和碑刻资料全面梳理了护国寺及感通塔的历史沿革发展及寺院建筑概况，为学术界全面了解西夏护国寺历史提供了重要资料。李华瑞《2013年辽宋西夏金元经济史研究述评》（《西夏研究》2014年第2期），对2013年度辽、宋、西夏、金、元经济史研究做了简要评述。汤君、尤丽娅《〈西夏文《孟子》整理研究〉评介》（《西夏研究》2014年第3期），指出俄藏Инв.No.6738是最晚获得全文解读的一本"夏译汉籍"，为作者博士后出站之课题。杨蕤、周禹《三十年来西夏考古研究述评》（《西夏研究》2014年第2期），在立足西夏学术史的基础上，通过对总论性成果、都城与城址、帝陵与墓葬、石窟与佛塔、窑址与窖藏等内容的梳理，勾勒出三十年来西夏考古的概貌，对西夏考古的特点、地位和研究进行了讨论和展望。张世奇、沙武田《敦煌西夏石窟研究综述》（《西夏研究》2014年第4期），分别从综合研究、分期研究、洞窟营建、专题研究、洞窟个案（包括莫高窟第3窟、莫高窟第465窟、榆林窟第3窟）、藏传佛教壁画、艺术特征、供养人图像、经变画、彩塑等方面的研究入手，对敦煌西夏时期石窟研究进行了回顾，并做了简单的展望。周峰《2013年辽金西夏史研究综述》（《中国史研究动态》2014年第6期），对2013年度辽、金、西夏史研究做了简要评述，据作者统计，全年出版、发表著作和论文1200余部（篇），召开相关学术会议3次。孙宏开《从"绝学"到"显学"——读史金波先生〈西夏文教程〉有感》（《宁夏社会科学》第4期），对《西夏文教程》做了介绍，谈了阅读体会，并提出了改进建议。孙继民、宋坤《〈西夏考古论稿〉读后感及补论》（《宁夏社会科学》2014年第5期），对牛达生先生新著《西夏考古论稿》做了介绍，对关于"金夏界堠碑"和《大夏国葬舍利碣铭》等碑刻资料的论述留有商榷余地。保宏彪《宁夏著名西夏学专家李范文先生荣获国际汉学最高荣誉"儒莲奖"》(《宁夏社会科学》2014年第1期)，对西夏学专家李范文先生于2013年荣获由法国法兰西学院授予的"儒莲奖"这一消息进行了报道，并对李范文先生及其学术成果等做了详细介绍，对西夏学研究者以及后辈学者具有重要的精神鼓励和勉励作用。薛迎春、薛正昌《王静如先生和他编辑出版的〈西夏研究〉——纪念王静如先生诞辰110周年》(《南通大学学报》2014年第6期)，指出王静如先生开中国西夏学研究的先河，其研究成果集中刊载于《西夏研究》第一至三辑，不仅在提出西夏学概念的基础上开辟了西夏历史文化研究的路径，而且为地域历史文献的有效利用提供了示范，并阐明了西夏研究的难点与破译途径，取得了丰硕的学术成果。

（原载于景爱主编《辽金西夏研究（2014—2015）》，北京：中国文史出版社，2018年，第76—108页）

第二节　2014年西夏学研究论著目录

职官、地理、年代和目录，被称为研究中国古代史的"四把钥匙"。因笔者研究旨趣，对2014年西夏学研究论著进行了大量的查阅、整理和编排。据不完全统计，2014年出版著作20部，发表学术论文249篇（其中硕士、博士论文是近几年突增的研究成果）。《西夏学》《西夏研究》《宁夏社会科学》是发表西夏学研究论文的主要刊物，宁夏大学是研究西夏学及培养西夏学研究人才的重要阵地。

为便于学界同仁查阅，编排分著作、论文两个部分。这样做的好处是：著作相对论文数量较少，便于读者速览了解。因笔者学识有限，不免挂一漏万，敬请方家批评指正。

一、著　作

蔡永贵等《俄藏黑水城汉文文献词汇研究》，银川：宁夏人民出版社，2014年。

陈瑞青《黑水城宋代军政文书研究》，北京：知识产权出版社，2014年。

陈育宁、汤晓芳《西夏艺术史》，上海：上海三联书店，2014年。

崔红芬《文化融合与延续：11—13世纪藏传佛教在西夏的传播与发

展》，北京：民族出版社，2014年。

杜建录主编《黑水城文献论集》，北京：学苑出版社，2014年。

杜建录主编《西夏学》第九辑，上海：上海古籍出版社，2014年。

杜建录主编《西夏学》第十辑，上海：上海古籍出版社，2014年。

杜建录、波波娃主编《〈天盛律令〉研究》，上海：上海古籍出版社，2014年。

段玉泉《西夏〈功德宝集偈〉跨语言对勘研究》，上海：上海古籍出版社，2014年。

俄罗斯科学院东方文献研究所、中国社会科学院民族学与人类学研究所、上海古籍出版社编《俄藏黑水城文献》第23册《西夏文佛教部分》，上海：上海古籍出版社，2014年。

景爱主编《辽金西夏研究（2012）》，北京：同心出版社，2014年。

聂鸿音《打开西夏文字之门》，北京：国家图书馆出版社，2014年。

邱新荣主编《西夏史话》，银川：宁夏人民出版社，2014年。

〔日〕杉山正明著，乌兰、乌日娜译《疾驰的草原征服者：辽 西夏 金 元》，桂林：广西师范大学出版社，2014年。

史金波《西夏文物·内蒙古编》，北京：中华书局、天津：天津古籍出版社，2014年。

孙继民、宋坤、陈瑞青等《考古发现西夏汉文非佛教文献整理与研究》，北京：社会科学文献出版社，2014年。

杨志高《西夏文〈经律异相〉整理研究》，北京：社会科学文献出版社，2014年。

于光建《神秘的河陇西夏文化》，兰州：甘肃教育出版社，2014年。

〔清〕周春著，胡玉冰校补《西夏书校补》，北京：中华书局，2014年。

二、论　文

Arakawa Shintaro, *Re—analysis of the tangut Verb Phrase Based on a Study of the Word Order*,《西夏学》第九辑，2014年，第290—297页。

安娅《西夏文译本〈炽盛光如来陀罗尼经〉考释》,《宁夏社会科学》2014年第1期，第108—114页。

保宏彪《宁夏著名西夏学专家李范文先生荣获国际汉学最高荣誉"儒莲奖"》,《宁夏社会科学》2014年第1期，第88页。

保宏彪《辽宋夏金时期鄂尔多斯高原的行政建制》,《西夏研究》2014年第3期，第109—116页。

保宏彪《西夏学发展历程》,《宁夏人大》2014年第8期，第48页。

保宏彪《西夏医学概述》,《宁夏人大》2014年第9期，第46—47页。

保宏彪《西夏文学概览》,《宁夏人大》2014年第10期，第48—49页。

保宏彪《从西夏年号看西夏文化的阶段性》,《西夏学》第九辑，2014年，第82—91页。

蔡永贵、靳红慧《〈俄藏黑水城文献〉俗字研究的文字学价值——以第六册为例》,《西夏学》第九辑，2014年，第361—365页。

曹阳《西夏赋役文书整理与研究》，宁夏大学硕士学位论文，2014年5月。

常岚、于光建《武威西郊西夏墓墓葬题记述论》,《宁夏社会科学》2014年第2期，第106—110页。

柴冰《西夏〈首楞严经〉文本考辨》,《西夏学》第十辑，2014年，第133—141页。

陈德洋《试论金宣宗时期的金夏之战》,《西夏学》第九辑，2014年，第76—81页。

陈广恩《西夏景教流传初探》,《西夏学》第九辑，2014年，第

191—196页。

陈光文《西夏时期敦煌史研究述评》，《西夏研究》2014年第2期，第120—128页。

陈光文《敦煌莫高窟第297窟甬道南壁西夏文题记译释——兼论西夏统治敦煌的时间问题》，《敦煌学辑刊》2014年第2期，第22—23页。

陈光文《西夏统治敦煌史研究述评》，《2014敦煌学国际联络委员会通讯》，2014年，第201—212页。

陈如衡《从〈天盛律令〉看西夏婚姻法》，《兰台世界》2014年第11期，第123—124页。

陈瑞青《从黑水城文献看西夏榷场管理体制》，《宁夏社会科学》2014年第1期，第94—99页。

陈玮《北宋定难军节度观察留后李继筠墓志研究》，《西夏研究》2014年第4期，第58—63页。

陈玮《金代汉文石刻所见金夏关系研究》，《北方文物》2014年第4期，第81—85页。

陈玮《西夏天王信仰研究》，《西夏学》第九辑，2014年，第197—207页。

陈育宁、汤晓芳《西夏佛经版画中的建筑图像及特点》，《西夏学》第十辑，2014年，第271—279页。

程遂营《生态视域中夏至北宋都城择定与迁移研究》，《中原文化研究》2014年第3期，第71—76页。

崔红芬《甘博藏西夏文〈普贤行愿品疏序〉研究》，《宁夏社会科学》2014年第3期，第93—101页。

崔红芬《英藏西夏文〈大宝积经〉译释研究》，《西夏学》第十辑，2014年，第81—89页。

崔云胜《从张掖几处西夏历史遗迹看西夏文化对后世的影响》，《西夏学》第十辑，2014年，第361—367页。

崔玉谦《宋夏缘边堡寨军事功能研究》，宁夏大学硕士学位论文，2014年3月。

崔玉谦《熙宁初年甘谷城垦田争议考述》，《西夏学》第九辑，2014年，第172—180页。

党菊红、党寿山《西夏西凉府署大堂》，《西夏学》第十辑，2014年，第340—346页。

戴羽《比较法视野下的西夏酒曲法》，《西夏研究》2014年第2期，第26—31页。

戴羽《西夏附加刑考探》，《兰州学刊》2014年第4期，第74—79页。

戴羽《〈天盛律令〉杀人罪初探》，《西夏研究》2014年第4期，第3—8页。

戴羽《比较法视野下的〈天盛律令〉研究》，陕西师范大学博士学位论文，2014年11月。

邓文韬《元代西夏遗民进士补考——兼论元朝对西夏遗民的文教政策》，《西夏学》第九辑，2014年，第135—143页。

邓文韬《元代西夏遗民研究》，宁夏大学硕士学位论文，2014年3月。

董立顺《西夏环境史专题初步研究》，陕西师范大学硕士学位论文，2014年5月。

杜建录《中国藏黑水城出土汉文借钱契研究》，《西夏学》第十辑，2014年，第11—16页。

杜建录、邓文韬《黑水城出土两件租赁文书考释》，《宋史研究论丛》第十五辑，2014年，第152—164页。

杜立晖《黑水城西夏汉文南边榷场使文书补考》，《宁夏社会科学》2014年第1期，第100—107页。

杜立晖《黑水城文献所见元代税使司的几个问题》，《西夏学》第十辑，2014年，第229—236页。

杜立晖《黑水城文献与元代地方行政体制研究综述》，《2014敦煌学国际联络委员会通讯》，2014年，第236—246页。

杜维民《唐夏州张宁墓志考释》，《西夏研究》2014年第3期，第62—66页。

段玉泉《一批新见的额济纳旗绿城出土西夏文献》，《西夏学》第十辑，2014年，第70—74页。

樊丽沙《出土文献所见西夏禅宗发展相关问题》，《求索》2014年第10期，第152—156页。

付佩宁《西夏文〈佛说佛母出生三法藏般若波罗蜜多经〉卷十九译释》，陕西师范大学硕士学位论文，2014年5月。

付燕《黑水城文献〈刘知远诸宫调〉创作时期及作者考辨》，《西夏学》第十辑，2014年，第259—270页。

高锦花、白晶丽《种世衡及种家将西北事迹考略》，《延安大学学报》2014年第6期，第112—116页。

高建国《府州折氏与辽的关系》，《内蒙古社会科学》2014年第5期，第68—71页。

高建国《府州折氏族源、改姓的新证据——介绍两方新墓志》，《西夏学》第九辑，2014年，第110—115页。

高建国《鲜卑族裔府州折氏研究》，内蒙古大学博士学位论文，2014年6月。

高仁《细腰胡芦诸寨的修筑与明珠、灭藏、康奴等族的就抚》，《西夏学》第九辑，2014年，第166—171页。

高奕睿、张笑峰《夏译汉文军事典籍中的一致性》，《宁夏师范学院学报》2014年第1期，第82—88页。

公维章《西夏时期的三十五佛信仰》，《西夏学》第九辑，2014年，第208—217页。

谷莉《西夏书籍装帧设计及其历史文化因素探论》,《江苏师范大学学报》2014年第6期，第51—54页。

郭艳华《宋夏战争与北宋文人的"倦客"情怀及文学呈现》,《北方论丛》2014年第5期，第54—59页。

郝晋婷《从域外文献看十到十三世纪中国的民族认同》，西北大学硕士学位论文，2014年6月。

郝振宇《贸易与战争：自然地理视域下的夏宋交往方式》,《延安大学学报》2014年第1期，第92—96页。

郝振宇《法律视域下西夏畜牧业管理机构及相关问题探析》,《陇东学院学报》2014年第2期，第43—46页。

郝振宇《西夏佛教区域差异比较研究》,《宁夏大学学报》2014年第6期，第92—97页。

何宏米、李德芳、陈封椿《简议黑城出土的西夏蒙书》,《兰台世界》2014年第17期，第97—98页。

何金兰《甘肃省博藏西夏文〈观弥勒菩萨上生兜率天经〉释译》,《西夏学》第十辑，2014年，第106—114页。

何文泽、刘家铨《西夏在中西贸易中的角色》,《长春师范大学学报》2014年第1期，第33—35页。

胡进杉《西夏刻本〈妙法莲华经〉扉画赏析》,《西夏学》第九辑，2014年，第218—233页。

胡玉冰《宋代重要汉文西夏史料解题》,《宁夏师范学院学报》2014年第1期，第73—81页。

胡玉冰《辽金元明清及近代重要汉文西夏文献解题》,《宁夏师范学院学报》2014年第2期，第72—80页。

胡玉冰《十七种清及近代重要汉文西夏文献解题》,《西夏学》第十辑，2014年，第155—160页。

黄兆宏《西夏政权的奠基人——李德明》,《哈尔滨学院学报》2014年第12期，第96—99页。

黄震云《论西夏文》,《晋阳学刊》2014年第3期，第26—34页。

贾常业《西夏文字的字形结构组合形式与造字方法》,《西夏研究》2014年第1期，第25—35页。

贾维维《榆林窟第3窟壁画研究》，首都师范大学博士学位论文，2014年5月。

金勇强《至道二年（996年）潼关以西至灵州地震考》,《西夏研究》2014年第4期，第64—67页。

康华《宋夏战争中的军事情报探析》,《兰台世界》2014年第22期，第87—88页。

康秀林《种世衡：范仲淹环州御西夏策略的践行者》,《西夏研究》2014年第2期，第16—18页。

［俄］克恰诺夫著，史志林、颉耀文、汪桂生译《西夏国的水利灌溉》,《敦煌学辑刊》2014年第2期，第168—176页。

［俄］克恰诺夫著，王颖译《"他山之作"：11—12世纪远东国家使节交往的文献资料——西夏〈天盛改旧新定律令〉》,《西夏研究》2014年第4期，第34—41页。

孔德翊《西夏国家祭祀初探》,《宗教学研究》2014年第2期，第245—248页。

孔德翊《宋代墓志中所见宋人对西夏的称呼》,《民族艺林》2014年第2期，第36—39页。

赖天兵《江南抑或西夏——金刚上师胆八与白云宗主道安题款〈普宁藏〉扉画的年代、内容与图本》,《西夏学》第九辑，2014年，第234—242页。

李柏杉、周毅《消逝族群的历史建构与文化想象——基于对西夏佛塔的历史民族志解读》，《宁夏社会科学》2014年第6期，第97—99页。

李冰《黑水城出土汉文刻本TK172〈六壬课秘诀〉考释》，《西夏学》第十辑，2014年，第177—182页。

黎大祥《西夏凉州护国寺历史变迁述论》，《西夏学》第十辑，2014年，第347—360页。

李华瑞《2013年辽宋西夏金元经济史研究述评》，《西夏研究》2014年第2期，第94—104页。

李华瑞《略论宋夏时期的中西陆路交通》，《中国史研究》2014年第2期，第87—101页。

李华瑞《〈天盛律令〉修纂新探——〈天盛律令〉与〈庆元条法事类〉比较研究之一》，《西夏学》第九辑，2014年，第22—32页。

李恺《宋夏关系中的堡寨》，湖北大学硕士学位论文，2014年5月。

黎树科、张振华《甘肃民勤境内西夏时期古城遗址》，《西夏学》第十辑，2014年，第333—337页。

李晓岑、贾建威《西夏古纸的检测和初步研究》，《西北民族研究》2014年第1期，第123—128页。

梁斌、石艳《辽宋夏金政权历史地位辨》，《哈尔滨学院学报》2014年第4期，第106—111页。

梁继红《武威藏西夏文乾定酉年增纳草捆文书初探》，《西夏学》第十辑，2014年，第21—27页。

梁松涛《黑水城出土西夏文古佚医方"豆冰丹"考》，《贵阳中医学院学报》2014年第2期，第5—6页。

梁松涛《黑水城出土西夏文医方"水胀食鸣丸"考》，《陕西中医学院学报》2014年第6期，第90—91页。

梁松涛、张玉海《黑水城出土西夏文〈法则〉卷九新译及其史料价值述论》,《西夏研究》2014年第1期,第36—59页。

梁松涛、张玉海《再论西夏的官与职——以西夏官当制度为中心》,《宁夏社会科学》2014年第3期,第102—108页。

梁松涛、杜建录《黑水城出土西夏文〈法则〉性质和颁定时间及价值考论》,《西夏学》第九辑,2014年,第33—40页。

林英津《论西夏语的蒂lju[1]「流」及其相关问题》,《西夏学》第九辑,2014年,第298—320页。

刘广瑞《河北新出西夏文墓志铭简释》,《西夏研究》2014年第3期,第73—76页。

刘广瑞《日本藏西夏汉文文书初探——张大千旧藏西夏汉文文书研究之一》,《西夏学》第十辑,2014年,第142—154页。

刘嘉伟《西夏诗人余阙之诗风及成因》,《西夏研究》2014年第4期,第68—72页。

刘景云《西夏文"甍席金刚杵"考》,《西夏学》第九辑,2014年,第345—353页。

刘利华《克夷门考》,《西夏研究》2014年第1期,第17—20页。

刘朴兵《略论西夏饮食文化》,《西夏研究》2014年第2期,第8—15页。

刘双怡《西夏刺史简论——以〈天盛改旧新定律令〉为中心》,《前沿》2014年第1期,第210—212页。

刘翔未《西夏王陵遗址保护问题研究与对策初探》,《城市发展研究》2014年第1期,第22—24页。

刘振宇《继受和创新:法律文化交流视角下的西夏法制与中华法系》,《理论月刊》2014年第12期,第92—96页。

娄娟娟《11—13世纪初鄂尔多斯高原及其邻近地区城市地理研究》,陕西师范大学硕士学位论文,2014年5月。

陆瑶《宋辽夏金政权在鄂尔多斯高原地区的疆界变迁》,陕西师范大学硕士学位论文，2014年3月。

罗曼《法兰西学院汉学研究所藏西夏文"大方广佛华严经第四十一卷"的论文介绍"十种事"的例子》，《西夏学》第十辑，2014年，第121—132页。

罗位芝《西夏党项族服饰研究》，湖南工业大学硕士学位论文，2014年6月。

骆艳《俄藏未刊布西夏文献〈天盛律令〉残卷整理研究》，宁夏大学硕士学位论文，2014年3月。

马玲玲《西夏契约档案整理与研究》，宁夏大学硕士学位论文，2014年5月。

麻晓芳《西夏文〈圣广大宝楼阁善住妙秘密论王总持经〉考释》，《西夏研究》2014年第4期，第13—33页。

马瑶《敦煌〈引路菩萨图〉与黑水城〈阿弥陀佛来迎图〉的比较与分析》，陕西师范大学硕士学位论文，2014年5月。

卯芳《艺术表现的承接性——以榆林窟第三窟〈文殊变〉〈普贤变〉为例》，《西夏研究》2014年第4期，第87—89页。

木仕华《弭药（Mi—nyag）新考》，《西夏学》第九辑，2014年，第116—129页。

穆旋《〈番汉合时掌中珠〉管窥》，《牡丹江师范学院学报》2014年第5期，第74—76页。

穆旋、赵彦龙、刘晔《西夏丧葬文书整理研究》，《兰台世界》2014年第29期，第13—14页。

南拉才让《西夏文化中的藏传佛教和道教思想分析》，《金田》2014年第4期，第483页。

牛达生《佛教不是西夏"国教"论》，《西夏研究》2014年第3期，第23—28页。

牛达生《自成体系的西夏陵屋顶装饰构件》,《西夏学》第十辑,2014年,第280—290页。

牛达生《从考古发现西夏竹笔谈起——兼论西夏主要使用传统毛笔》,《敦煌文化与唐代文学国际学术研讨会论文集》,2014年,第723—735页。

聂鸿音《西夏"回鹘僧译经"补证》,《西夏研究》2014年第3期,第3—7页。

聂鸿音《从药名异译论西夏医方的性质》,《中华文史论丛》2014年第3期,第55—69页。

聂鸿音《〈金光明总持经〉:罕见的西夏本土编著》,《宁夏师范学院学报》2014年第4期,第64—69页。

聂鸿音《〈圣曜母陀罗尼经〉的西夏译本》,《宁夏社会科学》2014年第5期,第86—90页。

聂鸿音《〈西夏佛经序跋译注〉导言》,《西夏学》第十辑,2014年,第43—55页。

潘洁《试述黑水城出土勘合文书》,《西夏学》第十辑,2014年,第210—214页。

彭向前《早期党项八大部西夏姓氏考》,《西夏研究》2014年第2期,第3—7页。

彭向前《西夏文〈孝经传〉草书初探》,《宁夏社会科学》2014年第2期,第94—99页。

彭向前《试论〈长编〉对党项西夏专名的校勘价值》,《贵州师范大学学报》2014年第5期,第103—106页。

彭向前《俄藏Инв.No.8085西夏历日目验记》,《西夏学》第十辑,2014年,第66—69页。

[韩]朴志焄《西夏的自国认识及宋朝观——以元昊统治时期为中

心》，《宋史研究论丛》第十五辑，2014年，第303—318页。

齐庆媛《金代与西夏菩萨像造型分析》，《故宫学刊》2014年第1期，第121—153页。

秦宇《为国祈安：西夏尊佛教为国教考》，《文史杂志》2014年第5期，第68—71页。

秦宇《西夏佛寺地理分布研究》，《五台山研究》2014年第3期，第17—22页。

翟丽萍《西夏官阶制度补考》，《西夏学》第九辑，2014年，第50—57页。

任怀晟《西夏公服刍议》，《西夏学》第九辑，2014年，第265—270页。

任怀晟、杨浣《西夏官服管窥》，《西夏研究》2014年第3期，第38—43页。

任韧《〈英藏黑水城文献〉汉文文献俗字研究》，宁夏大学硕士学位论文，2014年3月。

荣智涧《西夏文〈谨算〉所载图例初探》，《西夏学》第十辑，2014年，第172—176页。

邵方《西夏的民族习惯法》，《中国政法大学学报》2014年第6期，第45—49页。

沈浩注《北宋清远军故城初探》，《西夏研究》2014年第1期，第21—24页。

沈剑侠、张玉海《宁夏旧志所载西夏遗民史料概述》，《宁夏史志》2014年第4期，第23—27页。

沈莹《西夏婚姻法制研究》，南京师范大学硕士学位论文，2014年4月。

石坚军、张晓非《蒙古经略西夏诸役新考》，《西北民族论丛》第十辑，2014年，第186—204页。

史金波《西夏文卖畜契和雇畜契研究》,《中华文史论丛》2014年第3期,第1—53页。

史金波《黑水城出土西夏文卖人口契研究》,《中国社会科学院研究生院学报》2014年第4期,第121—129页。

史金波《纪念西夏学的开拓者和奠基者王静如先生》,《西夏学》第九辑,2014年,第7—13页。

史金波《黑水城出土西夏文众会条约(社条)研究》,《西夏学》第十辑,2014年,第1—10页。

史金波《西夏军抄的组成、分合及除减续补》,《宋史研究论丛》第十五辑,2014年,第556—576页。

史伟《东千佛洞西夏壁画中的药师佛及其审美意蕴》,《西夏学》第九辑,2014年,第254—259页。

史志林、汪桂生、颉耀文《西夏元时期黑河流域水土资源开发利用研究》,《中国农史》2014年第6期,第83—96页。

宋坤《俄藏黑水城所出两件〈多闻天王修习仪轨〉缀合及复原》,《西夏学》第十辑,2014年,第115—120页。

苏航《西夏文〈御驾西行烧香歌〉中西行皇帝身份再考》,《民族研究》2014年第4期,第97—99页。

苏航《Šidurɣu和Qāshīn——波斯文〈史集〉部族志唐古特部分阅读札记二则》,《西夏学》第九辑,2014年,第144—151页。

苏晓红《北宋河湟民族地区的蕃汉经济法规》,《青海民族大学学报》2014年第2期,第97—101页。

孙伯君《西夏语名量词考论》,《民族语文》2014年第2期,第27—39页。

孙伯君《西夏文〈治风碍剂门〉考释》,《西夏研究》2014年第3期,第8—15页。

孙伯君《西夏遗存文献所见藏传佛教的传承世系》，《中华文史论丛》2014年第3期，第71—109页。

孙伯君《澄观"华严大疏钞"的西夏文译本》，《宁夏社会科学》2014年第4期，第95—99页。

孙伯君《〈大乘要道密集〉与西夏文本关系再探》，《西夏学》第十辑，2014年，第56—65页。

孙伯君《西夏文〈除念定碍剂门〉考释》，《藏学学刊》第十一辑，2014年，第110—126页。

孙达《榆林窟第29窟壁画之审美特征及宗教观念初探——以〈药师经变图〉、〈阿弥陀经变图〉为侧重点》，《西夏学》第九辑，2014年，第247—253页。

孙飞鹏《西夏文〈佛说百喻经〉残片考释》，《宁夏社会科学》2014年第3期，第109—111页。

孙飞鹏《〈华严经〉卷十一夏汉文本对勘研究》，《西夏学》第十辑，2014年，第75—80页。

孙宏开《从"绝学"到"显学"——读史金波先生〈西夏文教程〉有感》，《宁夏社会科学》2014年第4期，第100—103页。

孙继民、宋坤《〈西夏考古论稿〉读后感及补论》，《宁夏社会科学》2014年第5期，第100—106页。

孙继民《俄藏黑水城TK27P西夏文佛经背裱补字纸残片性质辨析——西夏乾祐年间材植文书再研究之二》，《西夏学》第十辑，2014年，第17—20页。

孙寿龄《武威发现西夏覆钵式喇嘛塔石刻造像》，《西夏学》第十辑，2014年，第338—339页。

谭黛丽、于光建《论凉州西夏碑碑座图像的构图意境》，《西夏研究》2014年第2期，第19—25页。

唐均《西夏文记录的一水三山》，《西夏学》第九辑，2014年，第354—360页。

汤君《敦煌、黑水城、龙泉驿文献中的土地买卖契约研究》，《西夏学》第十辑，2014年，第192—209页。

汤君、尤丽娅《〈西夏文《孟子》整理研究〉评介》，《西夏研究》2014年第3期，第124—128页。

汤开建《〈梦溪笔谈〉中"回回"一词再释——兼论辽宋夏金时代的"回回"》，《北方民族大学学报》2014年第1期，第5—16页。

汤开建《隋唐五代宋初党项拓跋部世次嬗递考》，《西夏学》第九辑，2014年，第92—109页。

汤晓芳《西夏三号陵出土迦陵频伽、摩羯的艺术造型》，《西夏学》第九辑，2014年，第260—264页。

佟建荣《西夏蕃姓订正》，《西夏学》第九辑，2014年，第130—134页。

万泉《一种鉴定西夏、辽、金、元代钱币辅助方法的探讨》，《中国钱币》2014年第6期，第33—36页。

王长明《西夏文〈大般若波罗蜜多经〉（卷一）考释》，陕西师范大学硕士学位论文，2014年5月。

王东、杨富学《五代宋初西北政治格局之再思考——以北汉与党项关系为中心的考察》，《兰州学刊》2014年第1期，第23—29页。

王龙《西夏藏书管窥》，《学理论》2014年第29期，第114—115页。

王龙《西夏文〈法则〉卷八"为婚门"考释》，《西夏学》第十辑，2014年，第35—42页。

王胜泽《西夏丝绸"婴戏莲印花绢"纹样探析》，《民族艺林》2014年第3期，第76—79页。

王艳云《西夏晚期佛教绘画的杂糅与世俗倾向》，《西夏学》第九辑，2014年，第243—246页。

王颖《黑水城出土西夏法律文献中的贿赂犯罪述略》，《四川民族学院学报》2014年第6期，第63—67页。

魏淑霞《〈天盛律令〉关于西夏官员贪赃问题的规定》，《西夏学》第九辑，2014年，第62—69页。

魏亚丽《西夏帽式研究》，宁夏大学硕士学位论文，2014年3月。

魏亚丽、杨浣《西夏"东坡巾"初探》，《西夏学》第九辑，2014年，第278—289页。

魏玉贵《唃厮啰王朝与西夏关系考述》，陕西师范大学硕士学位论文，2014年5月。

问王刚《西夏龙州考》，《西夏学》第九辑，2014年，第158—165页。

吴峰天《西夏发式初探》，《西夏学》第九辑，2014年，第271—277页。

项璇《西夏流传道家道教六种文献考辨》，四川师范大学硕士学位论文，2014年4月。

项璇《西夏道家道教研究综述》，《宁夏师范学院学报》2014年第4期，第70—74页。

许伟伟《敦煌学视角下的西夏与周边民族关系研究——评〈西夏与周边关系研究〉》，《西夏研究》2014年第3期，第121—123页。

许伟伟《〈法则〉卷九诸司职考》，《西夏学》第九辑，2014年，第41—49页。

许伟伟《"第三届西夏学国际学术论坛暨王静如先生学术思想研讨会"会议综述》，《西夏学》第十辑，2014年，第368—374页。

薛迎春、薛正昌《王静如先生和他编辑出版的〈西夏研究〉——纪念王静如先生诞辰110周年》，《南通大学学报》2014年第6期，第149—152页。

薛正昌《明代宁夏军事建制与防御》，《西夏研究》2014年第1期，第90—109页。

薛正昌《王静如先生和他的〈西夏研究〉——纪念王静如先生诞辰110周年》，《西夏学》第九辑，2014年，第18—21页。

杨富学、李志鹏《北宋钱荒之西夏因素考析》，《西夏研究》2014年第1期，第3—11页。

杨浣《藏、蒙史籍所载西夏故事溯源两则》，《西夏学》第九辑，2014年，第152—157页。

杨浣《藏文史籍所载西夏故事溯源》，《西藏研究》2014年第4期，第13—25页。

杨蕤《西夏故都兴庆府复原的考古学观察》，《草原文物》2014年第1期，第125—131页。

杨蕤、周禹《三十年来西夏考古研究述评》，《西夏研究》2014年第2期，第105—119页。

杨志高《〈经律异相〉的经录入藏和西夏文本的翻译雕印》，《西夏学》第十辑，2014年，第94—100页。

叶建雄、单迪《西夏音韵数据库及其安卓平台拓展》，《西夏学》第九辑，2014年，第366—375页。

尤桦《西夏时期察军略论》，《西夏学》第九辑，2014年，第58—61页。

于光建《武威西郊西夏2号墓出土木板画内涵新解》，《西夏研究》2014年第3期，第67—72页。

于光建《西夏文〈乾定戌年罨翰善典驴契约草稿〉初探》，《西夏学》第十辑，2014年，第28—34页。

于光建《〈天盛改旧新定律令〉典当借贷条文整理研究》，宁夏大学博士学位论文，2014年3月。

Yulia Mylnikova、彭向前《西夏文〈大般若波罗蜜多经〉函号补释》，《西夏学》第十辑，2014年，第90—93页。

俞琰、邱夷平、许福军《西夏纺织刍议》，《西夏研究》2014年第4期，第9—12页。

袁志伟《10—12世纪中国北方民族的佛教思想与文化认同》，西北大学博士学位论文，2014年6月。

岳键《西夏三号陵献殿形制的探讨与试复原》，《西夏学》第十辑，2014年，第309—320页。

曾汉辰《西夏大黑天传承初探——以黑水城文书〈大黑求修并作法〉为中心》，《中国藏学》2014年第1期，第151—158页。

张宝玺《张掖大佛寺西夏涅槃像考释》，《西夏学》第十辑，2014年，第291—300页。

张多勇、王淑香《北宋防御西夏的前沿阵地环州城考察研究》，《西夏研究》2014年第1期，第12—16页。

张九玲《西夏文〈宝藏论〉译注》，《宁夏社会科学》2014年第2期，第111—114页。

张鹏《金对西夏使节接待制度研究》，《赤峰学院学报》2014年第2期，第25—27页。

张珮琪《论西夏语的来去动词》，《西夏学》第九辑，2014年，第321—344页。

张世奇、沙武田《敦煌西夏石窟研究综述》，《西夏研究》2014年第4期，第90—107页。

张雯《略论党项民族葬俗在西夏建国后的延续与演化——闽宁村西夏墓地与西夏陵的比较研究》，《西夏学》第十辑，2014年，第301—308页。

张琰玲《党项与西夏女性人物汇考》，《西夏研究》2014年第3期，第49—61页。

张煜坤《西夏户籍档案整理与研究》，宁夏大学硕士学位论文，2014年3月。

张笑峰《元代亦集乃路诸案成因及处理初探——以黑水城出土元代律令与词讼文书为中心》，《西夏学》第十辑，2014年，第237—244页。

张笑峰、王颖《英藏西夏文〈圣胜慧到彼岸功德宝集偈·魔行品〉考》，《西夏学》第十辑，2014年，第101—105页。

张振华、黎树科《甘肃武威境内新发现的西夏时期寺庙遗址》，《西夏学》第十辑，2014年，第327—332页。

赵焕震《西夏文〈亥年新法〉卷十五"租地夫役"条文释读与研究》，宁夏大学硕士学位论文，2014年5月。

赵瑞阳、郭艳华《宋夏战争对北宋士人精神及文化心态的影响》，《宁波教育学院学报》2014年第5期，第122—124页。

赵生泉《西夏文书法演变的阶段性》，《西夏研究》2014年第3期，第29—37页。

赵生泉《西夏文教育钩沉》，《西夏学》第九辑，2014年，第181—190页。

赵天英、闫惠群《罕见的西夏铜烙印考》，《西夏学》第十辑，2014年，第321—326页。

赵彦龙《西夏档案的遗存及特点》，《宁夏师范学院学报》2014年第1期，第89—96页。

赵彦龙《试述西夏文书档案的版本状况》，《图书馆理论与实践》2014年第10期，第108—112页。

赵彦龙《西夏官府文书档案研究的几个问题》，《西夏学》第十辑，2014年，第161—171页。

赵彦龙、穆旋《从出土档案看西夏官吏请假制度》，《档案管理》2014年第4期，第58—60页。

郑彦卿《黄河宁夏段水运历史考察》，《西夏研究》2014年第3期，第103—108页。

周峰《元代西夏遗民杨朵儿只父子事迹考述》，《民族研究》2014年第3期，第83—88页。

周峰《2013年辽金西夏史研究综述》，《中国史研究动态》2014年第6期，第22—35页。

周峰《张宁墓志所见唐朝与党项的战争》，《西夏学》第九辑，2014年，第70—75页。

周会丽《内蒙古地区西夏城址的初步研究》，内蒙古师范大学硕士学位论文，2014年5月。

周会丽《内蒙古地区西夏窖藏概说》，《金田》2014年第1期，第438—439页。

周永杰、李炜忠《论佛教戒律对西夏司法的影响》，《西夏研究》2014年第3期，第44—48页。

周永杰《黑水城出土亦集乃路孤老养济文书若干问题研究》，《西夏学》第十辑，2014年，第215—223页。

朱浒《宁夏发现西夏文钱币"番国宝钱"》，《中国钱币》2014年第4期，第44—45页。

朱建路《黑水城文献〈麦足朵立只答站户案卷〉再研究》，《西夏学》第十辑，2014年，第224—228页。

（原载于景爱主编《辽金西夏研究（2014—2015）》，北京：中国文史出版社，2018年，第503—523页）

第二章

2015年西夏学研究

第一节　2015年西夏学研究综述

2015年，西夏学研究取得了丰硕的成果，涌现出了大量的论著。据不完全统计，本年度共出版著作27部，发表学术论文272篇。

一、著　作

西夏文化方面，黄光华《西夏宝藏》(花城出版社，2015年)，叙述了以谢赫与山下奉武为首的盗宝集团，利用手中的历史遗书，对西夏宝藏展开的激烈争夺。本书宣扬了鲜为人知的古羌民族文化和历史，弘扬了中华民族传承悠久的精神文化。佟建荣《西夏姓名研究》(史金波主编"西夏文献文物研究丛书"，社会科学文献出版社，2015年)，利用传统考据与语音分析、西夏汉文史料与西夏文史料相结合的方法，对保留在汉文、西夏文史料中的西夏姓氏、人名进行了考证研究，为学界提供了翔实可靠的西夏姓氏资料，为研究西夏社会历史文化、西北民族问题提供了独特的视角。刘秀文《牧歌流韵——中国古代游牧民族文化遗珍·党项卷》(甘肃人民出版社，2015年)，是刘炘主编的"嘉峪关市'一带一路'建设文化丛书"(十五卷本)之一，也是嘉峪关市"一带一路"建设和甘肃"华夏文明传承保护区建设"的重点文化书籍。史金波《西夏文化研究》(中国社会科学出版社，2015年)，多角度对西夏文化进行探讨，所收录的20篇论文涉及西夏的语言、文字、辞书、译著、文书、文物、宗教、民族、印刷术、度量衡、历法等方面，展示出西夏文化的全貌，有助于对西夏的认识，反映出西夏资料不断积累、西夏研究不断深入的过程。唐荣尧2部：《神秘的西夏》（时代文艺出版社，2015年），以历史记载和考古取证为依据，通过对西夏文明的探索，真实生动地再现了党项族的起源，全面展示了西夏王朝在政治、经济、军事、文化、宗教等方面的辉煌成就。《西夏王朝》（中信出版集团，2015年），主要从党项人的迁徙和生存、大白高国的崛起、西夏人的军事和政治、对外学习和文化交流、帝陵的考古和发现，以及西夏王朝后裔的去向等方面揭示西夏的神秘历史。向以鲜《中国石刻艺术编年史》（中国出版集团东方出版中心，2015年），分《严峻卷：先秦两汉魏晋南北朝》《理想卷：隋唐五代》《愉悦卷：两宋辽金西夏元明清》三卷，以时间为经，以人物事件及作品等为纬，史论结合、图文并茂，较为准确翔实地勾勒出先秦至明清中国石刻艺术发展的历史场景。薛正昌《宁夏境内丝绸之路文化研究》（甘肃教育出版社，2015年），梳理了丝绸之路在宁夏段的历史文化背景和走向变迁，再现了宁夏在历史上的重要地理位置，凸显了丝路文化在地域文化层面上的特色和亮点，为丝绸之路经济带研究提供了较为广阔的历史背景和相对多元的丝路文化现象。〔清〕张鉴著，龚世俊、王伟伟点校《西夏纪事本末》（浙江古籍出版社，2015年），以金陵本为底本，主要用江苏本和半厂本兼及其他版本加以对校比勘，采用宋、辽、金、元的正史、通鉴、纪事本末三类史籍和《宋大诏令集》为主要他校书，兼以有关类书、实录、笔记、文集和吴广成《西夏书事》、戴锡章《西夏纪》作为参证用书，为研究西夏历史提供了重要的参考资料。

文献考释方面，杜建录《党项西夏碑石整理研究》（上海古籍出版社，2015年），从文献的角度，对党项与西夏碑石资料做了详细考释。

全书分上、下篇，上篇为专题研究，介绍了党项与西夏碑石的种类数量、文献价值等概况，并选取有代表性的墓志铭进行详细考释；下篇为碑石整理，收集了陕西、内蒙古、甘肃、宁夏、北京、河北、河南等地藏党项与西夏碑刻。作为重要的西夏文物考古资料，有文字记录的碑刻题记在一定程度上弥补了史籍的不足，有重要的文献价值。杜立晖、陈瑞青、朱建路《黑水城元代汉文军政文书研究》（天津古籍出版社，2015年），黑水城元代文献是黑水城在各朝代文献中数量仅次于西夏文献的第二大宗文献，是在各朝代汉文文献中数量最多的第一大宗文献。它不仅是研究元史（包括北元）尤其是研究元代西北地区军事、行政问题的第一手资料，且多为其他史料所不载，具有重要的证史与补史价值。惠宏、段玉泉编《西夏文献解题目录》（阳光出版社，2015年），分上、下篇，上篇为西夏文卷，下篇为汉藏文卷，是西夏学研究领域的一项基础性工作，方便学者检索西夏文献、了解西夏文献的内容，为西夏后学、初学者在了解西夏文献方面指示门径，提供参考。梁继红《武威出土西夏文献研究》（社会科学文献出版社，2015年），对武威出土的西夏文和汉文文献进行了搜集和整理，弥补了学界对武威西夏文献所做的个体研究的不足。在释录西夏文佛经时，克服了现存文献残页内容支离和片断的特点，与汉文佛经文献互相补充，得到了更加完整的西夏文佛经内容，厘清了西夏文佛经的多种版本及刊印、流传情况。梁松涛《黑水城出土西夏文医药文献整理与研究》（社会科学文献出版社，2015年），对西夏文医药文献进行了较为深入的研究，包括对西夏文医学文献的翻译，对适宜医方进行系统筛选及临床应用、西夏医学与周边民族医学相互影响关系的探讨，从医学社会史的角度对西夏文医药文献进行研究等。史金波《西夏文珍贵典籍史话》（国家图书馆出版社，2015年），除介绍国内的西夏文珍贵典籍外，还介绍了藏于国外的西夏文珍贵典籍，向读者展示了西夏文珍贵典籍，使读者通过这些典籍了解历经沧桑的西夏文化，进而了解神秘的西夏社会历史。孙伯君《西夏文献丛考》（上海古籍出版社，2015年），分上、下两编，上编收录了有关西夏文史方面的论文12篇，运用敦煌学的研究方法，对黑水城文献映射的西夏和元代的宗教面貌、姓氏、官名、俗文学等加以考释。下编收录了西夏佛经翻译方面的论文14篇，运用考据学方法，对黑水城出土的汉传和藏传佛教文献进行了译释和汇考。孙继民、宋坤、陈瑞青、杜立晖、郭兆斌编著《英藏及俄藏黑水城汉文文献整理》（天津古籍出版社，2015年），对英藏及被误收入俄藏敦煌的黑水城汉文文献进行了文字学整理，主要包括题解、定名、释录、校注、参考文献等几部分内容。王静如《王静如文集》（社会科学文献出版社，2015年），该书为王静如先生研究成果的汇编，系统地收录了已故著名西夏学家、音韵学家、民族史学家王静如先生论文全集，分上、下册，共收论文36篇，学术价值很高。

西夏佛教及其经典方面，崔红芬《西夏汉传密教文献研究》（社会科学文献出版社，2015年），较为系统地对黑水城等地出土的西夏文本和汉文本密教文献进行了梳理和考证，并把出土密教文献放在当时佛教发展的历史背景下进行考察，充分体现了西夏佛教发展的继承性与延续性，对认识西夏佛教的发展特色、了解周边文化对西夏佛教的影响具有积极意义。俄罗斯科学院东方文献研究所、中国社会科学院民族学与人类学研究所、上海古籍出版社编《俄藏黑水城文献》第24册《西夏文佛教部分》（上海古籍出版社，2015年），整理和公布了《维摩诘所说经》《金光明最胜王经》《佛说宝雨经》《药师琉璃光七佛本愿功德经》《草书佛经》《佛说观弥勒菩萨上生兜率天经》《现在贤劫千佛名经》《大智度论》《瑜伽师地论》《大庄严论经》《十二缘生祥瑞经》《佛说圣曜母陀罗尼经》等，并附有彩色图版目录，具有重要的文献价值。胡进杉《西夏佛典探微》（上海古籍出版社，2015年），译注了西夏文《心经》，以及《圣观自在大悲心总持功能依经录》《无我母十五佛母赞》和多种《陀罗尼》，并与宋、辽、金藏经进行逐句比定，判定了西夏文本的源流；研究了西夏佛经扉画的内容和形式；并附录了《夏藏词汇对照表》。孙昌盛《西夏文〈吉祥遍至口合本续〉整理研究》（社会科学文献出版社，2015年），清晰全面地反映了藏传佛教道果法的修持方法，是研究西夏藏传佛教的重要材料。从语言文字学和文献学的角度，参考藏文本《真实相应大本续》，对西夏文《吉祥遍至口合本续》进行了全文解读研究。通过西夏文、藏文、汉文之间词义训解的方法，对西夏语译藏传佛教文献中独具特色的藏式意译词进行了译注，在一定程度上弥补了学术界对西夏文献中藏式意译词研究的相对不足。王培培《西夏文〈维摩诘经〉整理研究》（社会科学文献出版社，2015年），收集西夏文《维摩诘经》残件资料，拼配出初译本和校译本两个版本，并对校译本进行解读，通过初译本和校译本的对勘，找到西夏校经的原则。通过解读经文，得知西夏文《维摩诘经》译自鸠摩罗什汉译本。另外，对佛经中的专门术语进行了考源。

总论有两部，杜建录《西夏学》第十一辑（上海古籍出版社，2015年），收录文章38篇，涉及西夏语言文字、文献考释、艺术文化、文物考古、宗教信仰、历史地理等方面，对研究西夏具有重要的参考价值。景爱主编《辽金西夏研究年鉴2013》（中国社会科学出版社，2015年），以总结2013年度辽、金、西夏历史文献研究成果和发布学术动态为宗旨，主要反映了2013年度辽、金、西夏的研究情况。该书主要包括研究综述、专稿、书评、论文转载、学者名录、学术会议、博物馆研究、文物考古新发现、2013年辽金西夏论著目录等9个栏目，为学界研究辽、金、西夏提供了丰富的学术资料。

西夏法律方面，杜建录、波波娃主编《〈天盛律令〉研究》（上海古籍出版社，2015年），是《西夏文献研究丛刊》之一，通过对勘西夏文本，考证汉译本，利用相关文献考释，进一步对西夏文版本进行梳理，为中国学者的研究提供了方便，使读者能够看到这部法律的全貌。张重艳、杨淑红《中国藏黑水城所出元代律令与词讼文书整理与研究》（知识产权出版社，2015年）分上、下编对《中国藏黑水城汉文文献》中的律令与词讼文书进行研究，上编整理部分主要是对《中国藏黑水城汉文文献》中的律令与词讼文书进行定名、题解、录文、校记等文献学的整理工作，下编文书研究部分主要汇集了作者在律令与词讼文书方面的研究成果。

二、论　文

下面从宗教文化、政治经济、法律社会、文献考释、民族关系、语言文字、历史地理等七个方面择要论述。

（一）宗教文化

关于西夏教育、思想，郭勤华《从谚语看党项人的哲学思想》（《西夏研究》2015年第4期），依据出土的西夏文学作品残片中的党项谚语，探讨党项人的哲学思想，对研究党项民族在生产生活和社会状况中体现的世界观、人生观、道德观以及风俗习惯具有重要作用。刘澜汀《西夏刻书活动及其装帧钩沉》（《出版发行研究》2015年第10期），分析了西夏刻书活动的沿革与装帧上的特色，就西夏刻书装帧的研究价值、给现代装帧带来的启示进行探讨，对研究西夏刻书活动及其在中国古代出版印刷史上占有的重要地位具有重要意义。米晨榕《西夏教育刍议》（陕西师范大学硕士学位论文，2015年5月），利用黑水城出土的文献探索西夏教育的状况，通过分析西夏书籍及文化政策，结合当时西夏的社会背景，总结西夏教育的思想和特点。杨满忠、何晓燕《从历代孔子谥号看西夏儒学的发展与贡献》（《西夏研究》2015年第3期），将历代孔子谥号与西夏儒学鼎盛发展两个问题结合起来，分别从孔子其人及其儒家思想、历代孔子谥号沿革与西夏时期孔子的地位、西夏儒学发展的巨大成就、西夏"儒学教育"的历史贡献入手，分析了西夏尊孔子为"文宣帝"、崇尚儒学、兴办教育的社会作用及其历史意义。杨蕤《党项史迹与陕北历史文化学术研讨会综述》（《榆林学院学报》2015年第6期），从党项历史与陕北文化、陕北地区党项遗存调查与开发、党项及西夏研究中的其他问题三个方面对本次研讨会论文发表和学术观点进行了综述。袁志伟2篇：《〈圣立义海〉与西夏"佛儒融合"的哲学思想》（《宁夏大学学报》2015年第3期），"佛儒融合"的哲学思想体现在气本论与缘起说并存的"二元论"宇宙论与人性论，其哲学思想既是党项民族学习中原汉文化并融合创新的成果，也是党项与汉民族文化认同的表现。《西夏人的佛儒融合思想及其伦理道德观》（《西北大学学报》2015年第4期），通过中原"三教合一"对西夏人道德伦理观的影响，说明西夏对中原文化的学习与创新。

关于西夏服饰，任艾青《论西夏服饰中的多元文化因素》（《西夏研究》2015年第2期），说明西夏服饰既是民族融合的产物，也是西夏以开放的姿态对待外来文化的结果，可见西夏服饰是多民族、多元服饰文化的荟萃，体现了中国古代服饰文化在发展过程中的传承与创新，是中国服饰文化不可或缺的一部分。任怀晟、杨浣《西夏"汉式头巾"初探》（《西夏研究》2015年第3期），依据《天盛律令》，指出汉式头巾在形制上与"番样头巾"的区别为向后长垂的"阔大带"，说明西夏"汉式头巾"是受到宋朝士风影响的结果。任怀晟、魏亚丽《西夏僧人服饰谫论》（《西夏学》第十一辑，2015年），对西夏僧侣的冠帽样式、须发样式、法衣色彩、法衣造型、法衣质地、法衣穿披方式、服饰配件等方面进行了归纳整理，进而证明西夏中晚期，来自不同地域、不同种族的佛教徒所穿的服饰各异，呈现出佛教兼容并包、欣欣向荣的发展趋势。魏亚丽《西夏武官帽式研究》（《西夏学》第十一辑，2015年），根据图像和文献资料，探讨了西夏武官帽式，指出西夏法典明文规定的镂冠系列为官职较高的武将所穿戴；黑漆冠为官职较低者所穿戴，这对研究西夏武官帽式具有参考价值。魏亚丽、杨浣《西夏幞头考——兼论西夏文官帽式》（《西夏研究》2015年第2期），指出幞头是西夏法典规定的文官朝服首服，介绍了西夏流行的幞头，说明西夏幞头基本上沿袭了唐宋汉族文官幞头的形制。魏亚丽、杨浣《西夏僧侣帽式研究》（《西夏研究》2015年第1期），介绍了西夏僧侣阶层的帽式，指出西夏僧侣阶层戴冠与否，戴冠的场合和式样受时代、地区、民族乃至季节的影响而变化，并不严格按照身份地位的高低而规定。说明这种多元并茂的帽式文化格局是西夏多民族文化和多宗派佛教文化的产物。

关于西夏丧葬文化，穆旋《宋夏丧葬文书比较研究》（宁夏大学硕士学位论文，2015年3月），运用比较研究的方法，对宋夏两个统治政权下民众所使用的丧葬文书，从其种类、格式及其内在的文化意蕴等角度予以介绍和分析，对丧葬文化的研究具有一定意义。刘晔、穆旋、赵彦龙《宋夏丧葬文书档案比较浅析》（《档案管理》2015年第3期），对典籍史料和出土材料中发现的宋夏丧葬文书档案材料进行了整理，梳理了宋夏丧葬文书的种类及数量，对进一步比较研究其行文范式及文化意蕴具有重要意义。任怀晟、杨浣《西夏天葬初探——以俄藏黑水城唐卡X—2368为中心》（《西夏学》第十一辑，2015年），对俄罗斯艾尔米塔什博物馆所藏黑水城出土唐卡X—2368进行了研究，并与古印度"尸陀林"以及藏地、中西亚的天葬进行了对比分析，指出黑水城唐卡X—2368具有迄今为止最早，也是最直接反映西夏时期天葬风俗的图像资料的可能性，对于研究西夏时期黑水城地区的丧葬风俗和宗教仪轨具有十分重要的价值。

关于石窟艺术，贾维维《榆林窟第3窟五护佛母图像研究》（《敦煌研究》2015年第4期），梳理了《成就法鬘》《究竟瑜伽鬘》两部12世纪左右成书的梵文成就法集以及在藏文大藏经中对应的相关仪轨文本，分析了榆林窟第3窟南壁西侧恶趣清净曼荼罗上方的五护佛母，并结合尼泊尔、我国的西藏地区和西夏的同题材造像分析了榆林窟第3窟五护佛母图像的构成内容与特征。与此相关，刘永增《瓜州榆林窟第3窟五守护佛母曼荼罗图像解说》（《敦煌研究》2015年第1期），指出五守护佛母曼荼罗广泛流行于尼泊尔和我国的西藏地区。五守护佛母曼荼罗的相关经典成立在公元1100年前后，其发现和解读，对研究敦煌石窟西夏密教图像的源流有着重要的参考价值。李慧国《张掖大佛寺西游取经图壁画内容考辨》（《贵州大学学报》2015年第5期），对张掖大佛寺卧佛殿现存的一幅西游取经图壁画与《西游记》小说故事进行对比，分析了壁画的图像内容。牛勇《西夏时期敦煌石窟装饰图案艺术研究》（《中国包装》2015年第7期），考察了西夏时期敦煌石窟装饰图案艺术在题材内容、表现形式及风格等方面体现出的独特的时代特征和精神风貌，对当代艺术设计的发展无疑具有重要价值。王胜泽《西夏佛教艺术中的童子形象》（《敦煌学辑刊》2015年第4期），指出具有西夏元素特征的童子形象，无论是来自佛教经义，还是世俗社会，在一定程度上都反映出西夏童子的生活与风貌，对了解西夏童子形象有参考价值。杨富学《文殊山万佛洞西夏说献疑》（《西夏研究》2015年第1期），指出西夏僧俗着装均右衽，而万佛洞上师却为左衽，全然不同。作者根据元《有元重修文殊寺碑铭》记北魏、元代对文殊山的修葺，而全然不及西夏，认为文殊山石窟的基本规模大致就是在元朝后期阔王家族统辖河西时期奠定的，万佛洞今存壁画应为元代遗墨。尹江伟《略谈西夏文化中的绘画与雕塑艺术》（《西部学刊》2015年第10期），介绍了绘画、雕塑的种类、特点，展现出西夏文化艺术特有的魅力。

关于供养人图像，张先堂2篇：《敦煌莫高窟第148窟西夏供养人图

像新探——以佛教史考察为核心》（《西夏学》第十一辑，2015年），对
西夏时期供养人图像的考察，有助于我们加深对当时参与石窟重修活动
的功德主、施主的了解，进而有助于我们对当时石窟营造活动参与者
及其组织形态获得更加清晰的认识。《瓜州东千佛洞第5窟西夏供养人
初探》（樊锦诗、才让、杨富学主编《丝绸之路民族文献与文化研究》，
甘肃教育出版社，2015年），运用图像学的研究方法首次专门考察了此
窟西夏供养人图像，并借助西夏学者史金波先生对西夏文题记的释读、
翻译和注解考察了此窟供养人题记，认为此窟是由身为寺主、名叫智远
的和尚监督指导，由来自多个不同党项族、汉族姓氏的武官、文官家族
的男女成员共同合作出资营造的功德窟。赵晓星《西夏时期的敦煌五台
山图——敦煌五台山信仰研究之一》（《西夏学》第十一辑，2015年），
指出西夏时期敦煌文殊变的五台山背景以多种全新样式呈现，西夏在贺
兰山中修建的"北五台山"内容也传到敦煌，并与敦煌的五台山信仰相
互影响。周维娜《西夏晚期石窟壁画风格探析》（《兰台世界》2015年
第6期），以榆林窟第2、3、29窟，东千佛洞第2窟壁画为例，分析了西
夏晚期石窟壁画的创作背景及艺术风格。

关于音乐，刘文荣2篇：《瓜州东千佛洞西夏第7窟"涅槃变"中乐
器图像的音乐学考察》（《西夏学》第十一辑，2015年），从音乐学及夏
与周边民族音乐文化关系的角度，对瓜州东千佛洞第7窟"涅槃变"中
的三身乐器做了考论，对认识西夏乐舞文化具有极重要的意义。《西夏
乐器"七星"考》（《宁夏大学学报》2015年第3期），通过《番汉合时
掌中珠》及《杂字》中记录的乐器名称，对"七星"一词进行了考证，
指出其在西夏是较为常见且流行的乐器，为认识与研究西夏音乐提供
了极为重要的历史资料。赵宏伟《西夏音乐文献及其音乐图像学相关研
究》（《民族艺林》2015年第4期），运用音乐图像学的研究方法对研究
西夏音乐文献极具理论和现实意义。

关于水月观音，马莉、史忠平《黑水城X.2438号唐卡水月观音图研究》（《新疆艺术学院学报》2015年第3期），不仅反映了水月观音图像在西夏的传播和演变，而且融中原风格、吐蕃风格、回鹘风格于一身，具有较高的研究价值。史忠平《敦煌水月观音图的艺术》（《敦煌研究》2015年第5期），根据图像渊源、绘画技法等对敦煌现存五代、宋、西夏、元时的30余幅水月观音图进行分类研究，说明敦煌水月观音图的地域性特征和美术史价值。孙鸣春《西夏水月观音图像考论》（《兰台世界》2015年第6期），指出在崇尚礼佛的西夏，人们在进行水月观音画像创作时，不仅吸收了汉地的艺术创作技巧，而且融入了少数民族的艺术风格和审美观，从而使西夏水月观音画像愈显精美和华贵。

关于瓷器，徐睿《丝绸之路上的西夏瓷——甘肃省博物馆藏西夏瓷器探究》（《丝绸之路文物考古研究》，2015年），对甘肃省博物馆藏的5件西夏瓷器做了介绍，并将其与山西、河北造瓷进行联系，形成粗犷质朴和极具党项民族特色的西夏瓷器，说明宋、金、元时期丝绸之路北段的文化和经济往来非常密切。关于瓷器款识，张雪爱《西夏瓷器款识述论》（《西夏研究》2015年第3期），对西夏瓷器上不同类型的款识进行了论述，为研究西夏瓷器和制瓷业提供了重要资料。

关于木板画，于光建、张东《甘肃武威出土西夏木板画研究述评》（《丝绸之路文物考古研究》，2015年），从出土概况、专著、论文、文物图录、发掘报告等五个方面进行了概述，指出目前研究成果的不足，认为应进一步深入、系统、全面地解读和研究武威西夏木板画。

关于西夏佛教，崔红芬3篇：《元代杨琏真伽佛事活动考略》（《西部蒙古论坛》2015年第4期），对杨琏真伽在江淮任职十余年落实朝廷的宗教政策进行了详细阐述，指出杨琏真伽的佛事活动不仅为藏传佛教在江南的传播和佛典的流行起了积极作用，而且促进和推动了不同民族佛教文化的相互吸收与融合。《英藏西夏文本〈妙法莲华经〉研究》

（《普陀学刊》第二辑，2015年），对《英藏黑水城文献》中的23件西夏文《妙法莲华经》或《观世音菩萨普门品》解读和考证，并结合其他文献考证《妙法莲华经》翻译成西夏文的时间，为学界全面了解西夏时期佛经的流行和西夏佛教发展提供了依据。《中英藏西夏文〈圣曜母陀罗尼经〉考略》（《敦煌研究》2015年第2期），对中英藏西夏文《圣曜母陀罗尼经》进行梳理、译释和考证，判定西夏文《圣曜母陀罗尼经》遗存情况，并结合法成本和法天本，探讨西夏文本所依据的底本以及其流行、传播等的情况。段玉泉《两部西夏文佛经在传世典籍中的流变》（《西夏学》第十一辑，2015年），对西夏诠教法师鲜卑宝源翻译的两部陀罗尼经《胜相顶尊总持功能依经录》和《圣观自在大悲心总持功能依经录》在元明两代典籍中的流变情况进行了梳理，指出陀罗尼经过不动金刚法师改译后，又传承至明代，说明其在离开西夏之后继续在民间衍化流传。樊丽沙2篇：《从出土文书看西夏佛典的印制与传播》（《兰台世界》2015年第9期），指出西夏翻译和刊刻汉文佛经的数量日益增多，不仅与西夏百姓的宗教信仰需求有关，而且与西夏统治者仰慕中原佛教文化密不可分，故西夏立国初期多次向中原求取佛经文献，这也是汉文佛经在西夏久为流传的重要原因。《浅谈西夏番文大藏经翻译相关问题》（《兰台世界》2015年第36期），将出土文献与传世史料结合表明，西夏的译经活动不仅有严格有序的分工合作，而且境内几大著名寺院也是当时译经的主要场所，从西夏译经工程可以看出西夏佛教发展的多民族特性，在汉语佛经译成番文佛经的过程中，回鹘和汉族僧人的作用举足轻重。廖旸《〈大威德炽盛光如来吉祥陀罗尼经〉文本研究》（《敦煌研究》2015年第4期），指出《大威德炽盛光如来吉祥陀罗尼经》为一种未入藏的炽盛光陀罗尼经，陆续发现于敦煌、黑水城、大理佛图塔等遗址，并有多种传世本被逐渐公布。作者汇总相关材料，尝试把握该经从中唐到明代的时代特征，这有助于将炽盛光经法的相关探讨推向深入。聂鸿音《关于西夏文〈大般若经〉的两个问题》(《文献》2015年第1期),根据出土文物对西夏时代是否译出了全部六百卷经文以及经文是否有刻本存世这两个问题给出了肯定的回答,同时指出现在见到的《大般若经》刻本应是元代遗物,并不是在西夏时代完成的。

关于佛经译场,段岩、彭向前《〈西夏译场图〉人物分工考》(《宁夏社会科学》2015年第4期),依据《宋会要辑稿》《佛祖统纪》中关于宋代译场的记载,首次对《西夏译场图》中的人物分工做了考察,了解了9位西夏高僧各自在佛学上的过人之处。这对西夏僧人身份的考证不无裨益,有利于对古代佛经译场方面的研究。文章最后对《西夏译场图》的版画艺术特征略加探讨。

关于佛教寺院,梁松涛《西夏时期的佛教寺院》(《西夏研究》2015年第2期),利用新译出的资料对西夏时期的45个寺院名称进行了译释,作者认为西夏时期的寺院主要有官寺及家寺,家寺主要有皇家寺院及高僧大德所设立的私家寺院,官寺主要为帝王或国家举办全国性佛事活动佛教法会,西夏时期的官寺享有特权,并且规模浩大。秦雅婷《元昊西凉府祠神初探》(《西夏研究》2015年第2期),对宝元元年(1038)夏主元昊立国伊始便到西凉府祠神进行分析,指出元昊祠神除礼佛祭祀和祭拜祖先外,更重要的是以祠神之名对西凉府进行战略部署,祠神活动背后有着强烈的军事意图。张媛《宁夏境内西夏塔的研究与保护》(西北师范大学硕士学位论文,2015年5月),根据文献资料对西夏古塔的原名称和建塔背景进行了分析,对7处塔的类型特征和构造进行了对比研究,探讨了榆林窟第2、3窟和莫高窟第237窟壁画中的佛塔对西夏塔的影响,对宁夏境内7处塔的修缮过程进行了追溯,并提出关于西夏塔的保护意见。

关于道教,陈广恩《黑水城出土元代道教文书初探》(《宁夏社会科学》2015年第3期),指出黑水城出土元代蒙古文道教文书4件、汉文道符2件，对研究元代西北地区的道教以及道教在亦集乃路的流传情况具有重要价值。

（二）政治经济

关于西夏钱币，陈瑞海《西夏金银钱探微》（《西夏研究》2015年第2期），对西夏金银钱年号进行了初步探讨，附录了西夏金质"天庆元宝"（汉文）平钱图录。韩爱丽、赵天英《甘肃藏西夏钱币及其相关问题》（《丝绸之路民族货币研究》，2015年），概述了甘肃藏西夏钱币的种类、特点，以及出土地在西夏的贸易地位，如实地再现了西夏贸易的繁盛与发展，是研究西夏经济的重要依据之一。康柳硕《关于西夏钱币研究的几个问题》（《丝绸之路民族货币研究》，2015年），对西夏文字钱币的解读、年代及用途，西夏汉文钱币的辨释、年代及用途，以及西夏使用黄金、白银作为货币等问题进行了探讨，对研究西夏钱币有启发意义。黎大祥《甘肃武威发现的一批西夏铜铤》（《丝绸之路民族货币研究》，2015年），叙述了西夏铜铤的发现经过、出土情况调查与时代分析，介绍及研究了铜铤的形状特征、名称的认定问题、货币性问题，对于还原当时的政治、经济和社会状况具有重要的历史研究价值。李文娟、曹源《甘肃出土的辽、西夏、金代钱币》（《丝绸之路民族货币研究》，2015年），指出绝大多数为宋钱和前朝旧钱，反映出甘肃境内的商品贸易和货币流通状况。李逸友《元代草原丝绸之路上的纸币——内蒙古额济纳旗黑城出土的元钞及票券》（《丝绸之路民族货币研究》，2015年），不仅提供了研究元代纸币和可流通的有价证券的实物资料，而且对于研究元代纸币的使用和贬值情况也提供了新材料。牛达生3篇：《从出土西夏窖藏钱币看西夏货币经济》（《丝绸之路民族货币研究》，2015年），此西夏窖藏钱币于宁夏贺兰山大风沟发现，乃宁夏首次发现西夏窖藏钱币，对钱币研究尤其是西夏钱币研究具有重要意义。《浅论西夏铁钱及铁钱专用区的设置》（《丝绸之路民族货币研究》，2015

年），就西夏铁钱的发现、分布特点、版别，特别是西夏铁钱专用区的设置等问题进行了探讨，弥补了泉界对铁钱研究的不足。《西夏遗址中发现的铅质"大朝通宝"——兼论"大朝通宝"的若干问题》（《丝绸之路民族货币研究》，2015年），与以往出土的银质和铜质不同，铅质"大朝通宝"在宁夏是第一次出土，在全国也是首次发现，具有重要的文物、收藏和研究价值。彭金章、沙武田《试论敦煌莫高窟北区出土的波斯银币和西夏钱币》（《丝绸之路民族货币研究》，2015年），对莫高窟北区第222窟、113窟发现的波斯货币和西夏钱币进行了探讨，不仅填补了这两种钱币在敦煌考古学领域的空白，而且为学术界深入研究敦煌学、西夏学、钱币学等学科提供了一批新的实物资料。杨富学、李志鹏《北宋钱荒之西夏因素考析》（《丝绸之路民族货币研究》，2015年），通过西夏境内各地窖藏的大量北宋铜钱，发现西夏境内流通的主要是北宋铜钱，指出西夏将大量的铜钱销毁或熔化以铸造兵器、专设铁钱区，以确保铜钱有进无出，势必会对北宋钱荒的形成起到推波助澜的作用，是其不可忽视的重要因素。潘洁、陈朝辉《黑水城文书中钱粮物的放支方式》（《敦煌研究》2015年第4期），对黑水城文书中钱粮物的放支方式进行了归纳，并分析其原因，可弥补《元典章》当中的不足。

关于西夏农事，孔德翊《西夏社稷祭祀探析》（《农业考古》2015年第1期），指出西夏祭祀内容的变化反映出国家权力体系重新构建，认为唐末五代社会变迁和党项民族自身传统，以及多元文化整合共同导致了社稷之神在国家祭祀体系中的位置变化。李柏杉《西夏仓库生产管理职能初探》（《西夏研究》2015年第1期），对西夏《天盛律令》中所见仓库名称及储藏物的耗损率进行分析，认为西夏存在一类以生产管理为主要职能的特殊"库"，是具有垄断性质的官营生产经营机构，反映出当时仓储、物流管理尚处于相对落后的初始阶段。李景涛《宋代陕西路沿边党项和吐蕃的农畜牧业生产——以耕地面积和牲畜数量为中心》

（《贵州民族研究》2015年第7期），根据党项和吐蕃人口数量、该地区粮食亩产量、人均每天所需粮食数量等，借鉴耕地面积复原研究的方法以及牲畜数量，探讨了宋代陕西路沿边党项和吐蕃的家畜牧业生产的问题。李玉峰2篇：《从考古资料看西夏农业发展状况》（《西夏研究》2015年第2期），对出土的西夏农具进行分类、比较分析，结合考古资料可知西夏时期我国西北的农业早已不是粗放式农业，而是经过中耕锄草、加强田间管理、改善耕作技术和收割技术的精耕细作农业。《论西夏的农事信仰》（《沧州师范学院学报》2015年第2期），探讨了西夏农民在长期的生产活动中形成的占卜农事丰歉、祈求免除灾害、避祸得福等习惯，说明了农民在农事信仰上的共性。

关于榷场贸易，陈瑞青《黑水城所出西夏榷场使文书中的"头子"》（《中华文史论丛》2015年第3期），对西夏时期的"头子"做了大致介绍，指出其名目多能在宋代找到原型，反映了西夏"头子"这种文体地方化的趋势和特点。郭坤、陈瑞青《交易有无：宋、夏、金榷场贸易的融通与互动——以黑水城西夏榷场使文书为中心的考察》（《宁夏社会科学》2015年第5期），通过考察夏金榷场贸易中的商品，分析指出西夏榷场贸易中的川绢、川缬、茶叶、干姜、抄连纸等是通过宋金榷场辗转流入西夏境内的，说明宋、夏、金榷场之间存在明显的贸易互动过程，通过这一过程实现了南北货物在三者之间的流通。刘霞、张玉海《〈金史〉夏金榷场考论》（《宁夏社会科学》2015年第6期），指出《金史》榷场记载49处，其中有关夏金榷场20余处，初步勾勒出夏金榷场的性质、沿革、管理等基本情况，对研究夏金经济贸易关系具有重要意义。刘晔、赵彦龙、孙小倩《西夏榷场贸易档案中计量单位探讨》（《兰台世界》2015年第33期），对计量单位进行了分析，反映了西夏的科技水平，揭示了夏金榷场贸易的状况和实质，重点探讨了西夏长度计量单位"段"，并对其来源、在不同朝代的长度以及西夏"段"的长度和价值进行了比较全面的考察，具有重要意义。

关于盐业，崔玉谦《北宋陕西路制置解盐司考论》（《西夏研究》2015年第1期），指出真宗朝始置陕西路制置解盐司是为处理同西夏之间的青白盐走私事务，仁宗朝之后再次设置则是推行新盐法及筹措宋夏战争的军费诸事务。其设置有效弥补了北宋中后期西北三类路级监司的管辖范围均不涉及西北全境的不足，同时对于西北地区推行新盐法以及筹措宋夏战争的军费均起到了积极的作用。任长幸《夏宋盐政比较研究》（《盐业史研究》2015年第2期），指出西夏的盐政更多是出于经济考虑，而宋朝的盐政则兼具经济性与战略性。

关于西夏军事，樊永学《西夏部落兵制研究》（宁夏大学硕士学位论文，2015年3月），通过《贞观玉镜将》《天盛律令》以及黑水城出土的军籍等法律文献梳理阐明了西夏部落兵制的组织结构和运作方式，丰富了对11—14世纪中国古代北方民族军事制度史的了解和认知。景永时《西夏马政述论》（《北方民族大学学报》2015年第5期），指出西夏不仅有一套比较系统的马政体系，而且管理措施完整而细密，并有相关法律做保障。本文有助于深入了解西夏立国长久的原因，而且对中国马政史的研究也有裨益。刘春生《西夏文本〈孙子兵法〉的文献研究》（《孙子研究》2015年第2期），依据《孙子兵法》西夏文本不仅可以校订宋本正文的讹误，还可以校订曹操、李筌、杜牧三家注的错误，同时也为三家注的辑佚提供了文献依据。刘志《西夏的对外进攻战略研究》（外交学院硕士学位论文，2015年6月），认为西夏在对外关系中长期运用进攻的战略确保了西夏的长期生存。分析了西夏对外进攻战略的特点以及战略原因，对研究西夏军事战略有参考价值。关于避讳制度，洪越《浅谈西夏公文避讳制度》（《文教资料》2015年第36期），对西夏公文避讳制度进行了较为深入、细致的研究，探索其对中原王朝的继承与发展，分析西夏公文避讳制度的特点及成因，有助于更加宽泛、细致地审视中国古代公文避讳制度。刘双怡《西夏地方行政区划若干问题初探》（《宋史研究论丛》第十六辑，2015年），根据《天盛律令》记载，西夏地方行政区划采取经略司—监军司两级统属体制，反映出西夏地方行政区划遵循"差序格局"，并根据不同地方的不同性质来调整其等级。

关于西夏政治，刘毅《辽西夏金陵墓制度的新因素及其影响》（《南方文物》2015年第3期），从陵墓选址、陵园布局和建置、多室的玄宫结构、陵山崇祀与封祭、皇帝亲祭先陵等方面分析了辽、西夏、金三朝皇陵制度中的新因素，并说明了对明清皇陵制度的影响。余军《西夏王陵对唐宋陵寝制度的继承与嬗变——以西夏王陵三号陵园为切入点》（《宋史研究论丛》第十六辑，2015年），论述了西夏王陵在唐宋陵寝制度的影响下，使汉族儒家文化和佛教文化与党项民族文化三者有机地结合在一起，反映了在笼罩着佛教信仰浓厚气氛的帷幕下，中原传统文化与西夏民族文化在陵寝制度方面的叠加和交融。王又一《西夏"秦晋国王"再考——兼论西夏封王制度》（《淮海工学院学报》2015年第6期），对西夏封王制度做了初步性考究，分析了西夏封王制度的种类与特点，进一步探讨了"天盛十九年施经发愿文"中所提到的"秦晋国王"。魏淑霞《西夏职官中的宗族首领》（《宁夏社会科学》2015年第5期），指出首领具有双重身份，他们既是部族的首领，又是西夏职官体制中的一员，拥有自己的部族，又受到西夏政府的管理，广泛参与西夏政治生活，是西夏政治力量中的重要一级，进而说明宗族首领权力的拓展是与党项羌族、西夏政权的汉化相伴随的。尤桦《从武器装备看西夏仪卫制度》（《西夏学》第十一辑，2015年），结合西夏《天盛律令》中的相关规定和西夏壁画仪卫图中对武器装备的描绘，对西夏的仪卫制度进行了探讨。

（三）法律社会

关于《天盛律令》，戴羽2篇：《〈天盛律令〉的法律移植与本土化》（《西夏研究》2015年第1期），从杖刑、劳役刑、拘管刑、审案期限、监狱卫生法令等方面说明与宋律令的渊源关系，但又指出罚马代替赎铜、扩大籍没刑范围、加重量刑具有鲜明的本土化特征，反映了西夏法律根据特殊国情做出的必要调整。《〈天盛律令〉中的西夏体育法令研究》（《成都体育学院学报》2015年第4期），对《天盛律令》中的相扑等有关体育的法令做了探讨，这是我国目前所见文献中最早的相扑立法。侧面反映出西夏体育具有军事性、全民性、严密性的特点。高仁《一件英藏〈天盛律令〉印本残页译考》（《西夏学》第十一辑，2015年），对英藏Or.12380—1959（K.K.Ⅱ.0282.a）号文书经过翻译与考证，认为是《天盛律令》第十八卷《舟船门》下的"造船及行牢等赏"条目，为俄藏《天盛律令》未存内容，对研究西夏律令具有重要意义。李炜忠《〈天盛律令·行狱杖门〉研究》（宁夏大学硕士学位论文，2015年3月），对研究西夏的刑狱制度及司法制度具有一定的意义。梁君《〈天盛律令·为婚门〉考释》（宁夏大学硕士学位论文，2015年3月），对研究西夏民间婚姻关系、礼法体系具有一定的意义。梁松涛《黑水城出土西夏文〈亥年新法〉卷十三"隐逃人门"考释》（《宁夏师范学院学报》2015年第2期），对黑水城出土的西夏文《亥年新法》卷十三"隐逃人门"进行了全部录文及考释，同时与《天盛律令》中关于隐逃人的条法进行了对比，厘清了西夏法律传承变化的规律，为进一步研究西夏文〈亥年新法〉卷十三"隐逃人门"提供了新史料。梁松涛、李灵均《试论西夏中晚期官当制度之变化》（《宋史研究论丛》第十六辑，2015年），对《天盛律令》和《亥年新法》中有关官当制度的法条进行了梳理，说明了西夏晚期因战争因素而导致政府财政紧张的真实状况。骆详译《从〈天盛律令〉看西夏水利法与中原法的制度渊源关系——兼论西夏计田出役的制度渊源》（《中国农史》2015年第5期），从制度渊源上对西夏水利法与中原法进行了探讨，指出计田出役等部分条文深受中古以来河西制度的影响，为研究西夏受中原影响提供了新资料。任红婷《试论我国中古时期的成文宗教法——以西夏〈天盛律令·为僧道修寺庙门〉为中心》（《宁夏大学学报》2015年第5期），对《天盛律令·为僧道修寺庙门》进行了介绍，指出《天盛律令》中有关宗教管理的成文律令，超越了前代以编敕方式来确立宗教立法的习惯，是我国现存最完整的成文宗教法。王晓萌《从〈天盛律令〉看西夏法典的创新与作用》（《兰台世界》2015年第6期），探讨了《天盛律令》的特点，对研究《天盛律令》的内在价值有一定的意义。赵璐璐《里正职掌与唐宋间差科征发程序的变化——兼论〈天圣令·赋役令〉宋令第9条的复原》（《史学月刊》2015年第10期），《天圣令》的发现，为唐令复原研究提供了新的材料，目前据《天圣令·赋役令》宋令第9条复原的唐令基本依照宋令原文。作者针对里正职掌及其在唐宋间差科征发程序的变化，认为这一转变与里正职掌和身份的变化密切相关，反映出唐宋之间基层政务管理模式的转型。

姜歆3篇：《论西夏的审判制度》（《西夏研究》2015年第2期），将西夏审判制度中的审讯和判决分别加以分析，反映西夏审判制度与中国传统法律在承袭和运用的过程中不断总结和积累的经验有很大关系。《论西夏的起诉制度》（《宁夏社会科学》2015年第2期），分析西夏诉讼机关对于诉讼案件的处理、起诉的形式、起诉制度的原则和特点，说明西夏确实形成了一种体系比较完整的起诉制度。《论西夏司法官吏的法律责任》（《宁夏师范学院学报》2015年第4期），将西夏、唐宋法律中有关司法官吏的法律责任进行比较，旨在说明西夏法律对唐宋法律的继承和创新，从而论证出西夏司法官吏法律责任的严密性与规范性。侯爱梅《从黑水城出土文书看元代亦集乃路的司法机构》（《商丘师范学院学报》2015年第8期），对黑水城出土的300多件元代词讼文书进行了梳理研究，发现亦集乃路具有五大司法机构，共同完成案件审理、执行的司法运作程序。于熠《西夏法律多元文化属性的特征及其演进方式》（《贵州民族研究》2015年第12期），探讨了西夏吸收儒家文化，并进行一系列的"文明之法"的改革，说明了西夏法律呈现出多元文化的属性。

关于契约，郝继伟《西夏会计契约探讨》（《贵州民族研究》2015年第10期），从会计角度对西夏契约分类，分析其性质与结构，指出为了保证契约的履行，西夏法律对债权人实施了全方位的保护，以实现权利和义务在各个会计主体之间的转移。说明西夏契约与中原契约一脉相承，反映了民族间的高度融合；但在契约签订主体的独立性和契约的标准化方面，则表现出了西夏的民族特色。梁君《元代黑水城地区婚姻契约考释》（《黑河学刊》2015年第4期），探讨了元代黑水城出土的两件婚姻契约文书。刘晔、赵彦龙、孙小倩《从黑水城出土典工档案看西夏典工制度》（《档案管理》2015年第5期），指出典工档案中反映的典工抵债的日工价与西夏法典所规定的典工日工价相差悬殊，反映了西夏现实生活中的典工抵债存在着赤裸裸的剥削和压榨。谭黛丽、于光建《从〈天盛律令〉看西夏的出工抵债问题——基于唐、宋、西夏律法的比较》（《宁夏社会科学》2015年第3期），以出工抵债为切入点，对唐、宋、西夏相关法律进行了比较，对学界研究西夏法制史具有参考价值。赵彦龙《西夏契约参与人及其签字画押特点》（《青海民族研究》2015年第1期），对西夏契约中的参与人的类型、构成条件及签字画押特点和职责进行了比较全面的探讨，对西夏契约文书的进一步研究具有重要意义。赵彦龙、孙小倩《种类齐全　价值珍贵——西夏账册档案研究之三》（《宁夏师范学院学报》2015年第4期），对西夏账册档案的种类和价值进行了探讨，是研究西夏社会经济制度、财物管理制度的重要凭证。

关于西夏社会，任红婷《论西夏社会保障》（《宁夏大学学报》2015年第1期），认为西夏社会保障制度是西夏政治文明和社会文明进步的重要标志，但有辐射范围较小、保障力度不强、传统宗教观念占重要地位等西夏时代的自身特点。

（四）黑水城文献考释

关于黑水城文书，陈瑞青《略论黑水城元代文献中的忽剌术大王》（《西夏学》第十一辑，2015年），论述了黑水城元代文献中的两件文书，对于研究元末西北地区诸王驻军及其军粮供给等问题具有较高的史料价值。陈朝辉《黑水城出土北元初期汉文文书初探》（《西夏研究》2015年第4期），对黑水城出土的有纪年的十余件北元文献进行了论述，为研究北元历史提供了新资料。杜建录、邓文韬《黑水城出土合同婚书整理研究》（《西夏研究》2015年第1期），对黑水城出土的两件元代合同婚书进行了探讨。杜立晖《元代勘合文书探析——以黑水城文献为中心》（《历史研究》2015年第2期），依据黑水城文献及其他相关文书，进一步考察了元代勘合文书的运作流程等问题。冯金忠《黑水城文书所见西夏银牌——兼论西夏制度的辽金来源》（《中华文史论丛》2015年第3期），对俄藏黑水城文献Инв.No.315（2-1）号文书中的银牌安排官进行了论述，其中所反映的银牌加官职的组合形式，显示西夏银牌已经突破了以前作为信牌、宿卫牌、守御牌等的限制，开始具有对应官员身份等级的职能。对研究西夏、辽、金职官体系具有重要作用。翟丽萍《夏州节度使文武僚属考——以出土碑石文献为中心》（《西夏学》第十一辑，2015年），从军将、文职两个方面考察夏州政权的文武僚属，从而探讨其任职人员的迁转问题。

关于墓志铭考释，陈玮《后晋绥州刺史李仁宝墓志铭考释》（《西夏学》第十一辑，2015年），该墓志铭收录于《中国藏西夏文献》中，志文对李仁宝家族成员所任职官名号及李仁宝退隐生活多有反映，是研究唐末五代夏州定难军历史及其职官制度的重要文物资料。杜建录、邓文韬、王富春《后唐定难军节度押衙白全周墓志考释》（《宁夏社会科学》2015年第2期），通过对墓志的考释，揭示出唐末五代定难军夏州政权以回图贸易作为财政收入来源之一，说明在唐五代时期的定难军政权中，节度押衙之职级略高于正兵马使，且定难军节度押衙一职出现了阶官化趋向。严耀中《"四面像碑"与"四面佛像"》（《社会科学战线》2015年第9期），对宗教造像或造像碑进行了考察论述，对研究佛教从印度传入中国出现中国本土化的情况具有参考价值。周峰《元代西夏遗民买住的两通德政碑》（《西夏学》第十一辑，2015年），对《邑令买住公去思碑》与《达鲁花赤买住公善政碑》两块碑进行了考释，对研究西夏遗民具有重要意义。

关于西夏文献，俄军《甘肃省博物馆馆藏西夏文献述略》（《丝绸之路文物考古研究》，2015年），对天梯山石窟、武威张义修行洞遗址出土，永靖炳灵寺石窟发现的佛教典籍和出土于武威张义小西沟岘修行洞的世俗文献进行了探讨，说明其地佛事活动兴盛，指出有些文献乃国内外西夏藏品中的罕见珍品，对研究西夏社会历史具有相当重要的价值。俄军、赵天英《甘肃境内西夏遗址综述》（《西夏研究》2015年第4期），甘肃西北部作为历史上西夏人活动的主要区域之一，留有不少石窟、寺庙、城址、烽燧、窖藏、瓷窑、墓葬等遗迹，这些遗迹是研究西夏历史文化的重要资料。王博文《甘肃镇原县境内宋代御夏古城遗址考察研究》（《西夏研究》2015年第4期），对地处宋夏边界地带的镇原境内古遗址做了考论，可为研究北宋时期西北边防体系提供翔实的考古资料。俄军、赵天英《甘肃藏西夏文物述略》（《丝绸之路文物考古研究》，2015年），阐述了甘肃藏西夏文物，反映了西夏人的生活状况、习俗文化、宗教信仰、价值取向，是研究西夏历史的珍贵资料，也是中国民族史、语言文字史、艺术史、佛教史的研究资料。梁继红、米玉梅《试论武威西夏文献的版本特点及价值》（《丝绸之路文物考古研究》，2015年），对武威出土的西夏文献的印刷或书写形式、装帧、版面、行款、边栏、版心和插图进行了探讨，其装帧形式囊括了宋代流行的各种装帧样式，泥活字印本的发现补充了国内现存文献版本中的不足。武威西夏文献对研究西夏学、佛学、文献学、印刷史、版本学等具有重要的学术价值。刘广瑞《张大千西夏文献题跋考释——张大千旧藏西夏汉文文书研究之二》（《宁夏师范学院学报》2015年第1期），通过补充和解释张大千针对莫高窟西夏文献所作的7个题跋涉及的相关问题，了解了张大千对西夏文献研究的贡献，同时对进一步认识这些西夏文献具有重要意义。马振颖、郑炳林《〈俄藏敦煌文献〉中的黑水城文献补释》（《敦煌学辑刊》2015年第2期），对俄藏敦煌文献中混入的一部分黑水城文献做出判别，并进行释读、拟名及研究，对于敦煌学和西夏学的研究，都具有重要意义。

秦桦林《黑水城文献刻本残页定名拾补二则》（《文献》2015年第6期），根据历代书目以及传世古籍，对黑水城文献中两组宋元时期未定名的刻本残页进行了相关考订，分别定名为《孝经直解》与《三国志文类》，并依据版式特征进一步指出，前者当为元浙本，后者当为元建本。邵鸿、张海涛《西夏文〈六韬〉译本的文献价值》（《文献》2015年第6期），将西夏译本和宋代形成的今本《六韬》进行了对比，探讨了西夏文《六韬》的文献价值，具有一定的训诂学价值。孙伯君《西夏文"明点"考释》（《宁夏社会科学》2015年第1期），依据文献对西夏文"撬矫明点"一词做了考释，指出"明点"是藏传佛教的专有名词。王荣飞、戴羽《英藏西夏文译〈贞观政要〉的整理与研究》（《西夏学》第十一辑，2015年），利用发现的有关出土地点的原始记录，进而完善了英藏西夏文译《贞观政要》的信息，并对《贞观政要》夏译本与诸汉文本的内容差异做了介绍，从版本角度讨论了差异产生的原因。问王刚《明代题涉西夏文献研究》（宁夏大学硕士学位论文，2015年3月），对明代文献中涉及西夏政权兴衰历史撰述与检讨的文献进行了阐述，指出明代题涉西夏文献是传世典籍中汉文西夏文献的重要组成部分，具有承前启后的意义。魏文《西夏文藏传佛教文献整理编目工作综述》（《西夏学》第十一辑，2015年），将俄藏黑水城西夏文佛教文献中涉及藏传佛教的文本进行了综述，对深入探究和还原藏传佛教在西夏发展的历史和内涵，以及在西夏佛教中的地位和对后世的影响，乃至藏传佛教在后弘期初期发展的历史认知都具有十分重要的学术价值。项璇《国家图书馆道教文献残页"xixdi11jian1.04-1"等三张考辨》（《宁夏社会科学》2015年第4期），经过分析，作者认为道教文献残页"xixdilljianl.04-1"等三张的刊刻应在西夏时期。张新朋《吐鲁番、黑水城出土〈急就篇〉〈千字文〉残片考辨》（《寻根》2015年第6期），对研究《急就篇》《千字文》等我国古代识字类童蒙读物具有参考价值。

关于西夏星占、历法，陈娉《西夏星占、历法档案钩沉》（《兰台世界》2015年第26期），追溯西夏时期历史文物中的星占、历法档案，指出其被用于天象、农业和军事等方面，对古代经济、政治和文化发展起着重要作用，也为今后天文学和科技探究奠定基础。聂鸿音《西夏文献中的占卜》（《西夏研究》2015年第2期），认为党项人原始的占卜术于12世纪中叶被中原传统的占卜学所取代，且存世的西夏占卜文献全部译自汉文，但其中对一些专门术语的译法表明西夏人对中原卦名有自己的理解，以干支为依据的"术数"占卜在西夏的流行程度超过了以八卦为依据的"易经"占卜，对西夏生活的影响更大。梁松涛、袁利《俄藏黑水城出土西夏文占卜文书5722考释》（《西夏学》第十一辑，2015年），对俄藏黑水城出土西夏文占卜文书5722进行录文、校勘、注释、翻译，对西夏使用星平术进行占卜的推算过程进行了探讨，认为其三幅图应为推算图，说明西夏占卜具有多样性、杂糅性、兼容性的特点。赵彦龙《西夏星占档案整理研究》（《档案管理》2015年第2期），经过整理统计，得知西夏星占档案约41件，为了解和掌握西夏占卜的技术和水平提供了资料。彭向前2篇：《几件黑水城出土残历日新考》（《中国科技史杂志》2015年第2期），依据历注中的相关内容，对几件黑水城出土西夏和元代残历日的年代和内容做了考证和勘误，作者首次指出西夏历日文献中有大量长期观察行星运行的记录，仅Инв.No.8085号文书中的观察数据就达88年之久，对研究古代天文历法有重要意义。《西夏历日文献中关于长期观察行星运行的记录》（《西夏学》第十一辑，2015年），指出西夏历法文献多以表格的形式撰写，表格中填写的内容多为数字与地支的组合，以十二次为背景，记载九曜星宿运行情况。侯子罡、彭向前《黑水城出土元代M1·1284［F21：W25］历日残页考》（《西夏学》第十一辑，2015年），根据月朔日、建除十二客、二十八宿注历和二十四节气等历法知识，考定残片四与残片二同为元顺帝至正十年（1350）五月历书，系残片二的后续部分，并对《中国藏黑水城汉文文献》所刊布的这4件残片做了重新拼合。

关于西夏佛经的考释，郝振宇《西夏文〈大宝积经〉卷一考释》（陕西师范大学硕士学位论文，2015年5月），选取俄藏黑水城西夏文佛经《大宝积经》作为研究对象，对于西夏文献的整理和西夏语言文字的研究有一定的意义。麻晓芳《西夏文〈胜慧彼岸到要门教授现前解庄严论诠颂〉译考》（《宁夏社会科学》2015年第6期），对俄藏黑水城Инв.No.5130号重新缀合释读与详细考证，对题记中记载的译经相关的六位僧人的名号、封号及生平重新作以考补，指出诸位经师的主要译著以及主要经文在藏地及西夏文献中的流传情况。荣智涧《西安文物保护所藏西夏文译〈瑜伽师地论〉残叶整理》（《西夏学》第十一辑，2015年），对所藏西夏文译《瑜伽师地论》残页的排序进行了纠正，并对文献的装帧方式、内容及专有名词的翻译方式等相关问题进行了讨论。史金波《西夏文〈大白伞盖陀罗尼经〉及发愿文考释》（《世界宗教研究》2015

年第5期），全文翻译新见西夏文残经卷，指出发愿文中的"太子"为阔端。为此后的凉州会盟做了宗教信仰方面的准备和铺垫。孙伯君《玄奘译〈般若心经〉西夏文译本》（《西夏研究》2015年第2期），从黑水城出土慧忠《般若心经注》的西夏文译本中辑录出玄奘所译《般若心经》全文，并附对译和西夏文原本照片，为学界增加了一种《心经》译本的文字品类，并为写读西夏文《心经》提供了方便。孙昌盛《西夏文藏传佛经〈吉祥遍至口合本续〉勘误》（《北方民族大学学报》2015年第5期），对译自藏文的西夏文佛经《吉祥遍至口合本续》进行了介绍，指出其中的印刷错误颇多，有文字重复、文字前后颠倒等问题，为研究活字印刷品提供了证据。

孙飞鹏《西夏文〈方广大庄严经〉残片考释》（《西夏学》第十一辑，2015年），对《中国藏西夏文献·内蒙古编》中编号为M21·173的一件残片进行了释读，判定该残片出自《方广大庄严·诣菩提场品》。这是西夏文《方广大庄严经》的首次发现，丰富了《西夏文佛教文献目录》的内容。王龙《中国藏西夏文〈佛说消除一切疾病陀罗尼经〉译释》（《西夏学》第十一辑，2015年），对出土于内蒙古额济纳旗绿城遗址、现藏于内蒙古图书馆的M11·14号西夏文写本《佛说消除一切疾病陀罗尼经》进行了翻译和校注，对该经版本、形制及其内容进行了全面系统的梳理，为西夏文献学和佛教史研究提供了一些基础资料。王培培《中国藏西夏文〈维摩诘经〉整理》（《西夏学》第十一辑，2015年），首次对《中国藏西夏文献·甘肃编》中的《维摩诘经》进行了考察，给出卷首录文，并对错乱经卷内容进行整理，指出此经与俄藏经折装西夏文《维摩诘经》出自相同版本。

徐丽华《两种西夏藏文刻本考释》（《中央民族大学学报》2015年第5期），论述了西夏刻本《顶髻尊胜佛母陀罗尼咒》和《八千颂》的文字特点、版式产生的缘由和刊刻年代等问题，认为西夏刻本《顶髻尊胜佛母陀罗尼咒》有第三次文字厘定前的文字特点，其版式为藏汉结合的册页线装，是西夏的早期刻本。而《八千颂》残页版式与元末明初或稍晚出现的四周双边的版式相同，怀疑是后期作品。许鹏2篇：《西夏文〈大方广佛华严经名略〉》（《宁夏社会科学》2015年第6期），首次披露了西夏文《大方广佛华严经名略》的相关学术信息，并对《华严经名略》进行了译释。在揭示西夏文《华严经名略》特点的同时，将其与汉文同类著述进行了比较。在此基础上还对80卷本西夏文《大方广佛华严经》的体例进行了探讨。《中藏S21·002号西夏文〈华严忏仪〉残卷考释》（《五台山研究》2015年第1期），经考证中藏S21·002号西夏文《华严忏仪》残卷的内容属于《华严忏仪》卷十三，分析其与现存的汉文《华严忏仪》之间的差异，可以帮助我们更好地认识《华严忏仪》的创作和流传情况。于光建2篇：《瓜州博物馆藏西夏文〈金刚经〉残页考释》（《火烧沟与玉门历史文化研究文集》，2015年），认为第二批《甘肃省珍贵古籍名录》第0826号西夏文残片是《瓜州博物馆》一书第26页西夏文文献图版，并对其进行了录文及译释，指出第0826号西夏文残片是蝴蝶装印本《金刚般若波罗蜜多经》，对研究西夏文佛经具有参考价值。《武威藏6749号西夏文佛经〈净土求生礼佛盛赞偈〉考释》（《西夏学》第十一辑，2015年），经过考证，认为武威藏6749号西夏文佛经《净土求生礼佛盛赞偈》的集录者是寂真国师，并非俄藏黑水城西夏文献《净土求生顺要论》的传者寂照国师，这为研究西夏佛教净土宗信仰及其国师提供了新的原始材料。张多勇、于光建《瓜州东千佛洞泥寿桃洞西夏文两件印本残页考释》（《敦煌研究》2015年第1期），认为1号文书是蝴蝶装的《金刚般若波罗蜜多经》印本，2号文书为《慈悲道场忏法》卷首残页，由此可窥见西夏瓜州地区《金刚经》和忏法思想的流行情况。张九玲3篇：《〈佛顶心观世音菩萨大陀罗尼经〉的西夏译本》（《宁夏师范学院学报》2015年第1期），文章首次刊布了《佛顶心观世

音菩萨大陀罗尼经》的西夏文录文，并参照敦煌汉文本对这部经书进行
翻译和校注，可以为西夏佛教史和西夏语言研究提供一份新资料。《西
夏本〈佛顶心观世音菩萨大陀罗尼经〉述略》（《宁夏社会科学》2015
年第3期），对西夏译本《佛顶心观世音菩萨大陀罗尼经》进行了阐述。
《〈英藏黑水城文献〉佛经残片考补》（《西夏学》第十一辑，2015年），
对《英藏黑水城文献》中的佛经残片进行了初步梳理，考证了多件残片
的出处，并对误定的残片重新定名，为这批文献的利用提供了方便。赵
天英、张心东《新见甘肃临洮县博物馆藏西夏文〈大方等大集经贤护
分〉残卷考释》（《西夏研究》2015年第1期），对甘肃临洮县博物馆所
藏的西夏文《大方等大集经贤护分》进行了考论，此残卷为孤本，具有
珍贵的文献价值。郑祖龙《山嘴沟石窟出土的几件西夏文献残卷考证》
（《西夏学》第十一辑，2015年），对宁夏贺兰山东麓发现的几件未曾定
题的西夏文残卷进行了考证，有助于对《注华严法界观科文》《瑜伽集
要焰口施食仪》《佛母大孔雀明王经》等的研究。

（五）民族关系

关于西夏汉人，曹昕《宋代西北地区及西夏境内番族汉姓初探》
（西北大学硕士学位论文，2015年11月），对宋、西夏境内番族汉姓现
象的分析，反映了宋夏族际交流的状况，有助于理解宋夏间的族际交流
问题。张美侨《西夏汉人研究述评》（《西夏研究》2015年第3期），从
西夏后族中的汉人、汉官和汉僧三个方面，就学界对西夏汉人的研究状
况进行了系统回顾，有助于西夏汉人研究的发展。

关于党项、西夏移民，保宏彪《中晚唐时代背景下的党项崛起》
（《西夏研究》2015年第3期），对中晚唐时期党项的崛起做了分析，对
研究中晚唐与周边少数民族关系具有重要意义。邓如萍《昔里钤部及
沙陀后裔的神话：宗谱的忧虑与元代家族史》（《西夏研究》2015年第4
期），对关于西夏将领昔里钤部及其后裔的基础史料的考察，对研究元

代家族地位有一定的意义。刘翠萍《府州折氏族源与党项化的再思考》（《西夏研究》2015年第4期），对府州折氏族源进行了考证，对研究鲜卑党项化具有启发意义。尹江伟《党项民族溯源及其最终流向探考》（《西部学刊》2015年第7期），指出党项民族有的留居西夏故地，有的迁居内地，也有一部分南下流入青藏高原，还有一部分移居中亚。周伟洲《早期党项拓跋氏世系补考》（《西夏研究》2015年第4期），在《早期党项拓跋氏世系考辨》的基础上，对此问题提出了三点总的认识，接着考辨了世系中的六个问题，最后列了一个简明的世系表，为研究党项史、西夏史提供了新思路、新资料，具有重要的意义。

关于西夏与周边政权的关系，陈玮《中古时期党项与粟特关系论考》（《中国史研究》2015年第4期），对中古时期党项与粟特的关系进行了考证与论述，指出双方关系的转变突出反映了西北政治格局中党项势力的崛起与粟特势力的衰落，对研究中古时期西北民族关系具有重要的参考价值。程起骏《党项羌·吐谷浑·大夏国》（《中国土族》2015年第2期），对宋仁宗宝元元年（1038），党项羌建立西夏进行了论述，诠释了中华文明多元一体、血脉相连、千古不移的主旋律。［俄］克恰诺夫著，李梅景、史志林编译《元帝国时期（13—14世纪）唐古特民族与宗教变更》（《甘肃广播电视大学学报》2015年第5期），对西夏灭亡后，西夏遗民的去向、中国西北回族的形成及这二者之间的关联问题进行了探讨，对了解元帝国时期的西夏人及其宗教有着重要的意义。

刘治立《魏晋南北朝时期陇东的民族》（《西夏研究》2015年第3期），根据史书记载并结合一些碑铭资料，可以看出魏晋南北朝时期陇东的民族主要有匈奴、羌族、鲜卑以及卢水胡等，有助于了解民族融合的情况。任艾青《宋夏关系的折射：北宋荔原堡兵变——以〈郭遵墓志〉为中心》（《宁夏师范学院学报》2015年第5期），指出北宋神宗朝对夏关系由防御变为主动出击，在此过程中暴露出北宋军队体系中的诸多问题，为研究北宋政治、军事、外交关系提供了新资料。王刚、李延睿《夏金末年夏使入金贺正旦仪式考论——以〈金史〉"新定夏使仪"为中心》（《北方民族大学学报》2015年第4期），指出在仪式上，金朝十分注意保持夏使同金帝之间的空间距离，试图重申和展示金夏之间的君臣关系，表明金夏之间未能建立真正的兄弟联盟，对研究西夏与金的关系具有参考价值。王善军《生命彩装：辽宋西夏金人生礼仪述略》（《兰州学刊》2015年第10期），对辽宋西夏金的人生礼仪进行了论述，有助于了解民族融合及文化间的交流情况。王志斌、哈宝玉《论熙河开边与西北蕃汉民族关系》（《西北民族论丛》2015年第2期），对熙河开边前后的民族关系及各部落对开边的态度和做法进行了论述，分析北宋政府在熙河开边期间及其之后所实行的民族政策，以及它对民族关系所产生的影响，对研究北宋与北边少数民族政权的关系具有重要意义。魏淑霞《辽、西夏、金民族政权的汉化探讨》（《西夏研究》2015年第4期），从统治者自身的汉化、重用汉人儒士辅政、参学中原王朝儒统治国方略、社会组织的汉化等方面探讨少数民族政权汉化的因素和意义，对研究少数民族政权具有重要意义。

（六）语言文字

关于西夏书法，任长幸《西夏文书法及其创作浅析》（《渭南师范学院学报》2015年第17期），对西夏文的结构属性和功能做了论述，侧面反映出汉字对西夏文的影响。沈奇喜《少数民族汉字钱文书法》（《金融教育研究》2015年第6期），对少数民族汉字钱文书法加以分析研究，为泉界及书法爱好者提供了新资料。史金波《略论西夏文草书》（《西夏学》第十一辑，2015年），探讨西夏文由楷书嬗变为草书的规律，探索西夏文草书笔画和结构特点，不仅增加了对西夏文草书本身的认知，还有助于释读大量存世的西夏文草书文献，从而为西夏研究提供新的手段和资料。孙颖新《西夏写本〈近住八斋戒文〉草书规律初探》（《宁夏社会科学》2015年第1期），以俄藏西夏草书写本《近住八斋戒文》为研究基础，同时参校其刻本，对西夏草书规律做出初步探索，并整理出一份草楷对应字表，为解读西夏草书文献提供了参考。赵天英《西夏文社会文书草书结体特色初探》（《宁夏社会科学》2015年第2期），通过归纳俄藏西夏文社会文书的草写规律，指出西夏文草书的结构方式深受汉文影响，也分原形草法和符号草法两种。宋晓希、黄博《从黑水城习抄看元代儒学教育中的日常书写》（《西夏学》第十一辑，2015年），从书法和书写性的角度来看，亦集乃路作为元代边远地区，黑水城这批习抄为我们提供了元代亦集乃路儒学教育中日常书写的视觉例证。赵生泉《西夏的笔与笔法》（《西夏学》第十一辑，2015年），指出西夏通行吐蕃、汉、番、回鹘等多种文字，书写工具则包括藏式竹笔和汉式毛笔。因毛笔的优越性，使得汉式毛笔和源自汉字书写的"汉法"最终成为西夏"笔法"的主流。

韩小忙《俄藏佛教文献中夹杂的〈同音〉残片新考》（《宁夏社会科学》2015年第2期），对俄藏佛教文献残片中新识9纸《同音》乙种本残片进行了考释。指出Инв.No.6183号为乙种本第56页内容，可补诸本之缺。通过这些残片，可以确定《同音》乙种本足本为57页，西夏字总数为5804个。贾常业《〈番汉合时掌中珠〉中的异讹字》（《西夏研究》2015年第1期），针对俄藏黑水城文献中的Инв.No.214、215、216、217、218、685、4777《番汉合时掌中珠》甲种本和乙种本，作者对西夏字逐一进行了查阅，发现有41个罕见于其他字书的西夏文字，其中异体字11个、讹体字26个、存疑字4个，对研究西夏文字具有参考价值。尤雅丽、彭向前《试论西夏译场对〈掌中珠〉编写的启示》（《西夏学》第十一辑，2015年），认为《掌中珠》的创制灵感诞生于西夏译经活动的实践中，与西夏译场关系密切。《掌中珠》在体例上的这种创新，可以看成元、明、清三代近百种官修译语字书的始祖，对后世影响很大。孙颖新《西夏文献中的通假》（《宁夏社会科学》2015年第6期），对勘西夏佛经的初译本和校译本，指出西夏文献中存在古汉文文献那样的通假现象。对研究西夏文献具有参考价值。许鹏《百年来西夏文辞书编纂之回溯》（《中央民族大学学报》2015年第3期），指出西夏文辞书史可分为三个阶段：罗福成和聂历山初步实践，字典初具模型；西田龙雄等研究西夏文字、语音等，确定其框架；李范文编成《夏汉字典》，确立典范。依托语料库平台进行辞书编纂，将是西夏文辞书发展的必然趋势。黎李《略述甘肃馆藏西夏瓷器上的文字》（《中国陶瓷》2015年第8期），对馆藏西夏瓷器的概况及总体特征进行了简要分析，对全甘肃省馆藏西夏瓷器上的文字进行了整理、摘录和说明，对研究西夏瓷器及西夏文具有参考价值。聂鸿音《西夏字典中的非常规反切》（《宁夏师范学院学报》2015年第5期），指出西夏字典中有些反切下字与被注释字不属同一个韵类，出现这一特殊现象的原因是编者对韵书的编纂规则缺乏理解，在实际注音时参照了自己的口语。非常规反切表现出清晰的语音对应关系，这些对应关系符合西夏音韵的整体格局。郑祖龙《黑水城文献中的切身字整理研究》（宁夏大学硕士学位论文，2015年5月），对传世汉文典籍、黑水城汉文、西夏文文献中的切身字进行了系统梳理辑录，总结切身字的运用规律，有助于我们解读黑水城出土汉文文献及全面认识西夏文字的形体构造、语音音节，为我们纠正汉夏辞书解释中的若干不足提供支撑。

段玉泉《西夏语中的选择连词mo^2》（《语言研究》2015年第1期），指出西夏语的mo^{2}与传统藏文文法的gam、ngam、dam等分合词颇为相似，既可以作语气助词，又可以作为连词使用。但也与藏文分合词稍有差别，一是未出现于并列关系之中，二是在连接多重选择项时仅出现在最前两项之间。邵天松2篇：《黑水城出土宋代汉文社会文献中的度量量词》（《宁夏社会科学》2015年第1期），对11个度量量词的用法特点做了介绍，指出其与敦煌吐鲁番出土文书中的度量量词极为相似。《黑水城出土宋代汉文社会文献中的个体量词》（《南京师范大学文学院学报》2015年第3期），对21个个体量词的用法特点等做了介绍，对研究宋代汉文社会文书具有一定的意义。［法］向柏霖著，聂大昕译《〈新集慈孝传〉导言》（《西夏研究》2015年第3期），介绍了西夏文《新集慈孝传》的基本形式和内容，重点论述了书中反映的西夏语动词形态和解读西夏文献时使用的语法标注手段。这种新的解读方法值得中国学者借鉴。

［日］松井太著，陈爱峰、周欣译《敦煌出土西夏语佛典夹杂之回鹘文杂技》，（《回鹘学译文集新编》，2015年），利用敦煌出土的夹杂有回鹘文的西夏语佛典残片，探究回鹘与西夏的关系，为历史学、佛学、语言文献学提供了研究材料。

王龙《印度纪月法的西夏译名》，（《宁夏社会科学》2015年第6期），考察了古印度的十二个月份的党项语译音手法，指出其翻译的依据是汉文而非梵文原本，其中对反复出现的一个词采用了同声韵而不同声调的西夏字来译，这种情况在已知的西夏文献中较为少见。

（七）历史地理

保宏彪《隋唐时期西北民族关系视野下的灵州与参天可汗道》（《西夏研究》2015年第1期），认为在隋唐时期西北民族关系的发展演变过程中，灵州因独特的地理位置而成为隋唐两朝防范与抵御突厥、薛延陀南侵的重要门户。丝路草原道的出现、羁縻府州制度在漠北的推行和灵州会盟的举行共同促成了参天可汗道的开辟，为北方边疆的稳定与持续发展奠定了基础，对唐朝的强盛、民族关系的发展、统一多民族国家和中华民族的最终形成产生了积极作用。郭勤华《沿丝绸之路追寻宁夏历史文化:〈宁夏境内丝绸之路文化研究〉读后》（《西夏研究》2015年第

2期），指出《宁夏境内丝绸之路文化研究》详尽地梳理并研究了丝绸之路在宁夏的走向与变迁、丝路文化生成的地理环境、丝绸之路申报世界文化遗产、丝路文化遗产与影响、丝路文化在宁夏的折射等与丝路文化相关的内容，为"一带一路"倡议的实施，尤其为宁夏丝绸之路倡议支点的研究，提供了全方位的历史参照。［俄］克恰诺夫著，董斌、史志林编译《敦煌作为西夏王国疆域的一部分（982~1227）》(《丝绸之路》2015年第8期），指出在西夏文里，沙州地区于1036年被首次提及，在西夏政权的管辖下，敦煌是西夏王朝疆域的一部分。敦煌不仅是佛教文化中心，而且作为书籍排版印刷地（回鹘和西夏版），发挥着巨大的作用。李军平《略论鄂尔多斯西夏文化遗存》(《前沿》2015年第8期），指出西夏宋辽金时期是鄂尔多斯占据民族最繁多、历史最复杂的时期，在这漫长的时期内党项创造了高度发达的西夏物质文化，对中华民族文化的发展产生了影响。

李玉峰《西夏瓦川会考》(《河北北方学院学报》2015年第5期），对宋夏边界上一个军事性质较为突出的堡寨进行了论述，有助于对西夏瓦川会的设立、地望及基本功能等问题形成比较清晰的认识。刘双怡《水洛城事件再探究》(《西夏学》第十一辑，2015年），对庆历三四年间的水洛城之争进行了探讨，认为事件背后与宋朝内部、宋夏关系有关联，指出水洛城的竣工，倒像是对宋朝复杂的文武臣之间人际关系的一种妥协。刘兴全、于瑞瑞《试析榆林地区对西夏历史发展的贡献》(《西夏研究》2015年第4期），认为榆林在西夏初期是西夏发展的主要根据地，后期变为西夏立国安邦的重要屏障，同时也是宋夏民间贸易往来的重要通道，榆林地区留有的众多历史遗存，真实地反映了西夏党项文化。聂丽娜《高遵裕与元丰四年灵州之战》(《宁夏社会科学》2015年第1期），对灵州之战的相关史料进行了回顾和梳理，有助于了解整个事件的原委以及与史书记载的区别。瞿萍《丝绸之路灵州道沿线盐业运输网初探——兼谈人类学视域下的驼运文化》（《西夏研究》2015年第4期），灵州道是丝绸之路东段的重要组成部分，其大部分路网分布于贺兰山以西的腾格里沙漠腹地。通过实地考察和文献考证，作者指出灵州道自汉代以来一直是中国西北最重要的盐业基地之一，形成了四通八达的运盐驼道，为研究西北驼运盐业史提供了新资料。任长幸《西夏盐池地理分布考》（《盐业史研究》2015年第1期），对西夏时期分布在陕、甘、宁的夏州、灵州、盐州、西安州、会州、甘州、肃州、沙州及银州等地的盐池进行了考证，有助于了解西夏时期的盐业状况。

沈浩注《唐宋时期青岗峡与青岗岭之地望考辨》（《西夏研究》2015年第3期），通过实地调查和对史料的分析，指出青岗峡的地望在环灵大道，而青岗岭的地望则在河曲之地，澄清了学界对二者地望的混淆。探讨了北宋青岗峡及其周边的部分城寨，揭示出青岗峡在北宋时期特殊的军事地理位置。史志林、杨谊时、汪桂生、董斌《西夏元时期黑河流域绿洲开发的自然驱动因素研究》（《西夏学》第十一辑，2015年），主要从气候变化、河流改道、地质地貌与风沙活动、自然灾害等角度分析了西夏元时期黑河流域绿洲开发的自然驱动因素。史志林、张志勇、路旻《西夏元时期黑河流域水土资源开发利用研究述评》（《青藏高原论坛》2015年第1期），从综合研究、水资源利用研究、土地资源利用研究和驱动因素研究等四个方面介绍了国内外学者对于西夏元时期黑河流域的水土资源开发利用的研究情况。王茂华、王衡蔚《辽宋夏金时期城池研究回顾与前瞻》（《宋史研究论丛》第十六辑，2015年），对辽宋夏金时期城池修筑进行了全面系统的分析，进而准确定位其在整个筑城史上的地位。吴忠礼《西夏"宫城"初探》（《西夏研究》2015年第1期），利用宁夏地方志资料，对西夏宫城的有无和具体方位及其规制进行了探讨，有助于增加对西夏宫城的了解。

杨浣《任得敬分国地界考》（《历史教学》2015年第11期），从地理范围上，分析指出任得敬分国是正统史家针对所谓"乱臣贼子罪行"的夸张之辞，意在贬褒而已，对研究任得敬分国的历史真相具有重要意义。杨浣、王军辉《〈西夏地形图〉研究回顾》（《图书馆理论与实践》2015年第12期），对《西夏地形图》的不同版本进行了阐述，有助于对《西夏地形图》的进一步了解。杨浣、许伟伟《宋、夏"丰州"考辨》（《宁夏社会科学》2015年第3期），指出宋代丰州故址为今内蒙古准格尔旗羊市塔，西夏若设有丰州，更可能为唐丰州之承袭，地望当在内蒙古巴彦淖尔市，对研究丰州的历史地理具有重要意义。杨蕤《河套之都：作为区域中心城市的统万城——兼论河套地区中心城市的形成与转移》（《宁夏社会科学》2015年第5期），重新梳理了统万城史的阶段划分，讨论了其在河套地区作为区域中心城市的形成与作用，指出不同历史时期河套地区形成了区域中心城市，并对现代河套地区城市格局的形成产生一定影响。将统万城置于河套区域研究的背景下考察其演变源流、兴衰交替以及历史地位，具有从点到面的意义。

张多勇3篇：《历史时期三水县城址的变迁》（《西夏学》第十一辑，2015年），通过文献考证和对考古资料的综合运用，在实地踏勘基础上认为三水县城址从汉代至民国共有九个古城遗址，三水县城址变迁复杂，对其城址迁徙过程进行研究可窥中国古城变迁之一斑。《西夏白马强镇监军司地望考察》（《西夏学》第十一辑，2015年），对阿拉善左旗境内西夏遗址做了全面调查，得出白马强镇监军司是察汗克日木古城的结论，认为西夏西院监军司就是白马强镇监军司更名而来。《西夏监军司的研究现状和尚待解决的问题》（《西夏研究》2015年第3期），对西夏政区的研究现状、争论的问题进行了综述，提出许多尚待解决的问题，如监军司古城遗址所处的自然环境、战略地位、地理形势等。张多勇、张志扬《西夏京畿镇守体系蠡测》（《历史地理》第三十一辑，

2015年），对西夏京畿的镇守体系进行了考察研究，这对于了解西夏军事布局、探索西夏军事防御体系具有重要的意义。郑炳林、史志林《西夏元时期黑河流域垦殖绿洲空间分布重建》（《火烧沟与玉门历史文化研究文集》，2015年），定性、半定量分析西夏元时期黑河流域绿洲的空间格局，对于全面系统地揭示历史时期黑河流域绿洲化时空演变的过程和特征，加深对流域绿洲化过程及趋势的理解，提高对人类活动影响下干旱区环境演变过程和规律的认识，为建立和优化绿洲过程的调控与管理模式，都具有一定的学术意义和现实价值。

（原载于景爱主编《辽金西夏研究（2014—2015）》，北京：中国文史出版社，2018年，第109—142页）

第二节　2015 年西夏学研究论著目录

2015年，西夏学研究取得了丰硕的成果，涌现出了大量的论著。笔者在兰州大学马振颖统计的基础上[1]，再次对2015年大陆地区出版、发表的相关西夏学论著进行了检索、统计，共辑得著作27部、学术论文272篇。

一、著　作

崔红芬《西夏汉传密教文献研究》，北京：社会科学文献出版社，2015年。

杜建录《党项西夏碑石整理研究》，上海：上海古籍出版社，2015年。

杜建录《西夏学》第十一辑，上海：上海古籍出版社，2015年。

杜建录、波波娃主编《〈天盛律令〉研究》，上海：上海古籍出版社，2015年。

杜立晖、陈瑞青、朱建路《黑水城元代汉文军政文书研究》，天津：天津古籍出版社，2015年。

---

[1] 马振颖《2015 年西夏学研究论著目录》，郝春文主编《2016 敦煌学国际联络委员会通讯》，上海：上海古籍出版社，2016 年，第 194—205 页。

俄罗斯科学院东方文献研究所、中国社会科学院民族学与人类学研究所、上海古籍出版社编，《俄藏黑水城文献》第24册《西夏文佛教部分》，上海：上海古籍出版社，2015年。

胡进杉《西夏佛典探微》，上海：上海古籍出版社，2015年。

黄光华《西夏宝藏》，广州：花城出版社，2015年。

惠宏、段玉泉编《西夏文献解题目录》，银川：阳光出版社，2015年。

景爱主编《辽金西夏研究年鉴2013》，北京：中国社会科学出版社，2015年。

梁继红《武威出土西夏文献研究》，北京：社会科学文献出版社，2015年。

梁松涛《黑水城出土西夏文医药文献整理与研究》，北京：社会科学文献出版社，2015年。

刘秀文《牧歌流韵——中国古代游牧民族文化遗珍（党项卷）》，兰州：甘肃人民出版社，2015年。

史金波《西夏文化研究》，北京：中国社会科学出版社，2015年。

史金波《西夏文珍贵典籍史话》，北京：国家图书馆出版社，2015年。

孙伯君《西夏文献丛考》，上海：上海古籍出版社，2015年。

孙昌盛《西夏文〈吉祥遍至口合本续〉整理研究》，北京：社会科学文献出版社，2015年。

孙继民、宋坤、陈瑞青、杜立晖、郭兆斌编著《英藏及俄藏黑水城汉文文献整理》，天津：天津古籍出版社，2015年。

唐荣尧《神秘的西夏》，长春：时代文艺出版社，2015年。

唐荣尧《西夏王朝》，北京：中信出版集团，2015年。

佟建荣《西夏姓名研究》，北京：社会科学文献出版社，2015年。

王静如《王静如文集》，北京：社会科学文献出版社，2015年。

王培培《西夏文〈维摩诘经〉整理研究》，北京：社会科学文献出版社，2015年。

向以鲜《中国石刻艺术编年史》，北京：中国出版集团东方出版中心，2015年。

薛正昌《宁夏境内丝绸之路文化研究》，兰州：甘肃教育出版社，2015年。

张重艳、杨淑红《中国藏黑水城所出元代律令与词讼文书整理与研究》，北京：知识产权出版社，2015年。

〔清〕张鉴著，龚世俊、王伟伟点校《西夏纪事本末》，杭州：浙江古籍出版社，2015年。

二、论　文

保宏彪《隋唐时期西北民族关系视野下的灵州与参天可汗道》，《西夏研究》2015年第1期，第86—91页。

保宏彪《中晚唐时代背景下的党项崛起》，《西夏研究》2015年第3期，第21—26页。

曹听《宋代西北地区及西夏境内番族汉姓初探》，西北大学硕士学位论文，2015年11月。

陈广恩《黑水城出土元代道教文书初探》，《宁夏社会科学》2015年第3期，第125—129页。

陈娉《西夏星占、历法档案钩沉》，《兰台世界》2015年第26期，第59—61页。

陈瑞海《西夏金银钱探微》，《西夏研究》2015年第2期，第53—55页。

陈瑞青《黑水城所出西夏榷场使文书中的"头子"》，《中华文史论丛》2015年第3期，第196—205页。

陈瑞青《略论黑水城元代文献中的忽剌术大王》，《西夏学》第十一辑，2015年，第257—261页。

陈玮《中古时期党项与粟特关系论考》，《中国史研究》2015年第4期，第67—92页。

陈玮《后晋绥州刺史李仁宝墓志铭考释》，《西夏学》第十一辑，2015年，第138—143页。

陈朝辉《黑水城出土北元初期汉文文书初探》，《西夏研究》2015年第4期，第68—71页。

程起骏《党项羌·吐谷浑·大夏国》，《中国土族》2015年第2期，第35—39页。

崔红芬《中英藏西夏文〈圣曜母陀罗尼经〉考略》，《敦煌研究》2015年第2期，第87—96页。

崔红芬《元代杨琏真伽佛事活动考略》，《西部蒙古论坛》2015年第4期，第11—20页。

崔红芬《英藏西夏文本〈妙法莲华经〉研究》，《普陀学刊》第二辑，2015年，第1—30页。

崔玉谦《北宋陕西路制置解盐司考论》，《西夏研究》2015年第1期，第59—65页。

戴羽《〈天盛律令〉的法律移植与本土化》，《西夏研究》2015年第1期，第66—73页。

戴羽《〈天盛律令〉中的西夏体育法令研究》，《成都体育学院学报》2015年第4期，第72—74页。

邓如萍《昔里钤部及沙陀后裔的神话：宗谱的忧虑与元代家族史》，《西夏研究》2015年第4期，第30—45页。

邓文韬《元代唐兀怯薛考论》，《西夏研究》2015年第2期，第74—83页。

杜建录、邓文韬《黑水城出土合同婚书整理研究》，《西夏研究》

2015年第1期，第3—10页。

杜建录、邓文韬、王富春《后唐定难军节度押衙白全周墓志考释》，《宁夏社会科学》2015年第2期，第129—135页。

杜立晖《元代勘合文书探析——以黑水城文献为中心》，《历史研究》2015年第2期，第156—167页。

杜立晖《黑水城文献所见元代地方仓库官选任制度的变化》，《西夏学》第十一辑，2015年，第270—276页。

段岩、彭向前《〈西夏译场图〉人物分工考》，《宁夏社会科学》2015年第4期，第132—136页。

段玉泉《西夏语中的选择连词mo^2》，《语言研究》2015年第1期，第123—126页。

段玉泉《两部西夏文佛经在传世典籍中的流变》，《西夏学》第十一辑，2015年，第50—59页。

俄军《甘肃省博物馆馆藏西夏文献述略》，《丝绸之路文物考古研究》，2015年，第9—16页。

俄军、赵天英《甘肃藏西夏文物述略》，《丝绸之路文物考古研究》，2015年，第9—29页。

俄军、赵天英《甘肃境内西夏遗址综述》，《西夏研究》2015年第4期，第24—29页。

樊丽沙《从出土文书看西夏佛典的印制与传播》，《兰台世界》2015年第9期，第156—157页。

樊丽沙《浅谈西夏番文大藏经翻译相关问题》，《兰台世界》2015年第36期，169—172页。

樊永学《西夏部落兵制研究》，宁夏大学硕士学位论文，2015年3月。

樊永学、邓文韬《黑城出土的举荐信与北元初期三位宗王的去向》，《西夏学》第十一辑，2015年，第277—283页。

冯金忠《黑水城文书所见西夏银牌——兼论西夏制度的辽金来源》，《中华文史论丛》2015年第3期，第207—222页。

付聪林《大佛寺，从西夏走来》，《档案》2015年第8期，第29—30页。

高仁《一件英藏〈天盛律令〉印本残页译考》，《西夏学》第十一辑，2015年，第109—114页。

高仁《元代亦集乃路钞库探析——以黑水城出土文书为中心》，《西夏研究》2015年第3期，第54—58页。

高文霞、孙昌盛《方塔出土西夏藏传密教文献"修持仪轨"残片考释》，《图书馆理论与实践》2015年第12期，第54—57页。

郭坤、陈瑞青《交易有无：宋、夏、金榷场贸易的融通与互动——以黑水城西夏榷场使文书为中心的考察》，《宁夏社会科学》2015年第5期，第138—141页。

郭勤华《从谚语看党项人的哲学思想》，《西夏研究》2015年第4期，第20—23页。

郭勤华《沿丝绸之路追寻宁夏历史文化：〈宁夏境内丝绸之路文化研究〉读后》，《西夏研究》2015年第2期，第104—108页。

韩爱丽、赵天英《甘肃藏西夏钱币及其相关问题》，《丝绸之路民族货币研究》，2015年，第313—320页。

韩小忙《俄藏佛教文献中夹杂的〈同音〉残片新考》，《宁夏社会科学》2015年第2期，第126—128页。

郝继伟《西夏会计契约探讨》，《贵州民族研究》2015年第10期，第190—193页。

郝平《〈西夏文献研究丛刊〉总序》，《西夏学》第十一辑，2015年，第1页。

郝振宇《西夏文〈大宝积经〉卷一考释》，陕西师范大学硕士学位论文，2015年5月。

洪越《浅谈西夏公文避讳制度》,《文教资料》2015年第36期,第181—183页。

侯爱梅《从黑水城出土文书看元代亦集乃路的司法机构》,《商丘师范学院学报》2015年第8期,第76—79页。

侯子罡、彭向前《黑水城出土元代M1·1284[F21:W25]历日残页考》,《西夏学》第十一辑,2015年,第284—289页。

贾常业《〈番汉合时掌中珠〉中的异讹字》,《西夏研究》2015年第1期,第11—14页。

贾维维《榆林窟第3窟五护佛母图像研究》,《敦煌研究》2015年第4期,第14—24页。

姜歆《论西夏的审判制度》,《西夏研究》2015年第2期,第33—40页。

姜歆《论西夏的起诉制度》,《宁夏社会科学》2015年第2期,第113—120页。

姜歆《论西夏司法官吏的法律责任》,《宁夏师范学院学报》2015年第4期,第65—68页。

景永时《西夏马政述论》,《北方民族大学学报》2015年第5期,第38—43页。

康柳硕《关于西夏钱币研究的几个问题》,《丝绸之路民族货币研究》,2015年,第267—269页。

[俄]克恰诺夫著,董斌、史志林编译《敦煌作为西夏王国疆域的一部分(982~1227)》,《丝绸之路》2015年第8期,第39—42页。

[俄]克恰诺夫著,李梅景、史志林编译《元帝国时期(13—14世纪)唐古特民族与宗教变更》,《甘肃广播电视大学学报》2015年第5期,第6—9页。

孔德翊《西夏社稷祭祀探析》,《农业考古》2015年第1期,第286—288页。

李柏杉《西夏仓库生产管理职能初探》，《西夏研究》2015年第1期，第55—58页。

黎大祥《甘肃武威发现的一批西夏铜铤》，《丝绸之路民族货币研究》，2015年，第281—289页。

李慧国《张掖大佛寺西游取经图壁画内容考辨》，《贵州大学学报》2015年第5期，第98—103页。

李景涛《宋代陕西路沿边党项和吐蕃的农畜牧业生产——以耕地面积和牲畜数量为中心》，《贵州民族研究》2015年第7期，第163—166页。

李进兴《略说后刻工的仿西夏瓷器》，《东方收藏》2015年第1期，第71—74页。

李进兴《西夏瓷器上牡丹花纹的重新解读》，《东方收藏》2015年第5期，第57—61页。

李军平《略论鄂尔多斯西夏文化遗存》，《前沿》2015年第8期，第106—108页。

黎李《略述甘肃馆藏西夏瓷器上的文字》，《中国陶瓷》2015年第8期，第104—110页。

李炜忠《〈天盛律令·行狱杖门〉研究》，宁夏大学硕士学位论文，2015年3月。

李文娟、曹源《甘肃出土的辽、西夏、金代钱币》，《丝绸之路民族货币研究》，2015年，第238—245页。

李逸友《元代草原丝绸之路上的纸币——内蒙古额济纳旗黑城出土的元钞及票券》，《丝绸之路民族货币研究》，2015年，第338—350页。

李玉峰《论西夏的农事信仰》，《沧州师范学院学报》2015年第2期，第64—67页。

李玉峰《从考古资料看西夏农业发展状况》，《西夏研究》2015年第2期，第60—64页。

李玉峰《西夏瓦川会考》，《河北北方学院学报》2015年第5期，第47—50页。

梁继红、米玉梅《试论武威西夏文献的版本特点及价值》，《丝绸之路文物考古研究》，2015年，第132—140页。

梁君《〈天盛律令·为婚门〉考释》，宁夏大学硕士学位论文，2015年3月。

梁君《元代黑水城地区婚姻契约考释》，《黑河学刊》2015年第4期，第47—49页。

梁松涛《西夏时期的佛教寺院》，《西夏研究》2015年第2期，第20—27页。

梁松涛《黑水城出土西夏文〈亥年新法〉卷十三"隐逃人门"考释》，《宁夏师范学院学报》2015年第2期，第73—80页。

梁松涛、李灵均《试论西夏中晚期官当制度之变化》，《宋史研究论丛》第十六辑，2015年，第570—580页。

梁松涛、袁利《俄藏黑水城出土西夏文占卜文书5722考释》，《西夏学》第十一辑，2015年，第25—49页。

廖旸《〈大威德炽盛光如来吉祥陀罗尼经〉文本研究》，《敦煌研究》2015年第4期，第64—72页。

林涛、惠继东《东干语言文化研究的现状与发展方向》，《西夏研究》2015年第3期，第121—124页。

刘春生《西夏文本〈孙子兵法〉的文献研究》，《孙子研究》2015年第2期，第42—50页。

刘翠萍《府州折氏族源与党项化的再思考》，《西夏研究》2015年第4期，第9—14页。

刘广瑞《张大千西夏文献题跋考释——张大千旧藏西夏汉文文书研究之二》，《宁夏师范学院学报》2015年第1期，第74—81页。

刘红英《西夏青铜铸造艺术精品——鎏金铜牛》，《文物天地》2015年第9期，第99页。

刘澜汀《西夏刻书活动及其装帧钩沉》，《出版发行研究》2015年第10期，第109—111页。

刘树友《一部学术研究与服务社会完美结合的力作——评张维慎〈宁夏农牧业发展与环境变迁研究〉》，《西夏研究》2015年第2期，第126—128页。

刘双怡《水洛城事件再探究》，《西夏学》第十一辑，2015年，第166—171页。

刘双怡《西夏地方行政区划若干问题初探》，《宋史研究论丛》第十六辑，2015年，第495—514页。

刘文戈《范公仲淹与其子三人四知庆州》，《豳风论丛》，2015年，第89—110页。

刘文荣《西夏乐器"七星"考》，《宁夏大学学报》2015年第3期，第38—45页。

刘文荣《瓜州东千佛洞西夏第7窟"涅槃变"中乐器图像的音乐学考察》，《西夏学》第十一辑，2015年，第235—244页。

刘霞、张玉海《〈金史〉夏金榷场考论》，《宁夏社会科学》2015年第6期，第159—161页。

刘兴全、于瑞瑞《试析榆林地区对西夏历史发展的贡献》，《西夏研究》2015年第4期，第15—19页。

刘晔、穆旋、赵彦龙《宋夏丧葬文书档案比较浅析》，《档案管理》2015年第3期，第70—72页。

刘晔、赵彦龙、孙小倩《从黑水城出土典工档案看西夏典工制度》，《档案管理》2015年第5期，第7—9页。

刘晔、赵彦龙、孙小倩《西夏榷场贸易档案中计量单位探讨》，《兰台世界》2015年第33期，第31—32页。

刘毅《辽西夏金陵墓制度的新因素及其影响》，《南方文物》2015年第3期，第143—149页。

刘永增《瓜州榆林窟第3窟五守护佛母曼荼罗图像解说》，《敦煌研究》2015年第1期，第21—28页。

刘志《西夏的对外进攻战略研究》，外交学院硕士学位论文，2015年6月。

刘治立《魏晋南北朝时期陇东的民族》，《西夏研究》2015年第3期，第107—114页。

卢江良《西夏王陵的"恶之花"》，《民主与科学》2015年第1期，第72—73页。

骆详译《从〈天盛律令〉看西夏水利法与中原法的制度渊源关系——兼论西夏计田出役的制度渊源》，《中国农史》2015年第5期，第54—63页。

马莉、史忠平《黑水城 X.2438号唐卡水月观音图研究》，《新疆艺术学院学报》2015年第3期，第40—45页。

麻晓芳《西夏文〈胜慧彼岸到要门教授现前解庄严论诠颂〉译考》，《宁夏社会科学》2015年第6期，第143—151页。

马振颖、郑炳林《〈俄藏敦煌文献〉中的黑水城文献补释》，《敦煌学辑刊》2015年第2期，第129—150页。

米晨榕《西夏教育刍议》，陕西师范大学硕士学位论文，2015年5月。

米向军《众里寻他千百度——民间收藏西夏白瓷与白陶》，《收藏》2015年第5期，第53—59页。

缪喜平《西夏仁孝皇帝尚儒浅论》，《西安航空学院学报》2015年第2期，第12—14页。

穆旋《宋夏丧葬文书比较研究》，宁夏大学硕士学位论文，2015年

3月。

聂鸿音《关于西夏文〈大般若经〉的两个问题》，《文献》2015年第1期，第3—6页。

聂鸿音《西夏文献中的占卜》，《西夏研究》2015年第2期，第3—14页。

聂鸿音《西夏字典中的非常规反切》，《宁夏师范学院学报》2015年第5期，第68—72页。

聂丽娜《高遵裕与元丰四年灵州之战》，《宁夏社会科学》2015年第1期，第135—138页。

牛达生《从出土西夏窖藏钱币看西夏货币经济》，《丝绸之路民族货币研究》，2015年，第257—266页。

牛达生《浅论西夏铁钱及铁钱专用区的设置》，《丝绸之路民族货币研究》，2015年，第270—280页。

牛达生《西夏遗址中发现的铅质"大朝通宝"——兼论"大朝通宝"的若干问题》，《丝绸之路民族货币研究》，2015年，第351—363页。

牛勇《西夏时期敦煌石窟装饰图案艺术研究》，《中国包装》2015年第7期，第39—41页。

潘洁、陈朝辉《黑水城文书中钱粮物的放支方式》，《敦煌研究》2015年第4期，第60—63页。

彭金章、沙武田《试论敦煌莫高窟北区出土的波斯银币和西夏钱币》，《丝绸之路民族货币研究》，2015年，第290—303页。

彭向前《几件黑水城出土残历日新考》，《中国科技史杂志》2015年第2期，第182—190页。

彭向前《西夏历日文献中关于长期观察行星运行的记录》，《西夏学》第十一辑，上海：上海古籍出版社，2015年，第21—24页。

秦桦林《黑水城文献刻本残叶定名拾补二则》，《文献》2015年第6期，第39—43页。

秦雅婷《元昊西凉府祠神初探》，《西夏研究》2015年第2期，第48—52页。

翟丽萍《夏州节度使文武僚属考——以出土碑石文献为中心》，《西夏学》第十一辑，2015年，第144—150页。

瞿萍《丝绸之路灵州道沿线盐业运输网初探——兼谈人类学视域下的驼运文化》，《西夏研究》2015年第4期，第104—110页。

任艾青《论西夏服饰中的多元文化因素》，《西夏研究》2015年第2期，第56—59页。

任艾青《宋夏关系的折射：北宋荔原堡兵变——以〈郭遘墓志〉为中心》，《宁夏师范学院学报》2015年第5期，第73—76页。

任长幸《夏宋盐政比较研究》，《盐业史研究》2015年第2期，第11—20页。

任长幸《西夏盐池地理分布考》，《盐业史研究》2015年第1期，第16—22页。

任长幸《西夏文书法及其创作浅析》，《渭南师范学院学报》2015年第17期，第85—89页。

任红婷《论西夏社会保障》，《宁夏大学学报》2015年第1期，第89—94页。

任红婷《试论我国中古时期的成文宗教法——以西夏〈天盛律令·为僧道修寺庙门〉为中心》，《宁夏大学学报》2015年第5期，第113—118页。

任怀晟、杨浣《西夏"汉式头巾"初探》，《西夏研究》2015年第3期，第10—13页。

任怀晟、杨浣《西夏天葬初探——以俄藏黑水城唐卡Ｘ—2368为中心》，《西夏学》第十一辑，2015年，第125—132页。

任怀晟、魏亚丽《西夏僧人服饰谫论》，《西夏学》第十一辑，2015

年，第192—211页。

荣智涧《西安文物保护所藏西夏文译〈瑜伽师地论〉残叶整理》，《西夏学》第十一辑，2015年，第89—93页。

邵鸿、张海涛《西夏文〈六韬〉译本的文献价值》，《文献》2015年第6期，第32—38页。

邵天松《黑水城出土宋代汉文社会文献中的度量量词》，《宁夏社会科学》2015年第1期，第139—144页。

邵天松《黑水城出土宋代汉文社会文献中的个体量词》，《南京师范大学文学院学报》2015年第3期，第166—173页。

沈浩注《唐宋时期青岗峡与青岗岭之地望考辨》，《西夏研究》2015年第3期，第115—120页。

沈奇喜《少数民族汉字钱文书法》，《金融教育研究》2015年第6期，第47—53页。

史金波《西夏文物考古的一面旗帜——牛达生先生〈西夏考古论稿〉序言》，《石河子大学学报》2015年第2期，第18—20页。

史金波《西夏文〈大白伞盖陀罗尼经〉及发愿文考释》，《世界宗教研究》2015年第5期，第8—16页。

史金波、赵天英《刻苦奉献的一生——史金波先生访谈录》，《历史教学问题》2015年第6期，第27—35页。

史金波《略论西夏文草书》，《西夏学》第十一辑，2015年，第7—20页。

史志林、张志勇、路旻《西夏元时期黑河流域水土资源开发利用研究述评》，《青藏高原论坛》2015年第1期，第116—121页。

史志林、杨谊时、汪桂生、董斌《西夏元时期黑河流域绿洲开发的自然驱动因素研究》，《西夏学》第十一辑，2015年，第157—165页。

史忠平《敦煌水月观音图的艺术》，《敦煌研究》2015年第5期，第

20—33页。

[日] 松井太著，陈爱峰、周欣译《敦煌出土西夏语佛典夹杂之回鹘文杂技》，《回鹘学译文集新编》，2015年，第136—141页。

宋晓希、黄博《从黑水城习抄看元代儒学教育中的日常书写》，《西夏学》第十一辑，2015年，第262—269页。

孙伯君《西夏文"明点"考释》，《宁夏社会科学》2015年第1期，第123页。

孙伯君《玄奘译〈般若心经〉西夏文译本》，《西夏研究》2015年第2期，第15—19页。

孙昌盛《西夏文藏传佛经〈吉祥遍至口合本续〉勘误》，《北方民族大学学报》2015年第5期，第44—48页。

孙昌盛《西夏文藏传佛经〈本续〉中的古代印藏地名及相关问题》，《西藏研究》2015年第6期，第27—36页。

孙飞鹏《西夏文〈方广大庄严经〉残片考释》，《西夏学》第十一辑，2015年，第68—71页。

孙鸣春《西夏水月观音图像考论》，《兰台世界》2015年第6期，第62—63页。

孙颖新《西夏写本〈近住八斋戒文〉草书规律初探》，《宁夏社会科学》2015年第1期，第124—134页。

孙颖新《西夏文献中的通假》，《宁夏社会科学》2015年第6期，第152—154页。

谭黛丽、于光建《从〈天盛律令〉看西夏的出工抵债问题——基于唐、宋、西夏律法的比较》，《宁夏社会科学》2015年第3期，第135—140页。

王博文《甘肃镇原县境内宋代御夏古城遗址考察研究》，《西夏研究》2015年第4期，第60—67页。

王刚、李延睿《夏金末年夏使入金贺正旦仪式考论——以〈金史〉"新定夏使仪"为中心》，《北方民族大学学报》2015年第4期，第119—123页。

王龙《印度纪月法的西夏译名》，《宁夏社会科学》2015年第6期，第140—142页。

王龙《中国藏西夏文〈佛说消除一切疾病陀罗尼经〉译释》，《西夏学》第十一辑，2015年，第83—88页。

王茂华、王衡蔚《辽宋夏金时期城池研究回顾与前瞻》，《宋史研究论丛》第十六辑，2015年，第595—607页。

王培培《中国藏西夏文〈维摩诘经〉整理》，《西夏学》第十一辑，2015年，第72—74页。

王荣飞、戴羽《英藏西夏文译〈贞观政要〉的整理与研究》，《西夏学》第十一辑，2015年，第102—108页。

王善军《生命彩装：辽宋西夏金人生礼仪述略》，《兰州学刊》2015年第10期，第58—64页。

王胜泽《西夏佛教艺术中的童子形象》，《敦煌学辑刊》2015年第4期，第123—131页。

王雯雯、张杰《黑水城文献开启尘封的西夏记忆》，《湖北档案》2015年第10期，第10—13页。

王晓萌《从〈天盛律令〉看西夏法典的创新与作用》，《兰台世界》2015年第6期，第13—14页。

王兴文《论宁夏黄河文化的内涵及其符号表达》，《西夏研究》2015年第2期，第99—103页。

王亚莉《黑水城出土元末〈签补站户文卷〉之"急递铺户"考证》，《西夏学》第十一辑，2015年，第290—295页。

王又一《西夏"秦晋国王"再考——兼论西夏封王制度》，《淮海工学院学报》2015年第6期，第75—77页。

王玉琴《比较视角下的宁夏历史上两次特大地震》，《西夏研究》2015年第4期，第111—116页。

王志斌、哈宝玉《论熙河开边与西北蕃汉民族关系》，《西北民族论丛》2015年第2期，第117—130页。

魏淑霞《辽、西夏、金民族政权的汉化探讨》，《西夏研究》2015年第4期，第46—56页。

魏淑霞《西夏职官中的宗族首领》，《宁夏社会科学》2015年第5期，第142—146页。

魏文《西夏文藏传佛教文献整理编目工作综述》，《西夏学》第十一辑，2015年，第115—119页。

魏亚丽《西夏武官帽式研究》，《西夏学》第十一辑，2015年，第172—191页。

魏亚丽、杨浣《西夏僧侣帽式研究》，《西夏研究》2015年第1期，第42—54页。

魏亚丽、杨浣《西夏幞头考——兼论西夏文官帽式》，《西夏研究》2015年第2期，第41—47页。

问王刚《明代题涉西夏文献研究》，宁夏大学硕士学位论文，2015年3月。

吴玉梅《小残页中的大历史——评〈黑水城宋代军政文书研究〉》，《河北学刊》2015年第2期，第226—226页。

吴忠礼《西夏"宫城"初探》，《西夏研究》2015年第1期，第34—41页。

［法］向柏霖著，聂大昕译《〈新集慈孝传〉导言》，《西夏研究》2015年第3期，第40—46页。

项璇《国家图书馆道教文献残页"xixdi11jian1.04-1"等三张考

辨》，《宁夏社会科学》2015年第4期，第140—143页。

谢继胜《吐蕃西夏文化交流与西夏藏传风格唐卡》，《中国民族博览》2015年第3期，第90—99页。

谢园园、屈湘琴《〈宋夏关系史〉评介》，《人间》2015年第18期，第8页。

徐丽华《两种西夏藏文刻本考释》，《中央民族大学学报》2015年第5期，第171—176页。

许鹏《中藏S21·002号西夏文〈华严忏仪〉残卷考释》，《五台山研究》2015年第1期，第25—31页。

许鹏《百年来西夏文辞书编纂之回溯》，《中央民族大学学报》2015年第3期。

许鹏《西夏文〈大方广佛华严经名略〉》，《宁夏社会科学》2015年第6期，第155—158页。

徐睿《丝绸之路上的西夏瓷——甘肃省博物馆藏西夏瓷器探究》，《丝绸之路文物考古研究》，2015年，第124—127页。

薛正昌《明清时期宁夏镇（府）城与沿黄城市变迁》，《西夏研究》2015年第1期，第74—85页。

薛正昌《宁夏平原历代屯田与水利开发研究》，《西夏研究》2015年第3期，第85—106页。

严耀中《"四面像碑"与"四面佛像"》，《社会科学战线》2015年第9期，第90—97页。

杨冰华《民乐水陆画研究》，西北民族大学硕士学位论文，2015年5月。

杨富学《文殊山万佛洞西夏说献疑》，《西夏研究》2015年第1期，第25—33页。

杨富学、曹源《根植西夏 惠施泉界——评牛达生新著〈西夏钱币研究〉》，《西夏研究》2015年第2期，第119—122页。

杨富学、李志鹏《北宋钱荒之西夏因素考析》,《丝绸之路民族货币研究》,2015年,第290—303页。

杨浣《任得敬分国地界考》,《历史教学》2015年第11期,第41—46页。

杨浣、王军辉《〈西夏地形图〉研究回顾》,《图书馆理论与实践》2015年第12期,第113—118页。

杨浣、许伟伟《宋、夏"丰州"考辨》,《宁夏社会科学》2015年第3期,第130—134页。

杨满忠、何晓燕《从历代孔子谥号看西夏儒学的发展与贡献》,《西夏研究》2015年第3期,第3—9页。

杨蕤《党项史迹与陕北历史文化学术研讨会综述》,《榆林学院学报》2015年第6期,第98—100页。

杨蕤《河套之都:作为区域中心城市的统万城——兼论河套地区中心城市的形成与转移》,《宁夏社会科学》2015年第5期,第147—153页。

尹波涛《统万城明代城址考论——兼论忻都城、察罕脑儿城》,《西北民族论丛》第十二辑,2015年,第145—175页。

尹江伟《党项民族溯源及其最终流向探考》,《西部学刊》2015年第7期,第78—80页。

尹江伟《略谈西夏文化中的绘画与雕塑艺术》,《西部学刊》2015年第10期,第32—33页。

尤桦《从武器装备看西夏仪卫制度》,《西夏学》第十一辑,2015年,第133—137页。

尤雅丽、彭向前《试论西夏译场对〈掌中珠〉编写的启示》,《西夏学》第十一辑,2015年,第120—124页。

于光建《西夏文物考古研究的典范之作——读牛达生先生〈西夏考古论稿〉有感》,《西夏研究》2015年第2期,第123—125页。

于光建《武威藏6749号西夏文佛经〈净土求生礼佛盛赞偈〉考释》，《西夏学》第十一辑，2015年，第75—82页。

于光建《瓜州博物馆藏西夏文〈金刚经〉残页考释》，《火烧沟与玉门历史文化研究文集》，2015年，第680—684页。

于光建、张东《甘肃武威出土西夏木板画研究述评》，《丝绸之路文物考古研究》，2015年，第149—154页。

余军《西夏王陵对唐宋陵寝制度的继承与嬗变——以西夏王陵三号陵园为切入点》，《宋史研究论丛》第十六辑，2015年，第515—569页。

俞琰《西夏纺织业研究》，东华大学硕士学位论文，2015年12月。

于熠《西夏法律多元文化属性的特征及其演进方式》，《贵州民族研究》2015年第12期，第190—193页。

袁利《俄藏黑水城出土西夏文占卜文书Инв.No.5722研究》，河北大学硕士学位论文，2015年6月。

袁志伟《〈圣立义海〉与西夏"佛儒融合"的哲学思想》，《宁夏大学学报》2015年第3期，第46—50页。

袁志伟《西夏人的佛儒融合思想及其伦理道德观》，《西北大学学报》2015年第4期，第87—92页。

张春兰、郭兆斌《〈黑水城宋代军政文书研究〉评介》，《宋史研究通讯》2015年第2期，第51—52页。

张多勇《西夏监军司的研究现状和尚待解决的问题》，《西夏研究》2015年第3期，第14—20页。

张多勇《历史时期三水县城址的变迁》，《西夏学》第十一辑，2015年，第120—126页。

张多勇《西夏白马强镇监军司地望考察》，《西夏学》第十一辑，2015年，第151—156页。

张多勇、于光建《瓜州东千佛洞泥寿桃洞西夏文两件印本残页考释》,《敦煌研究》2015年第1期,第59—65页。

张多勇、张志扬《西夏京畿镇守体系蠡测》,《历史地理》第三十一辑,2015年,第329—348页。

张淮智《黑水城出土〈大德十一年税粮文卷〉整理与研究》,河北师范大学硕士学位论文,2015年3月。

张九玲《〈佛顶心观世音菩萨大陀罗尼经〉的西夏译本》,《宁夏师范学院学报》2015年第1期,第63—73页。

张九玲《西夏本〈佛顶心观世音菩萨大陀罗尼经〉述略》,《宁夏社会科学》2015年第3期,第141—143页。

张九玲《〈英藏黑水城文献〉佛经残片考补》,《西夏学》第十一辑,2015年,第60—67页。

张克复《古代甘肃的西游记故事壁画和雕塑遗存》,《档案》2015年第7期,第39—41页。

张美侨《西夏汉人研究述评》,《西夏研究》2015年第3期,第27—34页。

张世奇《敦煌西夏石窟千佛图像研究》,西北师范大学硕士学位论文,2015年5月。

张宪荣《黑水城出土〈解释歌义〉的作者、体制及版本辨析》,《图书馆理论与实践》2015年第8期,第106—108页。

张先堂《敦煌莫高窟第148窟西夏供养人图像新探——以佛教史考察为核心》,《西夏学》第十一辑,2015年,第218—227页。

张先堂《瓜州东千佛洞第5窟西夏供养人初探》,《丝绸之路民族文献与文化研究》,2015年。

张笑峰《黑水城出土F234:W10元代出首文书考》,《西夏学》第十一辑,2015年,第296—301页。

张笑峰《黑水城所出〈肃州路官员名录〉新考》,《元史及民族与边疆研究集刊》第二十九辑，2015年，第83—89页。

张新朋《吐鲁番、黑水城出土〈急就篇〉〈千字文〉残片考辨》，《寻根》2015年第6期，第19—25页。

张雪爱《西夏瓷器款识述论》，《西夏研究》2015年第3期，第35—39页。

张琰玲、王耀《〈西夏研究〉文献信息计量分析（2010—2014）》，《西夏研究》2015年第4期，第117—128页。

张颖新《西夏写本〈近住八斋戒文〉草书规律初探》，《宁夏社会科学》2015年第1期，第124—134页。

张媛《宁夏境内西夏塔的研究与保护》，西北师范大学硕士学位论文，2015年5月。

赵宏伟《西夏音乐文献及其音乐图像学相关研究》，《民族艺林》2015年第4期，第77—79页。

赵璐璐《里正职掌与唐宋间差科征发程序的变化——兼论〈天圣令·赋役令〉宋令第9条的复原》，《史学月刊》2015年第10期，第92—99页。

赵生泉《〈元代唐兀人李爱鲁墓志考释〉补正》，《宁夏社会科学》2015年第4期，第137—139页。

赵生泉《西夏的笔与笔法》，《西夏学》第十一辑，2015年，第212—217页。

赵天英《西夏文社会文书草书结体特色初探》，《宁夏社会科学》2015年第2期，第121—125页。

赵天英、张心东《新见甘肃临洮县博物馆藏西夏文〈大方等大集经贤护分〉残卷考释》，《西夏研究》2015年第1期，第15—24页。

赵晓星《西夏时期的敦煌五台山图——敦煌五台山信仰研究之一》，《西夏学》第十一辑，2015年，第228—234页。

赵彦龙《西夏契约参与人及其签字画押特点》,《青海民族研究》2015年第1期,第123—129页。

赵彦龙《西夏星占档案整理研究》,《档案管理》2015年第2期,第41—44页。

赵彦龙、孙小倩《种类齐全 价值珍贵——西夏账册档案研究之三》,《宁夏师范学院学报》2015年第4期,第56—64页。

赵毅、杨蕤《三十年来宁夏历史地理研究综述》,《西夏研究》2015年第2期,第109—118页。

郑炳林、史志林《西夏元时期黑河流域垦殖绿洲空间分布重建》,《火烧沟与玉门历史文化研究文集》,2015年,第645—655页。

郑炜《从弃守湟鄯到继述开拓——论宋徽宗西北边策》,《敦煌学辑刊》2015年第3期,第92—103页。

郑祖龙《山嘴沟石窟出土的几件西夏文献残卷考证》,《西夏学》第十一辑,2015年,第94—101页。

郑祖龙《黑水城文献中的切身字整理研究》,宁夏大学硕士学位论文,2015年5月。

周峰《元代西夏遗民买住的两通德政碑》,《西夏学》第十一辑,2015年,第252—256页。

周伟《西夏体育研究》,《体育文化导刊》2015年第11期,第187—191页。

周维娜《西夏晚期石窟壁画风格探析》,《兰台世界》2015年第6期,第95—96页。

周伟洲《早期党项拓跋氏世系补考》,《西夏研究》2015年第4期,第3—8页。

周永杰《元代亦集乃路市场问题举隅》,《西夏研究》2015年第3期,第47—53页。

周永杰《元代亦集乃路的物价——以黑城出土文书为中心》，宁夏大学硕士学位论文，2015年3月。

周源《宋代外交避讳研究》，《安庆师范学院学报》2015年第5期，第114—117页。

（原载于景爱主编《辽金西夏研究（2014—2015）》，北京：中国文史出版社，2018年，第524—546页）

第三章

2016年西夏学研究

第一节 2016年西夏学研究综述

2016年，西夏学研究在一批老、中、青专家和学者的辛勤努力下取得了丰硕的成果，涌现出了不少论著。据不完全统计，本年度共出版著作32部，发表学术论文274篇。

一、著 作

西夏历史文化方面，卜宪群总撰稿《中国通史·辽西夏金元》（华夏出版社，2016年），描述了先民们在不同时代的生存状态、精神世界和族群融合，在整个人类的发展进程中来叙述中国历史，让读者真切体会到中华民族与全人类的关联。陈海波《西夏简史》（民主与建设出版社，2016年），对西夏历史进行了绘声绘色的简述。邓之诚《宋辽金夏元史》（北京理工大学出版社，2016年），融纪事本末体、编年体、纪传体、章节体等几种体裁于一炉，尤以纪事本末体为全书主干，编制各朝史实、制度、学术、文学、风俗、宗教等，并辅以图表，以简驭繁，条目清晰，内容丰富，讲述了宋辽金夏元这一多民族间不断融合时期的历史。

杜建录主编4部：《话说西夏》（宁夏人民出版社，2016年），全书以史为纲，以人物故事和重大历史事件为目，全面展示了党项民族的兴起、发展、灭亡及其经济、文化、习俗和后裔的去向。语言生动流畅，融学术性、通俗性、趣味性于一炉。全书从中华民族多元一体格局的高度出发，客观公正、平实有度地讲述了西夏历史与文化。《还原西夏》（宁夏人民出版社，2016年），也是"正说西夏系列"中的一本，全书还原了西夏的历史文化和经济生活，重现了西夏的辉煌和没落，将读者带回那神秘的西夏王朝。《解密西夏》（宁夏人民出版社，2016年），以近些年对西夏学的最新研究成果为基础，以西夏王朝从兴起到灭亡的发展过程为历史线索，从政治、经济、历史、军事、文化、社会生活等方面，生动翔实地为读者展现了一个短暂却又神秘的西夏王朝。《神秘西夏》（宁夏人民出版社，2016年），全书分11章，以近年来对西夏学的最新研究成果为基础，集西夏史料整理、考古发现、研究成果之大成，运用历史唯物主义的观点和方法给西夏历史一个客观的定位，生动翔实地展现了一段昔日绚丽辉煌、尘封近千年而又失落的记忆。

李锡厚、白滨《辽金西夏史》（上海人民出版社，2016年），系统论述了辽、金、西夏王朝的建立、兴盛，及其灭亡的历史过程、经验教训，以及政治制度、经济制度、军事制度、宗教文化、社会生活诸方面的发展，是辽金西夏史研究领域的一部力作，充分展现了公元10世纪至13世纪与宋朝并存的我国少数民族政权的历史。唐荣尧《西夏史》（陕西师范大学出版社，2016年），分"神秘西夏之源""帝国之舰的启航""战与和交替中的后三国时代""帝国的黄昏：斜阳里的惆怅"等九章对西夏史做了历史性的描述。吴峰云、杨秀山《西夏文明》（宁夏人民出版社，2016年），以通俗的语言，深入浅出地阐述了西夏的政治、经济、文化和民族风俗。主要内容包括：东方的金字塔、崇尚白色的古老民族、统万城·灵州城·兴庆府、迁徙使民族生存和发展、沉睡数百年的石碑问世等。

关于西夏建筑、钱币、瓷器，陈育宁、汤晓芳、雷润泽《西夏建筑研究》（社会科学文献出版社，2016年），结合文献记载，将历年来在西夏故地发现的西夏建筑遗址遗迹作为研究重点，运用古建筑类型学的方法进行梳理，参照古文献对西夏建筑的记载和西夏文献中建筑词汇、版画建筑图像及西夏石窟壁画建筑图像等，对始建年代与传承使用、功能效用等几个方面进行比较研究，从建筑结构布局、构筑特点、装饰艺术及前后变化的规律等方面，探究它们的个性特征和地域时代特点。李保亮《古泉集萃——辽金西夏珍罕钱币图赏》（西泠印社出版社，2016年），收集辽、金、西夏时期的珍罕钱币400多枚，分门别类、图文并茂。其中尤以特大型鎏金万岁颂圣吉语钱、超大型鎏金年号纪年钱、大中小型行用钱，契丹文字、西夏文字钱币为主，从侧面反映了中国北方少数民族文化的灿烂，也使人们对辽、金、西夏钱币有了全面的了解。李进兴《西夏瓷》（宁夏人民教育出版社，2016年），研究了西夏瓷的造型、制作过程以及特征。任长幸《西夏盐业史论》（中国经济出版社，2016年），全书由五部分组成，系统阐述了西夏党项民族的历史发展，指出西夏盐业资源、盐政、盐业贸易及西夏时期的盐业贸易交通状况，为西夏制定盐政提供了良好的参考。

文献考释、文物考古，杜建录《中国藏黑水城汉文文献整理研究》（人民出版社，2016年），分研究篇和整理篇，具体包括黑水城汉文文献概论、中国藏黑水城汉文契约研究、中国藏黑水城汉文文献叙录等七章内容，具有重要的文献研究价值。孙继民等《中国藏黑水城汉文文献整理与研究》（中国社会科学出版社，2016年），分农政文书、钱粮文书、俸禄与分例文书、律令与词讼文书卷，对研究西夏政治经济、法律社会具有重要价值。关于语言文字，韩小忙《西夏文的造字模式》（中国社会科学出版社，2016年），认为西夏文字的造字模式可以分成两大类：汉式和藏式。书中首先细致梳理了传世西夏文辞书有关字形构造解说的模式，并总结了其成败得失。在此基础上，作者借鉴汉字的六书理论对西夏文字进行了详细考察，得出"会意、形声、转注、反切"四种造字方法是西夏文字形成的主要方法的结论。同时作者模仿西夏人的解字模式，在六书理论的指导下对久已亡佚构形的西夏字形予以构拟，以期还原西夏文字的衍生过程。另外本书并不拘泥于汉字构形理论，而是开辟新的路径，提出"藏式"西夏文造字模式的全新观点。作者在分析大量西夏字例的基础上，将部分西夏文字的构形与藏文字母叠加拼写法联系起来，认为西夏文中亦存在类似藏文的"上加字、下加字、前加字、后加字"等造字模式，为西夏文字研究提供了全新的视角，富有启发意义。聂鸿音《西夏佛经序跋译注》（上海古籍出版社，2016年），指出西夏帝后臣民在编印或散施佛经时写下的短文，包括"序""跋""后序""愿文""题记"等，一般附在相关佛经的卷首或卷尾一并流行，认为这些作品或者用西夏文写成，或者用汉文写成，共同构成了西夏文学中一个独特的类别。黎大祥、张振华、黎树科《武威地区西夏遗址调查与研究》（社会科学文献出版社，2016年），本书既有对个案遗址的介绍、对重要文物的研究，又有对同类遗址性质及其价值的探讨和论述，为以后深入研究西夏历史文化以及武威地方史提供了科学的资料，也为有关地区的西夏遗址调查与研究课题的实施提供了有益的借鉴和参考。

关于西夏法律，贺清龙《中国监察通鉴（宋、辽、金、西夏卷）》（人民出版社，2016年），全书分十三章，主要内容包括：宋朝预防与惩治贪腐的概述、宋朝廉洁与贪腐概况、宋朝监察机制的主要内容、宋朝的反腐监察机制、宋朝的反腐实践与成效等。姜歆《西夏司法制度研究》（凤凰出版社，2016年），是《西夏研究论丛》之一，其内容涉及西夏法律文献、司法观念、起诉制度、刑侦制度、审判制度、刑罚执行制度、狱政制度、司法官吏责任、唐宋司法制度对西夏的影响等研究层面。对研究中国司法制度史、西夏法制文化，提供了有价值的、有学术水平的法律文化元素。潘洁《〈天盛律令〉农业门整理研究》（上海古

籍出版社，2016年），以《俄藏黑水城文献》卷十五为研究对象，分校
勘考释、专题研究两部分展开。上篇主要包括校勘、对译、注释等；下
篇基于校勘考释的结果，就长期被忽略或有待进一步深入的问题展开讨
论，对相关研究有重要的补充意义。于熠《西夏法制的多元文化属性：
地理和民族特性影响初探》（中国政法大学出版社，2016年），通过分
析地理因素与民族个性同西夏法律的多元文化属性之间的关系，找到地
理、民族对西夏法律的多元文化影响背后所隐藏的西夏法律发展轨迹及
其产生的原因，以期发现西夏法制所独有的地理和民族特性。周峰《西
夏文〈亥年新法·第三〉译释与研究》（花木兰文化出版社，2016年），
通过比较研究等，得知西夏前后法律制度的发展变化，了解到西夏与其
同时的少数民族王朝法律的异同，对于西夏、辽、金三个少数民族王朝
吸收、借鉴中原王朝法律的不同特点也有所认识，有助于加深对西夏社
会特别是晚期社会的了解。

　　关于西夏研究论文集，杜建录《西夏史论集》（上海古籍出版社，
2016年），主要从六个方面对唐宋时期的西夏历史进行研究：一是西夏
的立国规模和生存环境，主要探讨西夏的人口、部落制度、自然环境
等；二是西夏的经济制度与阶级结构，前者探讨西夏的土地制度、赋
税制度、水利制度、官牧制度、财政制度等，后者探讨西夏的贵族阶
级、庶民阶层、依附民阶层，认为除了自由民劳动外，在西夏的农业和
手工业生产中，大量使用依附民劳动，它决定了西夏社会具有农奴制色
彩；三是西夏的社会生产，包括西夏的农业、畜牧业、采盐、酿酒、冶
炼、贸易等，认为西夏农牧并重，先进的农业和发达的畜牧业与独具特
色的手工业，共同构成了西夏的立国基础；四是《天盛律令》与西夏法
律制度研究，包括《天盛律令》的特点、历史文献价值、研究中的若干
问题以及西夏的司法制度、刑罚制度、审判制度等；五是西夏与黑水城
文献研究，包括榷场文书、借贷文书、扑买文书、草料文书、租赁文书

等，该部分篇幅较大，约占全书的三分之一；六是西夏碑刻整理研究，通过夏州政权首领及其幕僚的墓志铭看唐宋西夏政权的社会历史。杜建录主编《西夏学（第十二辑）》《西夏学（第十三辑）》（甘肃文化出版社，2016年），共收录文章75篇，涉及西夏历史文化、文献考释、文物考古、语言文字、民族关系等内容，对研究西夏历史文化具有重要意义。李华瑞《宋夏史探研集》（科学出版社，2016年），全书分五个部分：一是关于宋代国家形象、社会变革运动、地方社会、南宋酒库与军费等方面的研究；二是通过比较宋朝与明朝财税来源等异同，观察宋明两代社会的特点；三是涉及宋代荒政中的评价；四是关于宋夏时期东西陆路交通对当时社会历史产生影响的论文；五是讨论西夏重要法典《天盛律令》在中国少数民族法典史上的编纂特点和地位的问题。

二、论　文

下面从西夏文化艺术、宗教研究、文献考释、语言文字、军事地理、法律社会、政治经济、西夏遗民、民族关系、研究述评等十个方面择要论述。

（一）文化艺术

文化方面，陈平、黄志浩《北宋辽西夏时期的民族交融与词曲流变》（《社会科学家》2016年第9期），本文记述了北曲、宋词互渗交融，词曲家在观念和创作上出现了词曲合流、雅俗杂陈的新格局。梁松涛《浅析西夏文〈宫廷诗集〉对修辞的运用》（《西夏学》第十二辑，2016年），有助于对西夏文化的了解。倪彬《读〈中国藏黑水城汉文文献〉中所收束帖文书札记》（《西夏学》第十二辑，2016年），指出八件束帖文书的格式既是对唐宋书仪的部分继承，又有其时代特色，反映了当地社会的交往礼仪。徐希平、彭超《俄藏与中国藏两种西夏文曲辞〈五更转〉之探讨》（《民族文学研究》2016年第6期），在学界相关考释基础上进一步探讨《五更转》的起源及内容风格演变，为西夏文学提供了诗文之外新的体裁。赵阳2篇:《论宋代文学对西夏文学的影响》（《兰州学刊》2016年第8期），指出宋朝在政治军事斗争中虽处于劣势，但在"文化战争"中却因汉文化深厚的积淀从而实现了一家独大的现象，西夏文学在这样的文化背景下进行发展，自然也受到宋代文学的影响。《西夏佛教文学作品的特点与价值》（《甘肃社会科学》2016年第1期），指出西夏佛教文学作品价值很高，包括了记、颂、诗、语录等多种体裁，主要表现在文化交流、版本流传、宗教史以及语言文字等方面，认为这些佛教文学作品应该得到学者们更多的关注。杨翰卿《儒学在西夏党项羌族文化中的地位、特征和局限》（《西南民族大学学报》2016年第1期），指出西夏党项羌族政权儒佛并尊，有重儒崇儒的鲜明特点，然其儒学发展水平还远远滞后于同时期的中原儒学。

　　艺术方面，关于器具纹饰，程丽君、赵天英《西夏金银器研究》（《西夏研究》2016年第4期），将西夏金银器分为实用器、饰品等多种类型，主要用于标明身份、彰显地位、朝贡交聘、赏赐军功。指出造型简洁、纹饰朴拙的西夏金银器虽在制作工艺方面与同时代的宋、辽有相似之处，却也形成了自己的独特风格。李进兴《西夏瓷器胎釉原料与窑温关系探析》（《西夏学》第十三辑，2016年），指出西夏瓷器有白色釉和黑青釉两种釉色。黑青釉主要采用当地的黄土釉，白釉的釉色主要成分是石灰、瓷土和玻璃；西夏瓷器所用的胎土为西夏境内的瓷土。釉色、胎色随着窑温的高低发生变化。马洋《西夏文物上的牡丹纹与莲花纹研究》（兰州大学硕士学位论文，2016年5月），对目前所见的西夏文物上的牡丹纹、莲花纹进行了考古类型学的研究，总结西夏时期这两种花纹的风格特征，认为其纹饰纷繁复杂的变化有其本民族自身的特点，也离不开周边民族和文化对其的影响。任怀晟、魏雅丽《西夏武职服饰再议》（《北方文物》2016年第2期），分析了文献中武职之冠的金银装饰工艺，揭示武职之冠的主体并非黄金制品，认为《比丘像》中男供养人为皇室成员，厘清西夏的尖耳黑帽是一种既可以搭配公服，也可以搭配甲衣的冠饰。

关于版画，景永时、王荣飞《宁夏宏佛塔天宫装藏西夏文木雕版考述》（《敦煌学辑刊》2016年第3期），指出宁夏宏佛塔天宫装藏西夏文木雕版是世界上现存年代最早的木雕版之一，共计2000多残块，内容均为西夏文佛经，包括《释摩诃衍论》《别集》《续能□》以及其他三种未知名佛经。这些木雕版数量大，内涵丰富，是西夏雕版印刷高度繁荣的例证，也是研究古代雕版印刷术最直接、最重要的实物资料。王荣飞《一件宏佛塔天宫装藏西夏文双面木雕版考释》（《西夏学》第十二辑，2016年），发现一件宏佛塔天宫装藏西夏文双面木雕版的内容是《释摩诃衍论·卷十》的一部分，并结合黑水城文献对西夏文《释摩诃衍论》木雕版的学术价值予以简要阐释。邵军《宏佛塔出土绢画题材内容再探》（《敦煌研究》2016年第4期），对西夏宏佛塔天宫出土的数件绢画的题材内容重新进行了探讨，对研究五代宋元时期宗教美术的发展变化具有一定的艺术史意义。

关于音乐舞蹈，刘文荣2篇：《党项民族与宋音乐文化关系新探——以俄藏黑水城文献Дx.02822所见"水盏"乐器为考据》（《民族艺术》2016年第4期），通过大量文献与图像，以Дx.02822所载"水盏"乐器的名称、形制、源流及用乐情况的考证为中心，对党项民族与宋音乐关系的认识提出了新的思路和探索。《俄藏西夏汉文本〈杂字〉所见龙笛乐器考》（《西夏学》第十三辑，2016年），通过宋夏音乐文化交流、元存夏乐方面的内容以及大量图像对西夏的龙笛乐器进行了详细考证，为认识与研究西夏音乐提供了极为重要的历史资料。孙继民《甘肃武威所出一组西夏汉文乐官文书考释》（《西夏学》第十三辑，2016年），考释甘肃武威所出一组西夏汉文乐官文书，对于反映西夏的"乐人""乐官"制度、汉文文书制度和西夏官制具有重要意义，值得特别关注。杨满忠《党项西夏音乐文化述略》（《西夏学》第十三辑，2016年），对党项西夏音乐文化的发展历程、内容、流传进行了梳理介绍，分析了党项西夏音乐文化产生的社会基础及其发展情况。郑炳林、朱晓峰《壁画音乐图像与社会文化变迁——榆林窟和东千佛洞壁画上的拉弦乐器再研究》（《东北师大学报》2016年第1期），指出目前敦煌石窟壁画仅有的拉弦乐器类图像，也是已知最早的拉弦乐器图像史料，它的出现对拉弦类乐器历史和系统的完善具有重要的学术意义。

关于石窟图像，高国藩《西夏水月观音画像与敦煌文书观音崇拜及其传承》（《西夏研究》2016年第3期），指出榆林窟西夏水月观音画像与敦煌唐人观音崇拜及其传承，其风俗内容互相交织，形成一种祝吉箴言的新风尚而流传，在为死者追福的同时，成为民众用来抒发热爱祖国、关怀父老乡亲的传统文化。何卯平、宁强《敦煌与瓜州西夏时期石窟艺术的比较研究》（《敦煌研究》2016年第6期），从壁画题材、造型风格、供养人构成、艺术功能等方面进行了比较研究，认为敦煌与瓜州在西夏时期因政治状况、经济发展、军事形势等方面的明显差异而显示出不同的特点，集中反映了西夏在文化艺术上取得的杰出成就。黎大祥《武威西夏亥母洞石窟寺与金刚亥母鎏金铜造像》（《西夏学》第十三辑，2016年），亥母洞石窟寺属于藏传佛教石窟寺院，金刚亥母铜造像造型奇特，弥足珍贵，对研究西夏时期武威藏传佛教、历史文化及信仰具有一定意义。刘永增《瓜州东千佛洞的图像源流与历史价值——兼谈东千佛洞的初创年代》（《故宫博物院院刊》2016年第4期），根据新发现的东千佛洞老照片，与东崖、西崖进行了对比，认为东千佛洞的开创年代始自北魏时期。基于实地考察和研究，对东千佛洞的图像源流和历史价值进行了深入分析。吴珝《西夏图像中的童子形象》（《西夏研究》

2016年第1期），将西夏图像资料中的童子形象按照其功能进行了分类，并做了简要分析，认为西夏童子形象在一定程度上反映了西夏时期宗教信仰、风俗习惯等状况。张博等《西夏陵夯补支顶加固工艺质量控制研究》（《敦煌研究》2016年第5期），针对西夏陵遗址本体根部夯筑砌补，采用与原遗址相近的当地土，以固定质量夯锤为夯筑工具，并以传统人工夯实方法进行夯筑，分析研究夯土密度随铺土厚度和夯筑次数的变化规律，探索最佳铺土厚度和夯筑次数。赵晓星、朱生云《宁夏、内蒙古境内的西夏石窟调查——西夏石窟考古与艺术研究之一》（《敦煌研究》2016年第5期），通过实地调查，初步整理了三座西夏的石窟遗存，认为山嘴沟石窟是西夏中心区最为重要的石窟遗存，最能代表西夏中心区的石窟艺术。朱生云《西夏时期重修莫高窟第61窟原因分析》（《敦煌学辑刊》2016年第3期），反映出西夏人重视五台山信仰的特点，说明西夏在重修时也引入了自身信仰的新的美术题材，体现了西夏在洞窟重修方面新旧兼顾的特色。

（二）宗教研究

蔡彤华《内蒙古出土的西夏擦擦及其特点》（《西夏学》第十三辑，2016年），内蒙古出土的西夏擦擦是研究西夏佛教艺术，特别是藏传佛教艺术的珍贵实物资料，也是这一时期佛教发展、教派流传不可多得的历史见证。陈玮《西夏佛王传统研究》（《中央民族大学学报》2016年第4期），指出在西夏史诗中，李继迁被塑造为文殊菩萨和转轮王的化身。从克什米尔和吐蕃僧人、八角形塔式建筑、拜寺口西塔的影塑及其西夏文题记说明佛王转轮的传统。认为在任得敬集团覆灭后，夏仁宗仁孝在西夏宫廷诗集中更是以佛的形象被广为赞颂。崔云胜《张掖大佛寺相关问题辨析》（《西夏学》第十三辑，2016年），根据明宣宗《敕赐宝觉寺碑记》、出自卧佛腹内的《佛腹装脏明成化十三年（1477）铜牌》以及《重刊甘镇志》的记载，认为张掖大佛寺始建于西夏永安元年（1098），从兴建者西夏皇族嵬咩及其师父西夏国师，显示出张掖大佛寺的兴建得到了上层社会的广泛支持。郝振宇《历史视角下党项人（7~13世纪）的宗教信仰渐变述论》（《西北民族大学学报》2016年第6期），指出党项人在7~13世纪经历了自然崇拜、人本性的鬼神崇拜和国家性的佛教信仰，体现了宗教与政权组织形态人为性的演变互动。李桥《武威所出西夏买地券再探》（《西夏学》第十三辑，2016年），再次对买地券的录文、定名、内容进行了探讨。李政阳《俄藏黑水城文献TK75〈文殊菩萨修行仪轨〉考释——兼论文殊信仰在西夏的流传》（《五台山研究》2016年第3期），认为俄藏黑水城文献TK75内含四种经文及一份"六十花甲"口诀，是一部以藏传佛教文殊信仰为主体内容的经文汇编，反映了文殊信仰特别是"六字文殊"的传播超越了民族和地域的界限，更从一个侧面佐证了西夏文殊信仰所具有的"汉、藏并传""形式多样""即世而离俗"等特点。任怀晟《西夏灶神像探疑》（《西夏学》第十三辑，2016年），从灶神周围胁侍衣着颜色、灶神的服色、灶神像多为雕版纸本、祭拜人像或神像多以中轴线左右对称的构图方式、主尊与胁侍的服饰应该有明显区别、手印体现出与灶神信仰不符等六个方面认为俄藏黑水城图像X-2467主尊并非西夏灶神像。［俄］索罗宁《〈金刚般若经颂科次纂要义解略记〉序及西夏汉藏佛教的一面》（《中国藏学》2016年第2期），讨论了黑水城西夏文《金刚般若经颂科次纂要义解略记》的序篇，证明西夏佛教曾经存在"汉藏佛教圆融"趋势。魏文《滂汀巴昆仲与上乐教法在藏地和西夏的早期弘传》（《中国藏学》2016年第2期），通过对藏文文献材料的发掘，考察了后弘期初期滂汀巴昆仲对于沟通印、藏、汉佛教所做出的历史性的重要贡献，讨论了其与上乐教法初传的密切关系。袁志伟《西夏大手印法与禅宗关系考——以〈大乘要道密集〉为中心》（《陕西师范大学学报》2016年第6期），指出以大手印法为重要内容的西夏藏传佛教，在本质上是一种融合汉藏佛学传统的佛教体系，并在很大程度上开启了元明清时代汉藏佛教的融合，以及党项、吐蕃和汉民族之间的宗教文化认同。赵阳《西夏佛教灵验记探微——以黑水城出土〈高王观世音经〉为例》（《敦煌学辑刊》2016年第3期），从黑水城出土的《高王观世音经》三种入手，认为西夏文学研究相比社会经济军事研究处于起步阶段，而佛教文学作品可为西夏文学研究另辟新地。

关于西夏佛经研究，安娅《西夏〈大威德炽盛光陀罗尼经〉考释》（《民族论坛》2016年第6期），首次解读了西夏文《佛说大威德炽盛光诸星宿调伏消灾吉祥陀罗尼经》残片，并将两部西夏佛经与汉文本进行比较，对其来源进行推测。崔红芬《从〈父母恩重经〉看儒释融合——兼及敦煌、黑水城残本的比较》（《西夏学》第十二辑，2016年），指出黑水城《父母恩重经》受到来自河西和中原等传统儒家文化的共同影响，与唐以来统治者推崇儒家文化、推崇儒释道三教的发展有关，也与佛教自觉适应中土思想文化、寻求与中土文化的相互融合吸收有关，是佛教中国化的具体表现。段玉泉《西夏文〈白伞盖佛母总持发愿文〉考释》（《宁夏社会科学》2016年第2期），讨论了俄藏Инв.No.7589西夏文《大白盖母之总持诵顺要论》中的施经发愿文，在全面释录的基础上加以汉译和注释，这是西夏佛教史料中难得一见的一则由僧人舍财雕印佛经的资料。何金兰《甘肃省博物馆藏西夏文〈妙法莲华经心〉考释》（《西夏学》第十二辑，2016年），再次公布发现于甘肃武威张义修行洞，现保存于甘肃省博物馆的《妙法莲华经心》，并对其进行了全文释读。马振颖、郑炳林《英藏黑水城文献〈天地八阳神咒经〉拼接及研究》（《敦煌学辑刊》2016年第2期），通过比较西夏本八阳经与敦煌本、中原本的内容，有助于了解西夏境内八阳经的来源，这对进一步研究西夏的佛教或许有所帮助。聂鸿音《〈显密圆通成佛心要集〉里的梵语言》（《宁夏社会科学》2016年第3期），指出辽人纂集的《显密圆通成佛心要集》从前代汉译佛经里集录了18首真言，但由于编者没有依照当时的汉语读音进行统一校译，这些真言只能用于抄写而几乎不能用于念诵。

母雅妮《西夏文〈大般若波罗蜜多经〉（卷三百三十八）考释》（陕西师范大学硕士学位论文，2016年5月），采用"三行对译法"考释全经、对比中俄不同版本，为西夏文献整理及西夏语言文字研究提供了一份可供参考的资料。任长幸《西夏文〈大般若·初分诸功德相品〉译释》（陕西师范大学博士学位论文，2016年11月），发现其中佛教术语大部分是译自汉文底本，为厘清西夏文《大般若经》初译本和校勘本提供了新的证据，对于认识西夏文《大般若经》具有典型意义。任红婷《西夏文〈佛说佛母出生三法藏般若波罗蜜多经〉（卷十六）研究》（陕西师范大学硕士学位论文，2016年5月），以蒋维崧与严克勤两位先生于20世纪末在圣彼得堡所拍照片为底本介绍了夏、汉《三法藏》的基本情况，对西夏文献整理和语言文字研究有一定的意义。孙昌盛《西夏文藏传密续〈广义文〉所见印度大成就者黑行师事迹译注》（《西夏研究》2016年第3期），表明黑行师在西夏受到推崇，一定程度上反映了黑行师所传胜乐教法在西夏的流行。孙飞鹏、林玉萍《英藏西夏文〈华严经〉（八十卷本）残片整理及校勘研究》（《西夏学》第十二辑，2016年），新考订了二十余件《华严经》写本残件，比较了不同西夏文本之间内容的差异，指出西夏文《华严经》曾有过系统的重校修订，认为《开宝藏》本与西夏文译经底本密切关联。

汤君《〈增壹阿含经〉的西夏摘译本》（《宁夏社会科学》2016年第2期），指出俄藏Инв.No.3966号西夏写本中的一部分内容实际上是《增壹阿含经》的摘译，从现存部分略微窥摘录者对经文原本的删略手法，以见当时民间摘译佛经的风格。王龙《黑水城出土西夏文〈十二缘生祥瑞经（卷上）〉考释》（《西夏研究》2016年第1期），本文对西夏文《十二缘生祥瑞经（卷上）》进行了全文校录和译释，对文中记载的印度纪月法的西夏译名进行了初步探讨，为研究西夏佛教史以及西夏语提供了基础性的语料。王培培《英藏汉文〈佛说天地八阳神咒经〉考释》（《西夏学》第十二辑，2016年），编号为Or.12380—3921（K.K）的汉文佛经写本残片现藏英国国家图书馆。根据经文内容对读，与《大正藏》义净译本《佛说天地八阳神咒经》内容最为相近。文章对残片进行了拼配，并与敦煌本同名佛经内容进行对勘，探讨了此佛经在西北地区的流传情况。阎成红《俄藏Инв.No.6761西夏文题记的归属——兼及西夏文献〈极乐净土求生念定〉的复原》（《西夏研究》2016年第2期），据新刊布的《俄藏黑水城文献》第22册图版，结合学界此前解读的Инв.No.8343及2265等西夏文残卷以及俄藏TK163汉文残本，拼配并构拟出传世文献中目前不曾见过的藏传《极乐净土求生念定》的完整汉文本。赵阳《黑水城出土〈新集藏经音义随函录〉探微》（《吐鲁番学研究》2016年第1期），通过对黑城本《随函录》的考证指出，其版本并非简单抄录原本，而是信徒在参读《大方广佛华严经》的过程中以原本《随函录》为参照，自行增订摘抄之物。而黑城藏本仅存《大方广佛华严经》音义部分的现象，则与西夏当时的佛教背景相契合，此种背景亦是受到辽代佛教的影响。

关于占卜，孙伯君、王龙《西夏文"十二钱"卜卦书〈掷卦本〉考释》（《北方民族大学学报》2016年第1期），首次公布了西夏文"十二钱"卜卦书《掷卦本》的录文和译文；指出此卦本与敦煌出土的"十二钱"卜卦书颇为一致，说明西夏时期延续了唐五代以来河西地区的民间占卜术与佛教信仰互相渗透和融合的风气。孙伯君《从两种西夏文卦书看河西地区"大唐三藏"形象的神化和占卜与佛教的交融》（《民族研究》2016年第4期），首次公布了俄藏黑水城出土西夏文《大唐三藏卦本》和《观世音菩萨造念诵卦本》的录文和汉译文，不仅是西夏时期"大唐三藏"已被百姓神化为求签膜拜的偶像的早期证据，也是西夏境内民间占卜术与佛教信仰相互交融的真实写照。王巍《俄藏黑水城文书〈卜筮要诀〉考释》(《西夏学》第十二辑，2016年)，从录文、考释两部分对俄藏黑水城文书《卜筮要诀》进行了研究，并探讨了该文书的性质及其文献价值。赵坤《纳甲筮法源流考——兼论黑水城易占文献的学术价值》(宁夏大学硕士学位论文，2016年4月)，综合汉代以来传世的纳甲筮法文献和出土文献中与纳甲筮法相关的材料，对纳甲筮法的源流进行考辨，试图揭示其形成的历史背景与时代特征。黑水城占卜文献对探索这一时期西北地区的社会生活、术数文化的流传路径，乃至对弥补中国中古时期术数史研究的缺环、还原民间占卜术使用的原貌，都有着不可替代的价值。

(三) 文献考释

何晓燕、金宁《西夏陵区北端建筑遗址出土文物研究》(《西夏学》第十三辑，2016年)，为今后对北端建筑遗址性质定论提供了基础资料。汤晓芳《阿拉善的西夏建筑遗址》(《西夏学》第十三辑，2016年)，对新发现的西夏建筑遗址从其分布、数量、功能、建筑层次等方面进行了分析，指出其以军事建筑为主，在额济纳旗黑水城周围较为密集。李若愚《〈喜金刚现证如意宝〉：元帝师八思巴著作的西夏译本》(《宁夏社会科学》2016年第5期)，将录文与藏文原本对勘，并加以详细解读和注释，发现了一批藏式佛教术语和一个新的西夏合体俗字。李晓明《英藏西夏文〈孙子兵法〉残页考释》(《西夏研究》2016年第4期)，对英藏黑水城文献中收录的两份西夏文《孙子兵法》残页进行了释录，并在比较俄藏西夏译本《孙子兵法》的基础上对其内容与特征做了考证。麻晓芳《西夏文〈善住意天子会·破魔品〉考释》(《西夏研究》2016年第3期)，对俄藏Инв.No.533西夏写本《破魔品》进行了全文译释，并对文中涉及的佛教术语及西夏文虚字进行了初步探讨，为研究西夏佛教史以及西夏语提供了基础性语料。孙伯君《黑水城出土西夏文〈八种粗重犯堕〉考释》（《西夏研究》2016年第2期），刊布了俄藏Инв.No.6474中所收《八种粗重犯堕》的录文，指出这篇密教戒律文献译自藏文。西夏文本的发现，进一步证实了有关汉文本实为黑水城所出的推断。孙颖新《西夏文〈诸法一心定慧圆满不可思议要门〉考释》（《宁夏社会科学》2016年第5期），依据西夏语法和散存于不同汉文佛教文献中的段落、章句甚至是零星词语，尝试最大限度地复原夏译所据汉文底本，同时指出原作者"沙门释子zji²nji²"有可能是元代杭州灵隐寺普就禅师。

宋满平《从几组医方谈西夏文医药文献的来源》（《西夏学》第十二辑，2016年），认为医方可能来源于西北边远地区民间社会。汤晓龙、刘景云《西夏医方〈治热病要论〉"小儿头疮方"破译考证》（《中华医史杂志》2016年第2期），依据西夏文与汉字之间的相关性，指出俄藏西夏文献Инв.No.6476-28、29、30是西夏医学文献《治热病要论》中三首治疗小儿头疮的医方，并与汉文医学文献进行了对比，认为西夏医学与汉族医学之间有着密不可分的关系，但也有西北游牧民族的特色。于业礼、张如青《日本天理大学藏三件出土医学文书考证》（《南京中医药大学学报》2016年第3期），对敦煌文献中的三件与医学相关的文书残片进行考证，指出其中前两件为陶祖光（北溟）旧藏，与部分西夏文文书装裱于同一册中，可能为西夏文献，第三件为张大千旧藏文书，是现存《察病指南》最早的版本，可能出自敦煌北区洞窟。赵天英《甘肃新见瓜州县博物馆藏西夏藏文药方考》（《中国藏学》2016年第2期），对出自瓜州县东千佛洞泥寿桃洞的三件瓜州县博物馆藏西夏藏文医药文献从出土地点、同时出土的文物以及文字特点等方面进行考证，认为这些文献属于西夏时期。指出所记泻药药方、凉药药方、创伤药药方、治眼方，具有藏医药特色，用药多为西夏常见药物，反映出西夏时期河西地区的一些常见疾病，说明西夏医药学除了吸收宋、金的先进经验外，还向吐蕃学习，形成了西夏多样化的医药学特色。

佟建荣《汉文史料中的西夏番姓考辨》(《中央民族大学学报》2016年第4期)，发现了"部曲""冬至""令王""拽厥"等姓氏，指出西夏文献在西夏姓氏及其他名词术语方面的价值应当引起学界的注意。王龙2篇：《黑水城出土西夏文〈佛说大方广善巧方便经〉考补》(《图书馆理论与实践》2016年第7期)，对俄藏Инв.No.6451西夏文《佛说大方广善巧方便经》残页进行了介绍和释读，同时参考施护汉译本对西夏文残页做了翻译，为研究西夏佛教史以及西夏语提供了一份基础性语料。《西夏文〈佛说避瘟经〉考释》(《宁夏师范学院学报》2016年第1期)，对该经版本、形制及其内容进行了全面系统的梳理，为西夏文献学和佛教史研究提供了一些基础资料。许鹏《俄藏Инв.No.8084ё和8084Ж号〈天盛律令〉残片考释》(《宁夏社会科学》2016年第6期)，指出俄藏未刊Инв.No.8084ё和8084Ж号《天盛律令》残片是相连的，可以补充第四卷"敌军寇门"佚缺的三则律条。

张小刚、郭俊叶《文殊山石窟西夏〈水月观音图〉与〈摩利支天图〉考释》(《敦煌研究》2016年第2期)，指出《水月观音图》与《摩利支天图》发现于文殊山石窟群后山古佛洞中，其中《水月观音图》绘制了《玄奘取经图》的小画面，与瓜州榆林窟、东千佛洞等石窟中发现的西夏时期的《水月观音图》及《玄奘取经图》具有基本相同的形式。《摩利支天图》曾发现于敦煌与黑水城等地出土的艺术品之中，为研究西夏佛教艺术提供了重要的新资料。赵生泉《俄藏武威西夏文灵骨匣题记解诂》(《宁夏社会科学》2016年第6期)，对武威西郊出土的灵骨匣前端立板上4行西夏文题记进行了考释，指出"窦依凡遭"与"罨斡玉尼"有可能是同一人，区别在于前者是俗名，后者是法名，分别在遵从道教习俗买地相墓时或请僧侣主持的火化及相关仪典时使用。认为无论道教，还是佛教，特别是藏传佛教，对武威乃至河西丧葬仪俗都具有深刻影响。朱浒《西夏文银牌"内宿首领"考释》（《宁夏社会科学》2016年第3期），通过对2013年发现于宁夏同心县的半块西夏文金属牌与其他同类铜牌的比较和研究，初步断定此牌正面铭文为"内宿首领"，背后铭文为"苏"，系党项姓氏，属于西夏铲形宿卫牌，该符牌为西夏史与西夏文物研究增加了新的材料，具有重要的研究价值。

（四）语言文字

关于西夏语法，段玉泉《西夏文献〈圣胜慧到彼岸功德宝集偈〉中的两组程度副词》（《西夏研究》2016年第4期），认为鲜卑宝源汉译本多与西夏文译本一致，翻译为"真实""实"，另外一组翻译为"极""最极""至实"，程度似乎更深一些，指出两组程度副词还会出现连用情况。彭向前《西夏语中的对比连词mji¹ djij²》（《西夏学》第十二辑，2016年），指出其与藏语中的连词ma gtogs相当，义略相当于"只……""仅……""唯……"，用于前一分句之后，连接肯定与否定的分句，构成对比复句，表示对比关系。唐均《西夏语的施受格问题》（《西夏学》第十二辑，2016年），指出西夏语形态句法上的施受格情形，在藏缅语中可以找到类似的对应表现，但其显性标记成分之间却显示不出多少同源特征来。朱旭东《西夏语和缅甸语天气方面的词语比较》（《西夏学》第十二辑，2016年），发现西夏语和缅甸语天气方面的词语有相当数量的同源词，在非同源词中，西夏语的词语多为单纯词，而缅甸语则多复合词，二者在词源、构词等方面的异同之处，有助于界定藏缅语族各语言的关系。

关于西夏语言，陈继宏《劳费尔中亚古代语言文字研究浅介——以吐火罗语、藏语、西夏语为例》（《江西科技师范大学学报》2016年第2期），内容涉及吐火罗语中的汉语外来词ri、汉语中的吐火罗语外来词"阿魏"、藏文书写形成时间与藏文语源、西夏文音韵学与句法结构等丰富的内容，由此可窥其在语言学研究上重细节与实证、与历史学相结合、跨学科、立足科学的研究方法等特点。孙伯君3篇:《12世纪河西方音中的党项式汉语成分》(《中国语文》2016年第1期),指出利用番汉对音资料研究古代汉语时,分析了汉语与这些民族语声韵特点的差异,还原古代汉语的语音形式。《西夏语声调问题再探》(《语言科学》2016年第1期),根据最近刊布的一份音韵学材料,对与西夏语声调相关的几个问题进行了再探讨。《西夏语"𗁮·ja"的用法及与之相关的惯用型》(《宁夏社会科学》2016年第1期),对其在文献中的用法进行了重新梳理,重点考求了与之相关的几种惯用型,对学界确定此词的意义和用法有一定的参考作用。

关于西夏文字,贾常业《〈音同〉中的异体字与讹体字》(《西夏研究》2016年第1期),研究指出《俄藏黑水城文献》第7册刊布的《音同》甲、乙、丁三个版本中就有异体字248个、讹体字97个,有助于识别这些文字和解读文献。聂鸿音《黑水城出土"转女身经音"初释》(《北方民族大学学报》2016年第1期),认为在12世纪的西夏境内同时流行着两种不尽相同的"西北方言":一种是党项人学说的汉语,另一种是汉族学士的读书音。孙宏开《西夏语声母系统拟测》(《语言研究》2016年第1期),采用内部构拟和外部构拟相结合的方法,重新构拟了西夏语的声母系统。佟建荣《西夏文刊本〈三才杂字〉残页考》(《西夏学》第十二辑,2016年),对了解西夏社会有很重要的意义,证明该文献在西夏不止一次被雕刻印发,是西夏一部通行的识字读本。王培培2篇:《夏译汉籍中的汉夏对音字研究》(《宁夏社会科学》2016年第1期),汇集夏译本汉文典籍中的对音字,发现了三个问题,并进行了介绍。《夏译〈论语〉与宋代西北方音》(《西夏研究》2016年第2期),利用这些对音字,并结合《番汉合时掌中珠》中的对音材料,揭示12世纪汉语西北方音的某些特点,对于研究宋代汉语西北方音是一份重要的资料。

（五）军事地理

安北江《宋夏好水川之战问题再探》（《宁夏师范学院学报》2016年第5期），对学界在好水川主战场的地理位置、相关战役路线以及附近各城寨相距里程等方面存在的薄弱研究进行了梳理和探析。崔红风《北宋熙河路军事地理研究》（宁夏大学硕士学位论文，2016年4月），对熙河路的变迁以及军事地理战略做了详细论述、考证，有助于了解北宋西北边境的状况。邓文韬《从葭芦寨到晋宁军——宋金河东堡寨典型个案研究》（《保定学院学报》2016年第2期），对宋夏间的堡寨进行了论述，有助于了解宋夏关系。郭志安、王晓薇《北宋时期的黄河御夏战略》（《北方论丛》2016年第3期），指出御夏战略在发挥一定的有效作用时，也充分暴露出北宋王朝对外斗争中的软弱性，为宋夏斗争的长期开展带来了一定的弊端。郝振宇、许美惠《西夏疆域三分：治国理路与佛寺地理的交互视角考量》（《宁夏大学学报》2016年第3期），以西夏佛寺地理分布特点为基础，综合考量西夏自身的实际政治控力、军事战略部署以及区域经济特点等因素，探讨西夏疆域三分的复杂情况中蕴含的实际理性思考。李昌宪《浅攻进筑：范仲淹在北宋对西夏作战中的战略思想》（《河南大学学报》2016年第4期），对范仲淹在宋夏边境作战的战略思想进行了详细介绍，有助于了解宋夏关系。赵生泉《〈宋西北边境军政文书〉印记考释三则》（《西夏学》第十二辑，2016年），对"延安府印"枚数、"保安军金汤城军之记""鄜延路鄜州军司之印"进行了考释。

陈育宁《地斤泽在何处?》（《西夏学》第十三辑，2016年），经考察、考证指出地斤泽在内蒙古自治区乌审旗旗政府向北70公里处的胡同查干淖尔。方天建《辽夏和亲中的地缘安全因素考察》（《民族学刊》2016年第6期），从历史地理学的解析视角，考察了辽夏和亲中的地缘安全因素。王使臻《出土西夏文献所见"宁星"相关地理位置考述》

（《西夏研究》2016年第2期），对《西夏地形图》与俄藏Дх.2822《字书》中所记载的"宁星""龙马川""三角"三个地名进行了对比分析，考述了北宋时期陕北地区和西夏之间的相关地理、历史问题。王一凡《北宋环庆帅司路研究》（宁夏大学硕士学位论文，2016年4月），对北宋时宋夏对峙的前沿阵地环庆路进行了研究，反映了环庆路在宋夏战争中具有重要的战略地位，并和其他几路帅司路相辅相成，共同构筑了北宋西北防御体系。张多勇、杨蕤《西夏绥州—石州监军司治所与防御系统考察研究》（《西夏研究》2016年第3期），通过野外考察，在无定河银州与夏州之间找到了唯一的西夏古城遗址（横山区波罗镇东古城），阐述了西夏绥州防御系统到北宋建立绥德军防御系统的变迁。张多勇《西夏宥州——东院监军司考察研究》（《西夏学》第十三辑，2016年），梳理了唐代的宥州以及古城遗址，认为城川古城为西夏沿用并建立宥州嘉宁监军司，推测其后改为东院监军司。张笑峰《西夏铁箭制度初探》（《西夏学》第十二辑，2016年），依据西夏文法典《天盛律令》中的铁箭条文，结合汉文相关史料，认为西夏铁箭制度源于北方少数民族以箭号为信契的传统。赵坤《论清远军在宋夏战争中的有限作用及其原因》（《西夏学》第十三辑，2016年），对清远军在宋夏战争的两个阶段所发挥的实际作用进行了梳理，对清远军的实际价值进行了客观评价，指出清远军因选址不当而很早失陷，以及因宋夏战争形势的变化而逐渐淡出历史舞台。

（六）法律社会

关于西夏法律，戴羽《西夏换刑制度考述》（《西夏学》第十三辑，2016年），指出西夏换刑制度在借鉴唐宋律的官当与赎刑制度上，又有鲜明的民族特点，如官当等级更多更密、附带革军、赐衣僧道享有特权；罚金有罚铁、罚钱、罚马，而罚钱有以罚代刑的发展趋势。李华瑞《再论〈天盛律令〉的修纂》（《西夏学》第十三辑，2016年），认为

《天盛律令》将律令兼用并书，不以律文为总纲，而大量的专门法也是就事论事，所以决定其只能就事按别门分类，从侧面说明西夏法典的不成熟。许生根《英藏〈天盛律令〉残卷西夏制船条款考》（《宁夏社会科学》2016年第2期），指出英藏《天盛律令》中新发现的"造船及运行牢固等赏"条例是俄藏《天盛律令》版本中遗失的部分，特别是其中涉及西夏造船的内容是反映西夏舟船制造工艺的重要史料，该条款还保存了西夏工匠待遇及分配收入的史料，记载了西夏向工匠发放货币和兼有货币职能的绢帛，对研究西夏工匠法、制船业具有重要的意义。阎成红《西夏文〈亥年新法〉卷十六十七合本释读与研究》（宁夏大学硕士学位论文，2016年4月），选取《亥年新法》卷十六十七合本的全部内容作为研究对象，在解读的基础上分三个步骤对法律文献中所涉及的相关问题进行了讨论与探究，对研究西夏社会历史的相关问题具有一定的意义。尤桦《西夏武器装备法律条文与唐宋法律条文比较研究》（《西夏学》第十三辑，2016年），探讨各个政权对于武器装备管理之间的差异，以及西夏法律条文与唐宋律法之间的渊源。张笑峰《西夏〈天盛律令〉中的头子考》（《宁夏师范学院学报》2016年第1期），根据《番汉合时掌中珠》中"出与头子"、西夏南边榷场使文书中"安排官头子"的汉文记载将该词译为"头子"；指出头子具有捕逃、收葬、告奏、派遣、交纳等用途，认为西夏的头子源于对宋朝头子制度的借鉴，而又略有区别。

西夏社会、契约方面，潘洁、陈朝辉《西夏土地典卖中的亲邻权》（《西夏研究》2016年第2期），结合唐、宋、元史料，指出在唐、宋、元时期，亲邻在土地交易中享有先买权，西夏受唐、宋影响也有亲邻权的记载，在借鉴宋代相关研究的基础上，阐述了西夏研究中少有提及的亲邻权。潘洁《西夏官粮窖藏》（《西夏学》第十三辑，2016年），利用《长编》、西夏文法典《天盛律令》、宋代法律文献《天圣令》、宋人笔记《鸡肋编》、隋唐仓储遗址发掘报告等多种资料，对西夏大型官粮仓储特点等进行了论述。史金波《黑水城出土西夏文雇工契研究》(《中国经济史研究》2016年第4期），将黑水城出土西夏文雇工契中的草书识读为楷书并译成汉文，同时对其内容进行诠释，反映出西夏时期的雇工情况，披露出很多与雇工相关的经济细节，有助于了解这一时期农业的一些基本面貌。其发现填补了这一时期的雇工契空白，具有重要的文献价值和学术价值。孙小倩、赵彦龙《西夏民间"会款"现象探析》(《山西档案》2016年第2期），据考古发现及相关史料记载，指出民间"会款"是一种比较普遍的经济活动，认为它是流行于西夏民间社会的一种比较广泛的资金融合方式，用于借贷或者互助等。于光建《〈天盛律令〉对买卖借典"中间人"的规制》(《西夏学》第十三辑，2016年），指出《天盛律令》相关条文中对"中间人"的西夏文称谓有多种表述形式，并对其在交易中的违法行为做出了严格规制。张淮智《黑水城所出〈大德十一年税粮文卷〉整理与复原》(《西夏学》第十二辑，2016年），将《中国藏黑水城汉文文献》中所收可能与大德十一年税粮征收、照勘相关的文书与文卷进行了比对，依据文书的内容和行文逻辑，对《大德十一年税粮文卷》中的两号文书残片进行了缀合，将其复原为一件文书。

（七）政治经济

政治方面，陈光文《西夏时期敦煌的行政建制与职官设置》(《敦煌研究》2016年第5期），指出西夏占据敦煌后，在瓜州、沙州分别设立监军司，负责当地的军事与行政事务，并委派豪酋大族实行统治，同时在二州分别设立刺史、转运司。这些自上而下构成了瓜、沙二州的职官体系。梁松涛、田晓霈《西夏"权官"问题初探》(《敦煌学辑刊》2016年第4期），讨论了西夏时期权官的类别、特点。梁松涛、李灵均《西夏晚期库局分磨勘、迁转及恩荫禁约制度》(《宁夏社会科学》2016

年第5期），利用新译出的《亥年新法》相关条文，讨论西夏晚期库局分磨勘、迁转及恩荫禁约制度，发现边中六库在磨勘时，其帐册不再按距离远近在规定的时间内交磨勘司审验，而是边中各库由各司院相互交换磨勘。马旭俊、杨军《论西夏蕃、汉礼之争的本质——以"任得敬"为个案研究》（《西北民族大学学报》2016年第4期），指出蕃、汉礼之争的最深层次社会经济本质是：层级臣僚统治（以儒治国，加强皇权）与有限的经济能力（半农半牧）之间的固有矛盾。魏淑霞《西夏职官制度若干问题研究》（宁夏大学博士学位论文，2016年3月），对西夏职官制度中的几个问题进行了全面系统的梳理和研究，探求西夏职官制度运行中各利益群体的协调机制，体察西夏法律政令文本与实际执行之间的关系。张玉海《西夏佛经所见官职名人名述考》（《西夏研究》2016年第4期），在前人职官研究的基础上，系统梳理了存世的西夏文、汉文佛经中所存的各种职官名、人名，纠正了以往学界认识上的部分错误，利用西夏佛经中保存的官职名、人名资料进行职官研究，可以丰富、深化我们对西夏官制及佛教管理制度的细节认知。

经济方面，陈瑞青《从黑水城文献看西夏榷场税率》（《西夏学》第十二辑，2016年），指出西夏榷场税率大致维持在3%~5%，而以4%最为常见，造成这一局面的主要原因在于西夏榷场的川绢与河北绢具有商品和一般等价物双重身份，这体现了西夏榷场管理体制的严密性。杜维民《试析唐代内迁党项的社会经济》（《西夏学》第十三辑，2016年），指出党项迁居陇右庆州和鄂尔多斯高原后，汉族先进的生产技术、农田水利灌溉系统、生产工具等，对党项社会生产力的提高和经济的发展，都起着积极的推动作用。孔祥辉《西夏时期的甘州马场》（《宁夏大学学报》2016年第4期），借助《天盛律令》研究西夏时期甘州马场的经营管理，对了解西夏社会，尤其是西夏河西地区的畜牧业生产和经济社会发展具有重要作用。李玉峰《西夏农具考释》（宁夏大学硕士学位论文，2016年3月），通过对西夏农具的考释，认为当时西北地区的农业已不是粗放式的耕作，而是经过耕垦、播种、锄草、收割、打碾等一系列程序的细作农业。骆详译、李天石《从〈天盛律令〉看西夏转运司与地方财政制度——兼与宋代地方财政制度比较》（《中国经济史研究》2016年第3期），以《天盛律令》中水利管理方面的律文为重点，探讨西夏地方财政的运作模式，反映出11至13世纪中国西北政权与汉族政权在财政制度上的传承与演变。朱浒《宁夏首次出土篆书乾祐元宝》（《中国钱币》2016年第1期），篆书"乾祐元宝"是继篆书"光定元宝"后发现的第二种西夏篆书汉文钱，为西夏钱币增添了新品种，对研究西夏的历史、制度、文化等具有重要意义。

（八）西夏遗民

有关西夏遗民，陈玮《敦煌莫高窟题记所见西夏归义人研究》（《西夏学》第十二辑，2016年），认为莫高窟第444窟题记为西夏归义人题记，年代为北宋建中靖国元年（1101），反映了西夏对归义人的安置政策以及宋夏缘边藩部虔诚的佛教信仰。邓文韬《元代西夏遗裔三旦八事迹考》（《宁夏社会科学》2016年第4期），论述了西夏遗僧三旦八的发迹过程，指出在亦思巴奚兵乱中，三旦八应对元廷统治秩序在福建的崩坏负有一定责任。姜锡东《北宋府州折氏的忠诚与世袭制》（《社会科学战线》2016年第10期），对北宋时期府州折氏家族进行了论述，指出北宋府州折氏的世袭制绝非一种简单的普通的世袭制，而是一种中央主导下的血缘加能力的复合型世袭制，是一个特殊的成功案例。刘志月、邓文韬《元代西夏遗民著述篇目考》（《西夏研究》2016年第2期），指出结合元明清人著录的文集、诗集、方志、金石文献，反映了元代西夏遗民的唐兀人普遍具有较高的汉化水平。潘洁《西夏税户家主考》（《宁夏社会科学》2016年第2期），通过对黑水城出土的西夏法典《天盛律令》的梳理及其他文书、史料的印证，进一步诠释了税户家主是有耕地的纳税农户，承担"租役草"，随着封建化进程的加剧，税户家主按地缘远近编入农迁溜，是西夏乡里制度史上的重要变革。于光建、邓文韬《开封宋代繁塔夏州李光文题刻考述》（《石河子大学学报》2016年第3期），通过梳理李光文生平事迹以及任职履历，可知李光文可能于宋开宝七年（974）四月至九年（976）十月到开封繁塔捐施财物。该题刻虽然只有13个字，但对研究宋初夏州党项历史具有重要的价值，是目前发现夏州党项上层人物在宋都开封活动和信奉佛教的唯一实物资料，补充了正史资料的缺失。张琰玲《昔李钤部家族研究述论》（《西夏研究》2016年第4期），依据《元史》、明清史籍、文集、方志、碑铭等资料系统梳理了昔李钤部家族文献、相关研究动态，整理出了《昔李钤部家族人物表》。赵彦龙、孙小倩《西夏谱牒档案探析》（《西夏学》第十二辑，2016年），记载了西夏党项羌族的世系和人物事迹在一定历史时期的政治、经济、文化状况，对研究西夏历史、社会、人口等具有史料价值。

（九）民族关系

陈伟庆《苏轼论宋夏关系》（《西夏研究》2016年第2期），论述了苏轼对宋夏军事力量的认识变化，以及对宋夏关系的态度和主张，有助于了解当时的宋夏关系。蒋静静《大蒙古国与金、西夏关系研究》（烟台大学硕士学位论文，2016年4月），系统梳理了蒙古与金、西夏的战争，分析了交战过程中的关系，包括议和盟约之事，有助于对蒙夏、蒙金关系的认识。王震《辽西夏金"天使"考》（《齐齐哈尔大学学报》2016年第8期），指出辽朝"天使"为对皇帝使者的尊称，表示一种身份，并非官职；西夏、金朝"天使"也是对使者的称呼，包括将帅的使者，认为西夏"银牌天使"可能为一种官职，相当于宋朝的内殿承班。张少珊《辽金承认西夏帝位的原因分析》（《赤峰学院学报》2016年第1期），认为辽金承认西夏帝位的原因是所处内外环境复杂，统治危机加深，为保护自己共同应对外来敌人迫不得已而为之的举措。赵坤《辽、宋、金册封西夏"皇帝"始末考》(《河北北方学院学报》2016年第3期)，梳理了西夏国君获得"皇帝"封号的相关史实，不仅能够对当时各政权之间的外交形势有更为清晰的认识，同时也可对元朝不修西夏史有更深刻的思考。周峰《金诗中的金夏关系》(《西夏学》第十三辑，2016年)，反映了与西夏毗邻的金朝西陲边地风貌，记叙并间接描绘了金夏战事。

（十）研究述评及其他

关于综述，安北江2篇：《"第四届西夏学国际学术论坛暨河西历史文化研讨会"综述》(《中国史研究动态》2016年第4期)，对西夏的历史文献、语言文字、社会经济、历史地理、文物考古、文化艺术、宗教信仰、河西历史文化等方面的研究进行了交流与探讨，拓宽了西夏学研究的视野，还对"河西学"的构建等问题进行了深入探讨。《西夏寺院经济研究述论》(《山西大同大学学报》2016年第5期)，指出关于西夏寺院经济的研究尚处于起步阶段，对当前研究进行了梳理，究其现状及原因，以便更好地把握西夏寺院经济的研究热点和难点。卜凯悦《2014年西夏文物考古研究综述》(《西夏研究》2016年第1期)，从墓葬、遗址、碑刻等方面回顾了2014年西夏文物考古研究所取得的一系列新成果，并提出了一些见解。段玉泉《西夏语文献阅读札记》(《西夏学》第十二辑，2016年)，对西夏文献中的一些词进行了考究。孔德翊、马建军《"西夏陵突出普遍价值"学术研讨会综述》(《宁夏师范学院学报》2016年第4期)，从西夏文化与中华文明关系、西夏陵与中国帝王陵研究、西夏陵的突出普遍价值三个方面，更加深入地阐释了西夏陵遗产的突出普遍价值，有助于推动西夏陵申遗工作。李华瑞《2014年辽宋西夏金元经济史研究综述》(《中国史研究动态》2016年第1期)，统计发表论文近200篇，指出有新见的论文不多，重复、细碎性研究日趋严重，尚未见辽西夏金元经济史方面的专题研究著作，宋代社会经济史专题的研究在朝贡体系、借贷业、救荒、城市、建筑等领域取得可喜进展，均较前人研究有所推进。孙效武、杨蕤《近二十年来〈天盛律令〉研究综述》（《西夏研究》2016年第4期），基于西夏文出土文献，对综合性研究、成书年代与残片补释、法律层面研究、社会经济四个部分的代表性专著与论文进行了综述，总结了其研究价值与不足。魏淑霞《"北方民族文字数字化与西夏文献研究国际研讨会"综述》（《西夏研究》2016年第4期），指出会议于2016年8月21—23日在银川召开，收到论文20余篇，涉及西夏语言文字、西夏文献整理与研究、北方民族文字数字化、契丹文和八思巴文研究等多方面内容。魏淑霞、胡明《西夏塔寺研究述评》（《西夏研究》2016年第1期），对前人的研究成果进行了回顾梳理，并对未来西夏塔寺研究做了简单展望。于光建《西夏典当借贷经济研究述评》（《西夏研究》2016年第3期），从《天盛律令》与西夏典当借贷、典当借贷制度、西夏典当借贷契约三个方面回顾了学术界对西夏典当借贷经济研究的成果，并展望了当前和今后西夏典当借贷经济研究深入的趋向。郑玲《河西回鹘与西夏关系研究综述》（《西夏研究》2016年第2期），系统梳理了河西回鹘与西夏之间的战和关系、贸易往来和文化交流等方面的研究成果，为深入研究西夏与回鹘关系史提供了基础性文献资料。周峰《2015年辽金西夏史研究综述》（《中国史研究动态》2016年第6期），统计出版专著80余种、发表论文1100余篇，指出尽管低水平及重复之作仍大量出现，但在政治史等领域出现了一些高水平的论著；强调史金波、宋德金主编的《中国辽夏金研究年鉴（2013）》是本系列年鉴的第一部，为学术界全面了解辽金西夏史的年度进展提供了翔实的资料。

关于评介，邓文韬《〈党项西夏碑石整理研究〉评介》（《西夏学》第十二辑，2016年），介绍了该书的内容，对西夏金石资料进行了全面的搜集、整理与研究，并指出了不足。Guillaume Jacques、聂鸿音《〈党项语历史音韵和形态论纲〉述评》(《当代语言学》2016年第4期)，对存世文献做出共时的语文学阐释，参照夏译汉文语料来确定西夏字义和描述西夏语法特征，认为这些研究成果对于解读文献是必需的，但距离语言学的最高理想还很遥远。李晓凤《姓名学视域下的西夏学研究——〈西夏姓名研究〉述评》(《西夏研究》2016年第4期)，指出《西夏姓名研究》在广泛吸收前人研究成果的基础上，从姓名学、语言学、历史学、民族学、文献学角度解决了这一难题，将西夏姓氏、人名研究提高到了一个新高度，为深入解读西夏历史文化提供了全新路径，是西夏学研究的典范之作。张永富、安北江《西夏文献目录学的鼎力之作——〈西夏文献解题目录〉评介》(《西夏研究》2016年第3期)，指出《西夏文献解题目录》弥补了诸多不足，是迄今为止收录文献较为全面、考证较为严谨、编目分类较为合理的一部力作。刘红军、孙伯君《〈西夏佛经序跋译注〉读后》(《宁夏社会科学》2016年第6期)，指出《西夏佛经序跋译注》首次汇集并系统整理了俄藏黑水城文献中西夏文佛经里的发愿文与部分题记，并对这些佛经序跋的内容进行了语文学与文献学考释，认为这份基础材料的汇集和译注的出版，必将嘉惠西夏学界、佛学界、中国文学史学界的研究。孙伯君《〈西夏文金刚经の研究〉读后》(《宁夏社会科学》2016年第4期)，指出荒川慎太郎《西夏文金刚经の研究》分研究、文本、图版三编，汇集了其多年来西夏文献解读、西夏语音和语法研究成果，体大思宏，新见迭出，是迄今为止对存世西夏文《金刚经》汉夏文本梳理最为详尽的著作，在语言学、文献学上各有三项突出贡献，是西夏文献语言学的经典之作。于光建《西夏六个方位监军司的治所在哪里？——读张多勇〈西夏京畿镇守体系蠡测〉有感》(《西夏研究》2016年第4期)，指出张多勇《西夏京畿镇守体系蠡测》首次确定了西夏东院、西院、南院、北院、北地中、南地中六个方位监军司的治所，虽未为定论，却使西夏监军司研究取得重要突破。赵天英《〈黑水城出土西夏文医药文献整理与研究〉读后》（《西夏研究》2016年第3期），指出梁松涛《黑水城出土西夏文医药文献整理与研究》分为上、下两编：上编探讨了西夏医药文献的底本、价值、特点、医学特色及其所反映的西夏文化；下编对11件文献共计94首医方逐一做了解读与考释。

关于考察纪行，刘永增《宁夏、内蒙古、甘肃陇东石窟考察记》（《西夏学》第十三辑，2016年），有助于对宁夏、内蒙古、甘肃陇东石窟遗存的认识，是研究当时佛教造像流行与发展不可多得的资料。王禹浪、王文轶、王俊铮《宁夏西夏王陵、贺兰山岩画、靖边统万城考察纪行》（《黑河学院学报》2016年第4期），通过实地考察，对西夏王陵、贺兰山岩画、靖边统万城做了详细的记录。愚以为随着近年的会议增加、考察的机会增多，有必要对考察的实况进行详细记录，可为日后提供素材，如今人从零碎残篇中了解古代一样。

（原载于郝春文主编《2018敦煌学国际联络委员会通讯》，上海：上海古籍出版社，2018年，第140—160页）

第二节 2016 年西夏学研究论著目录

笔者在北方民族大学王帅龙统计的基础上[①]，再次对2016年大陆地区出版、发表的相关西夏学论著进行了检索、统计，共辑得著作32部、学术论文274篇。

一、著 作

卜宪群总撰稿，中国社会科学院历史研究所撰稿《中国通史4·辽西夏金元》，北京：华夏出版社、合肥：安徽教育出版社，2016年。

陈海波《西夏简史》，北京：民主与建设出版社，2016年。

陈育宁、汤晓芳、雷润泽《西夏建筑研究》，北京：社会科学文献出版社，2016年。

邓之诚《宋辽金夏元史》，北京：北京理工大学出版社，2016年。

杜建录主编《话说西夏》，银川：宁夏人民出版社，2016年。

杜建录主编《还原西夏》，银川：宁夏人民出版社，2016年。

杜建录主编《解密西夏》，银川：宁夏人民出版社，2016年。

杜建录主编《神秘西夏》，银川：宁夏人民出版社，2016年。

[①] 王帅龙《2016年西夏学研究综述》，《西夏研究》2017年第4期。

杜建录《西夏史论集》，上海：上海古籍出版社，2016年。

杜建录主编《西夏学》第十二辑，兰州：甘肃文化出版社，2016年。

杜建录主编《西夏学》第十三辑，兰州：甘肃文化出版社，2016年。

杜建录《中国藏黑水城汉文文献整理研究》，北京：人民出版社，2016年。

俄罗斯科学院东方文献研究所、中国社会科学院民族学与人类学研究所、上海古籍出版社编，史金波、魏同贤、［俄］克恰诺夫主编《俄藏黑水城文献》第25册《西夏文佛教部分》，上海：上海古籍出版社，2016年。

韩小忙《西夏文的造字模式》，北京：中国社会科学出版社，2016年。

贺清龙《中国监察通鉴（宋、辽、金、西夏卷）》，北京：人民出版社，2016年。

姜歆《西夏司法制度研究》，南京：凤凰出版社，2016年。

李保亮《古泉集萃：辽金西夏珍罕钱币图赏》，杭州：西泠印社出版社，2016年。

黎大祥、张振华、黎树科《武威地区西夏遗址调查与研究》，北京：社会科学文献出版社，2016年。

李华瑞《宋夏史探研集》，北京：科学出版社，2016年。

李进兴《西夏瓷》，银川：宁夏人民教育出版社，2016年。

李锡厚、白滨《辽金西夏史》，上海：上海人民出版社，2016年。

聂鸿音《西夏佛经序跋译注》，上海：上海古籍出版社，2016年。

潘洁《〈天盛律令〉农业门整理研究》，上海：上海古籍出版社，2016年。

任长幸《西夏盐业史论》，北京：中国经济出版社，2016年。

孙继民、宋坤、陈瑞青、杜立晖等《中国藏黑水城汉文文献整理与研究》，北京：中国社会科学出版社，2016年。

唐荣尧《西夏史》，西安：陕西师范大学出版社，2016年。

土登彭措、丹珠泽仁《木雅与西夏历史关系研究》（藏文版），成都：四川民族出版社，2016年。

于熠《西夏法制的多元文化属性：地理和民族特性影响初探》，北京：中国政法大学出版社，2016年。

吴峰云、杨秀山《西夏文明》，银川：宁夏人民出版社，2016年。

〔日〕武内绍人、井内真帆《不列颠图书馆斯坦因收集品中的英藏黑水城藏文文献》，东京：日本东洋文库，2016年。

中国社会科学院宋辽金元史研究室主编《隋唐辽宋金元史论丛》第六辑，上海：上海古籍出版社，2016年。

周峰《西夏文〈亥年新法·第三〉译释与研究》，新北：花木兰文化出版社，2016年。

二、论　文

安北江《北方民族与丝绸之路博士后论坛述评》，《民族艺林》2016年第2期，第57—61页。

安北江《西夏骆驼巷考》，《天水师范学院学报》2016年第3期，第107—110页。

安北江《西夏法典的演变及缘由综论》，《西夏研究》2016年第4期，第56—63页。

安北江《"第四届西夏学国际学术论坛暨河西历史文化研讨会"综述》，《中国史研究动态》2016年第4期，第56—57页。

安北江《西夏寺院经济研究述论》，《山西大同大学学报》2016年第5期，第21—23页。

安北江《宋夏好水川之战问题再探》，《宁夏师范学院学报》2016年第5期，第60—64页。

ARAKAWA Shintaro. *On some uses of the Tangut affix ~1kI.*《西夏学》第十二辑，2016年，第314—319页。

安娅《从西夏文〈守护大千国土经〉看西夏人译藏传佛经》，《宁夏社会科学》2016年第4期，第215—222页。

安娅《西夏〈大威德炽盛光陀罗尼经〉考释》，《民族论坛》2016年第6期，第49—51、56页。

安娅《西夏文"五部经"考略》，《西夏学》第十二辑，2016年，第28—33页。

卜凯悦《2014年西夏文物考古研究综述》，《西夏研究》2016年第1期，第122—126页。

卜凯悦《中国藏黑水城汉文文献刻本研究述论》，《西夏学》第十二辑，2016年，第308—313页。

蔡彤华《内蒙古出土的西夏擦擦及其特点》，《西夏学》第十三辑，2016年，第358—368页。

陈光文《西夏时期敦煌的行政建制与职官设置》，《敦煌研究》2016年第5期，第84—91页。

陈继宏《劳费尔中亚古代语言文字研究浅介——以吐火罗语、藏语、西夏语为例》，《江西科技师范大学学报》2016年第2期，第8—15页。

陈平、黄志浩《北宋辽西夏时期的民族交融与词曲流变》，《社会科学家》2016年第9期，第121—126页。

陈瑞青《西夏"统军官"研究》，《宁夏社会科学》2016年第1期，第201—204页。

陈瑞青《从黑水城文献看西夏榷场税率》，《西夏学》第十二辑，2016年，第219—223页。

陈朔《论延州在宋夏和战中的战略地位》，《石家庄学院学报》2016

年第2期，第48—53页。

陈玮《大宋摄夏州观察支使何公墓志研究》，《西夏研究》2016年第1期，第62—68页。

陈玮《西夏佛王传统研究》，《中央民族大学学报》2016年第4期，第90—97页。

陈玮《敦煌莫高窟题记所见西夏归义人研究》，《西夏学》第十二辑，2016年，第181—188页。

陈玮《西夏龙信仰研究》，《西夏学》第十三辑，2016年，第201—212页。

陈伟庆《苏轼论宋夏关系》，《西夏研究》2016年第2期，第67—73页。

陈育宁《地斤泽在何处?》，《西夏学》第十三辑，2016年，第21—25页。

陈志刚《彼得·库兹米奇·科兹洛夫的中亚考古学考察之研究》，兰州大学硕士学位论文，2016年。

程丽君、赵天英《西夏金银器研究》，《西夏研究》2016年第4期，第26—33页。

［德］茨默著，杨富学、彭晓静译《一杯凉水——黑水城出土突厥语景教文献》，《西夏研究》2016年第2期，第34—38页。

崔博《元代回鹘违约纳罚入官现象考析》，西北民族大学硕士学位论文，2016年5月。

崔红芬《夏汉文本华严经典考略》，《宁夏社会科学》2016年第3期，第205—212页。

崔红芬《从〈父母恩重经〉看儒释融合——兼及敦煌、黑水城残本的比较》，《西夏学》第十二辑，2016年，第207—218页。

崔红风《北宋熙河路军事地理研究》，宁夏大学硕士学位论文，

2016年4月。

崔红风《北宋熙河路名变迁考》，《西夏研究》2016年第1期，第75—78页。

崔云胜《张掖大佛寺相关问题辨析》，《西夏学》第十三辑，2016年，第338—344页。

戴羽、胡梦聿《西夏赏赐制度述略——以律令为中心》，《西夏研究》2016年第1期，第50—57页。

戴羽《西夏换刑制度考述》，《西夏学》第十三辑，2016年，第59—66页。

邓文韬《从葭芦寨到晋宁军——宋金河东堡寨典型个案研究》，《保定学院学报》2016年第2期，第49—57页。

邓文韬《元代西夏遗裔三旦八事迹考》，《宁夏社会科学》2016年第4期，第203—208页。

邓文韬《唐末至宋初定难军节度使及其僚属的兼官与带职》，《西夏研究》2016年第4期，第79—87页。

邓文韬《〈党项西夏碑石整理研究〉评介》，《西夏学》第十二辑，2016年，第378—379页。

邓文韬《金代与南宋府州折氏后裔汇考》，《西夏学》第十二辑，2016年，第365—375页。

杜建录《西夏〈天盛律令〉研究的几个问题》，《西夏学》第十三辑，2016年，第125—133页。

杜立晖《黑水城所出元代劄子考》，《西夏学》第十二辑，2016年，第267—278页。

杜维民《试析唐代内迁党项的社会经济》，《西夏学》第十三辑，2016年，第110—116页。

杜玉奇《武威出土元代至元二十六年蒲法先买地券研究》，《西夏学》第十三辑，2016年12月，第182—189页。

段玉泉《西夏文〈白伞盖佛母总持发愿文〉考释》，《宁夏社会科学》2016年第2期，第209—211页。

段玉泉《出土西夏文献编目回顾及相关问题讨论》，《图书馆理论与实践》2016年第4期，第108—112页。

段玉泉《西夏文献〈圣胜慧到彼岸功德宝集偈〉中的两组程度副词》，《西夏研究》2016年第4期，第10—14页。

段玉泉《西夏语文献阅读札记》，《西夏学》第十二辑，2016年，第328—332页。

多杰才让《论佛教在西夏王朝的传播》，青海民族大学硕士学位论文，2016年5月。

方天建《辽夏和亲中的地缘安全因素考察》，《民族学刊》2016年第6期，第70—77页。

高国藩《西夏水月观音画像与敦煌文书观音崇拜及其传承》，《西夏研究》2016年第3期，第43—53页。

高国祥《甘肃出土文献统计与分析》，《社科纵横》2016年第3期，第134—139页。

高仁《再考西夏的马》，《西夏学》第十三辑，2016年，第99—109页。

公维章《北宋慈觉禅师宗赜生年考辨》，《西夏学》第十二辑，2016年，第279—288页。

Guillaume Jacques、聂鸿音《〈党项语历史音韵和形态论纲〉述评》，《当代语言学》2016年第4期，第624—628页。

郭志安、王晓薇《北宋时期的黄河御夏战略》，《北方论丛》2016年第3期，第72—75页。

韩小忙、孔祥辉《英藏〈天盛律令〉残片的整理》，《西夏研究》2016年第4期，第42—46页。

郝振宇《历史视角下党项人（7~13世纪）的宗教信仰渐变述论》，《西北民族大学学报》2016年第6期，第30—35页。

郝振宇、许美惠《西夏疆域三分：治国理路与佛寺地理的交互视角考量》，《宁夏大学学报》2016年第3期，第84—89页。

何金兰《甘肃省博物馆藏西夏文〈妙法莲华经心〉考释》，《西夏学》第十二辑，2016年，第119—128页。

何卯平、宁强《敦煌与瓜州西夏时期石窟艺术的比较研究》，《敦煌研究》2016年第6期，第41—49页。

何晓燕、金宁《西夏陵区北端建筑遗址出土文物研究》，《西夏学》第十三辑，2016年，第352—357页。

侯爱梅《黑水城所出元代词讼文书中的法制术语考释与研究》，《西夏研究》2016年第4期，第95—101页。

胡进杉《西夏文楷书书法略论》，《西夏学》第十二辑，2016年，第11—27页。

黄成龙《2015年羌语支语言研究前沿》，《阿坝师范学院学报》2016年第1期，第5—9页。

黄纯艳《"汉唐旧疆"话语下的宋神宗开边》，《历史研究》2016年第1期，第24—39页。

贾常业《〈音同〉中的异体字与讹体字》，《西夏研究》2016年第1期，第3—12页。

蒋超年《河陇文明 西夏之花——〈神秘的河陇西夏文化〉评介》，《西夏研究》2016年第3期，第123—125页。

蒋静静《大蒙古国与金、西夏关系研究》，烟台大学硕士学位论文，2016年4月。

姜锡东《北宋府州折氏的忠诚与世袭制》，《社会科学战线》2016年第10期，第111—119页。

姜歆《论唐宋司法制度对西夏司法制度的影响》,《西夏研究》2016年第2期,第61—66页。

姜歆《论西夏将兵的装备》,《西夏研究》2016年第4期,第64—73页。

景永时、王荣飞《宁夏宏佛塔天宫装藏西夏文木雕版考述》,《敦煌学辑刊》2016年第3期,第156—166页。

景永时《西夏文〈同音〉版本问题综考》,《宁夏社会科学》2016年第5期,第199—205页。

景永时《20世纪〈番汉合时掌中珠〉刊印史考述》,《北方民族大学学报》2016年第5期,第104—107页。

Kaiqi Hua. *The Examination of the Tangut Garland Sutra（Avatamsaka Sūtra）Volume 41 in the C.V.Starr East Asian Library at University of California, Berkeley.*《西夏学》第十二辑,2016年,第129—151页。

孔德翊、马建军《"西夏陵突出普遍价值"学术研讨会综述》,《宁夏师范学院学报》2016年第4期,第103—105页。

孔祥辉《西夏时期的甘州马场》,《宁夏大学学报》2016年第4期,第84—88页。

李昌宪《浅攻进筑:范仲淹在北宋对西夏作战中的战略思想》,《河南大学学报》2016年第4期,第73—78页。

黎大祥《武威西夏亥母洞石窟寺与金刚亥母鎏金铜造像》,《西夏学》第十三辑,2016年,第329—337页。

李华瑞《2014年辽宋西夏金元经济史研究综述》,《中国史研究动态》2016年第1期,第40—46页。

李华瑞《北宋东西陆路交通之经营》,《求索》2016年第2期,第4—15页。

李华瑞《再论〈天盛律令〉的修纂》,《西夏学》第十三辑,2016

年，第134—150页。

李进兴《略述西夏广口瓶的类型》，《东方收藏》2016年第9期，第66—68页。

李进兴《西夏瓷器胎釉原料与窑温关系探析》，《西夏学》第十三辑，2016年，第345—351页。

李桥《武威所出西夏买地券再探》，《西夏学》第十三辑，2016年，第171—181页。

李若愚《〈喜金刚现证如意宝〉：元帝师八思巴著作的西夏译本》，《宁夏社会科学》2016年第5期，第206—212页。

李婷婷、冯光、洛毛措《敦煌舞蹈的民族性研究——以西夏党项羌族为例》，《戏剧之家》2016年第19期，第156—159页。

李彤《西夏〈天盛改旧新定律令〉研究》，内蒙古大学硕士学位论文，2016年12月。

李炜忠《西夏刑具考》，《西夏学》第十三辑，2016年，第67—76页。

李晓凤《姓名学视域下的西夏学研究——〈西夏姓名研究〉述评》，《西夏研究》2016年第4期，第126—128页。

李晓明《英藏西夏文〈孙子兵法〉残页考释》，《西夏研究》2016年第4期，第74—78页。

李玉峰《魏晋隋唐时期河西地区连枷和木杈演变述论》，《西夏研究》2016年第4期，第111—116页。

李玉峰《西夏粮食加工工具考》，《西夏学》第十三辑，2016年，第91—98页。

李玉峰《西夏农具考释》，宁夏大学硕士学位论文，2016年3月。

李政阳《俄藏黑水城文献TK75〈文殊菩萨修行仪轨〉考释——兼论文殊信仰在西夏的流传》，《五台山研究》2016年第3期，第59—64页。

梁松涛《浅析西夏文〈宫廷诗集〉对修辞的运用》，《西夏学》第十二辑，2016年，第333—342页。

梁松涛、田晓霈《西夏"权官"问题初探》，《敦煌学辑刊》2016年第4期，第62—69页。

梁松涛、李灵均《西夏晚期库局分磨勘、迁转及恩荫禁约制度》，《宁夏社会科学》2016年第5期，第222—226页。

林玉萍、孙飞鹏《英藏黑水城文献中的西夏文新现佛经考释》，《西夏学》第十二辑，2016年，第89—100页。

林玉萍、毕泊、孙飞鹏、李策《基于图像配准的古代西夏文活字印刷术鉴别方法》，《兰州理工大学学报》2016年第4期，第97—101页。

刘翠萍《隋唐民族政策与北宋"积弱"局面的形成——以陕北党项为中心》，《西夏研究》2016年第2期，第74—79页。

刘红军、孙伯君《〈西夏佛经序跋译注〉读后》，《宁夏社会科学》2016年第6期，第225—227页。

刘文静《西夏瓷的纹饰图案研究》，陕西师范大学硕士学位论文，2016年5月。

刘文荣《党项民族与宋音乐文化关系新探——以俄藏黑水城文献Дх.02822所见"水盏"乐器为考据》，《民族艺术》2016年第4期，第61—67页。

刘文荣《俄藏西夏汉文本〈杂字〉所见龙笛乐器考》，《西夏学》第十三辑，2016年，第213—222页。

刘晔、赵彦龙、孙小倩《西夏档案保管制度再探索》，《档案学通讯》2016年第2期，第95—99页。

刘永刚《宋哲宗亲政后对西北蕃官换授汉官差遣的调整》，《西夏学》第十二辑，2016年，第358—364页。

刘永增《瓜州东千佛洞的图像源流与历史价值——兼谈东千佛洞的初创年代》，《故宫博物院院刊》2016年第4期，第71—81页。

刘永增《宁夏、内蒙古、甘肃陇东石窟考察记》，《西夏学》第十三辑，2016年，第306—319页。

刘志月《莫高窟北区B59窟出土〈西夏嵬名法宝达卖地帐〉研究——兼论西夏土地买卖中的优先权》，《河西学院学报》2016年第4期，第44—50页。

刘志月、邓文韬《元代西夏遗民著述篇目考》，《西夏研究》2016年第2期，第45—50页。

骆详译、李天石《从〈天盛律令〉看西夏转运司与地方财政制度——兼与宋代地方财政制度比较》，《中国经济史研究》2016年第3期，第52—60页。

马肖《关于几种西夏文钱币释读问题的再讨论》，《收藏》2016年第19期，第100—103页。

麻晓芳《西夏文〈善住意天子会·破魔品〉考释》，《西夏研究》2016年第3期，第13—24页。

麻晓芳《"擦擦"的西夏译法小考》，《宁夏社会科学》2016年第5期，第219—221页。

马旭俊《"任得敬"史事二则再认识》，《西夏研究》2016年第2期，第51—54页。

马旭俊《结什角考》，《青海师范大学学报》2016年第3期，第88—90页。

马旭俊、杨军《论西夏蕃、汉礼之争的本质——以"任得敬"为个案研究》，《西北民族大学学报》2016年第4期，第90—96页。

马洋《西夏文物上的牡丹纹与莲花纹研究》，兰州大学硕士学位论文，2016年5月。

马振颖、郑炳林《英藏黑水城文献〈天地八阳神咒经〉拼接及研究》，《敦煌学辑刊》2016年第2期，第167—180页。

卯芳《东千佛洞第二窟壁画艺术探究》，《西夏研究》2016年第3期，第54—56页。

卯芳《西夏壁画艺术的本土化——以瓜州东千佛洞第二窟为例》，《大众文艺》2016年第17期，第132—133页。

母雅妮《西夏原始宗教的发展及其意义》，《新西部》2016年第8期，第98页。

母雅妮《西夏文〈大般若波罗蜜多经〉（卷三百三十八）考释》，陕西师范大学硕士学位论文，2016年5月。

倪彬《读〈中国藏黑水城汉文文献〉中所收柬帖文书札记》，《西夏学》第十二辑，2016年，第231—236页。

倪洪《宋金海上联盟时期东亚政治格局演变研究》，上海师范大学博士学位论文，2016年5月。

聂鸿音《黑水城出土"转女身经音"初释》，《北方民族大学学报》2016年第1期，第74—77页。

聂鸿音《〈显密圆通成佛心要集〉里的梵语言》，《宁夏社会科学》2016年第3期，第199—204页。

聂鸿音《党项诗歌的形式及其起源》，《西夏研究》2016年第4期，第3—9页。

牛达生《藏传佛教是夏仁宗时期传入西夏的——〈西夏佛教三论〉之三》，《西夏学》第十三辑，2016年，第190—200页。

潘洁《西夏税户家主考》，《宁夏社会科学》2016年第2期，第215—219页。

潘洁《西夏官粮窖藏》，《西夏学》第十三辑，2016年，第52—58页。

潘洁、陈朝辉《西夏土地典卖中的亲邻权》，《西夏研究》2016年第2期，第55—60页。

彭超、徐希平《一个多民族文学融合互动的范本——〈述善集〉文学文献价值考述》，《民族学刊》2016年第5期，第49—58页。

　　彭向前《西夏语中的对比连词mjɨ¹ djij²》，《西夏学》第十二辑，2016年，第320—327页。

　　彭向前、侯爱梅《〈凉州重修护国寺感通塔碑〉西夏文碑铭互文见义修辞法举隅》，《宁夏社会科学》2016年第6期，第213—216页。

　　任长幸《西夏文〈大般若·初分诸功德相品〉译释》，陕西师范大学博士学位论文，2016年11月。

　　任红婷《西夏文〈佛说佛母出生三法藏般若波罗蜜多经〉（卷十六）研究》，陕西师范大学硕士学位论文，2016年5月。

　　任怀晟、魏雅丽《西夏武职服饰再议》，《北方文物》2016年第2期，第80—84页。

　　任怀晟《西夏灶神像探疑》，《西夏学》第十三辑，2016年，第242—247页。

　　邵军《宏佛塔出土绢画题材内容再探》，《敦煌研究》2016年第4期，第52—62页。

　　沈一民、朱桂凤《中国古代地图中的西夏》，《西夏学》第十三辑，2016年，第26—35页。

　　史地《整合力量 打通界限 推进研究——〈辽金西夏研究年鉴〉读后》，《东北史地》2016年第3期，第96页。

　　史金波《凉州会盟与西夏藏传佛教——兼释新见西夏文〈大白伞盖陀罗尼经〉发愿文残页》，《中国藏学》2016年第2期，第88—92页。

　　史金波《黑水城出土西夏文雇工契研究》，《中国经济史研究》2016年第4期，第5—13页。

　　史金波《西夏文〈大白伞盖陀罗尼经〉及发愿文考释》，《西夏学》第十二辑，2016年，第1—10页。

　　史金波《西夏时期的张掖》，《西夏学》第十三辑，2016年，第1—

20页。

石雅琼《西夏版画对当代宁夏地区版画的影响和作用》，宁夏大学硕士学位论文，2016年5月。

宋坤《俄藏黑水城所出汉文〈六壬课秘诀〉版本辨正》，《西夏学》第十二辑，2016年，第237—245页。

宋满平《从几组医方谈西夏文医药文献的来源》，《西夏学》第十二辑，2016年，第189—196页。

孙伯君《西夏语声调问题再探》，《语言科学》2016年第1期，第34—41页。

孙伯君《12世纪河西方音中的党项式汉语成分》，《中国语文》2016年第1期，第20—27页。

孙伯君《西夏语"𗇋·ja"的用法及与之相关的惯用型》，《宁夏社会科学》2016年第1期，第208—213页。

孙伯君《黑水城出土西夏文〈八种粗重犯堕〉考释》，《西夏研究》2016年第2期，第3—6页。

孙伯君《〈西夏文金刚经の研究〉读后》，《宁夏社会科学》2016年第4期，第223—225页。

孙伯君《从两种西夏文卦书看河西地区"大唐三藏"形象的神化和占卜与佛教的交融》，《民族研究》2016年第4期，第72—78页。

孙伯君、王龙《西夏文"十二钱"卜卦书〈掷卦本〉考释》，《北方民族大学学报》2016年第1期，第78—82页。

孙昌盛《西夏文藏传密续〈广义文〉所见印度大成就者黑行师事迹译注》，《西夏研究》2016年第3期，第3—12页。

孙飞鹏、林玉萍《英藏西夏文〈华严经〉（八十卷本）残片整理及校勘研究》，《西夏学》第十二辑，2016年，第60—88页。

孙宏开《西夏语声母系统拟测》，《语言科学》2016年第1期，第

21—33页。

孙宏开《西夏与羌——兼论西夏语在羌语支中的历史地位》，《阿坝师范学院学报》2016年第2期，第5—9页。

孙继民《甘肃武威所出一组西夏汉文乐官文书考释》，《西夏学》第十三辑，2016年，第151—155页。

孙小倩、赵彦龙《西夏民间"会款"现象探析》，《山西档案》2016年第2期，第149—151页。

孙效武、杨蕤《近二十年来〈天盛律令〉研究综述》，《西夏研究》2016年第4期，第47—55页。

孙颖慧《"中国民族古文字研究会第十次学术研讨会"综述》，《西夏研究》2016年第4期，第117—120页。

孙颖新《西夏文〈诸法一心定慧圆满不可思议要门〉考释》，《宁夏社会科学》2016年第5期，第213—218页。

［俄］索罗宁《〈金刚般若经颂科次纂要义解略记〉序及西夏汉藏佛教的一面》，《中国藏学》2016年第2期，第93—101页。

汤君《〈增壹阿含经〉的西夏摘译本》，《宁夏社会科学》2016年第2期，第204—208页。

汤君《西夏佚名诗集再探》，《西夏学》第十二辑，2016年，第152—165页。

唐均《西夏语的施受格问题》，《西夏学》第十二辑，2016年，第343—352页。

汤晓芳《阿拉善的西夏建筑遗址》，《西夏学》第十三辑，2016年，第258—262页。

汤晓龙、刘景云《西夏医方〈治热病要论〉"小儿头疮方"破译考证》，《中华医史杂志》2016年第2期，第103—110页。

佟建荣《社会经济文书中的西夏文人名综考》，《宁夏社会科学》

2016年第3期，第217—220页。

佟建荣《汉文史料中的西夏番姓考辨》，《中央民族大学学报》2016年第4期，第98—103页。

佟建荣《西夏文刊本〈三才杂字〉残页考》，《西夏学》第十二辑，2016年，第166—175页。

王连旗、李玉洁《北宋后期的西北土地开发与边疆安全》，《兰州学刊》2016年第11期，第65—71页。

王龙《黑水城出土西夏文〈十二缘生祥瑞经（卷上）〉考释》，《西夏研究》2016年第1期，第13—31页。

王龙《西夏文〈佛说避瘟经〉考释》，《宁夏师范学院学报》2016年第1期，第81—87页。

王龙《黑水城出土西夏文〈十二缘生祥瑞经（卷下）〉考释》，《西夏研究》2016年第2期，第14—27页。

王龙《黑水城出土西夏文〈佛说大方广善巧方便经〉考补》，《图书馆理论与实践》2016年第7期，第110—112页。

王龙《西夏文"地藏三经"综考》，《西夏学》第十二辑，2016年，第40—53页。

王培培《夏译汉籍中的汉夏对音字研究》，《宁夏社会科学》2016年第1期，第214—221页。

王培培《夏译〈论语〉与宋代西北方音》，《西夏研究》2016年第2期，第7—13页。

王培培《西夏文献中的音译原则》，《西夏研究》2016年第3期，第31—34页。

王培培《英藏汉文〈佛说天地八阳神咒经〉考释》，《西夏学》第十二辑，2016年，第34—39页。

王荣飞《一件宏佛塔天宫装藏西夏文双面木雕版考释》，《西夏学》

第十二辑，2016年，第54—59页。

王胜泽《文殊山万佛洞西夏壁画布袋和尚》，《民族艺林》2016年第4期，第47—52页。

王使臻《出土西夏文献所见"宁星"相关地理位置考述》，《西夏研究》2016年第2期，第39—45、128页。

王巍《俄藏黑水城文书〈卜筮要诀〉考释》，《西夏学》第十二辑，2016年，第289—294页。

王艳云《西夏刻本中小装饰的类别及流变》，《西夏学》第十三辑，2016年，第223—230页。

王耀彬《〈金史·交聘表〉夏金交聘史实勘误》，《新西部》2016年第13期，第85页。

王一凡《北宋环庆帅司路研究》，宁夏大学硕士学位论文，2016年4月。

王禹浪、王文轶、王俊铮《宁夏西夏王陵、贺兰山岩画、靖边统万城考察纪行》，《黑河学院学报》2016年第4期，第90—100页。

王震《"般擦""般次"考证》，《广西科技师范学院学报》2016年第4期，第46—48页。

王震《辽西夏金"天使"考》，《齐齐哈尔大学学报》2016年第8期，第94—96页。

魏淑霞《"北方民族文字数字化与西夏文献研究国际研讨会"综述》，《西夏研究》2016年第4期，第121—123页。

魏淑霞《西夏职官制度若干问题研究》，宁夏大学博士学位论文，2016年3月。

魏淑霞、胡明《西夏塔寺研究述评》，《西夏研究》2016年第1期，第112—121页。

魏文《滂汀巴昆仲与上乐教法在藏地和西夏的早期弘传》，《中国藏学》2016年第2期，第102—110页。

魏亚丽《西夏贵族妇女冠式研究》，《西夏学》第十三辑，2016年，第248—257页。

吴珩《西夏图像中的童子形象》，《西夏研究》2016年第1期，第42—49页。

吴珩、杨浣《西夏"踏歌舞"源流考》，《民族艺林》2016年第3期，第43—48页。

吴悦《西夏王陵的现状综述及实行大遗址保护的可行性》，《智能城市》2016年第7期，第156页。

许鹏《俄藏Инв.No.8084ё和8084Ж号〈天盛律令〉残片考释》，《宁夏社会科学》2016年第6期，第221—224页。

许鹏《西夏文〈十二缘生祥瑞经〉初释》，《西夏学》第十二辑，2016年，第101—118页。

许鹏、韩小忙《西夏语词汇研究述论》，《西夏研究》2016年第3期，第35—42页。

许生根《英藏〈天盛律令〉残卷西夏制船条款考》，《宁夏社会科学》2016年第2期，第212—214页。

徐希平、彭超《俄藏与中国藏两种西夏文曲辞〈五更转〉之探讨》，《民族文学研究》2016年第6期，第133—140页。

薛正昌《府州折氏家族析论》，《西夏研究》2016年第1期，第38—41页。

阎成红《俄藏Инв.No.6761西夏文题记的归属——兼及西夏文献〈极乐净土求生念定〉的复原》，《西夏研究》2016年第2期，第28—33页。

阎成红《西夏文〈亥年新法〉卷十六十七合本释读与研究》，宁夏大学硕士学位论文，2016年4月。

杨翰卿《儒学在西夏党项羌族文化中的地位、特征和局限》，《西南民族大学学报》2016年第1期，第69—73页。

杨浣、王军辉《〈西夏地形图〉研究回顾》，《图书馆理论与实践》2016年第12期，第113—118页。

杨莲霞《走进神秘西夏王朝的关钥》，《博览群书》2016年第9期，第111—114页。

杨莲霞《研究西夏历史的珍贵资料——〈西夏文物〉》，《西夏学》第十二辑，2016年，第376—377页。

杨满忠《党项西夏音乐文化述略》，《西夏学》第十三辑，2016年，第231—241页。

尤桦《西夏武器装备法律条文与唐宋法律条文比较研究》，《西夏学》第十三辑，2016年，第156—161页。

于光建《西夏典当借贷经济研究述评》，《西夏研究》2016年第3期，第66—70页。

于光建《西夏典当借贷中的中间人职责述论》，《宁夏社会科学》2016年第4期，第209—214页。

于光建《西夏六个方位监军司的治所在哪里？——读张多勇〈西夏京畿镇守体系蠡测〉有感》，《西夏研究》2016年第4期，第124—125页。

于光建《〈天盛律令〉对买卖借典"中间人"的规制》，《西夏学》第十三辑，2016年，第162—170页。

于光建、邓文韬《开封宋代繁塔夏州李光文题刻考述》，《石河子大学学报》2016年第3期，第19—24页。

于孟卉《西夏瓷器纹饰刍议》，《东方收藏》2016年第9期，第72—77页。

于业礼、张如青《日本天理大学藏三件出土医学文书考证》，《南京中医药大学学报》2016年第3期，第181—186页。

岳键《西夏陵相关问题新考》，《宁夏师范学院学报》2016年第1期，第69—80、91页。

岳键《西夏寿陵残碑龙纹复原研究》,《西夏学》第十三辑,2016年,第276—305页。

袁志伟《西夏大手印法与禅宗关系考——以〈大乘要道密集〉为中心》,《陕西师范大学学报》2016年第6期,第86—92页。

张博、王旭东、郭青林等《西夏陵夯补支顶加固工艺质量控制研究》,《敦煌研究》2016年第5期,第135—141页。

张多勇《西夏宥州——东院监军司考察研究》,《西夏学》第十三辑,2016年,第42—51页。

张多勇、杨蕤《西夏绥州—石州监军司治所与防御系统考察研究》,《西夏研究》2016年第3期,第57—65页。

张多勇、庞家伟、李振华、魏建斌《西夏在马啣山设置的两个军事关隘考察》,《石河子大学学报》2016年第4期,第1—5页。

张淮智《黑水城所出〈大德十一年税粮文卷〉整理与复原》,《西夏学》第十二辑,2016年,第246—266页。

张少珊《辽金承认西夏帝位的原因分析》,《赤峰学院学报》2016年第1期,第20—22页。

张世奇、沙武田《历史留恋与粉本传承——敦煌石窟西夏千佛图像研究》,《西夏学》第十三辑,2016年,第263—275页。

张笑峰《西夏〈天盛律令〉中的头子考》,《宁夏师范学院学报》2016年第1期,第88—91页。

张笑峰《西夏铁箭制度初探》,《西夏学》第十二辑,2016年,第176—180页。

张笑峰《西夏符牌考校》,《西夏学》第十三辑,2016年,第77—90页。

张小刚、郭俊叶《文殊山石窟西夏〈水月观音图〉与〈摩利支天图〉考释》，《敦煌研究》2016年第2期，第8—15页。

张琰玲《昔李钤部家族研究述论》，《西夏研究》2016年第4期，第34—41页。

张艳璐《沙俄的中国西北边疆史地研究》，《西域研究》2016年第2期，第123—131页。

张永富、安北江《西夏文献目录学的鼎力之作——〈西夏文献解题目录〉评介》，《西夏研究》2016年第3期，第120—122页。

张玉海《西夏佛经所见官职名人名述考》，《西夏研究》2016年第4期，第15—25页。

赵坤《英藏黑水城文献〈周易十二钱卜法〉初探》，《西夏研究》2016年第1期，第32—37页。

赵坤《辽、宋、金册封西夏"皇帝"始末考》，《河北北方学院学报》2016年第3期，第31—33页。

赵坤《论清远军在宋夏战争中的有限作用及其原因》，《西夏学》第十三辑，2016年，第117—124页。

赵坤《纳甲筮法源流考——兼论黑水城易占文献的学术价值》，宁夏大学硕士学位论文，2016年4月。

赵生泉《俄藏武威西夏文灵骨匣题记解诂》，《宁夏社会科学》2016年第6期，第217—220页。

赵生泉《〈宋西北边境军政文书〉印记考释三则》，《西夏学》第十二辑，2016年，第224—230页。

赵天英《甘肃新见瓜州县博物馆藏西夏藏文药方考》，《中国藏学》2016年第2期，第120—125页。

赵天英《〈黑水城出土西夏文医药文献整理与研究〉读后》，《西夏研究》2016年第3期，第126—128页。

赵小明《黑水城汉文占卜文书研究的回顾与前瞻》，《昌吉学院学报》2016年第1期，第65—70页。

赵晓星、朱生云《宁夏、内蒙古境内的西夏石窟调查——西夏石窟考古与艺术研究之一》，《敦煌研究》2016年第5期，第42—51页。

赵彦龙《俄藏黑水城西夏汉文No.2150号文书再探讨》，《西夏研究》2016年第3期，第25—30页。

赵彦龙《西夏汉文榷场贸易档案中计量单位再研究》，《宁夏师范学院学报》2016年第5期，第56—59页。

赵彦龙《西夏时期的金属档案》，《中国档案研究》第二辑，2016年，第49—68页。

赵彦龙、孙小倩《西夏谱牒档案探析》，《西夏学》第十二辑，2016年，第197—206页。

赵阳《西夏佛教文学作品的特点与价值》，《甘肃社会科学》2016年第1期，第56—60页。

赵阳《黑水城出土〈新集藏经音义随函录〉探微》，《吐鲁番学研究》2016年第1期，第33—40页。

赵阳《西夏佛教灵验记探微——以黑水城出土〈高王观世音经〉为例》，《敦煌学辑刊》2016年第3期，第69—79页。

赵阳《论宋代文学对西夏文学的影响》，《兰州学刊》2016年第8期，第57—63页。

甄自明《鄂尔多斯地区的西夏窖藏》，《西夏学》第十三辑，2016年，第320—328页。

郑炳林、朱晓峰《壁画音乐图像与社会文化变迁——榆林窟和东千佛洞壁画上的拉弦乐器再研究》，《东北师大学报》2016年第1期，第1—6页。

郑玲《河西回鹘与西夏关系研究综述》，《西夏研究》2016年第2期，第80—85页。

周峰《2015年辽金西夏史研究综述》，《中国史研究动态》2016年第6期，第19—24页。

周峰《金诗中的金夏关系》，《西夏学》第十三辑，2016年，第36—41页。

周永杰《元代亦集乃路的物价——以黑城出土文书为中心》，《西夏学》第十二辑，2016年，第295—307页。

朱浒《宁夏首次出土篆书乾祐元宝》，《中国钱币》2016年第1期，第78—80页。

朱浒《西夏文银牌"内宿首领"考释》，《宁夏社会科学》2016年第3期，第213—216页。

朱生云《西夏时期重修莫高窟第61窟原因分析》，《敦煌学辑刊》2016年第3期，第123—134页。

朱旭东《西夏语和缅甸语天气方面的词语比较》，《西夏学》第十二辑，2016年，第353—357页。

（原载于郝春文主编《2018敦煌学国际联络委员会通讯》，上海：上海古籍出版社，2018年，第385—402页）

第四章

2017年西夏学研究

第一节 2017年西夏学研究综述

2017年西夏学研究取得了一定的成果。据笔者不完全统计，2017年出版专著27部、发表学术论文227篇。内容涵盖西夏历史文化、社会经济、佛经考释、民族关系等。

一、著 作

西夏历史文化方面，李昌宪《中国行政区划通史·宋西夏卷》（修订本）（复旦大学出版社，2017年），依据《宋史》《资治通鉴》《续资治通鉴长编》《宋会要辑稿》《太平寰宇记》《元丰九域志》《元和郡县图志》等史书及大量的地方志、文集、笔记等资料，共分六编，从学术上全面、深入地论述了宋代地方行政体制与行政区划的变迁以及西夏的地方行政体制，填补了宋代及西夏政区地理研究的空白。李强《西夏王》（现代出版社，2017年），以西夏景宗李元昊为主轴，讲述了党项人的漫长起源，以及党项皇族在西北建立少数民族政权并发展壮大，直至消亡的历史。本书钩稽史料，著述严谨，深入分析了党项人的源流与去向，破解党项人及其他少数民族与汉族的关系，解密西夏文明，揭示了少数民族与汉族共同创造发展中华文明的特有历史规律。李兆庆《成吉思汗》（中国文史出版社，2017年），叙述了成吉思汗从苦难中崛起，统一蒙古诸部，继而挥师南下攻金、远征中亚、歼灭西夏，并且横扫亚欧大陆，直至建立蒙古汗国的传奇经历，歌颂了他对中华民族的统一和发展做出的杰出贡献。童超主编《看得见的中国史·辽西夏金》（北京联合出版公司，2017年），叙述了各少数民族政权建立的过程，探讨了它们之间的关系。陈玮《西夏番姓大族研究》（甘肃文化出版社，2017年），绪论部分含西夏的族群结构与族群认同、番姓大族与西夏社会、前人研究述评及问题的提出、本书结构安排等内容，第一章为西夏番姓大族的身份认同，第二章为从藩镇到皇朝：西夏番姓大族的权力构建，第三章是政治化的西夏番姓大族信仰。彭向前《党项西夏名物汇考》（甘肃文化出版社，2017年），是杜建录、史金波主编的《西夏学文库》之一，作者利用正史、编年、政书、文集、笔记、碑刻等多种史料，把汉文文献与党项、吐蕃少数民族语文材料结合起来，运用学术研究中"审音勘同"的手段，首次对大批党项与西夏及其相关的专名进行校勘、研究，所考订的词目近300条，涉及汉文、西夏文词目上千条，有助于解决党项、西夏历史文献中的专名混乱、讹误等问题，使相关史料得到正确的诠释和运用，对促进西夏史研究乃至宋代西北民族研究都具有十分重要的意义。史金波《西夏风俗》（上海文化出版社，2017年），是《全彩插图本中国风俗通史丛书》之一，作者利用各种文献资料，叙述了西夏时期的丧葬、饮食、居住、服饰、行旅、生育、婚姻、养老、商贸、信仰、岁时等风俗习惯。贾常业《西夏文字揭要》（甘肃文化出版社，2017年），作为《西夏学文库》第一辑《论集卷》的重要组成部分，收录了作者自2005年以来所撰写的20篇学术论文，书后还附有《西夏文检字部首目录》和《西夏文部首检字表》，为广大西夏学研究者进行查阅提供了便利。《西夏文字揭要》一书丰富了西夏语言文字研究的内容，推动了西夏学研究的稳步发展。雪漠《西夏的苍狼》《西夏咒》《无死的金刚心》（中国大百科全书出版社，2017年），被称为"灵魂三部曲"，其中《西夏的苍狼》写了一位南方女子紫晓寻找西夏远古神獒的后裔"苍狼"，进而追寻西部歌手的生命旅程。《西夏咒》通过对从西夏神秘岩窟金刚亥母洞里发掘出的历史秘籍的解读和演绎，展示了诸多鲜为人知的西部人文景观。

关于社会经济，史金波《西夏经济文书研究》（社会科学文献出版社，2017年），从西夏王朝和西夏的经济、西夏文献中有关西夏经济的记载，户籍文书、租税文书、粮物记账文书、商贸文书、契约文书、汉文经济文书等方面对出土文献中的有关西夏经济的资料进行了研究，书末附录了西夏文经济文书录文、对译和意译。乜小红《中国古代契约发展简史》（中华书局，2017年），对契约研究作了学术回顾，并从经济关系的契券与发展、家庭宗族内规约、社会基层券约等方面进行了研究，其中第八章探讨了各民族文字契约，包括西夏文契约。

关于西夏研究论文集，陈广恩《西夏元史研究论稿》（中国社会科学出版社，2017年），是《暨南史学丛书》之一，从作者已发表论文中挑选出19篇组成，其中西夏史7篇，元史12篇。西夏史论文中，关于伊斯兰教和景教等的论述，是以往研究中没有探讨过的论题，而多元性则是西夏文化的一个显著特点，西夏的部分科技成就在同时期中国科技史上占据领先地位。崔红芬《西夏佛教文献研究论集》（宗教文化出版社，2017年），属于"宝庆讲寺丛书·中国佛教学者文集"之一，收录了作者关于西夏文本，如《大乘圣无量寿王经》《圣胜慧到彼岸功德宝集偈》《药师琉璃光七佛本愿功德经》等各种经典的考略。姜锡东主编《宋史研究论丛》第二十辑（科学出版社，2017年），收录了30篇学术性专论，分为宋代政治制度、地方社会、思想科技、辽金专题、文献考证、书评综述等专栏，所发文章是目前宋、辽、金、西夏史学界相关问题的研究成果。李华瑞《宋辽西夏金史青蓝集》（中国社会科学出版社，2017年），为论文集，收录的论文是作者指导的研究生在学期间发表的论文，包括黄正林《国民政府"扶植自耕农"问题研究》、徐黎丽《论民族的三个基本属性》、彭向前《试论辽对西夏的遏制政策》、马玉臣《试论宋神宗时期的州县省废》、韩毅《宋初僧人对儒家中庸思想的认识与回应——以释智圆和释契嵩为中心的考察》等文章。李华瑞《西夏史探赜》（甘肃文化出版社，2017年），是"西夏学文库·论集卷"之一，收录了《试论西夏经营河西》《北宋仁宗时期联蕃制夏政策述论》《元朝人不修西夏史刍议》《贸易与西夏侵宋的关系》《北宋朝野人士对西夏的看法》《北宋末期及南宋与西夏的关系》等近30篇文章。马聪、王涛、曹旅宁《出土文献与法律史研究现状学术研讨会论文集》（暨南大学出版社，2017年），本书是第六届"出土文献与法律史研究现状学术研讨会"的成果结集，共收集论文20余篇。收录文章有岳麓书院藏秦简部分简牍的归类及针对其中出现的若干令名的研究成果，对张家山汉简二年律令与秦汉法律史的研究现状进行的总结，就睡虎地秦简所见的法律术语展开的细致讨论，从法律制度、法律思想等若干角度对秦汉、隋唐法律制度乃至西夏法制进行了深入研究。之承《晚晴集》（宁夏人民出版社，2017年），收录了作者近些年所写的近体诗300余首，收录了水洞沟、宁夏博物馆、苏峪口、沙湖、贺兰山岩画、西夏王陵、中华回乡文化园、塞上初春、塞上春寒、黄河楼等作品。周伟洲主编《西北民族论丛（第十五辑）》（社会科学文献出版社，2017年），对西夏文《同义》辞书、《黑城出土文书》中所见元代亦集乃路的灌溉渠道、敦煌悬泉置遗址所出有关乌孙汉简的考释等进行了论述。周伟洲《党项西夏史论》（甘肃文化出版社，2017年），是"西夏学文库"之一，分上、下两编，上编唐代党项共六章，含绪论、唐初党项的降附及党项诸羁縻府州的设置、唐代党项的内徙与分布、唐朝中后期的党项、唐末党项拓跋部的崛起及其割据势力的形成、五代时期的党项；下编党项西夏论文：《陕北出土三方唐五代党项拓跋氏墓志考释——兼论党项拓跋氏之族源问题》《早期党项拓跋氏世系考辨》《早期党项拓跋氏世系补考》《五代冯晖墓出土文物考释》《五代至宋初陕北党项及宋夏在陕北的争战和影响》《宋初党项李氏割据势力的消亡与复兴》《夏州党项李氏割据政权的巩固与西夏建国基础的奠定》《元昊简论》；文末附有《西夏的兴起与青白盐问题》译文。

关于佛经考释，杨志高《〈慈悲道场忏法〉西夏译文的复原与研究》（中国社会科学出版社，2017年），利用中、俄、英等地的《慈悲道场忏法》西夏文本，对其进行了校对缀合，有助于对西夏佛教史乃至中国佛教史的认识，也有益于梳理中原地区和少数民族地区宗教文化交流的某些特点，具有重要的文物、文献、语言文字和历史研究价值。

关于民族关系，杜建录《西夏与周边民族关系》（甘肃文化出版社，2017年），是"西夏学文库"第一辑之一，上篇论述了西夏与周边民族关系史，中篇探讨了宋夏关系的若干问题，下篇展示了西夏交聘表。

二、论 文

下面从政治军事地理、法律社会经济（包括钱币）、文献考释、文化互动、语言文字、佛教及其经典、西夏石窟考古艺术、西夏遗民考证、研究述评等八个方面择要论述。

（一）政治、军事、地理

政治方面，包括西夏与其他政权的关系，郭冰雪《北宋对党项贵族的赐赙之礼》（《西夏研究》2017年第1期），论述了"赐赙之礼"在一定程度上有缓解宋与党项政权之间紧张关系的作用。黄纯艳《北宋东亚多国体系下的外交博弈——以外交谈判为中心》（《中国边疆史地研究》2017年第1期），指出华夷观念是外交博弈的基本理念，在华夷观念下代表着等级制国际关系的名分是外交博弈的首要目标，利益是外交博弈的核心诉求，其背后都是对国家安全的追求。外交博弈结果主要取决于综合实力，同时受到外交政策的深刻影响。北宋外交博弈既有历史共性，也有多国体系下的特殊性。张永富《西夏文献中的"群牧司"与"州牧"》（《西夏研究》2017年第1期），通过汉文典籍中出现的地方军事行政长官"群牧司""州牧"在西夏文本《类林》中被译成了"群牧司大人"，旨在说明夏译汉文典籍中类似因误解汉文意思的翻译为数不少。郝振宇《唐宋丝绸之路视域下党项西夏政权建立的历史考察》（《西北民族大学学报》2017年第2期），文章以李元昊依托河西地区建立党项政权的过程为考察对象，探求河西地区历史发展的转变轨迹，以及陆上丝绸之路的变化给中原王朝发展带来的极大影响。王万志《辽夏封贡关系探析》（《史学集刊》2017年第5期），对辽夏封贡关系的开始、建立、发展、破坏和修复进行了介绍，指出在辽夏封贡体系之下，两国保持着册封、进贡、朝贺、吊祭等朝贡活动往来，并且在军事、政治方面有密切互动和联系。在辽朝的朝贡体系中，西夏属于辽朝的"外圈"朝贡体系。燕永成《北宋后期的御将新体制及其影响》（《文史哲》2017年第5期），不仅对北宋边境政策有了新的认识，而且对宋与辽、金、西夏等北方少数民族关系有了清晰的把握。马旭俊《金夏关系研究》（吉林大学博士学位论文，2017年6月），对金夏交聘制度与礼仪、金夏使节、金夏经济互动、其他政权对金夏关系的影响等问题进行了考察，对于理解金与西夏这两个少数民族主导的政权，以及12世纪中国的政治格局、民族关系、经济文化交流等问题有着重要的意义。张顺利《民族交往视角下的西夏与辽朝民族政策探析》（烟台大学硕士学位论文，2017年4月），讨论了西夏与辽的交往和政策，分析了西夏与辽民族政策和民族交往的共性特点，有助于我们从民族视角下认识西夏与辽朝的民族政策。

军事方面，范学辉《俄藏黑水城金代〈西北诸地马步军编册〉新探暨重命名》(《历史研究》2017年第1期)，根据孙继民《西北诸地马步军编册》之标点录文，在考证文书形成年代、背景和主要内容的基础之上，认为该文书应当重新命名为《金贞祐三年十月临洮路上陕西宣抚司核实世袭蕃部巡检与弓箭手编册》，同时对文书中出现的人物族属问题也进行了辨析，指出文书是金朝备战金夏临洮战事的产物，也在临洮之战中落入西夏之手。〔日〕荒川慎太郎著，王玫译《西夏的"炮"设计图》(《西夏研究》2017年第4期)，通过对俄罗斯科学院东方文献研究所保存的编号为Tang.46 inv.No.156（2006）st.inv.No.5217的西夏文写本进行研究，认为图中所展示之物为弦乐器这一结论有诸多不合理之处，应为中国古代"炮"（投石器、投石机）的设计图。宋士龙《宋军在三川口、平夏城两场战役中的防御战术之比较》(《西夏研究》2017年第4期)，认为据城坚守、待隙进攻、援军持重、相机攻守、策应牵制的攻防结合战术为有效抵御西夏或其他游牧民族侵略提供了重要借鉴。景永时《西夏地方军政建置体系与特色》(《宁夏社会科学》2017年第6期)，分析指出西夏地方军政按不同的军政属性设立相对独立的管理体系。地方军政事务分为京师和边中，由殿前司和经略司分别管辖。

历史地理方面，史金波《西夏与开封、杭州》(《浙江学刊》2017年第1期)，指出夏州、灵州和兴庆先后与北宋都城开封有复杂的密切往来，反映出西夏建国前后与北宋政治、经济、文化等方面的关系。宋朝南渡后西夏与南宋的往来被金朝阻隔，兴庆府与南宋都城杭州基本断绝了往来。西夏灭亡后，党项族地位较高，元朝统治者敕命在杭州雕印西夏文《大藏经》，西夏后裔党项族僧人董理其事，并于杭州飞来峰雕刻佛教造像，在杭州留下了党项后裔的历史足迹。郑彦卿《西夏省嵬城历史考略》(《西夏研究》2017年第3期)，指出省嵬城是拱卫西夏京畿北部的门户，也是西夏北部的一个经济中心，推测省嵬城可能是定州州治所在地，认为省嵬城的位置原在黄河之东，后因黄河改道而在黄河之西。任欢欢《西北堡寨在宋夏战争中的作用——以青涧城为例》（《北方论丛》2017年第4期），对北宋初年应对西夏在西北所采取的措施进行了分析，反映了青涧城在西北边陲与夏交锋中发挥了重大作用。王源《辽西京在辽夏往来中的地位与作用》（内蒙古大学硕士学位论文，2017年4月），辽西京既是防御西夏的前沿地区，战略地位十分重要，又是辽夏政权之间友好交往的平台，旨在说明辽夏关系的主流是和平交往。

（二）法律、社会、经济

关于西夏《天盛律令》及其他法律研究，［俄］克恰诺夫著，唐克秀译《西夏的"自然人"与"法人"——〈天盛律令〉研究专著第二部分译文》（《西夏研究》2017年第1期），从理论层面论述了自然人和法人的问题，介绍了前者所享有的法律权利和行为能力。李温《西夏丧服制度及其立法》（《西夏研究》2017年第1期），通过比较《唐律疏议》和《天盛律令》的相关法条，反映了西夏对唐宋丧服制度的传承。骆详译《从〈天盛律令〉看西夏荒地产权制度的流变》（《中国边疆史地研究》2017年第1期），通过比较西夏与唐宋荒地产权制度的相关问题，分析了唐宋、西夏土地买卖契约文书后，认为西夏荒地产权制度不仅反映了西夏一朝土地私有制的发展状况，更是唐代均田制瓦解以来土地私有化在西北地区的历史继承。惠宏《西夏〈天盛律令〉之中药名"蔓荆子"考释》（《宁夏社会科学》2017年第4期），对《天盛律令》卷十七"物离库门"中的一味中药进行了考释，认为它是中药名"蔓荆子"之音译。姜歆《论西夏的司法观念》（《宁夏社会科学》2017年第6期），指出西夏的司法观念深受儒家、法家及本民族习惯法的影响，尤其是儒家思想的影响在其制定的成文法典中表现最为突出。西夏司法观念的确立，说明西夏能够对中国传统思想辗转承袭，又能结合自身实际，从而形成特色鲜明的司法观念。周峰《金朝与西夏盗窃法比较研究》（《辽金历史与考古》第七辑，2017年），认识到金朝与西夏对官私财物的保护、保护统治阶级既得利益、维护社会稳定的对策和前后发展的变化。张松松《西夏军事法条研究》（河北大学硕士学位论文，2017年5月），在对所存西夏文文献中的军事法条爬梳的基础上，首先从历史文献学角度对西夏军事法条所在的法典文献的版本进行了介绍，对当前所存状况有了全面认识。利用汉文译本材料，探究西夏每部法典修订时军事法制建设的重点，以及西夏军事法制建设的脉络，分析了西夏军事法条形式简洁、普遍适用、可操作性强的特点，有助于从整体上把握西夏军事法条。安北江《西夏文献〈亥年新法〉卷十五（下）释读与相关问题研究》（宁夏大学硕士学位论文，2017年3月），对《俄藏黑水城文献》（第九册）所刊《亥年新法》卷十五后半部分文献做了具体译释，并进行了完整的译文，通过对比西夏前后时期以及与同时期不同政权法典之间的异同，为进一步研究西夏法制与社会历史提供了一份材料。

西夏社会方面，徐婕、胡祥琴《西夏时期的自然灾害及撰述》（《西夏研究》2017年第2期），对该时期自然灾害的撰述情况进行对比分析，指出其灾害撰述不仅散见于《宋史·五行志》中，更多见于宋、辽、金各正史史籍及后人的辑录中，说明关于西夏自然灾害的撰述已逐渐摆脱以往正史中以人事解释灾害的传统模式，代之以客观理性的史学撰述方法。文章还通过对西夏时期自然环境、人文地理及自然灾害种类的考察，指出该时期自然灾害主要有连续性与并发性显著以及来势迅猛、破坏性大等特点。杜立晖《黑水城西夏南边榷场使文书所见"替头"考》（《文献》2017年第3期），认为"替头"一词从构词方式上受到了自唐代以来"某字"加"头"的称谓词的影响，"替头"代为行使的当是南边榷场中相关胥吏的职能。从"替头"的角度来看，南边榷场使文书的主要内容，似是南边榷场使向银牌安排官所呈文，汇报"替头"发送回货到其处的具体情况，而非旨在汇报榷场的"税收"问题。史金波《西夏文社会文书对中国史学的贡献》（《民族研究》2017年第5期），为历史文献匮乏的西夏学增添了新的资料，对西夏社会研究具有重要意义，为中国政治史、军事史、经济史提供了很多新的、原始性的资料。郝振宇《论西夏养子的类型及其社会地位》（《宁夏社会科学》2017年第5期），将西夏法典、传世文献和出土文书互相印证，对西夏养子的类型及社会地位等问题进行分析，反映了党项民族自身的社会特色。

在经济方面，包括出土的契约文书、钱币研究。骆详译《从黑水城出土西夏手实文书看西夏与唐宋赋役制度的关系》（《中国社会经济史研究》2017年第2期），指出黑水城出土的两件西夏手实文书与唐宋手实的登载内容在顺序上有所不同，尤其是在土地信息和人口信息这两方面。西夏是土地信息在前、人口信息在后，唐宋则相反，认为这不仅是书写习惯的不同，还与西夏的赋役制度有关。同时，这种差异与唐宋赋役制度的历史演变息息相关，特别是均田制崩溃后，以丁身为本转为以资产为宗的赋役制度，深刻影响了西夏的赋役制度。潘洁《试析西夏土地的垦辟和注销》（《西夏研究》2017年第1期），在《天盛律令》中有零星记载，法律规定了土地范围、个人自愿申请、地方转运司复核、确定租役草以及违律处罚五个垦辟和注销过程中的重要环节，通过土地类型、所有权、租役草等的变化，反映出西夏鼓励垦辟、允许注销的政策，认可、保护私有权的态度，以及"括田畴以足征赋"的经济目的。赵天英《黑水城出土西夏文草书借贷契长卷（7741号）研究》（《中国经济史研究》2017年第2期），将西夏文草书转录成楷书，译为汉文，包含普渡寺出贷粮食契约20件，是西夏社会经济研究的珍贵原始资料，反映出西夏粮食借贷以家庭为主，契约中必须有担保人，西夏寺院的粮食借贷利率偏高，违约惩罚力度大；契约中出现的人名较多，折射出西夏的民族组成情况和西夏人的姓名取向。许生根《论西夏元初黑水城谷物供给途径》（《西夏研究》2017年第4期），认为边塞屯田是黑水城谷物供给的途径，为古代社会保障荒漠边塞供给提供了参考。赵彦龙《西夏汉文契约档案中的计量单位及其用字研究》(《西夏研究》2017年第1期)，通过对西夏汉文契约档案中所出现的贯、文、贯文、两、亩、斤、石、斗、升、位、富、口、张、个、面、尺等计量单位的研究，既可反映西夏对中原计量单位的借鉴，又能深化对汉文契约档案中音近假借、繁体简写、形近而错等用字现象的研究。李学泰《俄藏黑水城西夏汉文经济文献研究》(西北民族大学硕士学位论文，2017年5月)，涉及西夏的典当和高利贷行业、借贷租赁文书、榷场物品和榷场管理制度、边境贸易和计量单位、金银器和丝毛织品生产加工、农产品种类和租税收缴标准等内容，部分文献也反映了西夏土地所有权制度和契约担保制度，以及牲畜种类和畜牧业的发展情况。这些文献为我们提供了研究西夏经济制度的直接材料，丰富了西夏经济史研究的内容。文献体现了其原始独有性、分散不完整性等特征，具有珍贵的历史文献价值。

钱币方面，李鸣骥《西夏钱币铸造特点及其变化原因初探》(《西夏研究》2017年第1期)，以西夏与宋、辽、金的关系为背景，从经济贸易、国力强弱变化等方面出发，在对西夏天盛之前铸币量少的原因进行解析的基础上，推论西夏仁宗仁孝期间及其后相对规模化铸钱的原因。认为西夏钱币铸造特征具体表现为：立国符号，初期铸钱象征意义大于实际流通意义，天盛时期由于经济社会原因铸钱量快速上升，中后期钱币铸造精美是经济、技术水平等多要素作用的结果。李宪章《西夏文古钱忆旧——钱文译识考证》(《江苏钱币》2017年第3期)，介绍了钱币的形制、特点，并对其来历做了考证。赵生泉、史瑞英《西夏钱币书法演变源流探赜》(《中国钱币》2017年第1期)，从书法的角度考证了西夏钱币上的文字演变源流，反映了西夏繁盛的文化。

(三)文献考释、文化互动

西夏文献考释方面，汤晓龙、刘景云《西夏医方"合香杂制剂"破译考释初探》（《中医文献杂志》2017年第1期），认为《俄藏黑水城文献》中西夏医方"合香杂制剂"中"𧷤、𧼯、𧿐"三字分别仿汉字"香、麝、兰"，指出其虽不是沿用中原医学而来，但深受中原医学的影响而制。刘景云《辉煌的华夏史诗:〈夏圣根赞歌〉》（《敦煌研究》2017年第4期），指出《夏圣根赞歌》不仅是一首歌咏西夏圣祖的宏伟史诗，更是一首辉煌的赞颂华夏祖先的史诗，体现了西夏追求文化上正统地位的要求。赵彦龙2篇:《西夏档案编纂研究》（《档案学研究》2017年第1期），指出本文所探讨的西夏档案编纂是20世纪90年代以后，兼及清代和近代的两部汉文档案编纂成果，主要以大型文献丛书《俄藏黑水城文献》《英藏黑水城文献》《中国藏西夏文献》《日本藏西夏文文献》等为代表，借此研究编纂西夏档案的种类、方法、标题、成果的行款格式、文字、来源、原则、注释等内容，揭示其实质内容，展示出珍贵的西夏档案及其价值。《西夏历法档案整理研究》（《中国档案研究》第三辑，2017年），指出西夏历法档案是西夏人在观测日、月、五行等活动中保留下来的既有西夏文历法档案，也有汉文历法档案，还有夏汉合璧的历法档案的不同文字的珍贵而原始的史料，能够真实再现西夏历法工作的原貌，有重要的文物和档案价值。聂鸿音《西夏文"君臣问对"残叶考》（《宁夏社会科学》2017年第2期），对英国国家图书馆收藏的Or.12380-2579号写本残页考证指出，其出自一部已佚汉文著作的西夏译本，拟题为"君臣问对"，译本的现存部分以赋敛和颁赏为主题，似乎与治国有关，但具体行文则反映出原作者的文化水平不高，征引的古代故事多来自坊间传闻而非正统史籍，表明汉文原著是一部假托唐太宗与大臣谈话的民间作品。梁松涛《黑水城出土西夏文〈明堂灸经〉残叶考》（《文献》2017年第3期），对俄罗斯科学院东方文献研究所收藏的编号为Инв.No.4167的西夏文残页的前五行进行了补译，进一步厘清残卷的阅读顺序，认为其装帧形式为缝缋装。马万梅《〈英藏

黑水城文献〉漏刊的两件西夏文献考释》(《西夏研究》2017年第3期),
据IDP数据库所提供的图版考释,编号为Or.12380/3899、3900的两件
西夏文文献皆属于西夏文《佛说佛母出生三法藏般若波罗蜜多经》残
卷,为其卷二之内容。两件文献出土编号均属于K.K.II.0278,文献形
制及残损程度相似,为同一卷轴装写本断裂而成的不同部分,内容上接
近于相连。对两个残件的考释可以弥补英藏西夏文献以往研究的缺漏。
景永时、王荣飞《俄藏黑水城文献未刊〈同音〉37B残叶考释》(《北
方民族大学学报》2017年第5期),指出俄藏黑水城文献未刊的No.4776
《同音》中有一书页系收藏单位整理文献时误将两个不同页的半页拼合
而成,a面为重校本《同音》22a,b面为重校本《同音》37b。该b面
残页带有背注,是俄藏X1号《同音》散落的页面。37b残页是对X1号
《同音》的重要补充,增进了人们对该文献的了解,也为西夏学研究
提供了新材料。

西夏与周边政权在文化上表现出的借鉴与吸收方面,郭明明《〈圣
立义海〉孝子故事史源补考》(《西夏研究》2017年第1期),结合传世
文献、敦煌遗书《孝子传》及考古资料对《圣立义海》中孝子故事做一
补考,力求得出所有孝子的原型及史料来源。孔维京《碰撞与融合:西
夏社会变革中的"孝文化"》(《西夏研究》2017年第2期),指出儒释兼
容、多元融合是西夏文化的重要特点,西夏社会伦理以孝道为纲目,法
律原则以孝亲为优先,佛教思想以行孝为修行,儒学教育以倡孝为重
点,体现出的是西夏文化多元色彩的一面,代表着这一特殊历史时期超
越民族和国家畛域的文化认同。孙颖新《英国国家图书馆藏〈孝经〉西
夏译本考》(《宁夏社会科学》2017年第5期),通过对英藏本进行释读,
比对俄藏本,发现两个译本行文差别巨大,认为出自不同的译者之手。
根据两者翻译方法的不同,推断英藏本的译出时间要早于俄藏本。彭向
前《西夏文草书〈孝经传序〉译释》(《宁夏社会科学》2017年第5期),

以专文的形式对西夏文《孝经传序》重新作出译释，译释工作包括楷书转写、校勘、对译、汉译、注释等，使这篇序言的主要内容首次向学界展现出来。从中我们可以了解吕惠卿编写《孝经传》的缘起、编写过程及其政治目的等，为研究北宋新经学派及破解西夏文草书提供一份不可多得的新资料。高奕睿、汤君《夏译中原兵书的异同》（《西夏研究》2017年第2期），表明西夏并没有标准的兵书译本，即使是诸葛亮，在那里也是不为人知的，现存的西夏兵书译本是互不相干的，并没有表现出像中原《武经七书》那样的内部关联。田晓霈《西夏文〈将苑〉整理与研究》（河北大学硕士学位论文，2017年5月），对夏译《将苑》进行了整本的录文及释义，并与汉文本对勘，相参文意、考校异同。通过对比研究可知，夏译本《将苑》在翻译手法上独具一格，不似儒家经典逐字逐句而译，而是采其大旨，着意变通，对汉文本进行大幅删削，改编成文。吴珩《西夏乐舞研究》（宁夏大学硕士学位论文，2017年4月），反映了党项民族的居住环境、生活习俗、民族性格、宗教信仰，在继承本民族乐舞文化的基础上，对唐宋礼乐文化、吐蕃乐舞文化有着一定的吸收和借鉴。西夏乐舞在唐宋至元代乐舞发展历史中起到了承前启后的作用，对元代乃至后代的乐舞文化产生了重要影响。

（四）语言文字

西夏语言语法考究方面，许鹏《释西夏语词缀wji^2》（《西夏研究》2017年第1期），对学界认为的西夏语中的"𗣼"wji^{2}是助动词或者动词的看法提出不同观点，指出它是一个谓词词缀，既可以附加在单音节动词或形容词之后，也可以附于双音节动词后，作句子的谓语。木仕华《西夏黑水名义考》（《辽金历史与考古》第七辑，2017年），指出"黑水"语词的读音和来源各异，名称涉及汉语、西夏语、古突厥语和古藏语、契丹语、纳西语、彝语、蒙古语、满语等语言，在一定程度上反映了诸语言中黑河名称之间语义上的若干关联。孙伯君《论西夏对汉语音韵学的继承与创新》(《中华文史论丛》2017年第2期），通过梳理存世西夏韵书和字典的编排体例，以及对汉语音韵学术语的翻译与运用，论述了西夏对汉语音韵学的继承。同时指出西夏人对汉语音韵术语的理解和韵书编排的某些"疏失"，实际是基于西夏语特点的一种创新，某种程度上反映了12世纪河西方音的语音特点。孙伯君《12世纪河西方音的鼻音声母》(《励耘语言学刊》第二十六辑，2017年），梳理了西夏时期新译佛经陀罗尼中鼻音声母字与梵文的对音情况，重新论证了《掌中珠》中有特殊标记的汉字的拟音，认为其中"泥托""泥浪""堲落""堲绿""泥六""你足""泥骨"等用例当与梵汉对音中"铬（切身）"等用法一致，表示党项语的du或nu音节。同时，通过分析鼻音声母字转读为mb—、nd—、ŋg—是在舌根鼻音韵尾失落之前就已经发生，认为鼻音声母字含有鼻辅音和同部位的浊塞音两个成素的读法与舌根鼻音韵尾和塞音韵尾的脱落没有关联，或是在唐代之前随着唇音等几类声母的分化而发生的变读。王培培《12世纪西北地区的f、h混读现象》(《宁夏师范学院学报》2017年第4期），指出这种不合现代汉语方言惯例的现象不是宋代西北汉语方言的特征，而是当地党项人学说汉语时发生的音位负迁移所致。

西夏文字方面，高仁、王培培《西夏文〈杂字·汉姓〉译考》(《西夏研究》2017年第2期），对《杂字·汉姓》原始文本展开了再次译释，提供了更为准确的译文，体现出西夏语用语的复杂性。史金波《新见西夏文偏旁部首和草书刻本文献考释》(《民族语文》2017年第2期），指出"三十字母"为西夏文点、横、竖、撇、折等基本笔画，是作者找出西夏文字最原始结构的一次新的尝试；文献对西夏文字偏旁的分析与西夏文韵书《文海》对文字构造的分析有相同的部分，也有明显的差异。孟一飞等《基于Mean Shift算法的西夏文字笔形识别》(《广西大学学报》2017年第3期），提出基于西夏文的四角编码规则，通过识别文字的四角构件确定文字的编码，实现对字符的识别；在识别文字构件的环节，提出采用Mean Shift核估计直方图统计方法，提取特征值，实现智能识别。

（五）佛教及其经典

关于佛教研究，袁志伟《西夏华严禅思想与党项民族的文化个性——西夏文献〈解行照心图〉及〈洪州宗师教仪〉解读》（《青海民族研究》2017年第1期），通过对西夏佛教文献《解行照心图》及《洪州宗师教仪》的解读，指出西夏佛教思想不仅是对中原佛教文化进行吸收与创新的结果，同时还是党项民族进行文化改造与创新的成果。聂鸿音《贤觉帝师传经考》（《中华文史论丛》2017年第2期），认为"帝师"波罗显胜传授的四种作品只是简单地介绍密教的念诵供养法而没有涉及佛学理论，说明他的兴趣只在修行而不在思辨。现有资料表明贤觉帝师虽然在名义上是西夏佛教事务和僧人的总管，但并不曾为政府和河西佛教提供实质性的帮助，而仅仅作为西夏皇室中一个藏传佛教的符号存在。可见西夏早期的帝师与元朝政治制度中的帝师具有完全不同的性质，贤觉帝师在文化史上的地位不像此前人们想象的那么重要。孙伯君《西夏国师法狮子考》（《北方民族大学学报》2017年第2期），认为法狮子是祥仁波切（Zhang rin-po-che）和萨钦贡噶宁波（Kun-dga'snying-po）的弟子，曾把两位上师所传的多种经典传至西夏。早期藏传佛教的纷繁面貌也体现在法狮子所传的诸多经典中，反映了西夏仁宗朝"笃信密乘"的宗教氛围。孙昌盛《俄藏西夏文藏传密续〈胜住仪轨〉题记译考——兼论藏传佛教传播西夏的时间》（《北方民族大学学报》2017年第2期），题记记载了《胜住仪轨》的梵文著者、藏文译者和西夏文译者，结合现存藏传西夏文佛经的译经时代考证，藏传佛教早在惠宗秉常和崇宗乾顺时期就已经开始在西夏传播。魏淑霞《西夏僧侣社会活动管窥》（《西夏研究》2017年第4期），依据传世文献、出土的社会文书等史料，对西夏僧侣的社会活动进行了梳理考察。发现西夏僧侣的社会活动主要以译经、校经、做法事、宣讲佛学为主，同时他们也积极参与了与寺院相关的社会经济活动，但他们的政治参与性却未如我们所设想的那样高，为我们客观地认识西夏的政教关系及佛教僧侣在西夏的政治地位提供了一些佐证。陈玮《黑水城文献所见西夏归义人研究——以〈注华严法界观门〉发愿文题记为中心》（《宁夏社会科学》2017年第5期），反映了西夏归义僧刘德真从投降地到西夏首都的自由流动，以及在西夏首都对《注华严法界观门》的修习、印施活动的情况。

佛教经典研究方面，孔祥辉《英藏西夏文〈金刚经〉残片考辨》（《西夏研究》2017年第1期），利用俄藏黑水城文献中的《金刚经》汉文本和西夏文本，对英藏黑水城中的几则《金刚经》佛经残页进行了定名与考释，并对三则编者讹定的《金刚经》残片进行了考辨，为继续深入整理与研究黑水城文献提供了借鉴和参考，进一步丰富了西夏语料库。李晓明《英藏若干西夏文〈真实名经〉残页考释》（《西夏研究》2017年第1期），在整理残页的基础上，结合其他文献材料与前人的研究，得知《真实名经》当是西夏时期西北地区较为流行的一部佛经。张九玲《西夏文〈消灾吉祥陀罗尼经〉释读》（《宁夏社会科学》2017年第1期），参照黑水城出土汉文本《大威德炽盛光消灾吉祥陀罗尼》，对俄藏Инв.No.5402、7038号和英藏Or.12380/2845RV西夏文《消灾吉祥陀罗尼经》残片拼配后，基本可以窥知西夏本《消灾吉祥陀罗尼经》的全貌。段玉泉、米向军《新发现的西夏文〈圣胜慧到彼岸功德宝集偈〉残叶考》（《宁夏社会科学》2017年第2期），指出残页五件，其中两件内容属于第14品，共18句，是此前所见各藏卷中缺失的部分，为学术界试图拼配出完整的《圣胜慧到彼岸功德宝集偈》提供了弥足珍贵的材料。王龙5篇:《西夏写本〈阿毗达磨顺正理论〉考释》（《宁夏社会科学》2017年第2期），是对俄罗斯科学院东方文献研究所藏本进行的考释，指出存世的两个抄件卷尾一折同为卷十的内容，这一点是前人在著录中没有注意到的，通过录文对勘汉文原本并加以详细解读和注释，旨在为研究西夏佛教史以及西夏语提供一份基础性语料。《西夏文〈十轮经〉考论》（《西夏研究》2017年第2期），首次从中国藏西夏文献《地藏菩萨本愿经》辑录出了《十轮经》的残页，并对其进行了录文，借助汉文本对西夏文本做了解读和注释，系统梳理了存世《十轮经》的西夏译本，有助于我们了解地藏菩萨信仰在西夏的传承情况。《西夏写本〈大乘阿毗达磨集论〉缀考》（《文献》2017年第3期），指出西夏写本《大乘阿毗达磨集论》是发现的极少量的西夏文"对法"类作品之一，译自唐玄奘同名汉文本，仅存卷三，认为其存世的两个抄件Инв. No.70和Инв.No.2651可以直接缀合。《俄藏西夏文〈瑜伽师地论〉卷八十八考释》（《西夏研究》2017年第4期），对存世的《瑜伽师地论》做了介绍，对其进行了释读，并就其文献的版本和相关注释术语做了探讨。《藏传〈圣大乘胜意菩萨经〉的夏汉藏对勘研究》（《北方民族大学学报》2017年第5期），指出《圣大乘胜意菩萨经》的西夏文本并非直接译自藏文本，而是根据汉文本转译的，并且西夏文残缺卷首题款与汉文本基本一致，由此可以了解到西夏时期某些番、汉两译佛经可能是先翻译成汉文，然后再根据汉文翻译成西夏文的。张永富《西夏文〈大宝积经〉卷三十六勘误》（《西夏研究》2017年第2期），指出勘误情况主要有认错汉字、脱文、衍文、形近致讹、音近致讹、译经人笔误致讹等六种，认为是初译本抑或是校勘不精的缘故。崔红芬2篇：《俄藏黑水城〈佛说大乘圣无量寿王经〉及相关问题考略》（《宁夏社会科学》2017年第3期），认为该经入藏应在宋代三次增补佛经目录时期，并随着西夏与宋的官方或民间交往而传至西夏，文章还探讨了《佛说大乘圣无量寿王经》的别本在西夏流传和翻译的情况，表明西夏政权既继承了河西地区佛经流行的传统，也深受宋佛教文化的影响，充分反映了西夏佛经来源的多元化和西夏佛教文化的融合性特点。《西夏文〈过去庄严劫千佛名经〉发愿文之西北方音及相关问题》(《宁夏社会科学》2017年第6期)，通过对中国国家图书馆藏元刊西夏文《过去庄严劫千佛名经》发愿文重读和考证，指出发愿文中一些用词具有明显的西北方音特色，并以此为基础对学界有争议的两个西夏文年号重新考证，认为其分别是治平年、熙宁年。王培培《西夏文〈佛说入胎藏会第十四之二〉考释》(《西夏研究》2017年第3期)，对俄藏西夏文《佛说入胎藏会第十四之二》进行了全文汉译和考释，为西夏佛教史和西夏语研究提供了基础资料，其中一些不见于西夏文字典的词语为西夏文字词的解释补充了一份重要资料。史金波《泥金写西夏文〈妙法莲华经〉的流失和考察》(《文献》2017年第3期)，介绍了《妙法莲华经》6卷被掠往法国的过程，并追溯国内外专家对此文献介绍、研究的历史，指出1932年出版的《国立北平图书馆馆刊》"西夏文专号"刊登了此经卷第一卷首经图和两面序言的照片，保存了珍贵的资料。赵阳《黑城本〈弥勒上生经讲经文〉为词曲作品说》(《敦煌学辑刊》2017年第3期)，指出将其与敦煌讲经文比较后可以看出，它在内容和格式上均不符合讲经文的特点，认为将其判定为讲经文似乎欠妥，它更像是作者在念佛之余以经文为歌词的一首词曲作品。麻晓芳《俄藏西夏文〈佛说瞻婆比丘经〉残卷考》(《西夏研究》2017年第4期)，对俄罗斯科学院东方文献研究所收藏的Инв.No.42西夏写本《佛说瞻婆比丘经》残卷进行了译释，并对文中涉及的佛教术语及西夏文虚字进行了初步探讨，为研究西夏佛教史以及西夏语提供了基础性语料。孙伯君《裴休〈发菩提心文〉的西夏译本考释》(《宁夏社会科学》2017年第4期)，认为黑水城出土的西夏文Инв.No.6172号文献译自裴休所撰《发菩提心文》，并根据汉文本翻译了残存的内容。这是裴休所撰作品在西夏文文献中第一次得到确认，对研究《发菩提心文》文本的流传以及唐代兴盛的华严禅在西夏的传行具有参考价值。

（六）西夏石窟、考古艺术

关于西夏石窟，孙昌盛《灵武回民巷西夏摩崖石刻》（《宁夏社会科学》2017年第1期），记载了回民巷摩崖石刻开凿时间、缘起、内容以及参与开凿石刻的人员等，石刻文字风化剥落严重，残存内容不多，但对研究西夏佛教、西夏社会生活具有一定价值。张铁山、彭金章《敦煌莫高窟B465窟题记调研报告》（《敦煌研究》2017年第1期），集录B465窟内的题记，对其中几条重要的题记展开论述，认为题记虽历经不同时代的人为破坏或自然侵蚀，但对于洞窟的断代和发展演变、壁画内容的确定，仍具有无法替代的重要意义。蒋超年、赵雪野《武威亥母寺遗址01窟覆钵式佛塔年代探讨》（《西夏研究》2017年第2期），通过对5座佛塔建筑材料的观察和考古发掘获得的层位关系分析，认为武威亥母寺遗址01窟5座覆钵式佛塔是20世纪30年代至80年代的建筑，并非13世纪至14世纪的西夏、元时期。汤晓芳《一幅西夏时期的壁画——阿尔寨石窟第33窟壁画释读》（《探索、收获、展望——鄂尔多斯学十五周年纪念文集》，2017年），依据《阿尔寨石窟》一书中发布的十幅壁画截面，认为其是从一幅大型山水人物花鸟画中分解出来的，并根据人物、山水物象重叠情况，可以从一幅比较完整的画面中找到各自的位置。杨富学《瓜州塔考辨》（《敦煌研究》2017年第2期），对"瓜州塔"名做了说明，从瓜州锁阳城塔尔寺遗址发现的西夏文六字真言残片推断，瓜州锁阳城现存大塔具有明显的藏传佛教特征，认为该寺为元代之遗存，其修建时代大致在1276年或1289年之后不久。

关于西夏艺术，［美］黄士珊著、杨冰华译《西夏佛经版画再探》（《丝绸之路研究集刊》第一辑，2017年），介绍了西夏考古状况，搜集西夏佛经版画，探究了佛教绘画的多元文化环境，并与北宋、辽、金等其他时期的佛经作品进行比较，建立起西夏佛教艺术遗产与印经文化的

联系。李涛《黑水城遗址出土西夏时期染色纸张的分析》（《西夏研究》
2017年第3期），利用显微激光拉曼光谱和赫兹伯格染色法，对黑水城
遗址出土西夏时期的蓝色和红色染色纸张进行了鉴别研究，首次明确了
蓝色和红色染料分别为靛蓝和羟基茜草素，应来自含靛植物和茜草属植
物，根据显色反应与纤维的显微形态特征，判断红色纸张以麻类纤维为
原料，蓝色纸张则以树皮类纤维为原料，提出了纸张加工工艺研究的改
进意见。宁强、何卯平《西夏佛教艺术中的"家窟"与"公共窟"——
瓜州榆林窟第29窟供养人的构成再探》（《敦煌学辑刊》2017年第3期），
重新检索了榆林窟第29窟供养人的身份构成，认为此窟的性质是一个
有浓重官方背景的"公共窟"，而非通常认为的"家窟"。西夏文武官
员集合财力和权力开创新窟，使瓜沙地区的西夏石窟具有了与前代佛
窟不同的性质和功能。于光建《武威西夏墓出土太阳、太阴图像考论》
（《宁夏社会科学》2017年第3期），指出武威西郊林场2号西夏墓出土的
29幅木板画的本质内涵是唐宋时期丧葬墓仪中特别流行的墓葬神煞，其
与河西魏晋墓图像都有表现墓主人生前生活的情景和反映宇宙天象与天
界景象的内容，都被赋予了镇墓辟邪的作用，反映了墓主人事死如事
生、"引魂升天"的生死观，以木板画为代表的西夏葬俗是在对汉魏隋
唐河陇丧葬文化继承基础上的一种变革。

（七）西夏遗民、人物考证

关于西夏遗民，杜建录、邓文韬《安徽歙县贞白里牌坊始建年代
考——兼考西夏遗民余阙金宪浙东道期间的史迹》（《宁夏社会科学》
2017年第1期），指出元至顺三年（1332）贞白里坊初建之时本是一座
木质牌坊，后来才改为由浙东海右道肃政廉访司佥事余阙题额的石质牌
坊。因余阙任此官职的年代为1349—1351年，故贞白里石坊也应在此
时间段内修建。除为该牌坊题额以外，余阙在浙东道廉访司任职期间还
有纠察不法官吏、平均民户差役、嘉奖清官能吏、表彰节妇和举荐人才

等政绩，并且收授了戴良等数位弟子，完成了一些经学、诗歌和书法作品的创作。邓文韬《元代唐兀人研究》（宁夏大学博士学位论文，2017年5月），从元代"唐兀"的概念及其族群构成、元代唐兀人的迁徙与分布、唐兀人的仕进及其活动、唐兀人的姓名与婚姻、家庭观念与户计归属、儒学与宗教活动等七个方面进行了论述，对了解元代唐兀人以及民族融合具有重要的意义。杨富学、胡蓉《从〈述善集〉看宋元理学对濮阳西夏遗民的影响》（《西北师范大学学报》2017年第3期），对元末濮阳西夏遗民唐兀崇喜编纂的文集进行了介绍，从其记录的作品反映出元代西夏遗民受理学影响，旨在说明元代晚期理学在社会上广泛流行的缩影，在中国理学史上占有一席之地。

有关西夏人物的考证，佟建荣、蔡莉《有关西夏姓名若干问题的再探讨》（《西夏研究》2017年第2期），利用近年来的出土资料对西夏姓名中的几个问题进行了讨论，其中西夏姓氏连用资料显示西夏境内存在着普遍的长期的民族通婚；贱名中的词语元素显示出西夏立意丰富，远非一"贱"字可以概括；其独特的名字关联现象反映出西夏注重母系血统，承认女儿对家族血脉的继承，等等，是研究西夏社会历史的重要资料。张玉海《莫高窟榆林窟西夏文题记所见人名姓氏浅析》（《宁夏社会科学》2017年第6期），是研究西夏语言文字、佛教及西夏姓氏与民间习俗的珍贵资料。从题记中出现的60多个人名中可以窥见当时不同民族间与同一民族内部不同部族间以婚姻为纽带而形成的民族融合及其对原来民族影响的影子，揭示了中古民族间融合与相互转化的一般规律。刘志月《元代西夏遗民李朵儿赤事迹考论》（《西夏研究》2017年第3期），从其祖籍、源出藏语Rdo-rje的本名、西夏遗民身份"贺兰"、历任官职等方面考证了元初江南地区西夏遗民李朵儿赤的事迹，肯定了其在任职期间推行仁政与推广儒家文化和礼仪的作为，指出其得到了与之交游的其他江南士人的赞誉。王震《西夏首领研究》（宁夏大学硕士学位论文，2017年4月），利用出土西夏文文献、金石以及传世汉文典籍，从西夏首领的种类、西夏首领的族属以及西夏首领的职能三个方面对首领做了具体的分析，有利于认识西夏的基层社会和部落兵制，也有助于认识西夏的社会性质，具有重要的研究价值。

（八）学术述评及其他

相关研究综述方面，韩树伟《西夏法律社会文书研究综述》（《西夏研究》2017年第1期），从法律社会史的角度，对近年来有关西夏法律、经济社会的研究成果做了系统梳理，为学界研究西夏历史、社会、法律、经济等提供了基础性的重要史料。李甜《文殊山石窟研究的回顾与展望》（《石河子大学学报》2017年第1期），对文殊山石窟的学术研究进行了总结，指出目前研究的不足，有助于文殊山石窟研究的进一步深入开展。罗海山《国内西夏契约文书研究评述与展望（1980—2015）》（《中国史研究动态》2017年第1期），对目前学界整理刊布的西夏契约文书做了介绍，为学界深入研究西夏时期的经济、社会、法律、文化、民族等问题提供了极大便利，对研究成果进行了论述，指出其研究的特点与不足，并提出了对未来研究的展望。张如青、于业礼《出土西夏汉文涉医文献研究述评》（《中医文献杂志》2017年第1期），对以往出土西夏汉文涉医文献研究进行了梳理评述，对研究中原地区医药文化在西夏的传播、西夏文涉医文献的翻译整理、西夏医药文化体系构建都具有重要意义。蔡莉《西夏服饰研究综述》（《西夏研究》2017年第3期），是对近二十年来相关西夏服饰研究成果的整体梳理，分析了西夏服饰研究的特点和存在的问题，探讨了未来西夏服饰研究的方向。赵天英《新见甘肃省瓜州县博物馆藏西夏文献考述》（《文献》2017年第3期），对甘肃省瓜州县博物馆藏15件西夏文献的出处、内容、特点进行了论述。李新伟《宋夏战争述评》（《长江论坛》2017年第6期），从时间段的角度分析了宋夏战争，并指出西夏综合实力不足；北宋经济实力较为雄厚，后期军队建设得以加强，联盟战略运用得以成功，战术战法多有改善。

书评方面，聂鸿音《〈英藏黑水城藏文文献〉读后》（《西夏研究》2017年第1期），指出此部新著首次全面公布了英国国家图书馆所藏斯坦因在黑水城遗址和额济纳河三角洲获得的藏文文献，并提供了前者的详细描述和后者的基本信息。孙颖慧《读〈西夏司法制度研究〉有感》（《西夏研究》2017年第4期），指出《西夏司法制度研究》一书揭示了西夏对唐宋法制的借鉴过程，论述了西夏司法制度在中华法系中的地位。陈朝辉《〈《天盛律令》农业门整理研究〉评介》（《西夏研究》2017年第2期），指出该书不但改进了研究方法，拓宽了研究思路，而且在西夏乡里组织、横纵区划、赋役制度、仓粮存储等方面有所补充，对西夏农业发展及其相关问题研究具有一定价值。曹颖僧《〈西夏文史荟存〉第三辑弁言》（《西夏研究》2017年第3期），是对曹颖僧先生研究西夏文字的一些概况性说明，内容主要包括研究资料、研究方法和研究思路等，展现了作者对西夏文音、形、义等方面的一些构想和看法，具有一定的学术史意义。李小霞《李华瑞教授〈宋夏史探研集〉读后》（《中国史研究动态》2017年第5期），指出该书涉及宋代国家与社会、宋明社会结构和财税政策、宋夏时期陆路交通及政治关系、治史心得与忆念师友等内容，取材丰富、论题多样。

有很多西夏学专家、学者，他们对推动西夏学的研究做出了重要贡献。如他维宏《金宝祥先生与宋夏史研究》（《西夏研究》2017年第1期）、孙广文《悠悠百世功 矻矻当年苦——记李范文先生的西夏学研究历程》（《西夏研究》2017年第2期）、高士荣《不到长城非好汉——记西夏史专家李蔚教授》（《西夏研究》2017年第3期）、杨蕤《一位被遗忘的西夏学者：略述曹颖僧先生对西夏学的贡献》（《西夏研究》2017年第3期）、祁萌《我与西夏语——林英津老师访谈录》（《西夏研究》

2017年第4期）等，回顾了他们的成长经历与教学生涯，介绍并评价了其治学成就与学术贡献，展现了一代西夏学人的风采，鼓励我们砥砺前行，不忘初心。另外，刘旭滢、张敬奎《首届中日青年学者宋辽西夏金元史研讨会召开》（《中国史研究动态》2017年第4期），就宋、辽、西夏、金、元各时期的政治、制度、思想、军事、经济、社会诸领域，及其研究的"新可能性"做了论述，并对会议做了介绍与说明。

总体上看，随着出土文献以及新资料的发现与刊布，2017年西夏学研究不论是在文献考释、佛教经典解读、语言文字考究等方面，还是在法律契约文书整理与研究、西夏移民考证等领域的研究上，都更加深入，选题新颖，论证充分，对过去西夏学研究的成果在反思、检讨与展望上总结得更加具体、全面、到位。不过，在其他领域如辽史、金史、宋史、元史的研究上要注意整体性理论体系的比较研究，因为只有这样，各少数民族的历史才会更加真实、宏阔地展现在世人面前。

（原载于郝春文主编《2018敦煌学国际联络委员会通讯》，上海：上海古籍出版社，2018年，第161—178页）

第二节　2017年西夏学研究论著目录

笔者在北方民族大学王帅龙统计的基础上，[①]再次对2017年大陆地区出版、发表的相关西夏学论著进行了检索、统计，共辑得著作27部、学术论文227篇。

一、著　作

蔡彤华《百年黑水城》，兰州：甘肃文化出版社，2017年。

陈广恩《西夏元史研究论稿》，北京：中国社会科学出版社，2017年。

陈玮《西夏番姓大族研究》，兰州：甘肃文化出版社，2017年。

崔红芬《西夏佛教文献研究论集》，北京：宗教文化出版社，2017年。

杜建录《西夏与周边民族关系》，兰州：甘肃文化出版社，2017年。

俄罗斯科学院东方文献研究所、中国社会科学院民族学与人类学研究所、上海古籍出版社编，史金波、魏同贤、［俄］克恰诺夫主编《俄藏黑水城文献》第26册《西夏文佛教部分》，上海：上海古籍出版社，2017年。

贾常业《西夏文字揭要》，兰州：甘肃文化出版，2017年。

---

① 王帅龙《2017年西夏学研究综述》，《西夏研究》2018年第2期。

姜锡东主编《宋史研究论丛》第二十辑，北京：科学出版社，2017年。

李昌宪《中国行政区划通史·宋西夏卷》（修订本），上海：复旦大学出版社，2017年。

李华瑞《西夏史探赜》，兰州：甘肃文化出版社，2017年。

李华瑞《宋辽西夏金史青蓝集》，北京：中国社会科学出版社，2017年。

李强《西夏王》，北京：现代出版社，2017年。

李兆庆《成吉思汗》，北京：中国文史出版社，2017年。

马聪、王涛、曹旅宁《出土文献与法律史研究现状学术研讨会论文集》，广州：暨南大学出版社，2017年。

彭向前《党项西夏名物汇考》，兰州：甘肃文化出版社，2017年。

［日］杉山正明著，郭清华译《疾驰的草原征服者：辽、西夏、金、元》，台北：台湾商务印书馆，2017年。

史金波《西夏经济文书研究》，北京：社会科学文献出版社，2017年。

史金波《中国风俗通史丛书·西夏风俗》（全彩插图本），上海：上海文化出版社，2017年。

童超主编《看得见的中国史·辽西夏金》，北京：北京联合出版公司，2017年。

吴天墀《西夏史稿》，北京：商务印书馆，2017年。

雪漠《西夏咒》，北京：中国大百科全书出版社，2017年。

雪漠《西夏的苍狼》，北京：中国大百科全书出版社，2017年。

杨志高《〈慈悲道场忏法〉西夏译文的复原与研究》，北京：中国社会科学出版社，2017年。

之承《晚晴集》，银川：宁夏人民出版社，2017年。

中国社会科学院宋辽金元史研究室主编《隋唐辽宋金元史论丛》第七辑，上海：上海古籍出版社，2017年。

周伟洲《党项西夏史论》，兰州：甘肃文化出版社，2017年。

周伟洲主编《西北民族论丛》第十五辑，北京：社会科学文献出版社，2017年。

二、论　文

安北江《西夏文献〈亥年新法〉卷十五（下）释读与相关问题研究》，宁夏大学硕士学位论文，2017年3月。

保宏彪《〈西夏研究论丛〉的又一力作——〈西夏司法制度研究〉出版》，《西夏研究》2017年第1期，第2页。

保宏彪《西夏龙神崇拜》，《宁夏人大》2017年第2期，第52—53页。

蔡晶晶《近十年来的元代色目文化研究》，《中国史研究动态》2017年第4期，第28—34页。

蔡莉《西夏服饰研究综述》，《西夏研究》2017年第3期，第119—123页。

曹颖僧《〈西夏文史荟存〉第三辑弁言》，《西夏研究》2017年第3期，第105—107页。

陈广恩、陈柳晶《关于元代亦集乃路粮食运输的几个相关问题》，《西夏学》第十四辑，2017年，第181—189页。

陈连龙《从跨文化传播的视角看西夏佛经的传播方式》，《西夏研究》2017年第3期，第19—22页。

陈玮《黑水城文献所见西夏归义人研究——以〈注华严法界观门〉发愿文题记为中心》，《宁夏社会科学》2017年第5期，第223—228页。

陈玮《西夏天崇拜研究》，《西夏学》第十四辑，2017年，第51—60页。

陈永中《民国时期灵武发现西夏文佛经的几个问题》，《西夏研究》

2017年第2期，第80—87页。

陈朝辉《〈《天盛律令》农业门整理研究〉评介》，《西夏研究》2017年第2期，第125—127页。

崔红芬《俄藏黑水城〈佛说大乘圣无量寿王经〉及相关问题考略》，《宁夏社会科学》2017年第3期，第207—213页。

崔红芬《西夏观音绘画考略》，《平顶山学院学报》2017年第4期，第106—110页。

崔红芬《西夏文〈过去庄严劫千佛名经〉发愿文之西北方音及相关问题》，《宁夏社会科学》2017年第6期，第216—221页。

邓文韬《元代西夏遗裔婚姻若干问题补释》，《西夏研究》2017年第4期，第63—73页。

邓文韬《元代唐兀人研究》，宁夏大学博士学位论文，2017年5月。

丁琦芬《北宋中后期永兴军路防御体系与武将群体研究》，北方民族大学硕士学位论文，2017年3月。

杜建录、邓文韬《安徽歙县贞白里牌坊始建年代考——兼考西夏遗民余阙金宪浙东道期间的史迹》，《宁夏社会科学》2017年第1期，第204—208页。

杜立晖《黑水城西夏南边榷场使文书所见"替头"考》，《文献》2017年第3期，第20—31页。

杜美卉《敦煌莫高窟壁画中的箜篌图像解析》，西安音乐学院硕士学位论文，2017年5月。

段玉泉《新见英藏西夏文〈杂字〉考释》，《西夏学》第十四辑，2017年，第101—107页。

段玉泉、米向军《新发现的西夏文〈圣胜慧到彼岸功德宝集偈〉残叶考》，《宁夏社会科学》2017年第2期，第217—219页。

［俄］克恰诺夫著，唐克秀译《西夏的"自然人"与"法人"——

〈天盛律令〉研究专著第二部分译文》，《西夏研究》2017年第1期，第71—73页。

范学辉《俄藏黑水城金代〈西北诸地马步军编册〉新探暨重命名》，《历史研究》2017年第1期，第179—189页。

高国藩《西夏千手观音画像与敦煌文书千手观音崇拜及其传承》，《西夏研究》2017年第2期，第51—63页。

高仁《西夏游牧经济的几个问题》，《西夏学》第十四辑，2017年，第77—89页。

高仁、王培培《西夏文〈杂字·汉姓〉译考》，《西夏研究》2017年第2期，第37—43页。

高士荣《不到长城非好汉——记西夏史专家李蔚教授》，《西夏研究》2017年第3期，第115—118页。

高奕睿、汤君《夏译中原兵书的异同》，《西夏研究》2017年第2期，第8—15页。

郭冰雪《北宋对党项贵族的赠赙之礼》，《西夏研究》2017年第1期，第79—83页。

郭明明《〈圣立义海〉孝子故事史源补考》，《西夏研究》2017年第1期，第50—54页。

郭明明《黑水城文书中的孛罗帖木儿大王》，《西夏学》第十四辑，2017年，第217—224页。

韩树伟《西夏法律社会文书研究综述》，《西夏研究》2017年第1期，第74—78页。

郝振宇《唐宋丝绸之路视域下党项西夏政权建立的历史考察》，《西北民族大学学报》2017年第2期，第7—12页。

郝振宇《论西夏养子的类型及其社会地位》，《宁夏社会科学》2017年第5期，第229—234页。

和智《西夏文〈圣立义海〉翻译中的若干语法问题》,《西夏学》第十四辑,2017年,第122—129页。

胡守静《〈青史演义〉中"唐古特"与"西夏"辨析》,《西夏研究》2017年第1期,第55—60页。

胡守静《〈青史演义〉中"唐古特"事迹探源》,《西夏学》第十四辑,2017年,第305—311页。

惠宏《西夏〈天盛律令〉之中药名"蔓荆子"考释》,《宁夏社会科学》2017年第4期,第201—203页。

黄成龙《2016年羌语支语言研究前沿》,《阿坝师范学院学报》2017年第1期,第5—9页。

〔日〕荒川慎太郎著,王玫译《西夏的"炮"设计图》,《西夏研究》2017年第4期,第25—33页。

黄纯艳《北宋东亚多国体系下的外交博弈——以外交谈判为中心》,《中国边疆史地研究》2017年第1期,第29—42页。

〔美〕黄士珊著,杨冰华译《西夏佛经版画再探》,《丝绸之路研究集刊》第一辑,2017年,第279—309页。

蒋超年、赵雪野《武威亥母寺遗址01窟覆钵式佛塔年代探讨》,《西夏研究》2017年第2期,第88—92页。

姜歆《论西夏的司法观念》,《宁夏社会科学》2017年第6期,第227—230页。

景永时《西夏地方军政建置体系与特色》,《宁夏社会科学》2017年第6期,第209—215页。

景永时、王荣飞《俄藏黑水城文献未刊〈同音〉37B残叶考释》,《北方民族大学学报》2017年第5期,第35—39页。

孔维京《碰撞与融合:西夏社会变革中的"孝文化"》,《西夏研究》2017年第2期,第74—79页。

孔祥辉《英藏西夏文〈金刚经〉残片考辨》，《西夏研究》2017年第1期，第14—19页。

孔雁《〈黑城出土汉文遗书叙录〉中TK133叙录辨正》，《西夏学》第十四辑，2017年，第225—233页。

李浩强《积极参与"一带一路"文化建设树立精品出版意识——甘肃文化出版社与西夏学出版》，《传播与版权》2017年第12期，第32—34页。

李进兴《略述西夏的几件铁器》，《东方收藏》2017年第4期，第72—74页。

李苗苗《西夏时期木板画探析》，《美与时代》2017年第7期，第50—51页。

李鸣骥《西夏钱币铸造特点及其变化原因初探》，《西夏研究》2017年第1期，第44—49页。

李涛《黑水城遗址出土西夏时期染色纸张的分析》，《西夏研究》2017年第3期，第3—14页。

李甜《文殊山石窟研究的回顾与展望》，《石河子大学学报》2017年第1期，第29—37页。

李温《西夏丧服制度及其立法》，《西夏研究》2017年第1期，第61—65页。

李宪章《西夏文古钱忆旧——钱文译识考证》，《江苏钱币》2017年第3期，第1—5页。

李祥林《先祖敬奉 族群想象 文化认同——从四川茂县"中国羌城"说开去》，《西华大学学报》2017年第3期，第10—17页。

李晓明《英藏若干西夏文〈真实名经〉残页考释》，《西夏研究》2017年第1期，第8—13页。

李小霞《李华瑞教授〈宋夏史探研集〉读后》，《中国史研究动态》

2017年第5期，第90页。

李新伟《宋夏战争述评》，《长江论坛》2017年第6期，第93—96页。

李学泰《俄藏黑水城西夏汉文经济文献研究》，西北民族大学硕士学位论文，2017年5月。

李玉峰《西夏装饰纹样中的龙纹及特点》，《西夏学》第十四辑，2017年，第264—274页。

梁松涛《黑水城出土西夏文〈明堂灸经〉残叶考》，《文献》2017年第3期，第16—19页。

廖旸《藏传佛教后宏早期绘画的一种形式构成与过渡特征》，《故宫博物院院刊》2017年第6期，第15—37、156页。

廖寅《10—13世纪中国历史走向的深度分析》，《吉林大学社会科学学报》2017年第4期，第137—145页。

刘嘉琪《辽夏金时期服饰纹样研究》，吉林艺术学院硕士学位论文，2017年3月。

刘景云《辉煌的华夏史诗：〈夏圣根赞歌〉》，《敦煌研究》2017年第4期，第43—62页。

刘少华《汉文史料中"唐古特"一词所指族群变迁研究》，《兰州职业技术学院学报》2017年第7期，第38—39页。

刘旭滢、张敬奎《首届中日青年学者宋辽西夏金元史研讨会召开》，《中国史研究动态》2017年第4期，第67—68页。

刘雁翔《冯国瑞〈武威天梯山石窟图录〉及相关问题申论》，《档案》2017年第10期，第21—24页。

刘昭《明前宁夏碑刻文献研究》，宁夏大学硕士学位论文，2017年5月。

刘志月《元代西夏遗民李朵儿赤事迹考论》，《西夏研究》2017年第3期，第59—64页。

刘志月《黑水城出土的北元M1·033［F277：W5反］典人契探

研》，《西夏学》第十四辑，2017年，第209—216页。

罗海山《国内西夏契约文书研究评述与展望（1980—2015）》，《中国史研究动态》2017年第1期，第11—18页。

罗海山《"嵬名法宝达卖地文书"年代考》，《西夏学》第十四辑，2017年，第157—165页。

骆详译《从〈天盛律令〉看西夏荒地产权制度的流变》，《中国边疆史地研究》2017年第1期，第118—125页。

骆详译《从黑水城出土西夏手实文书看西夏与唐宋赋役制度的关系》，《中国社会经济史研究》2017年第2期，第1—11页。

马坤《西北蕃官与北宋中央政府关系研究——以唃厮啰诸部蕃官为中心》，西北大学硕士学位论文，2017年6月。

马沈阳《北宋陕北地区的军事战略地位》，延安大学硕士学位论文，2017年6月。

马万梅《〈英藏黑水城文献〉漏刊的两件西夏文献考释》，《西夏研究》2017年第3期，第44—48页。

麻晓芳《俄藏西夏文〈佛说瞻婆比丘经〉残卷考》，《西夏研究》2017年第4期，第3—8页。

马旭俊《金夏关系的历史分期与特点》，《西夏研究》2017年第3期，第49—53页。

马旭俊《金夏关系研究》，吉林大学博士学位论文，2017年6月。

孟一飞、杨小花、张晓彪《基于Mean Shift算法的西夏文字笔形识别》，《广西大学学报》2017年第3期，第1107—1113页。

孟一飞、张晓彪、杨小花《基于ASM算法的特征提取与匹配在文字识别中的应用》，《广西大学学报》2017年第6期，第2183—2190页。

孟一飞、杨文慧、谢堂健、戴雪瑞《基于西夏古籍文字样本数据库设计与实现》，《电脑与信息技术》2017年第6期，第28—32页。

孟一飞、杨文慧、谢堂健、刘丽萍《基于文字构件的西夏文字体库创建研究》，《电脑知识与技术》2017年第26期，第166—168页。

米向军《西夏金银器研究举隅》，《收藏》2017年第4期，第102—107页。

木仕华《西夏黑水名义考》，《辽金历史与考古》第七辑，2017年，第192—204页。

母雅妮、郝振宇《宋夏三川口之战的历史影响》，《宁夏大学学报》2017年第5期，第111—115页。

聂鸿音《〈英藏黑水城藏文文献〉读后》，《西夏研究》2017年第1期，第3—7页。

聂鸿音《贤觉帝师传经考》，《中华文史论丛》2017年第2期，第293—312页。

聂鸿音《西夏文"君臣问对"残叶考》，《宁夏社会科学》2017年第2期，第213—216页。

聂鸿音《西夏文字的启迪》，《文史知识》2017年第3期，第19—24页。

聂鸿音《中原"儒学"在西夏》，《北方民族大学学报》2017年第3期，第20—25页。

宁强、何卯平《西夏佛教艺术中的"家窟"与"公共窟"——瓜州榆林窟第29窟供养人的构成再探》，《敦煌学辑刊》2017年第3期，第137—145页。

潘洁《试析西夏土地的垦辟和注销》，《西夏研究》2017年第1期，第66—70页。

潘洁《西夏的官地和私地》，《西夏学》第十四辑，2017年，第29—36页。

庞倩《西夏〈天盛律令〉里的"盐池"初探》，《西夏学》第十四辑，2017年，第166—170页。

彭文慧《辽代西京地区军事防御体系研究》，渤海大学硕士学位论文，2017年6月。

彭向前《"夏译汉籍"的文献学价值》，《西夏研究》2017年第2期，第3—7页。

彭向前《夏译汉籍的学术价值》，《文史知识》2017年第3期，第25—31页。

彭向前《西夏文草书〈孝经传序〉译释》，《宁夏社会科学》2017年第5期，第216—222页。

彭向前《关于西夏圣容寺研究的几个问题》，《西夏学》第十四辑，2017年，第20—28页。

齐德舜《〈金史·结什角传〉笺证》，《西藏研究》2017年第2期，第10—15页。

祁萌《我与西夏语——林英津老师访谈录》，《西夏研究》2017年第4期，第112—116页。

翟丽萍《试述西夏军抄》，《西夏学》第十四辑，2017年，第61—66页。

任欢欢《西北堡寨在宋夏战争中的作用——以青涧城为例》，《北方论丛》2017年第4期，第106—109页。

史金波《西夏与开封、杭州》，《浙江学刊》2017年第1期，第73—82页。

史金波《新见西夏文偏旁部首和草书刻本文献考释》，《民族语文》2017年第2期，第34—41页。

史金波《西夏文明在中国文明史上的地位》，《文史知识》2017年第3期，第3—12页。

史金波《泥金写西夏文〈妙法莲华经〉的流失和考察》，《文献》2017年第3期，第3—12页。

史金波《西夏文社会文书对中国史学的贡献》,《民族研究》2017年第5期,第64—75页。

史金波《西夏时期的灵州》,《西夏学》第十四辑,2017年,第5—19页。

史志林《历史时期黑河流域环境演变研究》,兰州大学博士学位论文,2017年4月。

宋士龙《宋军在三川口、平夏城两场战役中的防御战术之比较》,《西夏研究》2017年第4期,第58—62页。

孙伯君《西夏国师法狮子考》,《北方民族大学学报》2017年第2期,第25—29页。

孙伯君《论西夏对汉语音韵学的继承与创新》,《中华文史论丛》2017年第2期,第313—338页。

孙伯君《裴休〈发菩提心文〉的西夏译本考释》,《宁夏社会科学》2017年第4期,第186—193页。

孙伯君《西夏文献与"丝绸之路"文化传统》,《西南民族大学学报》2017年第8期,第11—20页。

孙伯君《12世纪河西方音的鼻音声母》,《励耘语言学刊》第二十六辑,2017年,第76—88页。

孙伯君《藏传佛教"大手印"法在西夏的流传》,《西夏学》第十四辑,2017年,第149—150页。

孙昌盛《灵武回民巷西夏摩崖石刻》,《宁夏社会科学》2017年第1期,第209—211页。

孙昌盛《俄藏西夏文藏传密续〈胜住仪轨〉题记译考——兼论藏传佛教传播西夏的时间》,《北方民族大学学报》2017年第2期,第30—34页。

孙广文《悠悠百世功 矻矻当年苦——记李范文先生的西夏学研究历程》,《西夏研究》2017年第2期,第116—120页。

孙颖慧《读〈西夏司法制度研究〉有感》，《西夏研究》2017年第4期，第125—127页。

孙颖新《英国国家图书馆藏〈孝经〉西夏译本考》，《宁夏社会科学》2017年第5期，第209—215页。

他维宏《金宝祥先生与宋夏史研究》，《西夏研究》2017年第1期，第121—125页。

汤君《拜寺沟方塔〈诗集〉作者行迹考》，《四川师范大学学报》2017年第2期，第91—98页。

唐瑞林《马尾胡琴考》，《现代交际》2017年第12期，第84—86页。

唐文娟《西夏瓷上牡丹开》，《大众考古》2017年第10期，第63—65页。

汤晓芳《一幅西夏时期的壁画——阿尔寨石窟第33窟壁画释读》，《探索、收获、展望——鄂尔多斯学十五周年纪念文集》，2017年，第172—181页。

汤晓龙、刘景云《西夏医方"合香杂制剂"破译考释初探》，《中医文献杂志》2017年第1期，第1—5页。

田晓霈《西夏文〈将苑〉整理与研究》，河北大学硕士学位论文，2017年5月。

佟建荣《黑水城出土的几种〈妙法莲华经观世音菩萨普门品第二十五〉版本考述》，《西夏学》第十四辑，2017年，第190—197页。

佟建荣、蔡莉《有关西夏姓名若干问题的再探讨》，《西夏研究》2017年第2期，第30—36页。

王昌丰《西夏陵区帝陵陵主新探》，《西夏学》第十四辑，2017年，第234—245页。

王龙《西夏文〈十轮经〉考论》，《西夏研究》2017年第2期，第16—24页。

王龙《西夏写本〈阿毗达磨顺正理论〉考释》，《宁夏社会科学》

2017年第2期，第223—229页。

王龙《西夏写本〈大乘阿毗达磨集论〉缀考》，《文献》2017年第3期，第13—15页。

王龙《俄藏西夏文〈瑜伽师地论〉卷八十八考释》，《西夏研究》2017年第4期，第9—24页。

王龙《藏传〈圣大乘胜意菩萨经〉的夏汉藏对勘研究》，《北方民族大学学报》2017年第5期，第40—45页。

王龙《〈通玄记〉的西夏译本》，《西夏学》第十四辑，2017年，第151—156页。

王培培《西夏文献中的人名》，《宁夏社会科学》2017年第2期，第220—222页。

王培培《西夏文〈佛说入胎藏会第十四之二〉考释》，《西夏研究》2017年第3期，第28—43页。

王培培《12世纪西北地区的f、h混读现象》，《宁夏师范学院学报》2017年第4期，第103—104页。

王培培《夏译汉籍中的音译误字》，《西夏学》第十四辑，2017年，第118—121页。

王胜泽《西夏艺术图像中的丝路印记》，《西夏研究》2017年第4期，第50—57页。

王胜泽、王艳《西夏工艺美术的民族特征》，《民族艺林》2017年第4期，第117—122页。

王帅龙《2016年西夏学研究综述》，《西夏研究》2017年第4期，第117—124页。

王万志《辽夏封贡关系探析》，《史学集刊》2017年第5期，第53—64页。

王晓辉《关于黑水城出土北元文书中若干问题的考察》，《西夏学》

第十四辑，2017年，第198—208页。

王颖《西夏契约文书研究的现状、问题与展望》，《西夏学》第十四辑，2017年，第327—337页。

王源《辽西京在辽夏往来中的地位与作用》，内蒙古大学硕士学位论文，2017年4月。

王震《西夏首领研究》，宁夏大学硕士学位论文，2017年4月。

魏淑霞《西夏僧侣社会活动管窥》，《西夏研究》2017年第4期，第38—43页。

魏淑霞《西夏功德司考述》，《宁夏社会科学》2017年第4期，第194—200页。

温玉成《〈西夏颂祖歌〉新解读》，《大众考古》2017年第1期，第51—53页。

吴珩《西夏乐舞研究》，宁夏大学硕士学位论文，2017年4月。

徐国凯《定难军节度使考略》，北方民族大学硕士学位论文，2017年5月。

徐佳佳《西夏擦擦与藏传佛教关系研究》，《文物鉴定与鉴赏》2017年第7期，第20—21页。

徐婕、胡祥琴《西夏时期的自然灾害及撰述》，《西夏研究》2017年第2期，第44—50页。

徐敏《简析丝绸之路上的西夏》，《哈尔滨学院学报》2017年第3期，第107—110页。

许鹏《释西夏语词缀wji^2》，《西夏研究》2017年第1期，第20—24页。

许生根《论西夏元初黑水城谷物供给途径》，《西夏研究》2017年第4期，第44—49页。

许伟伟《党项西夏的政治视野及其宫廷制度问题》，《西夏学》第十四辑，2017年，第67—76页。

燕永成《北宋后期的御将新体制及其影响》，《文史哲》2017年第5期，第75—93页。

杨富学《敦煌民族史研究的现状与展望》，《敦煌研究》2017年第1期，第14—15页。

杨富学《瓜州塔考辨》，《敦煌研究》2017年第2期，第92—100页。

杨富学《裕固族对敦煌文化的贡献》，《河西学院学报》2017年第4期，第1—14页。

杨富学《裕固族与晚期敦煌石窟》，《敦煌研究》2017年第6期，第46—57页。

杨富学、胡蓉《从〈述善集〉看宋元理学对濮阳西夏遗民的影响》，《西北师大学报》2017年第3期，第90—100页。

杨宏毅《塞上遗珍——院藏西夏文物鉴赏》，《文物天地》2017年第5期，第52—55页。

杨蕤《一位被遗忘的西夏学者：略述曹颖僧先生对西夏学的贡献》，《西夏研究》2017年第3期，第108—114页。

杨小花《针对西夏文字识别的特征提取及分类器研究》，宁夏大学硕士学位论文，2017年4月。

杨志高《西夏文〈经律异相〉中的佛、俗时间概念》，《西夏学》第十四辑，2017年，第108—117页。

杨志高、杨露怡《影响·作用：汉文和复原的西夏文〈慈悲道场忏法〉》，《宁夏社会科学》2017年第4期，第204—207页。

尤桦《西夏烽堠制度研究》，《西夏学》第十四辑，2017年，第246—255页。

于光建《武威西夏墓出土太阳、太阴图像考论》，《宁夏社会科学》2017年第3期，第214—220页。

余晓玲《公文写作视角下的〈告黑水河诸神敕〉》，《西夏研究》

2017年第1期，第40—43页。

袁志伟《西夏华严禅思想与党项民族的文化个性——西夏文献〈解行照心图〉及〈洪州宗师教仪〉解读》，《青海民族研究》2017年第1期，第203—207页。

袁志伟《丝绸之路上的宗教思想与文化认同——以契丹、党项、回鹘佛教为中心》，《求索》2017年第5期，第157—163页。

乐玲《宋夏交界区域内"会"的设置及其地名内涵》，《陇东学院学报》2017年第2期，第58—61页。

张多勇、王志军《西夏左厢神勇—年斜（宁西）监军司考察研究》，《西夏学》第十四辑，2017年，第37—50页。

张多勇、于光建《西夏进入河西的"啰庞岭道"与啰庞岭监军司考察》，《石河子大学学报》2017年第6期，第88—93页。

张海娟《西夏星神图像研究述评》，《西夏学》第十四辑，2017年，第320—326页。

张晋峰《甘肃省古浪县佛教寺院遗存调查研究》，西北民族大学硕士学位论文，2017年5月。

张九玲《西夏文〈消灾吉祥陀罗尼经〉释读》，《宁夏社会科学》2017年第1期，第212—214页。

张九玲《西夏本〈大随求陀罗尼经〉初探》，《西夏学》第十四辑，2017年，第171—180页。

张秦源《西夏人应用植物资源研究》，兰州大学硕士学位论文，2017年6月。

张如青、于业礼《出土西夏汉文涉医文献研究述评》，《中医文献杂志》2017年第1期，第62—66页。

张尚庆《11世纪喀喇汗王朝和西夏、北宋关系的演变》，《兰州职业技术学院学报》2017年第11期，第3—4页。

张顺利《民族交往视角下的西夏与辽朝民族政策探析》，烟台大学硕士学位论文，2017年4月。

张思思《西夏敦煌壁画与同时期中原地区画风对比探究》，山东建筑大学硕士学位论文，2017年6月。

张松松《西夏军事法条研究》，河北大学硕士学位论文，2017年5月。

张虽旺《成吉思汗所攻破的西宁州之考证》，《黔南民族师范学院学报》2017年第5期，第95—98页。

张铁山、彭金章《敦煌莫高窟B465窟题记调研报告》，《敦煌研究》2017年第1期，第27—30页。

张晓彪《基于不变矩的西夏文字识别》，宁夏大学硕士学位论文，2017年4月。

张笑峰《西夏"上服"考》，《西夏学》第十四辑，2017年，第90—100页。

张雪爱《出土文献所见夏元时期黑水城对外交流研究》，宁夏大学硕士学位论文，2017年5月。

张彦晓《黄纯艳：〈宋代朝贡体系研究〉》，《海交史研究》2017年第2期，第146—149页。

张永富《西夏文献中的"群牧司"与"州牧"》，《西夏研究》2017年第1期，第25—28页。

张永富《西夏文〈大宝积经〉卷三十六勘误》，《西夏研究》2017年第2期，第25—29页。

张玉海《莫高窟榆林窟西夏文题记所见人名姓氏浅析》，《宁夏社会科学》2017年第6期，第222—226页。

张玉琴《华夏文明传承视角下武威西夏文献汉译本的英译译法研究——以〈劝世篇〉残页为例》，《中国校外教育》2017年第18期，第81—82页。

赵龙《西夏瓷器民族风格研究》，云南师范大学硕士学位论文，2017年5月。

赵阳《黑城本〈弥勒上生经讲经文〉为词曲作品说》，《敦煌学辑刊》2017年第3期，第109—118页。

赵生泉《甘肃天祝出土西夏文"首领"铜印献疑》，《中国书法》2017年第23期，第199—200页。

赵生泉《西夏文"草书"书写特征举隅》，《西夏学》第十四辑，2017年，第130—148页。

赵生泉、史瑞英《西夏钱币书法演变源流探赜》，《中国钱币》2017年第1期，第33—38页。

赵天英《黑水城出土西夏文草书借贷契长卷（7741号）研究》，《中国经济史研究》2017年第2期，第113—128页。

赵天英《新见甘肃省瓜州县博物馆藏西夏文献考述》，《文献》2017年第3期，第32—42页。

赵天英、于孟卉《甘肃省博物馆藏西夏应天丁卯年首领印正误》，《西夏研究》2017年第4期，第34—37页。

赵彦龙《西夏档案编纂研究》，《档案学研究》2017年第1期，第123—128页。

赵彦龙《西夏汉文契约档案中的计量单位及其用字研究》，《西夏研究》2017年第1期，第35—39页。

赵彦龙《西夏历法档案整理研究》，《中国档案研究》第三辑，2017年，第222—234页。

赵彦龙《西夏木质档案初探》，《中国档案研究》第四辑，2017年，第209—221页。

赵彦龙、姚玉婷《西夏买卖人口契约的性质与程式》，《宁夏师范学院学报》2017年第4期，第96—102页。

甄自明、郝雪琴《西夏克夷门、右厢朝顺监军司驻地新考——内蒙古鄂托克旗西夏石城、长城的发现与研究》，《西夏学》第十四辑，2017年，第256—263页。

郑彦卿《西夏省嵬城历史考略》，《西夏研究》2017年第3期，第15—18页。

郑祎《浅析西夏钱币的特征与辨伪》，《大众文艺》2017年第4期，第264页。

周峰《金朝与西夏盗窃法比较研究》，《辽金历史与考古》第七辑，2017年，第157—163页。

（原载于郝春文主编《2018敦煌学国际联络委员会通讯》，上海：上海古籍出版社，2018年，第403—417页）

第五章

2018年西夏学研究

第一节 2018年西夏学研究综述

据不完全统计，2018年出版西夏学著作17部，发表学术论文238篇（其中包括学位论文20篇），仅《西夏学》（半年刊，70篇）、《西夏研究》（季刊，50篇）、《宁夏社会科学》（双月刊，20篇）发表论文140篇，加上宁夏大学学位论文6篇，占总数的一半多。

一、著 作

关于西夏历史文化研究，史金波《西夏历史文化钩沉》（甘肃文化出版社，2018年）分序跋（21篇）、评论（23篇）、论说（18篇）三类，皆为研究西夏学的内容。陈育宁、汤晓芳《西夏历史文化探幽》（甘肃文化出版社，2018年）共收二人西夏研究类论文43篇，包括《鄂尔多斯地区在西夏历史中的地位》《评李元昊在西夏建立过程中的作用》《13世纪中兴府的洗劫与复兴》《西夏研究百年回顾》《成吉思汗与西夏》等，主要涉及西夏历史、西夏艺术、西夏建筑、西夏佛教、西夏石窟等内容。杨富学《敦煌民族史探幽》（甘肃文化出版社，2018年），本书第一章第六节提到了西夏与敦煌的关系，第六章第二、三节谈到了西夏灭沙州归义军史事、1067年前西夏未有效统治敦煌说，第十一章第二节对莫高窟第464窟西夏说进行了驳议，第十二章重点对酒泉文殊山万佛洞西夏说做了详细的阐释与说明。梁继红《凉州与西夏》（甘肃文化出版社，2018年）分考古发现与研究、历史文化、文献研究、著名人物四大部分，对武威西夏碑、武威亥母洞、武威活字印刷、武威民间契约和社会文书、西夏服饰、武威藏西夏文献等作了研究，阐述和展示了武威西夏历史、政治、经济、文化、宗教等社会生活的方方面面，将武威西夏文化发展演变的过程清晰地呈现在读者面前。郑毅《帝国的归宿：辽金西夏卷》（中国华侨出版社，2018年）重点在第一章第五节和第十章，围绕辽金西夏的灭亡过程展开，讲述了帝国迟暮之全过程。

关于西夏政治经济研究，杜建录《西夏经济史论稿》（甘肃文化出版社，2018年）收录作者个人专业论文28篇，全面系统地阐述了西夏社会的生存环境、经济状况和以生产资料占有制为核心的经济关系，本书是西夏学研究的重要组成部分，也是作者多年来对西夏经济史研究的成果汇集。许生根《英藏黑水城出土社会文书研究：中古时期西北边疆的历史侧影》（新华出版社，2018年）以黑水城出土的西夏和元朝社会文书的研究为主要内容，对英国藏西夏的军政文书、契约文书、户籍赋税文书等进行了收集和考释，并分别对政治、军事、经贸和科技史等展开深入研究，资料收集完整，研究富有新意，在西夏学和西北史地领域具有开创性。

关于西夏佛教、佛经研究，孙颖新《西夏文〈无量寿经〉研究》（中国社会科学出版社，2018年）对俄藏编号为Инв.No.812、953、697、6943和2309的五种文书进行了全面研究，厘清了其来源，考证出夏译所据底本分别来自汉传和藏传两种不同的体系，其中Инв.No.2309为写本转译自曹魏康僧铠的《佛说无量寿经》；Инв.No.812、953、697和6943为刻本，经题《大乘圣无量寿经》译自藏文本，但其翻译所据底本今已不存，西夏本的重新译出可为中国佛教史和西夏文献学的研究提供一份新的基础材料。

关于西夏法律社会研究，刘双怡、李华瑞《〈天盛津令〉与〈庆元条法事类〉比较研究》(社会科学文献出版社，2018年)通过比较《天盛律令》与宋代法规中的相关内容，研究西夏与宋行政法规的异同，重点考察《天盛律令》的渊源及流变问题、西夏与宋中央及地方行政机构的设置及职掌问题、西夏与宋官制体系的异同，目的是改变学界过去一提西夏官制时就用"其设官之制，多与宋同"的笼统说法。

关于西夏文献考究，聂鸿音《西夏文献论稿二编》(甘肃文化出版社，2018年)收录作者论文36篇，全书以黑水城遗址出土的西夏文献为主要研究对象，对中原儒家经典的西夏译本作了考释，对西夏文献所反映的典章制度作了考证，对兵家、道家、医学文献作了整理研究，对西夏原创诗文、西夏佛经的内容等作了严谨考证。赵海莉、李并成《西北出土文献中的民众生态环境意识研究》(科学出版社，2018年)以汉代简牍、敦煌文书、吐鲁番文书、塔里木盆地文书、大谷文书、黑水城出土西夏文书等西北出土文献为主要依据，结合传世典籍，并辅之以莫高窟、榆林窟等壁画资料，对其中蕴含汉代至唐宋、西夏时期西北地区民众生态环境意识的史料进行了全面搜集、梳理和研究，剖析了民众生态环境意识产生的背景和基础，以期为今天的生态文明建设提供有益的历史借鉴。

二、论　文

下面从西夏宗教文化(含西夏佛教、佛典，石窟图像艺术)、法律社会、政治经济、文献考释、民族关系、语言文字、学术述评等八个方面择要论述。

(一)宗教文化

在西夏佛经、佛典解读方面，段玉泉《出土西夏文藏经函号木牍及校勘记录》(《宁夏社会科学》2018年第3期)，结合英藏Or.12380/3561纸质文献，判定英藏黑水城文献中存有的一组西夏文木牍为西夏文藏经函号木牍，并认为Or.12380/3561纸质文献为西夏文藏经的校勘记录，为西夏文佛经乃至《西夏文大藏经》的收藏管理情况研究提供了十分珍贵的实物资料，两种不同材料之间的相互佐证，也为解读出土的西夏文材料提供了一个新的视角。麻晓芳《西夏文〈药师琉璃光七佛本愿功德经〉残卷考》(《西夏学》第十六辑，2018年)，指出俄藏Инв.No.7827与Инв.No.825为《药师琉璃光七佛本愿功德经》同一写本断裂而成的残片，可以缀合拼接为佛经上卷。对照俄藏文献中上卷的另一译本Инв.No.6466，结合义净所译同名汉文佛经，首次给出《药师琉璃光七佛本愿功德经》上卷录文，为西夏学研究提供了新材料。俄藏、英藏及法藏《药师琉璃光七佛本愿功德经》的存世情况也显示出药师佛信仰曾在河西地区流传深广。文志勇、崔红芬《〈华严忏仪〉题记及相关问题探析》(《西夏学》第十六辑，2018年)，对《华严忏仪》题记涉及的西夏遗民一行慧觉辑录忏仪的年代、刊印及传入云南的情况加以探析，依据其流传序的记载，对华严经在印度形成、传入中土后的翻译、唐宋弘扬，尤其是对宋弘扬华严的广智大师进行了考证，对西夏时期传播华严经典的国师和帝师作了相应考证。胡进杉《三幅西夏文佛经扉画题记释析》(《西夏学》第十七辑，2018年)，挑选了《观弥勒菩萨上生兜率天经》《佛母大孔雀明王经》《妙法莲华经》三部佛典，针对其扉画的西夏文题记予以译释，并探讨其与本经经文内容的关系。佟建荣《黑水城所出的一组原刻与翻刻实物资料——〈夹颂心经〉考察记》(《宁夏社会科学》2018年第2期)，指出俄藏TK158、TK159《夹颂心经》较为完整，两者在版式形制、内容上有关联，当是一组早期原刻本与翻刻本实物资料，对其版式形制进行对比有助于进一步认识版本史上的原刻本与翻刻本。魏淑霞《西夏文〈密迹金刚力士会第三之六〉考释》(《西夏研究》2018年第2期），对部分西夏字、词、句及西夏文本与汉文本内容不一致的地方进行了校注说明。廖旸《从黑水城星曜曼荼罗看汉藏夏之间的文化勾连》（《敦煌研究》2018年第4期），结合敦煌藏经洞所见大量汉藏文本与黑水城、武威等地陆续发现的西夏文异译本《圣曜母陀罗尼经》，发现该信仰在河西这个文化汇流的核心地带的重要性。对比西藏与内地的材料，重新解读西夏图像，对于汉、藏、西夏等文化相互之间的关联，对于多维度的影响以及河西的自身创造，无疑会有更准确的认知。庞倩、王龙《中国国家图书馆藏西夏文〈不空羂索神变真言经〉考论》（《西夏学》第十七辑，2018年），对经文"十字真言"部分提供了梵、汉、夏的对勘，指出其翻译依据是汉文，并汉译了经文后的三页残片，发现该处经文的残缺正好能被罗福成著《不空羂索神变真言经卷第十八释文》的内容所补充，这有助于学界更全面、更准确地把握该经的内容。王颂《十一世纪中国北方广泛流行的华严禅典籍与人物》（《世界宗教文化》2018年第4期），指出华严信仰以结合华严与禅的华严禅为主流，列举了一些华严禅典籍以及相应的重要人物，说明了北宋、辽与西夏华严禅流行的具体情况以及它们各自的特点。咸成海、盖金伟《西夏风习：党项羌人的民间信仰及其影响》（《暨南史学》2018年第3期），从习俗文化角度进行考察及探讨西夏民间信仰，有助于深入研究党项羌人由一个落后、分散的部落群体，逐渐凝聚成强大势力并缔造了"大夏"之原因。辛睿龙《俄藏黑水城〈大方广佛华严经音〉残片再考》（《中国文字研究》2018年第2期），以张涌泉考证《俄藏黑水城文献》第17册10余件佛经音义残片是一部完整的《大方广佛华严经音》为基础，利用小川睦之辅氏家藏本《新译大方广佛华严经音义私记》这一新材料，对俄藏黑水城《大方广佛华严经音》残片研究存在的个别问题进行再考，对残片中反映的华严宗信仰进行了探讨。文健《略论西夏佛教管理的特色——以〈天盛改旧新定律令〉为例》（《西夏研

究》2018年第3期），从僧官任命、试经度僧、寺籍管理和赐衣制度等
方面探讨了西夏佛教管理中的中原文化特色。吴雪梅、于光建《新见
宁夏佑啟堂藏西夏文〈金刚经〉残片考释》（《宁夏社会科学》2018年
第4期），指出编号NY011.4为《金刚经》化无所化分第二十五和法身非
相分第二十六部分，NY011.23为依法出生分第八，NY011.64是离相寂
灭分第十四部分。这三件西夏文《金刚经》的翻译底本是鸠摩罗什译
本，与其他所藏本比较，是新发现的三种西夏文《金刚经》版本，具有
重要的文献学和版本学价值。张映晖《黑水城出土西夏文〈百千印陀罗
尼经〉考释》（《西夏学》第十七辑，2018年），对编号为Инв.No.6064
号佛经文书进行了全文翻译，认为其与现存以宋《开宝藏》为底本刊印
的高丽本最为接近，指出夏、汉陀罗尼经的读音对应，说明西夏延续
了中原佛教的这一传统，最后根据梵文svāhā与仁宗时期的通常译法不
同，推测该经可能译于西夏早期。章治宁《西夏擦擦单尊造像艺术探
析》（《西夏学》第十七辑，2018年），利用考古发掘和文物调查资料，
分类解读了出土的西夏小型佛教泥塑即擦擦单尊造像的内容，订正了
部分擦擦的命名，归纳了西夏擦擦单尊造像的艺术风格特点，认为西
夏擦擦造像艺术是在中国传统文化、佛教文化影响下形成的有一定自
身特点的佛教造像类型。

聂鸿音2篇：《西夏道教补议》（《西夏学》第十七辑，2018年），指
出道教在西夏的传播情况有别于宋、金两朝，民间虽有道士，官府亦有
管理道教事务的机构，但最常用的道家术语在西夏文献中没有统一的译
名，认为西夏并不存在真正意义上的道教传承，且仅仅依附于佛教而
传播，并没有以独立的身份进入西夏人的日常生活，官府视道教为佛
教的附庸。《西夏试经补议》（《北方民族大学学报》2018年第2期），指
出西夏官府虽然为不同民族的出家申请人规定了不尽相同的试经内容，
但并没有本质的区别。官府允许申请人在应试时自主选择使用党项语

或汉语，这被视为适应本地多民族的具体情况所做出的创新。郭垚垚2篇：《俄藏西夏文〈金光明经〉卷二"分别三身品"残卷考释》（《西夏学》第十六辑，2018年），通过与元刊本对比可知Инв.No.609中出现了同音通假现象，而国图藏灵武出土元刊本西夏文《金光明最胜王经》则对此通假现象予以改正。认为西夏文《金光明最胜王经》曾被多次译刊，与该经文中体现的"护国"思想分不开。《西夏文〈二十五问答〉中"答者"考补》（《宁夏社会科学》2018年第6期），结合传世文献考证"答者"为南阳慧忠国师，对辨明语录答者的名字、流派、道号及标题的正确拟定有着十分重要的作用。王龙2篇：《西夏文草书〈显扬圣教论·成瑜伽品第九〉考补》（《西夏学》第十六辑，2018年），对西夏文《显扬圣教论》卷十七"成瑜伽品"第九作了首次释读，并对西夏文草书加以隶定、录文、释读和校注，有助于我们了解西夏译玄奘所传"法相唯识"类经典的传承情况，探讨了西夏文草书和楷书的转写，为西夏文献学和语言学研究提供了一份基础性语料。《黑水城出土西夏文〈仁王经〉补释》（《西夏学》第十七辑，2018年），对俄藏编号为Инв.No.7605-2的西夏文佛经残页进行了释读考证，判定该佛经残页译自不空《仁王护国般若波罗蜜多经奉持品第七》，并对俄藏《仁王经》相同内容的不同版本文献进行了梳理，为研究西夏校经提供了一份基础性语料。

在石窟图像艺术方面，李前军《东千佛洞二窟卷草纹审美形态的文化变迁》（《西北民族大学学报》2018年第1期），从美术创作与文化研究的角度，通过发掘卷草纹出现的文化原因和其独特艺术样式的形成机制，对卷草纹图样的典型性和独特性展开研究。沙武田《敦煌西夏石窟营建史构建》（《西夏研究》2018年第1期），认为重绘前期洞窟的基本营建方式及特点，以及世家大族的衰败与集体式营建功德的可能性，使得西夏时期的洞窟营建表现出与之前各时期完全不一样的时代特征。作为西夏时期的洞窟，统治者党项人也必然要参与到敦煌石窟营建当中来，而这一点更具时代特性。另外，西夏时期对东千佛洞、榆林窟的营建也与莫高窟有较大的区别。石建刚、杨军《北宋沿边党项熟户的净土殿堂（一）——陕西志丹县何家坬石窟调查与初步研究》（《西夏研究》2018年第1期），指出陕西志丹县何家坬石窟造像保存较好，保存了大量党项人题记，是研究北宋沿边党项熟户宗教信仰等问题的珍贵资料。认为千佛变在陕北宋金石窟中属于孤例，源自敦煌石窟，反映出敦煌石窟对陕北宋金石窟的影响，指出该窟的土地神造像、发愿文内容及其书写格式、党项人题名等又明确展现了汉文化对何家坬石窟的影响，以及党项与汉民族之间的融合现象。赵晓星《榆林窟第2窟正壁文殊图像解析——西夏石窟考古与艺术研究之三》（《敦煌研究》2018年第5期），在实地考察的基础上对西夏时期修建的敦煌榆林窟第2窟图像的细节进行了一一解读，认为这些图像应是以五台山文殊为中心，将《文殊师利般涅槃经》和《文殊真实名经》的相关内容组合到一起，反映出当时文殊信仰与社会现实密切结合的历史事实。杨蕤、王昌丰《西夏陵"突出的普遍价值"的多维思考》（《北方民族大学学报》2018年第4期），从西夏历史文化、中华文明和世界历史的三个维度总结、凝练西夏历史文化的特质，进而归纳总结出符合西夏陵实际状况的"突出的普遍价值"，这既是西夏陵申遗过程中的一项具体工作，也是西夏研究中的重要学理思考。李芳《西夏迦陵频伽莲瓣联珠纹金头饰相关问题考述》（《西夏研究》2018年第1期），指出西夏迦陵频伽莲瓣联珠纹金头饰的装饰风格、工艺造型与已出土的其他西夏金银器具有高度相似性，证实了唐宋文化对西夏文化的深刻影响。胡嘉麟《西夏文铜镜的真言文法与四臂观音像研究》（《西夏学》第十七辑，2018年），运用训诂学的方法考究西夏文六字真言的构字，其中转注字例体现了西夏人对汉文辞赋的重视，进行注义时采用了循环注释和推导注释两种方法。同时利用考古资料表明西夏铜镜的四臂观音像与印度贝叶经的插图粉本很相似，认为西夏人的佛教造像系统有可能直接来源于印度东北地区的波罗艺术，而非受藏传佛教后弘期的影响。李玉峰《西夏金刚杵的造型与纹样探析》（《西夏学》第十七辑，2018年），对佛教中的常见法器金刚杵的纹样进行了分析，指出作为装饰多以三股杵和十字交杵为主，金刚杵纹不仅出现在密教物质文化遗存中，还出现在其他派别的佛经版画等载体上，说明其融汇了许多其他装饰元素后成为不同阶层喜闻乐见的题材，从其使用的范围来看，西夏时期的金刚杵纹并未走向世俗化。

汤晓芳2篇：《对敦煌409窟壁画人物"回鹘国王"的质疑》（《西夏研究》2018年第3期），就《天盛律令》"敕禁门"中的相关规定，结合宋作《三礼图》、河南巩县石窟和龙门古阳洞石窟的北魏帝王礼佛仪仗队，指出敦煌壁画《帝王出行图》仪仗、西夏佛经版画《帝王礼佛图》和西夏《译经图》皆表明第409窟执翠扇和伞的"国王人物"是西夏皇帝。认为榆林窟第29窟国师和西千佛洞第16窟榜题为回鹘可汗的两位人物仪仗执伞，没有出现翠扇，是活佛级别的宗教人物和北方草原部落联盟可汗级别的人物。《西夏雕塑和壁画中的猴面人物》（《西夏学》第十六辑，2018年），指出黑水城出土猴面彩塑与佛、菩萨、护法等人物同属藏密佛塔法藏，反映了西夏时期藏族、羌族信仰的民族特征。同期在西夏榆林窟、东千佛洞的壁画中出现的《唐僧取经图》反映了佛教传播史上西夏控制境内的陆地丝绸之路上曾出现梵僧东来、汉僧西去求经活动的盛况和崇佛尊僧的时代特征。王胜泽2篇：《俄藏黑水城出土〈禽鸟花卉〉解读》（《西夏学》第十六辑，2018年），指出《禽鸟花卉》从单个绘画元素看，手法受宋画影响明显，而从构图和整体格调来看，没有学习到宋人的韵味。画中所描绘的场景内容与西夏赞诗《月月乐诗》极其相似，由此推断画家也是托物言志、借景抒情，以此来歌颂西夏王朝。此外，西夏其他绘画中的花鸟图像，基本上都是在佛教题材的绘画中作为配景出现。《西夏佛教图像中的皇权意识》（《敦煌学辑刊》2018

年第1期），指出皇帝与上师列于说法图中的菩萨、佛弟子行列，除了显示皇族特殊的身份外，也在宗教上得到了认可，加强了皇权的控制力。此外，西夏皇权还可以从图像中人物的大小与服饰、画面的色彩、装饰图案等各方面得到体现。王艳云2篇：《索像于图——黑水城与敦煌西夏文献之间的图像个案联系》（《西夏学》第十六辑，2018年），从图像的角度对西夏黑水城文献与敦煌文献之间的新样文殊、印本装饰进行个案的比对和分析，呈现西夏黑水城文献与敦煌文献之间在图像的源流、传承及艺术风格等方面的内在联系。《西夏瓷塑玩具》（《西夏学》第十七辑，2018年），就文物考古报告及各类图册中刊布的西夏瓷塑，结合当前学术研究的成果，从玩具性质的角度，对西夏瓷塑的类型、题材等进行梳理，重点对其布袋和尚与磨喝乐、人形猴面与生肖俑、瓷塑人物与秃发令、瓷塑玩具与实用功能设计等进行辨析，以此探寻西夏瓷塑玩具在造型风格等方面所呈现的地域特点、民族习俗和中原影响，揭示其在制作中的源流传承与发展嬗变。

在占卜、星相方面，秦光永《黑水城出土星命书〈百六吉凶歌〉残叶考》（《西夏研究》2018年第1期），指出其内容与明代万民英编纂的《星学大成》所载的《百六吉凶歌》部分内容基本相同，亦可证明《星学大成》部分内容的古老性，可直接将其作为释读宋元时期星命类占卜文书的主要参考文献。赵坤《西夏占卜类型的理论差异与知识接受——以卜法、易占、星占为中心》（《西夏学》第十六辑，2018年），通过分析文献中反映的占卜类型和具体内容，反映出西夏人所使用的占卜术多为占验立成的简易卜法，由于缺少对易卦系统的理解，西夏人的易占水平十分有限，而西夏的星占术水平和星象知识，则与前者形成了鲜明的反差。韦兵《〈推星命洞微百六大限逐岁吉凶文书〉：英藏黑水城文献359占卜书残叶考释与定名》（《西夏学》第十七辑，2018年），以《星学大成》对勘，破解英藏黑水城文献残页359右边部分的星命推算文字，指出该文书应定名为《推星命洞微百六大限逐岁吉凶文书》，认为该残页文书运用的是晚唐五代以来在中原汉地流行的星命推算体系，有可能属夏译汉文书。

（二）法律社会

魏淑霞《〈天盛改旧新定律令〉卷一一"使来往门"译证》（《中华文史论丛》2018年第1期），依据俄藏原版照片对2000年版汉译本《天盛改旧新定律令》相关内容进行了再译释，并就其中部分漏译和误译的内容进行了补正，对部分西夏字词译释作注，为我们考释其他西夏文文献提供了语素方面的素材。戴羽《西夏刑法制度渊源考述——以〈贞观玉镜将〉〈天盛律令〉为中心》（《西夏学》第十七辑，2018年），考证了西夏刑罚中笞、杖、劳役、死等主刑和罚金、黥刺、拘管等附加刑的渊源，指出笞刑鉴自宋代军法小杖，杖刑源自晚唐以来的折杖法，劳役刑源自五代、宋的配隶刑，罚金刑鉴自唐宋赎罚刑，但在执行时以罚马代替罚铜，是一种创新，拘管刑移植了宋代的锁闭刑，黥刺与宋有差异，体现了西夏在借鉴的同时，积极调整与本民族习惯法的交汇与融合。和智《〈天盛改旧新定律令〉补考五则》（《中华文史论丛》2018年第1期），弥补了《天盛律令》卷二《戴铁枷门》、卷五《季校门》、卷一三《执符铁箭显贵言等失门》和卷一七《物离库门》中的六条款文。潘洁《两件〈天盛律令〉未刊残页考释》（《西夏学》第十七辑，2018年），通过对俄藏甲种本卷一四末尾所缺三部分内容与唐宋律令中"亲属被杀私和"条的比较，充分说明《天盛律令》是在中原汉地法律的基础上，结合本民族特点制定的西夏法典。许鹏《俄藏Инв.No.4429〈天盛律令〉残页考释》（《西夏研究》2018年第4期），根据俄藏原件的高清图版对俄藏Инв.No.4429《天盛律令》残页进行了录释、考证，确定了各个残页在《律令》中的具体位置，部分文字可以校订《俄藏黑水城文献》的相同页面。于熠《党项民族的法律演进：西夏法律历史沿革与多元文化属性形成》（《社会科学家》2018年第9期），通过分析各时期立法特征与王朝盛衰的关系，总结党项民族法律演进的特征，有助于为研究西夏法律文化特征和规律奠定基础。

孔祥辉3篇：《两则未刊俄藏〈天盛律令〉残片考释》（《西夏学》第十六辑，2018年），认为其中一页可补《天盛律令》卷十《官军敕门·边等官获末品条》相关内容，另一页可补卷十四《误打争斗门·杀节亲私和》前后内容。《俄藏Инв.No.6239号〈天盛律令〉残片考补》（《西夏学》第十七辑，2018年），补充了《天盛律令》卷四"敌军寇门"残缺的后半部分内容，即"无御旨敌军盗入""敌中盗未管口问持者知觉及目缺先""自意盗寇他人敌人处举""畜人敌人入手追取为功赏"，对研究西夏天盛时期边境关系有重要价值。《英藏〈天盛律令〉Or.12380–3762残片考补》（《西夏研究》2018年第4期），将其考订为《天盛律令》卷十"官军敕门"所佚第29—33条之内容，具体条目分别为"执敕及伞等得官法""医人等得官法""边等官获末品""学士选拔官赏""官品超变处请赏"。在一定程度上补充了俄藏《天盛律令》之空白。

（三）政治经济

在西夏政治制度方面，沈一民《北宋政治话语体系中的西夏论述》（《西夏学》第十七辑，2018年），从夷狄观、综合实力、区域政治格局三种不同的西夏论述方式上赋予了西夏不同的定位，为西夏刻画出形式迥异却有内在联系的不同印象，反映出北宋在自身正统性与现实的割据性之间摇摆的困境。魏淑霞《〈金史·交聘表〉西夏职官名考述》《宁夏社会科学》2018年第6期），在一定程度上为"西夏官制多仿唐宋"提供了佐证，反映了西夏中后期职官设置的情况，在一定程度上呈现了西夏职官设置的不断完善和党项羌人与汉人两个群体在西夏政治中由共存逐渐走向共融的历史过程。翟丽萍《浅议西夏的职事官》（《西夏学》

第十七辑，2018年），依据《天盛律令》卷十《司序行文门》中有关西夏职事官的记载，从三个方面详细讨论了西夏与唐代的职事官、西夏中央与地方官职的设置、西夏职事官的续转，指出西夏职事官一般任期三年，任期结束分三种情况决定是否续转。孙广文《等级与秩序——试论西夏社会关系重构》（《西夏研究》2018年第4期），指出早期党项社会是以血缘关系为纽带的部落制氏族社会，内迁后建立以中央集权制为核心的官僚政治制度及其社会等级关系，并基于儒家所提倡的五伦理论和五服制度，重构新的社会伦理关系。郭明明、杨峰《黑水城出土的一件元代书信文书考释》（《西夏学》第十六辑，2018年），将这件元代书信文书定名为《满寿记示保保书》，对研究黑水城地区民间群体的交际往来、亦集乃路下辖站赤建制以及吐蕃行宣政院的院使等问题具有重要的史料价值。潘洁《试述西夏转运司》（《西夏研究》2018年第2期），指出西夏转运司按照管辖范围分为京师都转运司和边中转运司。都转运司负责包括都城在内的八郡县，为中等司；边中转运司大多设在监军司所在地，为下等司。转运司负责催缴租役草、监管征收环节，登记土地簿册、管理土地，执掌地方财政，出资修护公共设施。张笑峰《西夏"刀牌"考》（《宁夏师范学院学报》2018年第2期），对存世的三类西夏刀牌"帐门后寝待命"牌、"内宿待命"牌、"防守待命"牌与《天盛律令》中刀牌相关条文记载互证，讨论西夏刀牌的形制特点、制度渊源以及执刀牌者及其职能等问题，丰富了西夏符牌、内宫制度的研究内容。许伟伟《西夏时期横山地区若干问题探讨》（《西夏学》第十七辑，2018年），对西夏文文献中的横山羌的称号、南山党项，以及横山地区在宣和元年（1119）之后的归属等问题做了补充研究，指出横山地区历经宋、夏、金分治，直至元灭金、夏，归入元朝疆域。于语和、刘珈岑《西夏行政法制的特点及对当今我国民族地区之借鉴》（《原生态民族文化学刊》2018年第4期），就出土文书和传世文献对西夏行政法制的特点做了介绍，结合当下民族地区情况提出了看法。陈朝辉、潘洁《试述西夏地簿》（《西夏研究》2018年第3期），对地簿的程序，登记对象、目的、期限、性质做了详细的论述，印证了法律文献记载中地簿的存在。杨浣《西夏静州新考》（《西夏学》第十六辑，2018年），详细考证了静州在西夏建国前后的存在情况，推测西夏领有静州之时，其位置大体在今榆林市榆阳区，元昊称帝后辖地略当今永宁县境内。天盛年间已废去。陈瑞青2篇：《也说西夏"替头"》（《宁夏社会科学》2018年第4期），指出西夏替头广泛存在于军队士兵和官府文吏之中，并非仅仅局限在官府胥吏。从职能上看，西夏南边榷场使文书中的"替头"是捎客或栏头的替身，具有双重身份，因此不能简单地称其为中介或代理人。西夏替头出现的社会原因主要在于解决制度设计与制度运行之间的矛盾。《西夏〈黑水河建桥敕碑〉文体性质初探》（《西夏学》第十七辑，2018年），指出《黑水河建桥敕碑》在形式上采用敕文，但实际内容则属于祭文，说明西夏在行用礼法实践中不仅注重形式，更注重文体在实际政治生活中产生的作用，折射出西夏文化与中原文化的内在联系与外在差异。

关于西夏社会经济，高仁《西夏东南沿边地区的畜牧经济》（《西夏学》第十六辑，2018年），指出西夏东南沿边地区具有较为复杂的自然、人文环境，其畜牧经济的发展也呈现出较强的区域性差异，认为横山地区畜牧状况较好；瀚海地区则因自然环境恶劣较为贫乏；天都山极为富庶，屈吴山稍次，兰州以北及会州是西夏继承唐代"陇右牧群"的主要区域，畜牧基础雄厚，牲畜牧养众多。潘洁《西夏租役草考述》（《中国史研究》2018年第1期），指出租役草是在两税法大背景下实行的赋役制度，其以土地为征收依据，履亩计算，是西夏农户所要承担的基本赋役。许生根《西夏马政及畜牧业探析》（《西夏研究》2018年第4期），指出西夏仿效唐宋马政制度积极发展地方官牧场，为马政在西北边疆的传承做出了贡献。在马政建设的推动下，西夏大力种植苜蓿，发展栽培作物用于草料，畜牧业生产技术、管理方式等得到了提高和改善。李温《西夏赋税制度及其立法》（《西夏研究》2018年第2期），重点阐述了西夏王朝在承袭唐宋赋税制度的基础上，制定了具有自己特点的田赋、畜牧业税、盐税、酒税、商业税、渡船税和外贸税。

关于契约文书研究，赵彦龙、扶静《西夏买卖土地契约的性质与程式——西夏契约性质与程式研究之二》（《西夏研究》2018年第3期），结合考释公布的完整土地买卖契约，借助档案学理论对西夏土地买卖契约的性质、程式等从微观上做了比较深刻透彻的探讨，以使人们对西夏土地买卖契约的性质和程式及规律有全面的了解。赵天英《俄藏黑水城文献No.5870西夏文草书借贷契研究》（《中华文史论丛》2018年第1期），将西夏文草书转录成楷书，并译为汉文，指出契约记录了出贷人、贷粮种类与数量、利率、借贷期限、违约赔付及借贷人和证人等信息，展现出西夏粮食借贷的原貌。契约内容不仅与法律条文相呼应，还处处体现着规避风险的措施。认为多样的利率不仅有助于对西夏粮食借贷利率的了解，也有助于理解西夏文对利率的表述方式。韩树伟《黑水城出土西夏文契约文书之习惯法研究》（《青海民族研究》2018年第1期），从文书形制、内容以及特点方面对西夏文契约文书作了阐释，指出西夏契约既承袭了中原汉式契约的传统格式，又呈现出西夏自身的习俗和政治经济生活现实的特点，为我们了解西夏时期的社会生活提供了珍贵而翔实的文献材料。罗将《黑水城出土西夏文卖地契中的违约条款探析——兼与敦煌契约比较》（《青海民族研究》2018年第1期），指出黑水城出土西夏卖地契在形制、内容方面多吸收唐宋契约，体现出契约文化的继受性，但违约后依律令承罪，高昂的罚金是其不同于敦煌契约之处，违约条款内容更加丰富，体现了本民族独特的法律文化。造成这种现象的原因主要与西夏向中原王朝学习有关，以及与西夏社会森严的等级关系、民族个性和民众信仰佛教有关。马春香《武威出土西夏买地券的文体探讨》（《西夏学》第十七辑，2018年），指出武威出土西夏买地券是以《地理新书》买地券模式为底本，吸收了祝文的元素而成，认为此种买地券文体于宋、金及元代前期，在中国北方民间葬仪中运用广泛。郑悦《西夏钱币新探》（《中国钱币》2018年第5期），对西夏钱币作了学术史回顾，提出了存在的问题，最后对"天授通宝""福圣宝钱""大安通宝""番国宝钱""贞观钱读法"配图进行了辨析与新释。郝振宇2篇：《西夏民间契约参与人的群体关系特点》（《北方民族大学学报》2018年第1期），以黑水城西夏契约文书中的参与人为研究对象，以参与人的相立契者和知人的身份角色为解释路径，对西夏农村的群体关系进行了分析。《西夏农村家庭生计问题述论》（《中国经济史研究》2018年第5期），以黑水城社会文书、西夏法典和传世文献互相印证，对西夏农村家庭的生计问题进行了讨论。于光建2篇：《俄藏Инв. No.954〈光定未年典驴贷粮契〉新译释——兼论西夏典当经济研究的几个问题》（《西夏研究》2018年第4期），通过出土典当契约证实西夏民间典当经济活动基本遵循《天盛律令》的法律规定，同时西夏的典当借贷利率基本在50%以下，没有超过法典"本利相等"的最高限定。指出抵押典当借贷的利率要比无抵押的信用担保借贷利率低。《西夏的债权保障措施述论》（《西夏学》第十七辑，2018年），从契约担保、刑事处罚、同借者连带赔偿、牵掣家资赔偿、出工抵债、债权有效期等六个方面充分说明了西夏法典《天盛律令》中有关债权的保障体系，指出在实际的借贷经济活动中，有些并没有完全依据保障措施来执行，而是表现出习惯法的因素。

（四）文献考释

在文献考证方面，王惠民《西夏文草书〈瓜州审案记录〉叙录》（《敦煌学辑刊》2018年第2期），对西夏文草书《瓜州审案记录》的收藏与研究现状做了梳理，指出该文书为天赐礼盛国庆元年至二年（1069—1070）瓜州监军使审案记录，涉及牲畜买卖、侵夺、伤害诸事，是一组重要的西夏学研究资料。孙继民、张恒《古籍公文纸背文献学的内涵与外延》（《宁夏社会科学》2018年第4期），指出古籍公文纸背文献学的基本内涵的要素有四个：古籍、公文纸、纸背和文献；基本类型有内文纸背文献、封皮裱纸文献、拓本裱纸文献和内文衬纸文献四种。姜歆《杨家将故事关涉西夏史事考述》（《西夏研究》2018年第4期），通过杨家将故事及其中关涉西夏的史事，反映了当时的一些社会状况。雷明亮、彭向前《梁乙埋、梁乞逋父子考》（《西夏研究》2018年第2期），通过西夏陵出土的西夏文残碑印证了汉文史籍中"梁乙埋""梁乞逋"的写法是正确的，说明避讳不仅限于党项人的汉名，也包括蕃名。梁松涛《西夏文〈乌鸣占〉考释》（《西夏学》第十六辑，2018年），认为西夏境内所流行的《乌鸣占》更多地带有中原文化的痕迹，依据底本可能与《事林广记》所收《鸦经之图》有比较密切的关系。木仕华《西夏黑水名义考》（《西藏民族大学学报》2018年第5期），结合中国西南藏缅语诸民族和北方阿尔泰语诸民族语言中有关黑水的诸多名称，对西夏黑水的名义做了全新的分析。王凯、彭向前《〈宋会要辑稿〉"西人最重寒食"考》（《西夏学》第十七辑，2018年），从民俗文化、地处西北、节日活动等四个方面论证了"西人最重寒食"之"寒食"应为"寒衣"，并对寒食节和寒衣节作了比较说明，指出寒衣节在西夏是仅次于年节的一个重要节日。杨蕤《统万城及邻近地区出土唐宋墓志所见的人口史信息探析》（《宁夏社会科学》2018年第3期），对70余函唐宋墓志人口史信息进行了梳理与分析，对墓志所反映的"死亡年龄与平均寿命""家庭规模及子女状况""配偶状况""籍贯与移民"等人口史信息进行了讨论，探讨了唐宋以来夏州地方精英的来源及地方势力的形成等论题，从而引发一些更为深入的思考。黎大祥《甘肃武威亥母洞石窟寺的几件西夏汉文文献考释》（《西夏学》第十七辑，2018年），对出土未公布的几件典当文献和收款记账单先是作了释文，接着对记账单形成的时间、内容进行了分析研究，反映出西夏时期佛教寺院特殊的历史文化和社会经济状况，对研究西夏时期的政治经济、社会文化具有重要的史料价值。

孙伯君2篇：《西夏文写本〈整驾西行烧香歌〉释补》（《西夏研究》2018年第3期），指出俄藏黑水城出土文献Инв.No.5198在内容上可与俄藏《宫廷诗集》甲种本Инв.No.121V所收第七首诗《整驾西行烧香歌》勘同，笔体上与《宫廷诗集》乙种本Инв.No.876一致，判定876与5198为同一卷子断裂而成。由于121V抄写于纸背，字迹很难辨认，故文字上可据5198加以勘订；而5198所残卷首可据121V加以补足。《西夏文相马、养马法〈育骏方〉考释》（《北方民族大学学报》2018年第2期），首次公布了西夏文《育骏方》的录文，并参考《事林广记》《元亨疗马集》等记载给出译文。同时通过与中原流传的各种汉文本内容的对比和西夏文本中一些词语的使用线索，肯定了西田龙雄关于该本是某汉文著作西夏译本的猜测，认为这个汉文底本应该是在中原传统的相马、养马法的基础上编写的。这为研究中原相马、医马经在河西地区的流传，以及西夏境内所流行的各种卜法与中原的关系提供了参考。

（五）西夏与周边政权关系

刘喆《试论北宋、西夏和交趾的联动关系》（《西夏学》第十六辑，2018年），认为三政权并存的局面正式形成于宋太宗太平兴国年间，以澶渊之盟为分界，三者的联动关系可分为两个阶段。在宋、夏、交三政权的联动关系中三者的地位是不同的，北宋处于核心位置，西夏次之，交趾又次之。张多勇《宋夏对峙时期清远军考察研究》（《西夏研究》2018年第4期），对宋夏清远军的地望做了介绍，指出西夏清远监军司与其他五个监军司共同构筑了西夏京畿地区防御体系，有助于认识其在宋夏战争中具有的重要战略地位。王龙《西夏文献中的回鹘——丝绸之路背景下西夏与回鹘关系补证》(《宁夏社会科学》2018年第1期)，考察了存世西夏文献中明确提及回鹘的资料，并加以翻译。指出回鹘既与中原政权保持着密切联系，又在文化交流和商业贸易方面与西夏关系密切，为疏通和维护丝绸之路，发展中西经济文化联系、开发和建设西北边疆做出了贡献。田晓霈《宋真宗年间曹玮筑"山外四寨"考论》(《西夏学》第十七辑，2018年)，对笼竿城、羊牧隆城、静边寨、得胜寨等四寨的地理位置及战略意义进行了考述，指出四寨依河而连，增强了渭州西侧的军事防卫，并与镇戎军共同形成宋军军事防御体系，有利于阻截西夏骑兵，有效守卫了北宋的秦、渭二州。赵一《安焘墓志考释——兼谈宋夏灵州之役》(《宁夏师范学院学报》2018年第6期)，指出安焘墓志反映了安焘任职西北诸路、出使西夏、治理永康军及龙州等史实，墓志记载了元丰四年宋夏灵州之役的细节，从中可以看出宋军灵州战败的原因主要是粮草不继，以及缺乏攻城武器。对原录文讹误处亦加订正。王亚莉《北宋时期宋夏缘边弓箭手招置问题探析》(《西夏学》第十七辑，2018年)，对北宋弓箭手制度的兴建与推行、汉番弓箭手的待遇及其差异、北宋军政改革与弓箭手招置的关系进行了探讨。王一凡《北宋环庆路蕃部刍议》(《中国边疆民族研究》第十一辑，2018年)，通过梳理相关史料，论述了北宋环庆路蕃部的一些问题，有助于对北宋环庆路的蕃部有一个更加深入的认识。

陈玮2篇：《瓜州榆林窟题记所见大理国与西夏关系研究》(《丝绸之路研究集刊》第二辑，2018年)，以敦煌榆林窟题记为着眼点，对大理国和西夏进行了比较分析，有助于清晰了解丝路文化间的交流。《新出北宋陕州漏泽园党项配军墓志研究》(《西夏学》第十七辑，2018年)，对三门峡出土的四块墓志砖进行了考释，指出墓志砖上的人名遇厄、香麦、嵬口珂为典型的党项人名，他们或因犯法而成为配军，三人在途经陕州城时身亡，并被妥善安葬。这四块墓志砖是反映宋代西北边境党项人在中原活动的重要文物资料。马旭俊2篇：《金夏交聘礼仪考述》（《西夏学》第十六辑，2018年），介绍了金与西夏的交聘礼仪经历的三个时期，分析了金夏交聘礼仪制度在金熙宗时期趋于完整的主要原因，探究了西夏对金熙宗的改革持欢迎态度的原因。《金夏经济交流途径与特点》（《西夏学》第十七辑，2018年），指出金夏经济交流途径主要有朝贡与回赐、会同馆贸易、榷场贸易以及都亭贸易四种。特点主要有：经济依赖性增强、西夏猖獗的青白盐"走私"在金朝时期得到遏制、金夏贸易在规模上远远不及宋夏和宋金的贸易水平。

（六）语言文字

在西夏语言文字方面，汤君《试论西夏文学的中国古代文学史价值》（《宁夏社会科学》2018年第3期），从中国古代文学的观察角度以及西夏文学文献本身出发，认为研究西夏文学的薄弱与不足、西夏文学文献的特征和西夏文学的性质及文学史意义等，对中国古代文学史的研究具有重要意义。孙伯君《西夏文〈三代相照文集〉述略》（《宁夏社会科学》2018年第6期），梳理了俄藏Инв.No.4166号西夏文《三代相照文集》，阐述了该文集是由元代隶属于白云宗的西夏后裔慧照等所纂集，所收诗文为白云释子等白云宗三代祖师的作品。对其编纂时间和地点、刊印地点、文集内容的性质、体裁等做了说明，指出诗文原创语言大部分是汉语，西夏文译文尽量做到了押韵，但也有失韵的情况。李晓春、彭向前《西夏文草书〈礼记〉异文一则》（《西夏研究》2018年第1期），指出西夏文草书《孝经传》传文所引《礼记》中的一段文字与传统汉文典籍中的《礼记》所载不同，有可能是吕惠卿当年为《孝经》作注时另有版本，也可能是他本人揆诸情理而作了改编，反映出新宋学派的大胆"疑经"精神，为《礼记》中的这段文字提供了一种新的注释。

麻晓芳《西夏语的引述句与言说义动词初探》(《民族语文》2018年第6期)，以出土的西夏文佛经文献为语料，分析西夏语的引述句，指出西夏语言说动词的语义功能与语法功能的变化，体现了由实义动词语法化为引语标记的演变。邓章应、吴宇《西夏文〈同义〉考释三则》(《西夏学》第十七辑，2018年)，参考《〈同义〉研究》，结合《同音》《文海》等其他文献，考释《同义》中三处字形并给出汉译，考释过程中相应校改了《〈同义〉研究》的几处汉译。孔祥辉《语料库视域下西夏语料库建设及研究》(《西北民族研究》2018年第4期)，对语料库及西夏语料库的建设做了介绍，指出西夏语料库建设中出现的问题，认为西夏语言文字研究将会进入依托语料库建设与研究的新时代。孙颖新《中国历史上最早的通假字书:〈择要常传同训杂字〉》(《宁夏社会科学》2018年第5期)，指出《择要常传同训杂字》主体部分是由同音字或近音字构成的800多个字条，多见于西夏佛经的初译本和校译本中，呈现出明确的通假关系。该书大约成于12世纪中叶至13世纪初，是中国历史上最早的一部专为初学者阅读佛经而编写的通假字书。戴光宇《西夏语言的佐证——藏缅语民族音乐》(《西南民族大学学报》2018年第4期)，探讨了党项人内迁对西部地区民族文化格局的影响。指出党项人于唐朝初年迫于吐蕃东扩的压力东迁，随之将原分布于我国西南的藏缅语族居民的民歌也带到黄土高原一带，对大西北的音乐产生了深远的影响，尤其是陕北、陇东等地的汉族、回族等的民歌和鄂尔多斯的蒙古族民歌都有大量的曲调能在川滇西部的彝族、傈僳族等的民歌中找到对应。王艳春《西夏谚语中的日月意象》(《西夏研究》2018年第4期)，对西夏谚语中的日月意象进行了研究，不但从文学本位出发赏析了这些谚语，而且可以从一个侧面充实史料。马振颖、赵世金《黑水城文献中所见的宋代避讳字研究》(《西夏研究》2018年第1期)，结合黑水城出土文献和史籍记载，分析了流入西夏的宋代文献的版本及来源，举出了些宋夏互相避讳的例子。张竹梅《以零散韵字为例证西夏文献〈五音切韵〉非"单开双合"排列》（《西夏研究》2018年第1期），通过汉语译音字来考察《五音切韵》的105幅韵图中零散韵字的开合口现状，发现在可资比较的42幅韵图中完全符合"单开双合"排列的仅有12幅，视同"单开双合"排列的有6幅，不完全相符合的则有24幅。况且成对韵字的63幅韵图中不完全符合"单开双合"的亦有45幅。指出《五音切韵》韵图中韵字"单开双合"排列的说法不能得到支持。张珮琪《西夏语的副词子句》（《西夏学》第十七辑，2018年），对时间句、同时性句、因果句、让步句、条件句及方式句进行了探讨，并对每种类型的语法手段进行了描写，指出若干从属标记来源于格助词、趋向前缀以及名词。胡蓉《"〈述善集〉多族士人圈"及其文化倾向》（《西夏研究》2018年第1期），指出《述善集》是元代濮阳西夏遗民唐兀崇喜邀请师友为本家族所作的诗文集，作者群涉及官员、学者和乡村作家，形成了以崇喜为中心的"《述善集》多族士人圈"。活跃于京师的文学大家将维护道统以复古作为己任，体现了元末主流文化的走势；乡村作家对主流文坛的补充和映衬，使元代文学呈现出更加丰满的样貌。

聂鸿音3篇：《诸葛亮〈将苑〉考补》（《文献》2018年第1期），指出英藏西夏文译本残卷在一定程度上反映了《将苑》初编时的面貌，指出译本缺少"东夷""南蛮""西戎"三章为当初的翻译底本残佚，其余部分表明早期的《将苑》只有四十二章，今本多出的八章为后人增补。可见西夏译者的翻译手法在已知的文献中最为灵活，译文并不像佛经译本那样严守原文语句，但整体意思的表达简明无误。《从格言到诗歌：党项民族文学的发展历程》（《宁夏社会科学》2018年第4期），指出党项本民族的诗歌脱胎于民间的格言，其形式为无韵的杂言体，强调上下句语义的对仗，认为诗歌的起源和早期发展还可能有生产劳动之外的另一条途径存在。《西夏应用文的写作模板及其起源》（《宁夏师范学院学报》2018年第9期），认为现存的西夏文献里没有真正意义上的"书仪"，表明应用文写作并没有融入当地的传统，指出有些西夏作品被重复使用是因为后来的作者为图省力而借用了既有的作品作为"模板"，西夏应用文写作模板与书仪的关键区别在于作者的主观意识。段玉泉2篇:《〈番汉合时掌中珠〉"急随钵子"考释》(《敦煌学辑刊》2018年第3期)，结合西夏文辞书《文海宝韵》的相关解释，从夏汉对勘资料出发，通过梳理对音材料，证实"急随"乃传世文献材料中所载煮茶或温酒器皿"急须"，"随""须"二字混读反映了唐宋西北方音中部分止摄字与遇摄字存在着混读的情况。《〈孝经〉两种西夏文译本的比较研究》(《中华文史论丛》2018年第1期)，指出在出土西夏文献中发现三种《孝经》类文献材料，分属于吕惠卿《孝经传》与唐玄宗《孝经注》两种不同文献。认为两种材料中《孝经》经文差别很大，是出自不同译者之手，为不同的两种西夏译本，并对此前未解读的俄藏十二章经文与英藏本同存世、汉文本做了对勘解读。表明儒家经典《孝经》在西夏时期流传甚广。许鹏2篇:《西夏语人称呼应类动词的双音化》(《西夏学》第十六辑，2018年)，梳理了西夏文世俗文献语料，对西夏语人称呼应类动词的用法产生了新的认识，指出人称呼应类动词可以在句子中替换使用，也可以同义复合为双音节词。人称呼应类动词用法的变化，可以丰富西夏语词法和句法的研究。《论西夏语语素和双音节词的结构类型——以世俗文献为中心》(《西夏学》第十七辑，2018年)，在语料库提供的大数据的帮助下，分析、确定了一些粘着语素，对西夏语双音节词的结构类型进行了更为细致的分类。同时应当看到，西夏文世俗文献语料还需要认真梳理，佛经语料的补充价值更是不可估量。在全面占有语料的基础上，我们才能对西夏语双音节词有全面性、系统性的认知，从这个层面看，期望作者对西夏语双音节词的词汇化程度及其制约因素的探究能有进一步的研究。

（七）西夏文化

关于西夏文化，多洛肯《民汉文化交融中的元代唐兀氏文人群体》（《新疆大学学报》2018年第1期），指出元代唐兀氏文人群体在多民族文化交融中取得了令人瞩目的文学创作成就，无论在数量还是质量上都可圈可点。认为这与唐兀人自身素养、民族特性以及元代政策是紧密相联的。唐兀氏文人群体对文化交流、文学发展做出了贡献，促进了中华多民族文学的认同。史金波《俄藏No.6990a西夏书仪考》（《中华文史论丛》2018年第1期），指出从俄藏No.6990a西夏书仪的尊称、谦称等形式和内容来看，与中原地区的书仪一脉相承，论证了此西凉府签判书仪不是发现于西凉府，而是发现于黑水城的原因，探讨了西夏西凉府签判一职，对西夏职官作了补充。反映了西夏晚期政治、文化、社会的某些特点，为中国书仪增加了综合性简明书仪的类别。何卯平、宁强《孙悟空形象与西夏民族渊源初探》（《敦煌学辑刊》2018年第4期），指出西夏在与外族的交战与融合发展中，将从印度进入西藏乃至羌人范畴的神话传说与中原地区的《取经诗话》重新加工，赋予猴行者一个英雄的形象，并保留了西夏人的发型、装束、兵器，伴随着西夏后期水月观音范式沿丝绸之路向内陆和日、韩的流行与东渐，其佛教史迹故事中的孙悟空形象也逐渐为人熟知，并最终成为定式进入了明代人吴承恩的视野。尤桦、于慧黎《西夏猎鹰与民族文化探析》（《西夏学》第十六辑，2018年），指出西夏猎鹰不仅用于野外狩猎，还作为方物被进贡给其他政权，且被党项族视为凶猛、勇敢的精神象征，反映了党项民族独特的游牧文化和民族特性。任怀晟、田孟秋《西夏朝服的冠饰研究》（《西夏学》第十七辑，2018年），对宁夏永宁县闽宁村出土的西夏早期野利家族墓葬中的木俑冠饰和内蒙古乌海市黑龙贵地区出土的石像装束进行了研究，指出从木俑的"圭"形冠饰及石俑的帽饰来看，西夏官员着装中存有朝服，其中"博山"冠饰是其重要标志，文官朝服由冠、大袖袍衫、裙裳构成，朝服帽冠没有簪导，戴冠者并不披发。魏亚丽《试论西夏服饰中的植物纹样》(《西夏学》第十七辑，2018年)，对梅花纹、卷草纹、莲花纹等植物纹样做了介绍，指出西夏植物纹样的种类和图案的构成方式与中国美术史上传统植物纹样有极大的相似性，认为西夏服饰装饰纹样繁杂者，大多属于贵族阶层。杨蕤、李发源《陕北地区的"牛碾子"遗存调查及相关问题》(《西夏研究》2018年第2期)，结合文献资料和田野讯息，发现"牛碾子"实则是起源于魏晋时期的一种立碾，认为陕北地区的"牛碾子"遗存应是西夏时期的产物，除了制作火药的功用外还可用于粮食加工等。这不仅为中国火药传播史研究提供了实物资料，同时也印证了宋夏、夏金在横山地区反复争夺疆土的史实。

在西夏医学文化方面，汤晓龙《西夏文〈明堂灸经〉补考》(《宁夏社会科学》2018年第5期)，对英藏《明堂灸经》的西夏文译本与俄藏的同书译本对校可知，中原的《明堂灸经》传入西夏后至少产生了两个不尽相同的译本，说明该书的翻译是民间行为。朱国祥、徐俊飞《西夏医学文化"多元化"外来因素影响探析》(《中医药文化》2018年第5期)，从中原医学、金朝医学、藏医学以及佛教医学等角度去阐述"多元化"外来因素对西夏医学文化的影响，表明灿烂多彩的西夏医学文化，得益于西夏与多民族共存、交流交融，吸纳了周边优秀民族医学文化成果。崔玉谦、刘丽君《〈日本藏西夏文文献〉收录汉文刻本〈太平惠民合剂局方〉残片考》(《西夏学》第十六辑，2018年)，指出该《日本藏西夏文文献》收录的汉文刻本医方残片的年代上限应是在南宋高宗绍兴二十一年之后，认为汉文《太平惠民合剂局方》刻本残片应是元代刻本，故南宋与西夏之间并无《太平惠民合剂局方》传播的发生。

在西夏历书方面，彭向前《俄藏黑水城出土西夏历书研究——以Инв.No.8085夏天庆十二年(1205年)乙丑残历为例》(《西夏学》第十六辑，2018年)，选取其中的夏桓宗天庆十二年(1205)乙丑年历，对其中的西夏文做了释读，并以二十八宿注历为线索，参照宋历对该年纪年干支、朔日干支、闰月、月大小、二十四节气等做了最大程度的复原，指出表中填写的数字与地支的组合是以十二次为背景，记载九曜星宿运行情况，表明西夏历日文献中有长期观察行星运行的记录，文中最后对夏宋历异同作了比较。该部历书内涵丰富，对研究西夏历法、复原西夏近二百年的历谱具有重要价值，并为我们研究古代天文观测方法乃至今天的行星运行积累了大量的数据。

（八）学术述评及其他

关于西夏研究综述，包伟民《改革开放40年来的辽宋夏金史研究》（《中国史研究动态》2018年第1期），从时代背景、概况归纳、研究举例、推进展望四个方面论述了改革开放40年以来关于辽宋夏金史研究的情况，其中第64—65页重点讨论了西夏学研究的情况。王善军、郝振宇《辽西夏金宗族研究综述》（《宋史研究论丛》第二十二辑，2018年），指出了以往研究中的不足，建议从宏观层面对辽西夏金宗族组织进行整体性研究或比较研究以及相关的理论创新。蔡莉《西夏佛典疑伪经研究综述》（《西夏研究》2018年第2期），指出目前西夏疑伪经研究呈现出"重文字，轻内涵"的特点，没有充分挖掘其历史文化价值，提出应重视对思想内涵的分析和整体性考察。高一竑《甘肃省博物馆馆藏西夏汉文文书略述》（《档案》2018年第3期），指出甘肃省博物馆馆藏西夏汉文文书均为世俗文献，按内容有文书、欠条、请假条、布告、日历等，通过对比西夏文、藏文文书，可以看出西夏政权统治时期我国西北地区商品经济比较繁荣、文化交流活跃、民族交往频繁、社会制度相对健全。王巍《近三十年黑水城出土符占秘术文书研究回顾与展望》（《西夏研究》2018年第3期），从文书的范围界定、数量统计、性质甄别、录文介绍、考释缀合、年代断定和基于文书的社会文化史研究七个方面入手，回顾和评述了目前相关研究成果的贡献和不足，展望与阐述了未来研究的思路与方法。陈瑞青《四十年来黑水城汉文经济文献研究的回顾与展望》(《西夏研究》2018年第4期)，总结了黑水城汉文经济文献研究四十年的发展历程，有助于进一步推动研究工作。梁松涛《四十年来西夏文学研究的回顾与展望》(《西夏研究》2018年第4期)，指出《俄藏黑水城文献》《英藏黑水城文献》《中国藏西夏文献》等系列文献的相继出版对西夏文学研究具有里程碑意义，使其由对传世汉文文献的研究逐渐转移到对西夏文文学作品的研究。认为在研究中需要克服碎片化倾向，在关注微观的同时开展宏观论述。杨蕤《四十年来西夏地理研究的回顾与展望》(《西夏研究》2018年第4期)，指出在充分挖掘汉文史籍、出土文献和考古资料的基础上，学界重点关注了西夏地理研究中的自然环境、疆域演变、政区状况、交通路线、农牧区划、军事地理、人口变迁、城市面貌、社会文化、历史地图十个问题，并在研究内容、研究方法、研究资料、研究力量、研究品质等方面取得了显著成就，极大地丰富了西夏学研究的内涵。张琰玲《百年西夏遗民研究综述》(《西夏研究》2018年第3期)，通过对2017年以前国内外出版、发表的有关西夏遗民研究的3部著作、240余篇论文、涉及相关内容的20多部著作进行梳理介绍，为学界提供了较为翔实可靠的西夏遗民研究动态。韩树伟对2016年、2017年西夏学研究作了综述(《2018敦煌学国际联络委员会通讯》，2018年)，另有王帅龙《2017年西夏学研究综述》(《西夏研究》2018年第2期)，对10余部专著、200多篇论文分文献研究、语言文字研究、西夏历史研究、社会研究、文物考古研究、书评与会议六个方面做了介绍。

关于学术会议，程嘉静《"回鹘·西夏·元代敦煌石窟与民族文化研讨会"会议综述》(《敦煌研究》2018年第4期)，围绕回鹘、西夏、元代敦煌石窟及民族历史文化，对2017年10月中旬在敦煌召开的会议做了简单介绍。王冬亚、王晓龙《中韩第七届宋辽夏金元史国际学术研讨会综述》（《中国史研究动态》2018年第5期），对2017年8月上旬在河北大学召开的会议上提交的58篇论文，围绕政治军事、社会经济、思想文化三大主题进行了介绍，促进了中韩两国宋辽夏金元史学界的交流和合作。陈育宁、刘杰、邓文韬《关于鄂尔多斯蒙古"唐古特"的学术座谈》（《西夏学》第十六辑，2018年），对2018年7月1日在内蒙古鄂尔多斯市召开的以"唐古特"为主题的学术座谈会做了介绍。崔韶华《"朔方论坛暨青年学者学术研讨会"综述》（《西夏学》第十七辑，2018年），分专家讲座和青年学者论文集，从西夏语言文字、西夏文文献、西夏社会历史文化、西夏文物考古、宋辽金元史等多个方面，对2017年11月下旬在宁夏大学召开的会议进行了详细报道与介绍，有助于我们了解西夏学的相关研究动态。郭明明《"第五届西夏学国际学术论坛暨黑水城历史文化研讨会"会议综述》（《西夏学》第十七辑，2018年），对2017年8月中旬在内蒙古阿拉善盟召开的有关西夏学国际会议进行了全方位的介绍，并从西夏语言文字、西夏文文献、西夏文物考古、西夏历史与文化、黑水城文献与历史文化、宋辽夏金关系等方面分门别类地进行了细致的论述，对展示西夏学的研究成果、引领西夏学的学术方向、建设西夏学的人才队伍等方面有重要的意义和价值。

关于书评，冯金忠《中国古文书学视阈下黑水城汉文文献整理范式与方法刍论——兼评孙继民等著〈中国藏黑水城汉文文献的整理与研究〉》（《宁夏社会科学》2018年第2期），在中国古文书学的视域下对孙继民先生黑水城汉文文献整理的范式与方法加以审视和总结，对于方兴未艾的中国古文书学的未来走向具有一定的指导意义，特别是对于其他文书断代、其他文书的整理也有重要的借鉴价值。聂鸿音、孙伯君《克劳森〈西夏字典〉述评》（《西夏研究》2018年第1期），指出字典的排列法表现了编者对西夏构字部件的独特理解，可以在西夏学史上占有一席之地。高奕睿、麻晓芳《〈克劳森框架字典〉序言》（《西夏研究》2018年第3期），说明这本字典是迄今我们见到的第八本西夏文字典，主体内容为克劳森手稿的彩色影印版。这部字典的序言由高奕睿先生撰写，他结合伦敦大学亚非学院图书馆以及英国国家图书馆所藏的档案资料，介绍了西夏文献资料在英国保存和研究的简史。任长幸《西夏〈天盛律令〉研究述评》（《渭南师范学院学报》2018年第3期），将其中的专著和部分有代表性的论文，分专题做了简要述评。杜艳梅《〈党项西夏名物汇考〉评介》（《西夏研究》2018年第3期），指出《党项西夏名物江考》首次对大批党项西夏名物进行了校勘、考释，并以专有名词为切入点，对西夏历史若干问题做了探讨。安北江《儒风汉韵流海内——〈两宋辽金西夏时期的中国意识与民族观念〉评析》（《赤峰学院学报》2018年第6期），对刘扬忠的《儒风汉韵流海内：两宋辽金西夏时期的"中国"意识与民族观念》做了介绍。

在其他研究方面，李琼、徐霖杰、王德平《基于CNKI的国内西夏学文献计量研究》（《西夏研究》2018年第4期），依据2011—2016年中国知网收录的1242篇西夏学文献数据，统计分析学科规模、生产方式、受关注程度、论文发表平台、知识积累方式，定量揭示西夏学研究的整体特性和演变特征。安北江《〈中国藏西夏文献·西夏陵残碑卷〉汉文残碑相关问题考论》（《宁夏师范学院学报》2018年第6期），不仅校正与弥补了相关文献资料记载的不足，同时也为我们进一步研究西夏历史提供了重要的依据。从所识碑文涉及的封号、年号、人名、战事、食邑以及有关民族文化认同、封王制度等方面可以对西夏陵有更进一步的认识。任建敏《西夏遗民也儿吉尼与元末广西行省的设置与维持》（《西夏学》第十六辑，2018年），对也儿吉尼在广西的任职履历与广西行省的建置做了进一步考订，考察了也儿吉尼在广西任职期内廉访司系统及广西行省系统的维持与官员组成，以及明军攻破静江城后也儿吉尼的命运与广西行省官员的结局等问题。刘志月

《元代西夏遗民理学世家考论——以〈师氏先茔碑铭并序〉为中心》
（《西夏学》第十七辑，2018年），以河南濮阳西夏第三代遗民师克恭
为祖先所立先茔碑为中心，考述了元灭西夏后西夏遗民师氏家族的迁
徙与世袭，重点讨论了师氏家族在理学上的建树，对探究元代西夏遗
民的社会关系和文化状态有重要意义。朱桂凤《从世界遗产角度解读
黑水城遗址的多层次内涵》（《西夏学》第十七辑，2018年），指出在
自然遗产、非物质文化遗产、文化线路等方面，黑水城遗址都具有良
好的申遗条件，而这些都是未来黑水城保护与开发的指导性方向。

第二节　2018年西夏学研究论著目录

笔者在宁夏大学张涛统计的基础上[①]，再次对2018年大陆地区出版、发表的相关西夏学论著进行了检索、统计，共辑得著作17部、学术论文238篇。

一、著　作

白滨《西夏民族史论》，兰州：甘肃文化出版社，2018年。

陈炳应《西夏文明研究》，兰州：甘肃文化出版社，2018年。

陈育宁、汤晓芳：《西夏历史文化探幽》，兰州：甘肃文化出版社，2018年。

杜建录《西夏经济史论稿》，兰州：甘肃文化出版社，2018年。

俄罗斯科学院东方文献研究所、中国社会科学院民族学与人类学研究所、上海古籍出版社编，《俄藏黑水城文献》第27册《西夏文佛教部分》，上海：上海古籍出版社，2018年。

高仁《西夏畜牧业研究》，兰州：甘肃文化出版社，2018年。

---

① 张涛《2018年西夏学研究综述》，载史金波、宋德金主编《中国辽夏金研究年鉴2018》，北京：中国社会科学出版社，2020年，第19—37页。

梁继红《凉州与西夏》，兰州：甘肃文化出版社，2018年。

刘双怡、李华瑞《〈天盛津令〉与〈庆元条法事类〉比较研究》，北京：社会科学文献出版社，2018年。

聂鸿音《西夏学述论》，兰州：甘肃文化出版社，2018年。

聂鸿音《西夏文献论稿二编》，兰州：甘肃文化出版社，2018年。

任怀晟《西夏服饰研究》，兰州：甘肃文化出版社，2018年。

史金波《西夏历史文化钩沉》，兰州：甘肃文化出版社，2018年。

孙颖新《西夏文〈无量寿经〉研究》，北京：中国社会科学出版社，2018年。

许生根《英藏黑水城出土社会文书研究：中古时期西北边疆的历史侧影》，北京：新华出版社，2018年。

杨富学《敦煌民族史探幽》，兰州：甘肃文化出版社，2018年。

赵海莉、李并成《西北出土文献中的民众生态环境意识研究》，北京：科学出版社，2018年。

郑毅《帝国的归宿：辽金西夏卷》，北京：中国华侨出版社，2018年。

二、论　文

安北江《〈中国藏西夏文献·西夏陵残碑卷〉汉文残碑相关问题考论》，《宁夏师范学院学报》2018年第6期，第68—79页。

安北江《儒风汉韵流海内——〈两宋辽金西夏时期的中国意识与民族观念〉评析》，《赤峰学院学报》2018年第6期，第8—11页。

白乖乖《西夏与周边民族的佛教关系》，北方民族大学硕士学位论文，2018年5月。

包伟民《改革开放40年来的辽宋夏金史研究》，《中国史研究动态》2018年第1期，第54—67页。

蔡莉《西夏佛典疑伪经研究综述》，《西夏研究》2018年第2期，第114—118页。

陈广恩《黑水城文书所见元朝对西北的经营——以亦集乃路为考察中心》，《西夏学》第十六辑，2018年，第167—177页。

陈瑞青《也说西夏"替头"》，《宁夏社会科学》2018年第4期，第217—223页。

陈瑞青《四十年来黑水城汉文经济文献研究的回顾与展望》，《西夏研究》2018年第4期，第96—104页。

陈瑞青《西夏〈黑水河建桥敕碑〉文体性质初探》，《西夏学》第十七辑，2018年，第251—258页。

陈时倩《西夏继承制度研究》，北方民族大学硕士学位论文，2018年5月。

陈玮《瓜州榆林窟题记所见大理国与西夏关系研究》，《丝绸之路研究集刊》第二辑，2018年，第127—139页。

陈玮《新出北宋陕州漏泽园党项配军墓志研究》，《西夏学》第十七辑，2018年，第319—328页。

陈鑫海《从内部规律和外部比较看党项语第一小循环的构拟》，《西夏学》第十六辑，2018年，第215—228页。

陈育宁、刘杰、邓文韬《关于鄂尔多斯蒙古"唐古特"的学术座谈》，《西夏学》第十六辑，2018年，第341—348页。

陈朝辉、潘洁《试述西夏地簿》，《西夏研究》2018年第3期，第42—46页。

程嘉静《"回鹘·西夏·元代敦煌石窟与民族文化研讨会"会议综述》，《敦煌研究》2018年第4期，第138—140页。

崔韶华《"朔方论坛暨青年学者学术研讨会"综述》，《西夏学》第十七辑，2018年，第346—351页。

崔玉谦、刘丽君《〈日本藏西夏文文献〉收录汉文刻本〈太平惠民合剂局方〉残片考》，《西夏学》第十六辑，2018年，第206—214页。

崔云胜《"甘泉有迦叶遗迹"文化内涵探析》，《西夏学》第十六辑，2018年，第120—127页。

戴光宇《西夏语言的佐证——藏缅语民族音乐》，《西南民族大学学报》2018年第4期，第26—32页。

戴羽《西夏刑罚制度渊源考述——以〈贞观玉镜将〉〈天盛律令〉为中心》，《西夏学》第十七辑，2018年，第38—46页。

邓涛《明清两朝边疆治理中的西夏历史借镜——兼论明清君臣的"西夏观"》，《西夏学》第十六辑，2018年，第93—102页。

邓章应、吴宇《西夏文〈同义〉考释三则》，《西夏学》第十七辑，2018年，第186—190页。

杜建录《西夏的酒与酒文化》，《民族艺林》2018年第2期，第11—17页。

杜艳梅《〈党项西夏名物汇考〉评介》，《西夏研究》2018年第3期，第125—128页。

杜玉奇《西夏剔刻划瓷研究》，宁夏大学硕士学位论文，2018年3月。

段玉泉《〈孝经〉两种西夏文译本的比较研究》，《中华文史论丛》2018年第1期，第341—371页。

段玉泉《出土西夏文藏经函号木牍及校勘记录》，《宁夏社会科学》2018年第3期，第205—209页。

多洛肯《民汉文化交融中的元代唐兀氏文人群体》，《新疆大学学报》2018年第1期，第95—101页。

冯金忠《中国古文书学视阈下黑水城汉文文献整理范式与方法刍论——兼评孙继民等著〈中国藏黑水城汉文文献的整理与研究〉》，《宁夏社会科学》2018年第2期，第223—228页。

高仁《西夏东南沿边地区的畜牧经济》，《西夏学》第十六辑，2018年，第23—29页。

高山杉《有关〈华严法界观通玄记〉的几个新发现》，《中山大学学报》2018年第2期，第133—140页。

高一弦《甘肃省博物馆馆藏西夏汉文文书略述》，《档案》2018年第3期，第20—24页。

高奕睿、麻晓芳《〈克劳森框架字典〉序言》，《西夏研究》2018年第3期，第14—27页。

郭冰雪《宋太宗时期对夏州李氏政策研究》，延安大学硕士学位论文，2018年6月。

郭静《榆林窟第3窟五十一面千手观音经变中的西夏物质文化影像》，《宁夏师范学院学报》2018年第2期，第79—87页。

郭明明、杨峰《黑水城出土的一件元代书信文书考释》，《西夏学》第十六辑，2018年，第196—205页。

郭明明《"第五届西夏学国际学术论坛暨黑水城历史文化研讨会"会议综述》，《西夏学》第十七辑，2018年，第336—345页。

郭垚垚《西夏文〈二十五问答〉中"答者"考补》，《宁夏社会科学》2018年第6期，第231—234页。

郭垚垚《俄藏西夏文〈金光明经〉卷二"分别三身品"残卷考释》，《西夏学》第十六辑，2018年，第316—323页。

韩树伟《黑水城出土西夏文契约文书之习惯法研究》，《青海民族研究》2018年第1期，第222—228页。

韩树伟《2016年西夏学研究综述》，《2018敦煌学国际联络委员会通讯》，2018年，第140—160页。

韩树伟《2017年西夏学研究综述》，《2018敦煌学国际联络委员会通讯》，2018年，第161—178页。

韩树伟《2016年西夏学研究论著目录》，《2018敦煌学国际联络委员会通讯》，2018年，第382—399页。

韩树伟《2017年西夏学研究论著目录》，《2018敦煌学国际联络委员会通讯》，2018年，第400—414页。

郝振宇《西夏民间契约参与人的群体关系特点》，《北方民族大学学报》2018年第1期，第75—79页。

郝振宇《西夏农村家庭生计问题述论》，《中国经济史研究》2018年第5期，第111—124页。

何卯平、宁强《孙悟空形象与西夏民族渊源初探》，《敦煌学辑刊》2018年第4期，第64—75页。

和树苗《敦煌社邑与少数民族社会组织的比较——以西夏遗民、侗族、土族以及维吾尔族为例》，南京师范大学硕士学位论文，2018年4月。

何晓燕《西夏陵出土花卉纹瓦当、滴水研究》，《西夏学》第十六辑，2018年，第128—134页。

和智《〈天盛改旧新定律令〉补考五则》，《中华文史论丛》2018年第1期，第373—388页。

胡嘉麟《西夏文铜镜的真言文法与四臂观音像研究》，《西夏学》第十七辑，2018年，第117—125页。

胡瑾《定难军与党项族拓跋部崛起之间的关系》，《宿州学院学报》2018年第8期，第79—82页。

胡进杉《三幅西夏文佛经扉画题记释析》，《西夏学》第十七辑，2018年，第191—206页。

胡蓉《"〈述善集〉多族士人圈"及其文化倾向》，《西夏研究》2018年第1期，第71—76页。

贾搏《天会议和后西夏与金和平局面得以长久维持的原因探析》，《安康学院学报》2018年第2期，第71—76页。

贾搏《西夏文〈现在贤劫千佛名经〉（上卷）考释》，陕西师范大学硕士学位论文，2018年6月。

蒋超年、赵雪野《武威西夏博物馆藏米拉日巴造像探析》，《文物天地》2018年第4期，第78—82页。

蒋超年、赵雪野《窟寺佛影　武威亥母寺遗址考古记》，《大众考古》2018年第8期，第40—50页。

姜歆《杨家将故事关涉西夏史事考述》，《西夏研究》2018年第4期，第42—45页。

金鹏《西夏水月观音造像研究》，宁夏大学硕士学位论文，2018年4月。

孔祥辉《英藏〈天盛律令〉Or.12380—3762残片考补》，《西夏研究》2018年第4期，第17—22页。

孔祥辉《语料库视域下西夏语料库建设及研究》，《西北民族研究》2018年第4期，第199—205页。

孔祥辉《两则未刊俄藏〈天盛律令〉残片考释》，《西夏学》第十六辑，2018年，第309—315页。

孔祥辉《俄藏Инв.No.6239号〈天盛律令〉残片考补》，《西夏学》第十七辑，2018年，第214—222页。

雷明亮、彭向前《梁乙埋、梁乞逋父子考》，《西夏研究》2018年第2期，第44—47页。

雷明亮《西夏文献题记研究》，宁夏大学硕士学位论文，2018年3月。

黎大祥《甘肃武威亥母洞石窟寺的几件西夏汉文文献考释》，《西夏学》第十七辑，2018年，第270—281页。

李芳《西夏迦陵频伽莲瓣联珠纹金头饰相关问题考述》，《西夏研究》2018年第1期，第77—82页。

李进兴《西夏在南疆萧关地区的城堡化经营考略》，《宁夏师范学院学报》2018年第9期，第55—61页。

李雷《西夏文构件研究》，西南大学硕士学位论文，2018年4月。

李前军《东千佛洞二窟卷草纹审美形态的文化变迁》，《西北民族大学学报》2018年第1期，第125—129页。

李琼、徐霖杰、王德平《基于CNKI的国内西夏学文献计量研究》，《西夏研究》2018年第4期，第23—28页。

李温《西夏赋税制度及其立法》，《西夏研究》2018年第2期，第53—57页。

李晓春、彭向前《西夏文草书〈礼记〉异文一则》，《西夏研究》2018年第1期，第38—40页。

李延芳、杨兴涓《蜀茶禁榷在北宋后期治边中的作用及其局限性》，《农业考古》2018年第5期，第191—198页。

李玉峰《西夏瓦当纹饰探析》，《南京艺术学院学报》2018年第4期，第55—59页。

李玉峰《西夏金刚杵的造型与纹样探析》，《西夏学》第十七辑，2018年，第105—116页。

梁景宝《辽宋夏金元时期鄂尔多斯高原军事地理研究》，陕西师范大学硕士学位论文，2018年5月。

梁松涛《黑水城出土二则西夏文治脾胃医方考述》，《甘肃中医药大学学报》2018年第1期，第9—13页。

梁松涛《黑水城出土西夏文三则治恶疮医方考述》，《长春中医药大学学报》2018年第1期，第179—182页。

梁松涛《黑水城出土二则西夏文妇人产后医方考述》，《湖南中医药大学学报》2018年第1期，第100—102页。

梁松涛《黑水城出土二则西夏文治杂病医方考》，《浙江中医药大学学报》2018年第2期，第131—134页。

梁松涛《四十年来西夏文学研究的回顾与展望》，《西夏研究》2018

年第4期，第78—85页。

梁松涛《黑水城出土西夏文治妇人乳病医方2则考述》，《江西中医药大学学报》2018年第4期，第4—6页。

梁松涛《黑水城出土西夏文三则治疮医方考述》，《陕西中医药大学学报》2018年第5期，第140—142页。

梁松涛《黑水城出土4则西夏文治热病医方考述》，《河北中医》2018年第6期，第938—941页。

梁松涛《黑水城出土西夏文古佚方“顺气化痰丸”考释》，《河南中医》2018年第6期，第818—820页。

梁松涛《西夏文〈鸟鸣占〉考释》，《西夏学》第十六辑，2018年，第252—260页。

廖旸《从黑水城星曜曼荼罗看汉藏夏之间的文化勾连》，《敦煌研究》2018年第4期，第31—44页。

刘维栋《西夏汉官研究》，西北民族大学硕士学位论文，2018年5月。

刘永刚、李稳稳《新发现北宋朝请大夫致仕张大同墓志铭考释》，《宁夏大学学报》2018年第6期，第98—103页。

刘喆《试论北宋、西夏和交趾的联动关系》，《西夏学》第十七辑，2018年，第61—70页。

刘志月《元代西夏遗民理学世家考论——以〈师氏先茔碑铭并序〉为中心》，《西夏学》第十七辑，2018年，第328—336页。

罗将《黑水城出土西夏文卖地契中的违约条款探析——兼与敦煌契约比较》，《青海民族研究》2018年第1期，第216—221页。

马春香《武威出土西夏买地券的文体探讨》，《西夏学》第十七辑，2018年，第259—269页。

马万梅《内蒙古高油坊出土西夏化生童子金耳坠考释及其文化意象》，《宁夏社会科学》2018年第3期，第210—217页。

汤晓芳《对敦煌409窟壁画人物"回鹘国王"的质疑》，《西夏研究》2018年第3期，第54—61页。

麻晓芳《西夏语的引述句与言说义动词初探》，《民族语文》2018年第6期，第54—60页。

麻晓芳《西夏文〈药师琉璃光七佛本愿功德经〉残卷考》，《西夏学》第十六辑，2018年，第287—308页。

马旭俊《金夏交聘礼仪考述》，《西夏学》第十六辑，2018年，第38—49页。

马旭俊《金夏经济交流途径与特点》，《西夏学》第十七辑，2018年，第54—64页。

马振颖、赵世金《黑水城文献中所见的宋代避讳字研究》，《西夏研究》2018年第1期，第48—60页。

马振颖、赵松山《西夏文写本、刻本文献中的小图案研究》，《西夏研究》2018年第4期，第57—71页。

缪喜平《北宋清远军地望与"灵环道"走向考察研究——兼议清远军失陷对北宋边防的影响》，《宁夏师范学院学报》2018年第3期，第53—57页。

缪喜平、张多勇《北宋镇、环交通与两路协同防御研究》，《西夏学》第十六辑，2018年，第71—80页。

穆殿云《结构、文化与权力冲动——宋夏战争动力析论》，《社会科学论坛》2018年第1期，第193—202页。

木仕华《西夏黑水名义考》，《西藏民族大学学报》2018年第5期，第84—93页。

聂鸿音《诸葛亮〈将苑〉考补》，《文献》2018年第1期，第43—51页。

聂鸿音、孙伯君《克劳森〈西夏字典〉述评》，《西夏研究》2018年第1期，第113—116页。

聂鸿音《西夏试经补议》，《北方民族大学学报》2018年第2期，第5—10页。

聂鸿音《从格言到诗歌：党项民族文学的发展历程》，《宁夏社会科学》2018年第4期，第224—228页。

聂鸿音《西夏应用文的写作模板及其起源》，《宁夏师范学院学报》2018年第9期，第39—44页。

聂鸿音《西夏道教补议》，《西夏学》第十七辑，2018年，第1—7页。

潘洁《西夏租役草考述》，《中国史研究》2018年第1期，第85—99页。

潘洁《试述西夏转运司》，《西夏研究》2018年第2期，第48—52页。

潘洁《两件〈天盛律令〉未刊残页考释》，《西夏学》第十七辑，2018年，第207—213页。

庞倩、王龙《中国国家图书馆藏西夏文〈不空羂索神变真言经〉考论》，《西夏学》第十七辑，2018年，第236—243页。

彭向前《俄藏黑水城出土西夏历书研究——以Инв.No.8085夏天庆十二年（1205年）乙丑残历为例》，《西夏学》第十六辑，2018年，第243—251页。

秦光永《黑水城出土星命书〈百六吉凶歌〉残叶考》，《西夏研究》2018年第1期，第41—47页。

秦士艳《论〈天盛律令〉体现的经济思想》，《河北北方学院学报》2018年第6期，第36—39页。

任长幸《西夏〈天盛律令〉研究述评》，《渭南师范学院学报》2018年第3期，第60—67页。

任长幸《宋夏贸易战——以盐业贸易为主线》，《中国盐文化》第十辑，2018年，第86—95页。

任怀晟、魏亚丽《图像中的西夏皇帝服饰》，《西夏研究》2018年第3期，第62—70页。

任怀晟、田孟秋《西夏朝服的冠饰研究》，《西夏学》第十七辑，2018年，第86—93页。

任建敏《西夏遗民也儿吉尼与元末广西行省的设置与维持》，《西夏学》第十六辑，2018年，第81—92页。

沙武田《敦煌西夏石窟营建史构建》，《西夏研究》2018年第1期，第3—16页。

尚平《宋夏好水川战场位置再探》，《宁夏师范学院学报》2018年第9期，第50—54页。

沈一民《北宋政治话语体系中的西夏论述》，《西夏学》第十七辑，2018年，第65—71页。

石建刚、杨军《北宋沿边党项熟户的净土殿堂（一）——陕西志丹县何家坬石窟调查与初步研究》，《西夏研究》2018年第1期，第17—29页。

石建刚《北宋沿边党项熟户的净土殿堂（二）——陕西志丹县何家坬石窟的思想内涵与民族属性分析》，《西夏研究》2018年第2期，第68—78页。

史金波《俄藏No.6990a西夏书仪考》，《中华文史论丛》2018年第1期，第283—305页。

史金波《西夏、高丽与宋辽金关系比较刍议》，《史学集刊》2018年第3期，第94—101页。

施兰英、范芷岩《宁夏承天寺重建年代考——以韦陀殿所见铭文为据》，《西夏学》第十六辑，2018年，第158—166页。

石磊《夏金战争与西夏的灭亡》，《文史天地》2018年第6期，第49—53页。

宋娟、王胜泽《从宁夏博物馆藏"荔枝纹金牌饰"看西夏六号陵的墓主身份》，《宁夏社会科学》2018年第1期，第219—224页。

宋坤《黑水城所出〈慈觉禅师劝化集〉作者宗赜生平交游新考》，

《西夏学》第十六辑，2018年，第178—185页。

孙伯君《西夏文相马、养马法〈育骏方〉考释》，《北方民族大学学报》2018年第2期，第11—20页。

孙伯君《西夏文写本〈整驾西行烧香歌〉释补》，《西夏研究》2018年第3期，第3—13页。

孙伯君《西夏文〈三代相照文集〉述略》，《宁夏社会科学》2018年第6期，第212—222页。

孙广文《等级与秩序——试论西夏社会关系重构》，《西夏研究》2018年第4期，第46—51页。

孙继民、张恒《古籍公文纸背文献学的内涵与外延》，《宁夏社会科学》2018年第4期，第204—209页。

孙颖新《西夏文〈无量寿经〉研究》，《世界宗教文化》2018年第3期，第64页。

孙颖新《中国历史上最早的通假字书：〈择要常传同训杂字〉》，《宁夏社会科学》2018年第5期，第208—211页。

汤君《试论西夏文学的中国古代文学史价值》，《宁夏社会科学》2018年第3期，第198—204页。

汤晓芳《西夏雕塑和壁画中的猴面人物》，《西夏学》第十六辑，2018年，第103—109页。

汤晓龙《西夏文〈明堂灸经〉补考》，《宁夏社会科学》2018年第5期，第212—214页。

田晓霈《宋真宗年间曹玮筑"山外四寨"考论》，《西夏学》第十七辑，2018年，第282—295页。

佟建荣《黑水城所出的一组原刻与翻刻实物资料——〈夹颂心经〉考察记》，《宁夏社会科学》2018年第2期，第212—216页。

王冬亚、王晓龙《中韩第七届宋辽夏金元史国际学术研讨会综述》，

《中国史研究动态》2018年第5期，第82—83页。

王惠民《西夏文草书〈瓜州审案记录〉叙录》，《敦煌学辑刊》2018年第2期，第152—157页。

王凯、彭向前《〈宋会要辑稿〉"西人最重寒食"考》，《西夏学》第十七辑，2018年，第8—13页。

王丽娟《从出土唐卡看西夏的金刚亥母信仰》，西北师范大学硕士学位论文，2018年5月。

王龙《西夏文献中的回鹘——丝绸之路背景下西夏与回鹘关系补证》，《宁夏社会科学》2018年第1期，第225—230页。

王龙《西夏文草书〈显扬圣教论·成瑜伽品第九〉考补》，《西夏学》第十六辑，2018年，第324—340页。

王龙《黑水城出土西夏文〈仁王经〉补释》，《西夏学》第十七辑，2018年，第228—235页。

王善军、郝振宇《辽西夏金宗族研究综述》，《宋史研究论丛》第二十二辑，2018年，第437—457页。

王胜泽《西夏佛教图像中的皇权意识》，《敦煌学辑刊》2018年第1期，第107—116页。

王胜泽《庆城县西夏墓出土砖雕图像组合研究》，《宁夏社会科学》2018年第5期，第215—220页。

王胜泽《俄藏黑水城出土〈禽鸟花卉〉解读》，《西夏学》第十六辑，2018年，第149—154页。

王帅龙《2017年西夏学研究综述》，《西夏研究》2018年第2期，第119—127页。

王颂《十一世纪中国北方广泛流行的华严禅典籍与人物》，《世界宗教文化》2018年第4期，第98—103页。

王巍《近三十年黑水城出土符占秘术文书研究回顾与展望》，《西夏研究》2018年第3期，第115—124页。

王亚莉《北宋时期宋夏缘边弓箭手招置问题探析》，《西夏学》第十七辑，2018年，第296—309页。

王艳春《西夏谚语中的日月意象》，《西夏研究》2018年第4期，第52—56页。

王艳云《索像于图——黑水城与敦煌西夏文献之间的图像个案联系》，《西夏学》第十六辑，2018年，第110—119页。

王艳云《西夏瓷塑玩具》，《西夏学》第十七辑，2018年，第72—85页。

王一凡《北宋环庆路蕃部刍议》，《中国边疆民族研究》第十一辑，2018年，第3—11页。

王悦《西夏艺术品中对"狗"形象的塑造》，《西夏研究》2018年第4期，第72—77页。

魏安、麻晓芳《新见西夏字书初探》，《西夏研究》2018年第2期，第3—27页。

韦兵《〈推星命洞微百六大限逐岁吉凶文书〉：英藏黑水城文献359占卜书残叶考释与定名》，《西夏学》第十七辑，2018年，第223—227页。

魏淑霞《〈天盛改旧新定律令〉卷一一"使来往门"译证》，《中华文史论丛》2018年第1期，第389—397页。

魏淑霞《西夏文〈密迹金刚力士会第三之六〉考释》，《西夏研究》2018年第2期，第28—43页。

魏淑霞《〈金史·交聘表〉西夏职官名考述》，《宁夏社会科学》2018年第6期，第223—230页。

魏亚丽、关静婷《西夏绘画作品中的通天冠》，《西夏学》第十六辑，2018年，第135—148页。

魏亚丽《试论西夏服饰中的植物纹样》，《西夏学》第十七辑，2018

年，第94—104页。

文健《略论西夏佛教管理的特色——以〈天盛改旧新定律令〉为例》，《西夏研究》2018年第3期，第47—53页。

文志勇、崔红芬《〈华严忏仪〉题记及相关问题探析》，《西夏学》第十六辑，2018年，第261—281页。

吴雪梅《宁夏佑啓堂藏三件西夏文残片考释》，《西夏研究》2018年第3期，第28—34页。

吴雪梅、于光建《新见宁夏佑啟堂藏西夏文〈金刚经〉残片考释》，《宁夏社会科学》2018年第4期，第229—233页。

咸成海、盖金伟《西夏风习：党项羌人的民间信仰及其影响》，《暨南史学》2018年第3期，第33—42页。

辛睿龙《俄藏黑水城〈大方广佛华严经音〉残片再考》，《中国文字研究》2018年第2期，第138—144页。

许婧《中国藏西夏汉文书法研究》，宁夏大学硕士学位论文，2018年4月。

许鹏《俄藏Инв.No.4429〈天盛律令〉残页考释》，《西夏研究》2018年第4期，第11—16页。

许鹏《西夏语人称呼应类动词的双音化》，《西夏学》第十六辑，2018年，第229—236页。

许鹏《论西夏语语素和双音节词的结构类型——以世俗文献为中心》，《西夏学》第十七辑，2018年，第170—185页。

许生根《西夏马政及畜牧业探析》，《西夏研究》2018年第4期，第36—41页。

许伟伟《西夏时期横山地区若干问题探讨》，《西夏学》第十七辑，2018年，第14—23页。

杨浣《西夏静州新考》，《西夏学》第十六辑，2018年，第1—22页。

杨平平《试论西夏时期河西走廊各民族对西夏文化的认同》,《河西学院学报》2018年第4期,第30—34页。

杨蕤《统万城及邻近地区出土唐宋墓志所见的人口史信息探析》,《宁夏社会科学》2018年第3期,第187—197页。

杨蕤《四十年来西夏地理研究的回顾与展望》,《西夏研究》2018年第4期,第86—95页。

杨蕤、李发源《陕北地区的"牛碾子"遗存调查及相关问题》,《西夏研究》2018年第2期,第58—67页。

杨蕤、王昌丰《西夏陵"突出的普遍价值"的多维思考》,《北方民族大学学报》2018年第4期,第40—46页。

杨文慧《西夏古籍文字样本数据库的创建及应用技术研究》,宁夏大学硕士学位论文,2018年6月。

杨雪晨《西夏外交析论》,《西夏研究》2018年第2期,第79—83页。

杨志高《有关佛教名相在西夏文经典中的几例标点——以〈慈悲道场忏法〉和〈经律异相〉为例》,《西夏学》第十六辑,2018年,第237—242页。

尤桦、于慧黎《西夏猎鹰与民族文化探析》,《西夏学》第十六辑,2018年,第30—37页。

于光建《甘肃武威西夏墓特点述论》,《华夏考古》2018年第1期,第89—94页。

于光建《俄藏Инв.No.954〈光定未年典驴贷粮契〉新译释——兼论西夏典当经济研究的几个问题》,《西夏研究》2018年第4期,第3—10页。

于光建《西夏的债权保障措施述论》,《西夏学》第十七辑,2018年,第24—37页。

余惠娟《西夏文契约的担保与汉文契约担保的比较研究——以史金波〈丝绸之路出土民族契约文献集成(西夏文卷)〉(待刊稿)为基

础》，武汉大学硕士学位论文，2018年5月。

余雷《"以形论时"——西夏王陵营建时序探析》，《西夏研究》2018年第1期，第61—70页。

于熠《党项民族的法律演进：西夏法律历史沿革与多元文化属性形成》，《社会科学家》2018年第9期，第124—130页。

于语和、刘珈岑《西夏行政法制的特点及对当今我国民族地区之借鉴》，《原生态民族文化学刊》2018年第4期，第56—63页。

曾金雪《西夏文〈大般涅槃经〉卷二十二译释研究》，陕西师范大学硕士学位论文，2018年5月。

翟丽萍《浅议西夏的职事官》，《西夏学》第十七辑，2018年，第47—53页。

张多勇《宋夏对峙时期清远军考察研究》，《西夏研究》2018年第4期，第29—35页。

张恒《黑水城所出〈宣光二年甘肃等处行中书省亦集乃分省咨文〉再探》，《西夏学》第十六辑，2018年，第186—195页。

张九玲《西夏本〈佛说延寿命经〉考释》，《西夏学》第十六辑，2018年，第282—286页。

张珮琪《西夏语的副词子句》，《西夏学》第十七辑，2018年，第144—169页。

张文立、孙昌盛《吉林大学考古与艺术博物馆藏西夏铜官印》，《西夏学》第十六辑，2018年，第155—157页。

张笑峰《西夏"刀牌"考》，《宁夏师范学院学报》2018年第2期，第73—78页。

张旭《〈华严感通灵应传记〉考略》，《宁夏社会科学》2018年第1期，第231—236页。

张琰玲《百年西夏遗民研究综述》，《西夏研究》2018年第3期，第

109—114页。

张映晖《西夏与周边政权的贸易往来》，《西夏研究》2018年第3期，第71—76页。

张映晖《黑水城出土西夏文〈百千印陀罗尼经〉考释》，《西夏学》第十七辑，2018年，第244—250页。

张永富《〈经律异相〉等夏译典籍谓词词头量化研究》，宁夏大学硕士学位论文，2018年3月。

章治宁《西夏擦擦单尊造像艺术探析》，《西夏学》第十七辑，2018年，第126—135页。

张竹梅《以零散韵字为例证西夏文献〈五音切韵〉非"单开双合"排列》，《西夏研究》2018年第1期，第30—37页。

赵坤《西夏占卜类型的理论差异与知识接受——以卜法、易占、星占为中心》，《西夏学》第十六辑，2018年，第50—60页。

赵声良《飞天 莫高窟第97窟西壁龛顶 西夏》，《敦煌研究》2018年第6期，第2页。

赵天英《俄藏黑水城文献No.5870西夏文草书借贷契研究》，《中华文史论丛》2018年第1期，第305—340页。

赵晓星《榆林窟第2窟正壁文殊图像解析——西夏石窟考古与艺术研究之三》，《敦煌研究》2018年第5期，第16—25页。

赵彦龙、扶静《西夏买卖土地契约的性质与程式——西夏契约性质与程式研究之二》，《西夏研究》2018年第3期，第35—41页。

赵彦龙、扶静《西夏牲畜买卖契约的性质与程式——西夏契约性质与程式研究之四》，《宁夏师范学院学报》2018年第9期，第45—49页。

赵一《安悆墓志考释——兼谈宋夏灵州之役》，《宁夏师范学院学报》2018年第6期，第80—84页。

郑承燕、杨星宇《凤、鸾、练鹊与翟鸟辨析——从"西夏双凤花草纹金碗"谈起》，《草原文物》2018年第2期，第95—101页。

郑悦《西夏钱币新探》，《中国钱币》2018年第5期，第12—22页。

周利《西夏文借贷契约与唐汉文借贷契约的比较研究——以史金波《丝绸之路出土民族契约文献集成（西夏卷）》（待刊稿）为基础》，武汉大学硕士学位论文，2018年5月。

朱桂凤《从世界遗产角度解读黑水城遗址的多层次内涵》，《西夏学》第十七辑，2018年，第136—143页。

朱国祥、徐俊飞《西夏医学文化"多元化"外来因素影响探析》，《中医药文化》2018年第5期，第18—23页。

朱建路《黑水城所出元代议札文书探研》，《宁夏社会科学》2018年第2期，第217—222页。

朱生云《榆林窟第29窟壁画研究》，陕西师范大学硕士学位论文，2018年5月。

左凯文《宋夏对峙中北宋对环庆二州的经略》，《陇东学院学报》2018年第4期，第41—45页。

第六章

2019年西夏学研究

第一节　2019年西夏学研究综述

据不完全统计，2019年西夏学研究方面共出版著作25部，发表学术论文272篇。[①]各类成果从数量上来讲，与近年相比呈上升趋势；从质量上而言有不同程度的提高。

一、著　作

原始文献的搜集刊布与研究：俄罗斯科学院东方文献研究所、中国社会科学院民族学与人类学研究所、上海古籍出版社编《俄藏黑水城文献》第28、29册（上海古籍出版社，2019年），束锡红、府宪展、聂君《异域寻珍：流失海外民族古文献文物搜寻、刊布与研究》（社会科学文献出版社）。

文献释读研究：孙颖新《西夏文〈大宝积经·无量寿如来会〉对勘研究》（社会科学文献出版社，2019年），尤桦《〈天盛律令〉武器装备条文整理研究》（上海古籍出版社，2019年），翟丽萍《〈天盛律令〉职官门整理研究》（上海古籍出版社，2019年），张笑峰《〈天盛律令〉铁

---

① 丁卓源《2019年西夏学研究述评》（《西夏研究》2020年第2期）中仅涉及著作6部、论文88篇。

箭符牌条文整理研究》（上海古籍出版社，2019年），张琰玲编著《西夏遗民文献整理与研究》（凤凰出版社，2019年）。

艺术、边政、经济文化交流：王艳云《西夏经变画艺术研究》（上海古籍出版社，2019年），张红艳《北宋与西夏边境地区的经济文化交流研究》（三秦出版社，2019年），周峰《五代辽宋西夏金边政史》（花木兰文化事业有限公司，2019年）。

论文集：杜建录主编《西夏学》第十七至第十九辑（甘肃文化出版社，2019年），中华司法研究会民族法制文化研究专业委员会、甘肃省民族法制文化研究所编《丝绸之路出土法律文献研究（卷二）》（人民法院出版社，2019年）。

中译本：[俄]尼·米·普尔热瓦尔斯基著、王嘎译《蒙古与唐古特地区：1870—1873年中国高原纪行》（中国工人出版社，2019年）。书中所说的唐古特地区，也就是青藏高原北部地带。此书虽非西夏专著，但有助于我们了解"唐古特"名称的演变，该著第十章，专门从人类学和民族学的角度对唐古特人进行了详细考察。

修订、重印本：贾常业编著《西夏文字典》（修订版）（甘肃文化出版社，2019年），曾瑞龙《拓边西北：北宋中后期对夏战争研究》（浙江大学出版社，2019年）。

目录及其他通俗作品：周峰编著《21世纪西夏学论著目录（2001~2015年）》（花木兰文化事业有限公司，2019年），龚书铎、刘德麟主编《图说中国史——辽·西夏·金》（四川人民出版社，2019年），银川西夏陵区管理处、西夏博物馆编《西夏博物馆基本陈列》（宁夏人民出版社，2019年），刘思文编著《神秘西夏的瑰宝遗珍：西夏博物馆》（西安出版社，2019年）。著作类成果，还是集中于俄藏文献资料的继续刊布（已至藏传佛教文献部分）和文献的解读研究方面，其他专题研究数量还是相对较少，尤其是外文中译作品更是凤毛麟角。

二、论 文

下面从西夏文献整理、西夏语言文字释读、西夏民族文化、西夏艺术宗教、西夏与周边政权关系、研究述评等方面择要论述。

（一）西夏文文献整理研究

宗教文献方面，孙伯君、胡进杉《西夏文〈菩提心及常作法事〉研究》（《西夏学》第十八辑，2019年），认为俄藏Инв.No.6510是藏传佛教"发菩提心"实修仪轨的西夏文译本，刊行于西夏襄宗应天元年（1206），该本是黑水城出土同类藏传佛典译本中罕见的存有明确刊行年代的刻本，为确定俄藏、英藏等其他残卷的内容以及研究西夏晚期藏传佛教的流行情况提供了极有价值的参考。孙昌盛《〈胜住仪轨〉夏藏文对勘研究》（《西夏学》第十九辑，2019年），认为俄藏西夏文献《胜住仪轨》译自藏文文本，其底本为Sumatikīrti（善慧称）著rab tu gnas pavi cho ga（《胜住仪轨》），是一部西夏佛教胜住法实用仪轨指南。魏文、［俄］索罗宁、谢皓玥《西夏文星曜礼忏文献〈圣曜母中道法事供养根〉译考》（《敦煌研究》2019年第3期），对俄藏Инв.No.4737《圣曜母中道法事供养根》进行了全文译释，以此为基础厘清了文本本身的结构和属性，并进一步对属于同一体系和疑似其他体系的相关文献进行了辨析和阐说。麻晓芳《西夏文〈无边庄严会·清净陀罗尼品〉初、校译本对勘札记》（《西夏学》第十八辑，2019年），通过对俄藏《无边庄严会·清净陀罗尼品》惠宗时期初译本Инв.No.7377和仁宗时期校译本Инв.No.373的对勘，认为两译本间的主要差异包括咒语对音用字、语法用字以及讹误字等几个方面，其中后者在对音用字等方面体现出译经规范，但经文中的讹误与通假现象也有不精审的地方。张映晖《西夏文〈大宝积经〉卷十"密迹金刚力士会"考释——兼论西夏时期的金刚力士形象》（《绵阳师范学院学报》2019年第9期）、张九玲《俄藏西夏

文〈大宝积经〉卷九十五释读》（《绵阳师范学院学报》2019年第9期），
两文在翻译的基础上，分别就其相关的佛教护法形象密迹金刚力士和
"偈"文体进行了讨论。前文指出密迹金刚力士在西夏时期的壁画中多
有体现，在王朝中后期受到辽金佛教以及藏密的影响，其形象显示出
"显密圆融"的特点。马万梅《英藏西夏文〈金光明最胜王经〉卷六残
片考论——兼与俄藏、国图藏本之比较》（《西夏学》第十八辑，2019
年），通过对西夏文《金光明最胜王经》卷六残片进行对比整理，认为
俄藏本为夏惠宗时期的初译本，英藏本为夏仁宗时期的校译本，国家图
书馆藏本为夏神宗时期的重校本佛经。

　　世俗文献方面，史金波《英藏黑水城出土抵押贷粮契考》（《文津学
志》第十二辑，2019年），对英藏西夏文草书写本 Or. 12380-0023抵押
贷粮契进行了翻译、考证，包括立契时间、立契者、出贷者、借贷粮食
的数量及利息、契约保证和违约处罚、签字画押、算码等，认为这件契
约反映了西夏后期社会贫富差距不断拉大、贷粮手段多样、存在无人身
自由的阶层等社会现象。史金波《西夏文军抄账译释研究》（《军事历
史研究》2019年第3期），对俄、英藏西夏文军抄账进行了翻译和考释，
认为这些文书反映出对基层军事组织有多种检校、登录形式，以及西夏
兵民合一的军事体制和管理特点。西夏全民皆兵的军事体制有政府费用
补助作为保障，而所谓西夏军队"人人自备其费"的说法值得商榷。聂
鸿音《〈五公经〉：存世谶书的早期样本》（《中华文化论坛》2019年第
6期），就最近发现13世纪中叶的一部夏译唐五代时谶书《大圣五公经》
进行了研究，认为它反映了该书的早期面貌。彭向前《出土文献中的推
人游年八卦法》（《西夏学》第十八辑，2019年），认为西夏历日文献中
载有八卦配年的做法是号称"小游年"的"推人游年八卦法"的一个组
成部分，并解释了"推人游年八卦法"中"巽不受八、坤不受一"的
排布规则，确立了年龄与八卦的对应关系。陈广恩《黑水城出土俄藏西

夏文2554号文书的断代问题——围绕〈事林广记〉的考察》（《西夏学》第十九辑，2019年），根据俄藏西夏文文书中的《鸦鸣占》和《育骏方》与《事林广记》等类书的关系，以及文书中所体现出的元代社会信息，认为Инв.No.2554应该是元代而非西夏时期的文书。田晓嵫《黑水城出土西夏文典地契研究》（《中国农史》2019年第4期），对俄藏5147号文书包含的4件典地贷粮契进行了译释，结合《天盛律令》与唐末敦煌典地契加以对比，认为西夏在质押类型、收息方式、地上财产归属、抵押周期以及"牙人担保"制度方面与敦煌契存在区别。同时，将典地契与土地买卖契对比后发现，西夏晚期天庆至光定年间土地价值未发生重大变动，但自然条件优渥的肥壤良田价值明显居高。杜艳梅《俄藏Инв.No.7892-8贷粮契及相关研究》（《西夏学》第十八辑，2019年），认为这份"贷粮契"是同一出贷人梁善盛借出的两件性质不同的文书，文书断代至天庆年。另外，文书涉及的计息方式主要有日利、月利、共利以及月共，出借者梁善盛应为寺院粮食借贷的经手人，反映了西夏晚期高利贷出贷的本质，也体现了寺院借贷的管理模式。

（二）西夏文书释读与研究

邵天松《黑水城出土西夏汉文社会文献词语例释》（《西夏学》第十八辑，2019年），选取"夹袴""缴申""节状""紧行""勘请""口券""纳袄""批请""披毡"等九例为大型语文辞书失收或释义有待完善的词语进行考释。邵天松《黑水城出土宋代汉文社会文献词语例释》（《汉语史学报》第二十辑，2019年），选取了"白状""干照""借掇／掇借""倍罚""齐足"等五个词语作了考释。郝军军《黑水城出土M1·1287［F68：W1］残历考》（《敦煌研究》2019年第3期），对其历日残片年代进行了重新研究，认为之前学者的结论明显有误，确切年代应是元至正二十三年（1363），是元代《授时历》的实物。黎李、黎大祥《武威亥母洞寺出土西夏汉文"宝银"账单及其学术价值》（《西夏学》第十九辑，2019年），认为记账单反映了西夏时期亥母洞石窟寺内商业经营和佛事活动中收入的"宝银"数量，为了解西夏亥母洞石窟寺的寺院经济、西夏社会是否流通和铸造白银等经济状况提供了新材料。叶娇、徐凯《"旋襕"考》（《敦煌研究》2019年第4期），对各大辞书或未收录或释义不详的"旋襕"一名，以传世文献中的用例为基础语料，再辅以敦煌文献、黑水城文献及古代壁画资料进行研究，认为"旋襕"是出现于唐末，盛行于西夏、北宋时期的服饰。

范建文《黑水城出土〈宋西北边境军政文书〉中"砲"类文书再讨论》（《西夏学》第十八辑，2019年），认为囿于史料解读理路及对宋代兵器史、火药火器史的认识等，"砲"类文书史学价值的抬高研判，尚存商榷空间。邓文韬《一件未刊布的黑水城出土元代借钱契考释》（《西夏研究》2019年第2期），对银川市佑启堂所藏无年款且出土地不明的一件借钱契残件进行了研究，认为该契尾部署名的知见人"都丁布"与元代中后期宁肃王亦思干答儿在位期限大致相近，故此契应成文于元代中后期，且出土于额济纳旗黑水城遗址，反映了元代亦集乃路西夏遗民群体贫富分化的现象。王巍《黑水城出土纳甲筮法文书初探》（《中华文化论坛》2019年第6期），通过对黑水城所出纳甲筮法类文书的分析，结合纳甲筮法这一占卜体系的内容及其发展，认为黑水城所出这类文书上承唐末宋初的《火珠林》，下启明、清两代的纳甲筮法文献，正处于我国纳甲筮法体系建构之初，其理论体系及概念应用等方面已趋于规范，在文学形式、内容体例等方面也多有建树。王阳《黑水城元代法制文书校读札记》（《北方民族大学学报》2019年第6期），对《中国藏黑水城所出元代律令与词讼文书整理与研究》和《中国藏黑水城汉文文献的整理与研究》二书中数则元代法制文书录、校方面的可商之处做了检取辨正。

何湘君《内蒙古黑水城出土回鹘景教写本研究》（《吐鲁番学研究》

2019年第1期），指出回鹘景教写本文献很罕见，该残片是内蒙古自治区出土的一件叙利亚文回鹘语景教写本。该文在茨默德文版基础上对残片转写、考释方面做了进一步整理，提供了一份带有详细注解的汉文版本，证实该写本年代属于14世纪后期。［日］武内绍人著，陈明迪、陆离译《黑水城和额济纳出土藏文文献简介》（《西夏学》第十八辑，2019年），该文系日本学者武内绍人所著《大英图书馆藏斯坦因所获黑水城藏文文献》中的简介部分，概述了黑水城遗址出土的藏文文书的基本状况，介绍了文书的出土地点、分布情况、文书的种类，对文书断代与分期做了相关研究，重点讨论了藏文文书对于研究中亚地区藏语传统和藏传佛教发展的历史意义。

（三）西夏石窟艺术

杨富学《敦煌石窟"西夏艺术风格"献疑》（《黑河学院学报》2019年第10期），认为敦煌石窟文化是丝绸之路上的代表性文化，融汇了众多少数民族的历史，其艺术风格多样。指出厘清石窟的时代，区分石窟艺术的特点，建立石窟艺术断代的原则，判定敦煌石窟中所涵盖的"西夏艺术"的数量，才能真正推进敦煌文化研究的持续发展。杨富学《裕固族初世史乃解开晚期敦煌石窟密码之要钥》（《敦煌研究》2019年第5期），认为敦煌晚期石窟向称难治，关键在于民族更迭频繁，艺术风格继承性不明显，汉文文献记载稀少，需要重视对出土文献、题记和少数民族历史文化活动的研究，指出从9世纪中叶开始活动于敦煌一带的裕固族先民回鹘营建了许多所谓的"西夏窟"。沙武田、李晓凤《敦煌石窟六字真言题识时代探析》（《敦煌学辑刊》2019年第4期），指出敦煌石窟所有六字真言题识不大可能像传统观点认为的始于元代，而应产生于西夏，流行于元代。就具体的时代作品而言，西夏主要包括莫高窟第464窟后室东壁门上方和第95窟六字真言团花中的文字，元代则包括莫高窟北区诸石窟中的题识和《莫高窟六字真言碣》。赵晓星近年来持续对西夏石窟进行研究，前后有四篇专文，今年的《西夏时期敦煌涅槃变中的抚足者——西夏石窟考古与艺术研究之四》（《敦煌研究》2019年第1期），以西夏时期敦煌的涅槃变为研究中心，通过对西千佛洞第9窟，榆林窟第2、3窟，东千佛洞第2、5、7窟，肃北五个庙第1窟各处涅槃变的考察，梳理了敦煌西夏涅槃变中"抚足者"的变化。作者将这一时期的涅槃变佛足处人物分成三种类型，认为新出现的贵人相老者为印度医师耆婆，这种变化与北宋以来佛教思想的变化有关。

有关石窟水月观音图像的研究。沙武田《水月观音图像样式的创新与意图——瓜州西夏石窟唐僧取经图出现原因再考察》（《民族艺林》2019年第1期），以五代宋时期莫高窟壁画中没有出现玄奘取经图之现象为切入点，对瓜州西夏水月观音和唐僧取经图做了详细梳理，说明取经图出现在水月观音中是西夏时期观音信仰崇拜的新因素，而与所谓的写实画面表现玄奘在瓜州的经历没有多大关系，更多体现出来的则是唐僧取经图在图像表达上的象征和符号意义。汪正一《敦煌西夏水月观音变"僧人与猴行者"身份新释》（《丝绸之路研究集刊》第四辑，2019年），通过对两宋时期观音信仰、僧伽信仰以及两者密切关系的梳理指出，敦煌西夏时期壁画水月观音变、普贤变以及十一面观音变中的僧人、猴行者组合，应为泗州大圣僧伽和水妖巫支祁；僧伽降伏巫支祁的故事盛行于北宋徽宗时期，与徽宗"尊道改佛"有关；带有僧人和猴行者图像的水月观音变反映了水月观音与泗州大圣信仰在敦煌地区结合流行的历史状况，这可能是西夏仁宗倡导学习宋朝政治文化时引入的新泗州僧伽信仰图像。何卯平《西夏水月观音净瓶盥盏研究——兼论纳尔逊艺术博物馆藏〈水月观音图〉的创作时间》（《西夏学》第十八辑，2019年），从该作品中描绘的一处细节入手，确定其为西夏范式之一的净瓶盥盏，并推定该作品的创作时间为12世纪末至13世纪初的1183—1227年，并存疑刘玉权提出榆林窟第21窟前室、甬道壁画的分期为回鹘的主张。张美晨《西夏水月观音图像研究——以瓜州东千佛洞二窟〈水月观音〉为例》(《美与时代》2019年第3期)，从水月观音图像的产生、内容开始论述，逐步深入并详细论述其艺术风格，认为水月观音从唐代创造始在各朝各代的不断发展，当属西夏时期的水月观音图像最美。常红红《西夏水月观音中的荐亡图像考释——以东千佛洞第二窟壁画为中心》(《大足学刊》第三辑，2019年)，认为西夏时期的水月观音图像在继承唐代周昉所创传统样式的基础上，相当一部分水月观音图像将"亡者往生"或"丧葬仪式"描绘其中，用来追荐亡人。东千佛洞第2窟后室南、北壁水月观音，其中增添"亡者""冥府判官与鬼卒"等形象，折射了西夏佛教信仰中浓郁的实用性和功利性色彩。王胜泽《莫高窟第95窟水月观音图为西夏考》(《西夏学》第十八辑，2019年)，通过对敦煌莫高窟第95窟窟形、地仗层、造窟思想和图像特征等方面的论述，认为本窟为西夏洞窟，其中的水月观音图像为西夏所绘而非元代。

杨浣、魏亚丽《黑水城版画残图研究两题》(《西夏学》第十八辑，2019年)，对均为残图的俄藏黑水城文献Дx2878、Ф360、TK278扉画进行了研究。杨浣、段玉泉《黑水城出土版画〈释迦牟尼佛说三归依经处〉与〈释迦摩尼佛说三贤劫经之处〉的比较研究》(《西夏研究》2019年第2期)，通过对英藏Orl2380/3197《佛说圣大乘三归依经》经图《释迦牟尼佛说三归依经处》与俄藏Инв.No.7188《现在贤劫千佛名经》经图《释迦摩尼佛说三贤劫经之处》对比，认为二者构图、风格十分相像，可以互勘补阙乃至于整体还原，但其细节诸如它们之间的时代关系还不易厘清。胡进杉《三车或四车——一幅西夏文佛经扉画的省思》(《西夏学》第十九辑，2019年)，认为佛经扉画并不是一种纯艺术，是为解说、铺陈佛经内容而制作的，因此绘刻同一经典，其关键之人、事、地、物理应一致，如有不同，则透露出施经者对其内容的不同解读，中国国家图书馆所藏西夏文《妙法莲华经》卷二扉画即如此。此经卷首扉画中描绘"火宅喻"的图式，不同于同时或早期的宋元刻本之只绘三车，而多一大白牛车，是施经者于经文的解释有所不同之故。杨冰华《试论元代西夏文佛经版画对明清水陆画的影响》（《世界宗教文化》2019年第4期），通过对中俄藏西夏文佛经版画《梁皇宝忏图》的考索，认为此图是以西藏萨迦派佛经版画为依据的，但制版时经修改而藏风骤减，与此同时，此版画也影响了北水陆法会修斋仪轨《天地冥阳水陆仪文》的代表性图像。何卯平《〈番王礼佛图〉创作年代考》（《中国国家博物馆馆刊》2019年第3期），对现藏于美国克利夫兰艺术博物馆被认定为10世纪赵光辅之作或是宋元人摹品的《番王礼佛图》进行了探讨，通过爬梳生卒年不详的赵光辅与宋和西夏的渊源，论证该作品的创作时间为公元1033—1038年，并由此提出佛教艺术造像中的"西夏范式"。何卯平《梁楷〈出山释迦图〉再考》（《美术》2019年第7期），对自20世纪初以来学界长期争辩的梁楷《出山释迦图》的真伪、创作年代、东传时代等重要信息做了新研究，认为该图人物样式来自西夏范式。

（四）西夏陵墓、陶瓷

余斌、余雷《"以形论变"——西夏王陵形制演进探讨》（《宁夏社会科学》2019年第2期），认为西夏王陵营建时序长近200年，其形制演进反映"不变与渐变"的双重特征，陵园夯土遗存形制则具"模数恒定""型整优进""建法几何"等营筑特点。孔德翊、马立群《西夏陵遗产的价值内涵探析》（《西夏学》第十九辑，2019年），认为西夏陵在整体上为业已消失的西夏文明提供了见证，在城与陵、山与陵之间的关系和造陵元素的选择三个方面，吸收和融合了多元文化基因，在陵址的选择、布局以及陪葬等诸多方面，西夏陵将国家统治中心、王权秩序、君臣关系等思想文化因素结合到一起，以物化的形式对现实统治秩序做了自我表达。杜建录、王富春、邓文韬《陕西横山出土〈故野利氏夫人墓志铭〉初探》(《西夏学》第十九辑，2019年)，认为2006年出土于横山的墓志铭是一方宋代党项族妇女墓志，志主野利氏，嫁给银州都知兵马使拓跋某为妻。其中所涉及的志主之夫姓、三女婚嫁，一方面说明唐朝赐姓"李氏"后，一部分拓跋部仍姓拓跋，另一方面则证明唐末至宋初拓跋氏部族与这两个部族的联姻是双向的。陈玮《新见北宋保宁院山寺党项民众建塔碑研究》(《西夏学》第十九辑，2019年)，以该石碑记载修建该层的凤川镇民众姓名和其他史料，认为参与修塔的凤川镇民众均为出于熟户蕃部的宋属党项人，凤川镇的党项人和华池地区的汉人一起建塔，通过宗教信仰的实践促进了北宋西北边境的蕃汉交流。邓文韬《四川广元千佛崖石窟元代西夏遗裔题记及其史料价值初探》(《西夏学》第十九辑，2019年)，认为广元千佛崖石窟尚存两方题记由唐兀人题写，当事者为朝廷命官，他们因到云南、四川诸道守省或审囚而途经广元千佛崖石窟，进行了佛事活动，反映了西夏遗裔对元朝的贡献，也证明了在西南地区活动的西夏遗裔在元末仍然传承着本民族的佛教信仰。

孙圣国《唐宋文化影响下的西夏陶瓷牡丹纹样发展研究》(《中国陶瓷》2019年第2期)，认为在中原文化的西渐过程中，对西夏陶瓷装饰产生深刻影响的主要是唐代传统纹样和宋代生色花纹样两个方面，通过对西夏陶瓷纹样的图像分析与比较，试图揭示西夏陶瓷纹饰的文化渊源及在传播中的形态流变。王琦《甘肃武威塔儿湾遗址出土西夏瓷器初探》(《文物天地》2019年第3期)、任先君《甘肃省博物馆西夏瓷器分析》(《艺术品鉴》2019年第30期)二文，对甘肃省博物馆藏少量西夏瓷器做了简单梳理，并浅析探讨。章治宁《西夏塔式擦擦造像艺术》(《西夏学》第十八辑，2019年)，从佛教雕塑艺术的角度对西夏塔擦造像单塔、多塔、百八塔等做了类型区分和造型辨识，并探讨了它们的造像特点和艺术风格，认为西夏境内广泛分布的各式擦擦，是西夏藏传佛教文化广为流布的标志。梁斌杰、宋浩《宁夏中卫市沙坡头区常乐镇发现西夏窖藏铁器》（《西夏研究》2019年第1期），对2017年中卫市在破获的一起盗掘文物案件中追回一批西夏时期窖藏铁器的情况进行了报道，中卫地区在宋夏时期属于西夏疆域，发现较大规模的西夏铁器窖藏尚属首次。

（五）西夏语言文字研究

聂鸿音《一文双语：西夏文字的性质》（《宁夏社会科学》2019年第5期），认为西夏文记录的并不仅仅是笼统的西夏语，实际上是"番"和"勒尼"两种完全不同的语言。前者是河湟一带党项人传统的通行语，后者是外来的统治部族带入的，使用范围较窄。政府同时设计一套文字来记录两种语言，这在汉字系文字的历史上罕见。番语和勒尼语在西夏文学作品里被分别看待，但是官方的字典未予明确区分。在与河西党项人相处的过程中，西夏统治者倾向于融入本地番人并使用番语，这使得他们本部族的勒尼语很快走向了衰亡。孙颖新《再论西夏文献中的通假现象》（《语言研究》2019年第3期），认为西夏文通假字可分为同音通假和近音通假两大类，后者大致可分为"平上对应""同一韵摄""松紧喉"和"平卷舌"四种，还有"两两通假"和"隐性通假"等较为特殊的通假形式。张竹梅《说说西夏韵图〈五音切韵〉的韵等问题》（《西夏学》第十九辑，2019年），认为第一栏译音汉字为一等韵西夏韵字的占比最大，第二栏次之，第三栏又次之，第四栏仅个别而已，且与各栏位相匹配的各等西夏语韵字基本上未过半数，甚至占比过小。通过分析译音汉字韵等，大致可以确认西夏语韵分三等。段玉泉《关于西夏语连词wja1的研究》（《中国文字》2019年第1期），对目前词典中存在歧义的西夏语wja1被认为是动词、名词或代词进行了辨析，明确了wja1是西夏语语法词中的连词，可以用来翻译藏语中的连词na，在复句中其通常出现在前一分句的末尾，并表示与后一分句的递进、假设、条件和顺承关系。彭向前、杨帅《"夏译汉籍"中的断句情况考察》（《西夏研究》2019年第1期），通过考察"夏译汉籍"中的断句情况，认为这种做法不仅可以为我们判断西夏人对汉文经典的熟悉程度提供一种依据，还对我们今天标点整理古籍具有一定的参考价值。吴宇、邓章应《西夏文〈同义〉文字考订》（《西夏学》第十九辑，2019年），对《同义》甲种本字形做了考订，考订残损字形5例，补出缺失字形8例，校正讹误字形6例，校正字序7例，共计26例。

［捷克］施立策著、聂鸿音编译《西夏虚字考源》（《西夏研究》2019年第3期），通过与中国西南部以及南亚部分地区藏缅语言的比较研究，确定聂历山《唐古特语文学》中描述的六个西夏虚字，分别表示动词的"体"或名词的"格"，来源于古藏缅语甚至古汉藏语，认为利用现代多种语言可以重建其演化历程。［日］荒川慎太郎著，孟令兮、麻晓芳译《西夏语的双数后缀》（《西夏研究》2019年第4期），通过重新分析和进一步考察，认为西田龙雄关于西夏语词素翵1kI：三种用法中"双数"标记假说的引用证据并不充分，在原例证的基础上，提出如下商榷：作为标记，后缀翵1kI：的功能是表示动作施事者为双数。刘兴长、孟昱煜《基于HOG特征提取和模糊支持向量机的西夏文字识别》（《西北师范大学学报》2019年第5期），提出了基于方向梯度直方图特征提取和模糊支持向量机的西夏文字识别技术。认为将HOG特征提取和FSVM相结合应用于西夏文字识别，会优于现有的其他方法。

（六）西夏都城、交通、军事

史金波《西夏首都兴庆府（中兴府）》（《西夏学》第十九辑，2019年），论述了西夏政治、经济、文化中心兴庆府建城经过，考证了其在西夏崇宗永安年间改为中兴府，指出元代中兴府为西夏中兴路首府，后演变为宁夏府，至近代为银川市。杨浣、付强强《省嵬城与省嵬山》（《宁夏社会科学》2019年第2期），通过文献记载梳理、辨正了"省嵬"城之"省嵬"和"省嵬山"地名变迁，指出前者属西夏定州，城池主要毁弃于乾隆三年（1738）地震，后者地略当今贺兰山——卓子山山地，也即《水经注》中记载的石崖山或画石山。张文平《西夏北部边防军司城寨探考》（《草原文物》2019年第2期），对史料无载而近年来蒙古、俄罗斯等国的考古学者持西夏长城观点进行了探讨回应，文章以西夏北部边防所设的三个军司及其他因素，指出蒙古国南戈壁省的汉外长城不可能属于西夏长城，也难以认为属西夏加筑沿用。

李雪峰《夏辽"直路"西夏境内驿站位置考述》（《西夏学》第十九辑，2019年），通过古遗迹遗物考察与文献记载、古今地图等的对比分析，对夏辽的交通干道"直路"进行了研究，认为"直路"在西夏夺取胜州（1035年）后线路基本固定，驿道共设十六个驿站。《西夏地形图》仅绘出了其中十二个驿站，还有四个驿站未被绘出。李雪峰、艾冲《西夏与辽朝交通干线"直路"的开辟与作用》（《甘肃社会科学》2019年第6期），认为"直路"是在西夏李继迁至李元昊时期开辟、完善的，它不仅是西夏与辽朝交通往来的干道，也是西夏东部道路交通网的轴心，西夏东北驻防体系的基石。许伟伟《西夏中期河西地区的军事建置问题——以西夏法典〈天盛律令〉为中心》（《西夏学》第十八辑，2019年），主要以《天盛律令》等相关资料为据，研究认为西夏军事左右厢分区中的右厢河西地区设有南院、西院、卓啰、肃州、瓜州、沙州、黑水、啰庞岭等监军司以及与监军司在级别上相当的军，这些与基层的军事建置构成了西夏河西地区的军事地理布局。

段金强《北宋哲宗时期宋夏关系研究》（《新西部》2019年第2期），认为北宋哲宗统治前后西夏受到截然不同的两种政策：元祐初年西夏受"妥协退让""羁縻"的消极防御政策，导致宋夏冲突不断；元祐后期西夏受积极进攻的"浅攻扰边""进筑"政策，迫使西夏不断遣使求和、纳贡称臣。林鹄《从熙河大捷到永乐惨败——宋神宗对夏军事策略之检讨》（《军事历史研究》2019年第2期），认为宋熙宁、元丰年间，神宗对夏军事准备策略，带有盲目自信的鲜明个性：虽取得熙河大捷，但并未完成其打破对夏僵持战局的战略构想；策划灵州战事时突发奇想、一时兴起，灵州战败。与此同时，又按照自己的个性、偏听偏信，酿成永乐之战惨败，至临终前，仍在策划不切实际的灭夏策略。陈德洋《辽兴宗时期辽与西夏战争琐议》(《西夏学》第十九辑，2019年)，认为契丹建立的辽和党项建立的西夏并立百余年，兴宗时西夏立国，重熙年间，以正统自居的辽朝与西夏先后发生3次战争，双方各有胜负。战争之后双方议和，形成宋、辽、西夏的三足鼎立。雷家圣《高遵裕与宋夏灵州之役的再探讨》(《首都师范大学学报》2019年第2期)，认为元丰宋夏之战——灵州之役的失败，高遵裕负有主要责任，但其败因不在于外戚掌兵，而是宋朝动员军力超过了后勤补给体系的负荷，使得前线缺乏补给所致。兰书臣《宋夏好水川之战再探》(《军事历史》第十八辑，2019年)，西夏元昊称帝后，针对北宋的制裁，发动了好水川之战。君臣的能谋善战、进攻方向和地点的正确选择、通信工具和手段的运用以及骑兵"铁鹞子"在战场上的突击作用，是西夏取得好水川之战胜利的重要原因。尤桦《西夏棍棒类兵器及其相关问题考论》(《西夏学》第十八辑，2019年)，结合文献典籍、文物考古、壁画艺术等资料，对西夏兵器中的棍棒及其相关问题进行了研究，分别考释了西夏棍棒的配备及其在《天盛律令》中的规定，论述了铁链枷从守城战具走向战场的转变，分析了西夏骨朵在仪卫制度和佛教画中的使用及其文化内涵等。

（七）西夏民族、遗民

邓文韬《西夏国名别称"夏台"源流考》(《西夏学》第十八辑，2019年)，考析了作为西夏国名别称之一的"夏台"，从得自唐代夏州治所统万城的别称，到成为党项定难军政权的自号和他称，再到指代夏州地区、西夏政权，直到元明时期作为地理概念，指称整个西夏故地的过程。陈岑《西夏王号性质考略》(《西夏学》第十八辑，2019年)，认为多达二十六个的西夏王号，包括号、爵、职等多重体系。其中既有早期王号部落首领称号，也有受到辽代的影响作为官职的院王与双国号王爵，余下王号皆效仿中原王朝。

保宏彪《党项—西夏割据政权政治中心的西移及其三大影响要素》（《西夏研究》2019年第2期），认为党项—西夏割据政权的政治中心一路西移，先后经历夏州、西平府、兴庆府三个阶段。在这一过程中，生态、经济、军事成为影响其发展轨迹的主要要素。刘双怡《府州折氏与夏州李氏不同发展轨迹再探》（《西夏学》第十九辑，2019年），认为在宋以前都具有藩镇性质且实力相当的府州折氏与夏州李氏之所以结局悬殊——李氏独立建国，其原因一是与唐中后期西北藩属体制的崩溃有关，五代混乱时期，各政权仅能维系表面形式的藩属，而不能进行实质性的节制，二是李氏与折氏所处之地理位置也决定了其自身的经济基础以及其对宗主国的不同意义。［俄］克恰诺夫著，闫廷亮、陈建明译《西夏人论中原——以西夏文资料为中心》（《西夏学》第十九辑，2019年），依据西夏文资料，从西夏的角度探讨了这一时期西夏人对中原的看法，揭示了西夏一方面敬仰中原文化并从中借鉴有益于自己民族文化的成果，另一方面为了谋求自立和构建以自我为基础的文化而与之抗争的心态。

都刘平、鲁玥含《元代西夏遗裔孟昉行迹征略》（《西夏学》第十八辑，2019年），综合诸方面文献，对著名古文家、散曲家，元代西夏遗裔孟昉的生平做了一次实证性的考察，弥补了前人研究的缺漏。胡蓉《元末西夏遗民诗人王翰与东南文化》（《西北民族大学学报》2019年第2期），对元代迁居东南地区的第四代西夏遗民王翰进行了研究，认为王翰为研究元末明初西夏遗民生存状况提供了范本；他的理学思想体现在孝道、忠君爱国等方面；他的山水题材的诗歌彰显了他的理学精神，其诗歌带有东南地域色彩，在艺术上达到了较高的水平。

（八）西夏制度、社会经济

罗海山《西夏亲邻之法初论》（《丝绸之路出土各族契约文献研究论

集》，2019年），认为西夏立法关于亲邻先买权持禁止态度。其原因在于西夏社会土地交易不频繁，人均土地占有量相对充足，受儒家观念影响有限，亲邻关系不太紧密，宗族组织不发达，缺乏亲邻之法存在的基础。戴羽、朱立扬《西夏罚金刑研究》（《西夏学》第十九辑，2019年），认为西夏罚金刑主要包括罚钱、罚马、罚铁、罚俸等四种类型，各刑在《天盛律令》《贞观玉镜将》《亥年新法》《法则》中刑等或不同或一致。西夏不同罚金刑彼此之间衔接有序，相互之间可易科执行。田晓霈《西夏"水军"新考》（《史志学刊》2019年第3期），通过对三处宋人记载"水军"的重新考证，并结合《天盛律令》，考证出宋人言称的"水军"事实上只是渡河作战的西夏步骑兵和主管河渡事务的津渡官，宋人蔑称"水贼"，实际上西夏并未形成有正规军事编制的"水军"。李治涛、尤桦《西夏水利立法研究——以〈天盛律令〉〈亥年新法〉为中心》（《西夏学》第十九辑，2019年），认为西夏统治者高度重视农田水利建设，在《天盛律令》《亥年新法》等法典中都有关于水利机构设置、卷埽制度、春季开渠、依次放水、设施维护等方面的法规，这不仅促进了西夏社会经济的发展，还为中国西北地区的开发做出了巨大的贡献。

郝振宇《资源竞争、身份变迁与文化抉择——以党项西夏社会性格变化为例》（《中南民族大学学报》2019年第2期），认为党项作为游牧民族，自隋唐起，在与中原汉人长达数百年的历史互动中出现了由"俗尚武力"转向"文风赫然"的社会性格变化的现象。这种变化是在资源竞争、身份变迁与文化抉择三者的作用下形成的。周腊生《西夏状元释褐职任窥斑》（《湖北职业技术学院学报》2019年第2期），以目前已有成果中所见的高岳、李遵顼、高智耀3位状元资料为据，探究了西夏状元的释褐职任，认为西夏有时是模仿宋朝，授给状元的初始职任跟宋朝相同或基本相同，有时又自行其是，给状元以奇高的初始职任。西夏对状元究竟该授以什么样的初始职任并没有制度化的规定，有时比较随意，波动很大。

骆详译《西夏土地的典卖、土地产权与宋夏的"一田二主制"》（《中国农史》2019年第2期），对比分析了夏宋土地典卖、产权方面的异同，认为西夏原主人将土地出典后，虽然仍拥有其土地所有权，但只有在付清承典人的本利钱后，原主人才能将出典的土地交易，这与宋代原主人在土地出典的同时，将土地所有权出卖给第三方有着很大的区别，西夏的土地流转未如宋代那般自由与频繁。杨际平《4~13世纪汉文、吐蕃文、西夏文买卖、博换牛马驼驴契比较研究》（《敦煌学辑刊》2019年第1期），认为4~13世纪，在我国吐鲁番、敦煌、黑水城等地先后出土现存的一些汉文、吐蕃文、西夏文的买卖、博换马牛驼驴契约，其基本格式相近，但各族契约立契时间的表述、契书行文主体、立契缘由、对所买卖牲畜的指定、畜价及其支付手段、预防条款与违约罚则、契约尾署、保人责任行文等方面往往又有各自的特点。高仁《西夏畜牧业研究》（《中国经济史研究》2019年第1期），主要考察了西夏畜牧经济的生产方式、生产关系、经济制度及区域差异，认为畜牧业为西夏国民经济的重要支柱。郝振宇《西夏分家析产问题述论》（《西夏学》第十八辑，2019年），对西夏分家的户籍独立、家产析分的两个内容和析产的两种情况进行了讨论。认为西夏人对分家的认知和实践是西夏社会变迁的一个缩影，在西夏被析分的家产主要是与日常密切相关的生产生活资料。郝振宇《西夏土地买卖租种的价格、租金与违约赔付》（《青海民族研究》2019年第2期），对西夏土地买卖和租种的相关问题进行了探讨。认为在西夏，土地买卖和租种是较为普遍的行为，土地买卖价格、租金分别在0.07石/亩左右、0.087石/亩左右。对于违约赔付问题，法律有相应的具体规定以保证受损人的基本权益。郝振宇《西夏民间谷物典当借贷的利率、期限与违约赔付研究》（《中国社会经济史研究》2019年第3期），认为西夏民间谷物典当利率依谷物种类不同而有差异，但都以总和计息；其借贷以一年为期，一般是春借秋还；赔付方式依放贷者身份不同可分为据借贷的谷物数量、"一石还二石"两种情况。孔祥辉《西夏晚期黑水城地区寺院经济研究——基于出土西夏文契约文书的考察》（《中国农史》2019年第3期），通过对黑水城出土西夏天庆元年（1194）正月至二月间，当地一寺院与附近农户签立的契约文书的研究，认为西夏后期，黑水城周边已形成以寺院为主导的农村市场。在被主导的市场中，农民与寺院在土地、牲畜交易中地位极不平等，进一步加剧了土地兼并及水资源争夺，进而深刻地影响了西夏晚期黑水城地区的农村经济社会。任长幸《夏宋盐业朝贡关系研究》（《中国盐文化》第十二辑，2019年），认为西夏丰富的盐业资源，不仅通过对外贸易转化为主要财政收入之一，而且通过朝贡这种特殊的邦交方式，在宋、辽（金）等之间保持了均衡势力。

（九）西夏文学、宗教

聂鸿音《中原诗歌在西夏和契丹的传播》（《四川师范大学学报》2019年第4期），认为中原诗歌传入西夏与传入契丹之后的境遇截然不同，其原因一是西夏的群众基础不及契丹深厚，二是西夏君王在文学领域尽力维护自己的传统而未提倡学习中原诗歌，因而西夏接受其他政治制度，并未导致文学传统的变革。张彤云《西夏类书〈圣立义海〉故事新考三则》（《西夏研究》2019年第1期），对西夏类书《圣立义海》中未被前人考证出史料来源的三则故事，分析指出其分别源自《三国志》卷五十七《骆统传》、范摅《云溪友议》卷中"苗夫人"条，以及《晋书》卷四十三《王戎传》。格根珠拉《〈圣立义海〉中反映的"九品才性"问题——古代民族语童蒙教材中的"等级"观念》（《青海师范大学学报》2019年第6期），以西夏文《圣立义海》第十三章部分的记载为线索，结合儒学"九品"相关的说法，以及佛教概念里的"十界"和诸如"二十五等""四十八等"等分类学说对该文献中的"九品才性"

问题进行了探讨，并论述了儒家思想及其社会制度渊源和宋代中原佛教对西夏社会性读物编纂的影响。

孙伯君《元代〈河西藏〉编刊资料补正》（《中华文化论坛》2019年第6期），对记载元代有关校理、纂集、印施《河西藏》的西夏文《过去庄严劫千佛名经》卷尾发愿文，进行了重新释读，并对存世与元代编刊《河西藏》相关的资料进行了进一步梳理和考释。段玉泉《瑞典藏元刊西夏文大藏经再探讨》（《中华文化论坛》2019年第6期），对瑞典所藏的一组元代刊刻西夏文大藏经版画牌记在前人研究的基础上进行了再探讨，推论了其中的"当今皇帝""仪天兴圣慈仁昭懿寿元皇太后""正宫皇后"和印制时间，对瑞典藏《河西藏》出土于黑水城的观点也提出了初步的怀疑。李若愚《西夏时期藏传佛教的流传》（《宁夏社会科学》2019年第1期），认为从西夏语语源来看西夏王朝在初期就受到藏传佛教的影响，到崇宗乾顺时期，西夏政府已经开始组织翻译藏文佛经。此外，藏传佛教在西夏的流传有着浓厚的官方背景，尤其是藏传密教受到西夏统治者的推崇与大力弘扬。陈连龙、李颖《西夏佛教口语传播特征研究》（《西夏学》第十八辑，2019年），认为西夏佛教重要的传播媒介是口头言语，其传播形式主要包含诵经、说法、佛曲、谤语、译经等，其传播内容丰富，种类融通，表达多样。陈玮《黑水城文书所见北宋初年西行求法僧研究》（《新疆大学学报》2019年第2期），通过对俄藏、英藏有关智坚、志坚两份文书的比对研究，认为北宋初年不仅丝绸之路灵州道畅捷，而且此时佛法复兴后中原密宗也对敦煌产生了影响。齐德舜《宋代印度密教高僧金总持研究》（《世界宗教研究》2019年第2期），认为印度密教高僧"金总持"，早年受李元昊延请至西夏并赐尊称。宋元丰年间，金总持受邀在传法院翻译佛教显密经典，被尊称为"译经三藏明因妙善普济大师"。宋徽宗时崇道抑佛，金总持离开传法院南游江浙，在民间弘法直至去世。何卯平、宁强《从往生到来迎：西夏净土信仰对西方三圣的观念与图像重构》（《敦煌学辑刊》2019年第3期），认为"西方净土变"特别是其中的"阿弥陀净土变"图式从隋唐、晚唐五代以来，到12世纪以降经历了几番演变。通过佛教的东渐，这种西夏范式的影响广泛体现在南宋王朝以及12—13世纪日、韩净土宗的图式中。

陈瑞青《简论西夏"军籍"文书的性质及其价值》（《西夏学》第十九辑，2019年），对俄、英藏7件西夏文所谓"军籍"文书在前人研究的基础上，从文书学角度进行了研究。认为这7件文书并非涉及西夏军籍，而是军抄首领官向上级报告军抄年校情况的告禀文。这批军事文书不仅证明了西夏中后期黑水监军司确实存在，同时还为研究西夏军事制度提供了珍贵的资料。

就西夏契约性质与程式研究，赵彦龙及其学生进行了分门别类的讨论。①丁海斌、赵丽娜《西夏、辽、金商业文书研究》（《档案》2019年第7期），认为在西夏、辽、金三个少数民族政权的商业文书中，西夏类型较为全面，包括买卖、借贷、典当、租赁、雇佣、记账等文书。而辽和金的商业文书存世罕见，除了土地买卖文书，尚未发掘到其他典型的商业文书。

（十）研究述评及其他

史金波《加强民族史研究 重视"绝学"维护民族团结和国家统一》（《民族研究》2019年第2期），结合中国社会科学院民族学与人类学研究所的民族史和"绝学"的西夏文字以及其他古文字研究的进展，认为少数民族文献和文物是中华优秀传统文化的重要、有特色的组成部

---

① 赵彦龙、扶静《西夏借贷契约的性质与程式——西夏契约性质与程式研究之三》（《中国档案研究》第七辑，2019年）；赵彦龙、扶静《西夏牲畜买卖契约的性质与程式——西夏契约性质与程式研究之四》（《宁夏师范学院学报》2018年第9期）；赵彦龙、张倩《西夏典当契约的性质与程式——西夏契约性质与程式研究之五》（《西夏研究》2019年第4期）；赵彦龙、张倩《西夏租赁契约的性质与程式——西夏契约性质与程式研究之六》（《宁夏师范学院学报》2019年第9期）。

分，要发挥其在国家统一和民族团结方面的重大作用。史金波《西夏文契约概论》（《丝绸之路出土各族契约文献研究论集》，2019年），概述了西夏文契约的发现、定名、内容整理、初步研究和出版，以及与契约相关籍帐的价值等内容。韩树伟《西夏契约文书研究述要》（《宁夏大学学报》2019年第5期），从国外、国内研究两部分出发，对西夏契约文书进行了系统梳理，并提出了自己的一些看法。

赵生泉《四十年来西夏文草书研究的回顾与分析》（《西夏研究》2019年第1期），简要回顾了国内外从初步识读西夏文草书到目前中国解读其草书的历程，认为国内学者的解读主要循"艺术"和"文字学"两个不同维度展开，并表现出历史、文字学、书写等三个不同的研究倾向。宋坤《四十年来黑水城汉文佛教文献研究的回顾与展望》（《西夏研究》2019年第1期），对黑水城出土汉文佛教文献分综合研究成果、宋辽金汉文佛教文献研究成果、夏元汉文佛教文献研究成果和与其相关研究的论文成果进行了概述。马晓玲《四十年来西夏文物考古研究的回顾与展望》（《西夏研究》2019年第2期），认为四十年来西夏文物考古研究，主要围绕石窟与壁画、王陵与墓葬、古塔与寺庙、城址与烽燧、窑址与窖藏、器物研究等方面展开，其研究内容与方法有不断深化的趋势。周泽鸿、于光建《四十年来西夏丧葬习俗研究的回顾与展望》（《西夏研究》2019年第3期），认为四十年来学界在西夏陵寝制度、丧葬制度、丧葬习俗和特点等方面取得系列成果，对促进解读西夏历史文化的形成、影响要素及其历史地位产生了重要的作用。张海娟《2011—2018年国内西夏佛教文献研究综述》（《西夏研究》2019年第2期），分文献刊布整理研究、文本研究、文献与佛教史研究三方面，对近20年来的国内西夏佛教文献研究作了粗略综述。孙广文《西夏天文历日研究综述》（《西夏研究》2019年第4期），认为中外学者在历日文献整理、西夏残历定年、历谱复原等方面做了大量的工作，总结了西夏时期天文天象的文化源流和历史作用，揭示了西夏在天文历法文化方面对中华传统文化的认同与贡献。闫强乐《西夏法律文献与法律史研究述论》（《西夏研究》2019年第2期），通过西夏法律文献整理与研究、西夏的法律制度研究、西夏法律史研究的展望三方面的内容，系统梳理了以西夏法律史为研究对象的相关论著。

史金波《邂逅西夏 结缘文书——深切怀念陈国灿先生》（《敦煌学辑刊》2019年第1期），深情回忆了作者与陈国灿几十年的学术交往，认为陈先生学术精深，对西夏研究做出过重要贡献。何冰琦《奥登堡的西夏佛教研究》（《宁夏大学学报》2019年第2期），认为奥登堡是十月革命前俄国唯一从事黑水城佛像研究并出版专著的学者，他的《黑水城废墟佛像》《黑水城佛像资料》论著在俄国具有首创性。此外，他在东方艺术品研究领域是俄国乃至欧洲最伟大的专家。[日]佐藤贵保著，王玫译《西田龙雄博士的西夏语研究成果以及对历史研究的影响》（《西夏研究》2019年第4期），从"直至20世纪上半叶的西夏语研究""西田博士对西夏语体系的阐明""对西夏史研究的贡献"三部分，对已故日本著名西夏文专家、汉藏语言学家西田龙雄的西夏语研究方面的成果进行了简单的回顾，并简述了其成果对西夏史研究所产生的影响。

聂鸿音《〈普林斯顿大学藏西夏文《法华经》〉读后》（《西夏研究》2019年第2期），对日本西夏学学者荒川慎太郎2018年刊布的《普林斯顿大学图书馆所藏西夏文〈妙法莲华经〉写真版及语言学研究》进行了评价。这部元成宗敕命重新校印的版本中出现了西夏动词趋向前缀连用的两个新例证，可以启发人们对于西夏语法的进一步思考。李华瑞《西夏社会经济史研究的重大成果——史金波〈西夏经济文书研究〉读后》（《中国史研究》2019年第2期），从《西夏经济文书研究》的内容与特点、《西夏经济文书研究》在西夏经济史史料学上的贡献、《西夏经济文书研究》对西夏社会得出的重要认识三方面进行了分析，认为成果细致而全面，深入而系统，对于许多过去认识不清或尚未进入研究者视野的问题均给予很有分量的解答，对西夏史的认识比以前的研究也有所提高。段玉泉《〈西夏译华严宗著作研究〉读后》（《西夏研究》2019年第4期），认为聂鸿音、孙伯君《西夏译华严宗著作研究》选择具有明确来源的五部华严宗著作进行整理研究，一方面明确了翻译华严宗文献的主体和其理论传播者，另一方面全书运用四行式解读法对西夏文本进行音义标注，为西夏文献的规范解读提供了一个示范和重要语料。李鹏飞《〈西夏文《宫廷诗集》整理与研究〉评介》（《西夏研究》2019年第4期），认为全书无论是上编考究西夏文诗歌的数量、版本和主题，还是下编释读，都反映了作者的扎实谨严和匠心独运。此外，相关书评、书讯还有：韩树伟《〈敦煌民族史探幽〉评介》（《西夏研究》2019年第3期）、孙颖新《西夏文〈大宝积经·无量寿如来会〉对勘研究》（《世界宗教文化》2019年第3期）、孟令兮《〈西夏文藏传佛教史料——"大手印"法经典研究〉出版》（《西夏研究》2019年第3期）、孟令兮《〈西夏译华严宗著作研究〉出版》（《西夏研究》2019年第4期）、徐伟玲《多元交融——〈西夏经变画艺术研究〉读书笔记》（《艺术大观》2019年第15期）等，兹不赘述。

与西夏学有关的学术会议主要有：一、敦煌与丝路钱币学术研讨会（2019年6月29—7月1日，由甘肃省历史学会、敦煌研究院主办，敦煌研究院人文研究部、敦煌文献研究所承办），西夏钱币研究专家牛达生介绍了自己研究贺兰山出土西夏窑藏钱币的过程。二、第六届西夏学国际学术论坛（2019年8月15—16日，由宁夏大学西夏学研究院主办，银川西夏陵区管理处、银川西夏陵文化投资有限公司协办），围绕西夏社会历史、语言文字、文献文物、考古艺术以及西夏陵遗址保护与申报世界文化遗产等方面展开交流和讨论。自2010年第一届西夏学国际学术论坛在银川召开以来，随后相继在甘肃武威、北京、甘肃张掖、内蒙古阿拉善等地举办过五届。三、鄂尔多斯党项西夏文化与区域文化旅游融合发展学术研讨会（2019年9月15日—16日，由宁夏大学西夏学研究院、鄂尔多斯学研究会主办），围绕"李继迁与地斤泽——以地斤泽地望为中心""西夏时期的鄂尔多斯""丝路西夏文化旅游产业研发"三大主题展开了深入交流和探讨。四、首届民族学贺兰山论坛（2019年10月14日—15日，由宁夏大学、厦门大学、陕西师范大学主办），杨建新、史金波、陈育宁、周伟洲、周大鸣、黎小龙、石硕等分别作了大会主题报告，主题和分组会议内容涉及马克思主义民族学理论与方法、中华民族多元一体格局视野下的民族交往交流交融、"一带一路"与东西方文化交流、新时期如何发挥中国民族学优势、铸牢中华民族共同体意识和西夏历史文化研究等方面。五、辽宋夏金时期中国行政区划与地域文化工作坊（2019年10月24日—25日，由宁夏大学民族学与文化旅游产业研究院、宁夏大学西夏学研究院、银川西夏陵区管理处主办），议题包括辽宋夏金时期的行政区划、文化、基层组织与社会问题研究，都市、交通、边疆、族群与区域政权的互动问题研究及"西夏地理志"的编撰等。六、第九届中国少数民族古籍文献国际学术研讨会（2019年10月27日—29日，由中国民族古文字研究会、中央民族大学中国少数民族语言研究院、云南民族大学主办，云南民族大学民族文化学院承办），会议内容涉及讨论新材料、新碑刻的发现与整理，少数民族文字的文字学研究、词语的考释和语法的研究，还有相关民族历史文化的研究，贯穿了文献学、语言学和文字学的研究方法等。上述各类学术研讨会，都有若干研究西夏历史文化方面的论文发表。

（转自杨志高《2019年西夏学研究综述》，史金波、宋德金主编《中国辽夏金研究年鉴2019》，北京：中国社会科学出版社，2022年，第28—48页）

第二节　2019年西夏学研究论著目录

　　笔者在丁卓源、杨志高统计的基础上，[①]再次对2019年大陆地区出版、发表的相关西夏学论著进行了检索、统计，共辑得著作25部、学术论文272篇。[②]

一、著　作

　　北方民族大学西夏研究所、英国国家图书馆国际敦煌项目、宁夏回族自治区档案馆编著《英藏西夏文文献整理与研究》第三册，银川：宁夏人民出版社、北京：中华书局，2019年。

　　杜建录主编《西夏学》第十七辑，兰州：甘肃文化出版社，2019年。

　　杜建录主编《西夏学》第十八辑，兰州：甘肃文化出版社，2019年。

　　杜建录主编《西夏学》第十九辑，兰州：甘肃文化出版社，2019年。

　　俄罗斯科学院东方文献研究所、中国社会科学院民族学与人类学研

---

① 丁卓源《2019年西夏学研究述评》，《西夏研究》2020年第2期。杨志高《2019年西夏学论著目录》，载史金波、宋德金主编《中国辽夏金研究年鉴2019》，北京：中国社会科学出版社，2022年，第379—395页。

② 丁卓源统计为"著作、论文集10多部，学术论文100余篇"。杨志高的统计较为详细，故从。

究所、上海古籍出版社编，《俄藏黑水城文献》第28册《西夏文佛教部分》，上海：上海古籍出版社，2019年。

俄罗斯科学院东方文献研究所、中国社会科学院民族学与人类学研究所、上海古籍出版社编，《俄藏黑水城文献》第29册《西夏文佛教部分》，上海：上海古籍出版社，2019年。

龚书铎、刘德麟主编《图说中国史——辽·西夏·金》，成都：四川人民出版社，2019年。

火仲舫《西夏殇》，银川：宁夏人民出版社，2019年。

贾常业编著《西夏文字典》（修订版），兰州：甘肃文化出版社，2019年。

梁明远主编《丝绸之路法律文献研究·黑水城出土法律文献》卷二，北京：人民法院出版社，2019年。

刘思文编著《神秘西夏的瑰宝遗珍：西夏博物馆》，西安：西安出版社，2019年。

［俄］尼·米·普尔热瓦尔斯基著，王嘎译《蒙古与唐古特地区：1870—1873年中国高原纪行》，北京：中国工人出版社，2019年。

束锡红、府宪展、聂君《异域寻珍：流失海外民族古文献文物搜寻、刊布与研究》，北京：社会科学文献出版社，2019年。

孙颖新《西夏文〈大宝积经·无量寿如来会〉对勘研究》，北京：社会科学文献出版社，2019年。

王艳云《西夏经变画艺术研究》，上海；上海古籍出版社，2019年。

杨硕、王甦《西夏盛典》，兰州：敦煌文艺出版社，2019年。

银川西夏陵区管理处、西夏博物馆编《西夏博物馆基本陈列》，银川：宁夏人民出版社，2019年。

尤桦《〈天盛律令〉武器装备条文整理研究》，上海：上海古籍出版社，2019年。

翟丽萍《〈天盛律令〉职官门整理研究》，上海：上海古籍出版社，2019年。

张红艳《北宋与西夏边境地区的经济文化交流研究》，西安：三秦出版社，2019年。

张笑峰《〈天盛律令〉铁箭符牌条文整理研究》，上海：上海古籍出版社，2019年。

张琰玲编著《西夏遗民文献整理与研究》，南京：凤凰出版社，2019年。

周峰编著《21世纪西夏学论著目录（2001~2015年）》，新北：花木兰文化事业有限公司，2019年。

周峰《五代辽宋西夏金边政史》，新北：花木兰文化事业有限公司，2019年。

曾瑞龙《拓边西北：北宋中后期对夏战争研究》，杭州：浙江大学出版社，2019年。

二、论　文

安北江《黑水城出土748号税制文书考释——兼论西夏"通检推排"》，《中国农史》2019年第1期，第66—75页。

保宏彪《党项—西夏割据政权政治中心的西移及其三大影响要素》，《西夏研究》2019年第2期，第46—52页。

蔡莉《英藏西夏文〈佛顶心观世音菩萨大陀罗尼经〉整理》，《西夏研究》2019年第2期，第30—35页。

才让《"炳灵寺"寺名来源考》，《丝绸之路研究集刊》第三辑，2019年，第29—35页。

陈岑《西夏王号性质考略》，《西夏学》第十八辑，2019年，第44—

54页。

陈德洋《辽兴宗时期辽与西夏战争琐议》，《西夏学》第十九辑，2019年，第60—68页。

陈广恩《黑水城出土俄藏西夏文2554号文书的断代问题——围绕〈事林广记〉的考察》，《西夏学》第十九辑，2019年，第230—237页。

陈光文《蒙古军攻克敦煌史事钩沉》，《敦煌学辑刊》2019年第3期，第171—182页。

陈连龙、李颖《文化传播视域下的西夏〈心经〉藏本研究》，《西夏研究》2019年第3期，第26—30页。

陈连龙、李颖《西夏佛教口语传播特征研究》，《西夏学》第十八辑，2019年，第235—243页。

陈瑞青《西夏〈黑水河建桥敕碑〉文体性质初探》，《西夏学》第十七辑，2019年，第251—258页。

陈瑞青《简论西夏"军籍"文书的性质及其价值》，《西夏学》第十九辑，2019年，第278—288页。

陈玮《黑水城文书所见北宋初年西行求法僧研究》，《新疆大学学报》2019年第2期，第77—82页。

陈玮《唐末五代宋初定难军节度使王爵研究》，《西夏学》第十八辑，2019年，第25—33页。

陈玮《新见北宋保宁院山寺党项民众建塔碑研究》，《西夏学》第十九辑，2019年，第32—42页。

程爱民《从武威的西夏墓来分析西夏葬俗》，《中国民族博览》2019年第2期，第95—96页。

崔红芬《黑水城出土〈佛果圆悟禅师碧岩录〉考》，《西夏研究》2019年第1期，第41—46页。

崔红芬、文健《英藏西夏文〈无常经〉考略》，《敦煌研究》2019年第2期，第45—54页。

崔韶华《"朔方论坛暨青年学者学术研讨会"综述》，《西夏学》第十七辑，2019年，第346—351页。

崔红芬《〈佛说阿弥陀经〉及其相关问题探析》，《西夏学》第十九辑，2019年，第251—268页。

戴羽《西夏"只关"考述》，《宁夏社会科学》2019年第3期，第178—183页。

戴羽、朱立扬《西夏罚金刑研究》，《西夏学》第十九辑，2019年，第82—89页。

邓文韬《一件未刊布的黑水城出土元代借钱契考释》，《西夏研究》2019年第2期，第42—45页。

邓文韬《西夏国名别称"夏台"源流考》，《西夏学》第十八辑，2019年，第65—72页。

邓文韬《四川广元千佛崖石窟元代西夏遗裔题记及其史料价值初探》，《西夏学》第十九辑，2019年，第43—50页。

邓勇帅《夏宋婚姻禁令比较研究》，《现代交际》2019年第7期，第51—52页。

邓章应《民国时期北京大学西夏文课程开设始末》，《西夏学》第十八辑，2019年，第365—372页。

丁海斌、赵丽娜《西夏、辽、金商业文书研究》，《档案》2019年第7期，第4—10页。

丁君涛《古丝绸之路上黑水城出土元代婚契研究》，《西北民族研究》2019年第4期，第188—198页。

窦志斌、高兴超、丁莉《内蒙古中南部地区西夏墓葬壁画反映出的文化因素试析》，《前沿》2019年第2期，第126—131页。

杜建录、王富春、邓文韬《陕西横山出土〈故野利氏夫人墓志铭》

初探》，《西夏学》第十九辑，2019年，第24—31页。

都刘平、鲁玥含《元代西夏遗裔孟昉行迹征略》，《西夏学》第十八辑，2019年，第93—108页。

杜艳梅《西夏文草书书写规律探析》，《西夏研究》2019年第3期，第31—41页。

杜艳梅《俄藏Инв.No.7892-8贷粮契及相关研究》，《西夏学》第十八辑，2019年，第355—364页。

段金强《北宋哲宗时期宋夏关系研究》，《新西部》2019年第2期，第98—99页。

段育龙、武发思、汪万福、贺东鹏、卢秀善《天梯山石窟壁画保存环境中空气细菌的季节性变化》，《微生物学通报》2019年第3期，第468—480页。

段玉泉《〈西夏译华严宗著作研究〉读后》，《西夏研究》2019年第4期，第122—125页。

段玉泉《瑞典藏元刊西夏文大藏经再探讨》，《中华文化论坛》2019年第6期，第81—87页。

范建文《黑水城出土〈宋西北边境军政文书〉中"砲"类文书再讨论》，《西夏学》第十八辑，2019年，第315—329页。

方争利《寻找民族身份感的认同——西夏绘画中的"镂冠"》，《美术学报》2019年第4期，第26—32页。

方争利《敦煌西夏石窟壁画中的飞天形象探析》，《西夏学》第十八辑，2019年，第147—157页。

冯明华《第三届中日青年学者辽宋夏金元史研讨会》，《中国史研究动态》2019年第1期，第83页。

付强强《北宋靖夏城考》，《西夏研究》2019年第1期，第117—120页。

高仁《西夏畜牧业研究》，《中国经济史研究》2019年第1期，第193页。

高仁《"左厢"、"右厢"与经略司——再探西夏"边中"的高级政区》，《中国历史地理论丛》2019年第2期，第59—69页。

高仁《西夏时期鄂尔多斯高原的畜牧经济》，《西夏学》第十八辑，2019年，第73—80页。

格根珠拉《〈圣立义海〉中反映的"九品才性"问题——古代民族语童蒙教材中的"等级"观念》，《青海师范大学学报》2019年第6期，第8—12页。

公维章《西夏晚期瓜州石窟群中的〈玄奘取经图〉》，《丝绸之路研究集刊》第三辑，2019年，第164—176页。

郭静《石窟与墓葬图像在功能上的关联——瓜州榆林窟第3窟窟顶边饰祥禽瑞兽图像探析》，《南京艺术学院学报》2019年第2期，第125—137页。

郭静《榆林窟第3窟五十一面千手观音经变的图像选择》，《丝绸之路研究集刊》第三辑，2019年，第335—349页。

郭明明《"第五届西夏学国际学术论坛暨黑水城历史文化研讨会"会议综述》，《西夏学》第十七辑，2019年，第336—345页。

郭明明、杜建录《〈番汉合时掌中珠〉中的"芍葵花"考》，《宁夏社会科学》2019年第1期，第189—192页。

郭子睿《一所石窟中的密教灌顶道场——瓜州榆林窟第29窟洞窟功能再探》，《西夏研究》2019年第2期，第57—66页。

韩树伟《〈敦煌民族史探幽〉评介》，《西夏研究》2019年第3期，第121—127页。

韩树伟《西夏契约文书研究述要》，《宁夏大学学报》2019年第5期，第65—72页。

郝军军《黑水城出土M1·1287［F68∶W1］残历考》，《敦煌研究》2019年第3期，第93—96页。

郝振宇《西夏基层社会管理组织问题探究》，《内蒙古社会科学》2019年第2期，第62—68页。

郝振宇《资源竞争、身份变迁与文化抉择——以党项西夏社会性格变化为例》，《中南民族大学学报》2019年第2期，第60—64页。

郝振宇《西夏土地买卖租种的价格、租金与违约赔付》，《青海民族研究》2019年第2期，第128—133页。

郝振宇《西夏民间谷物典当借贷的利率、期限与违约赔付研究》，《中国社会经济史研究》2019年第3期，第20—30页。

郝振宇《西夏分家析产问题述论》，《西夏学》第十八辑，2019年，第81—92页。

何冰琦《奥登堡的西夏佛教研究》，《宁夏大学学报》2019年第2期，第108—114页。

何卯平《〈番王礼佛图〉创作年代考》，《中国国家博物馆馆刊》2019年第3期，第81—95页。

何卯平《梁楷〈出山释迦图〉再考》，《美术》2019年第7期，第105—109页。

何卯平《西夏水月观音净瓶盥盏研究——兼论纳尔逊艺术博物馆藏〈水月观音图〉的创作时间》，《西夏学》第十八辑，2019年，第158—172页。

何卯平、宁强《从往生到来迎：西夏净土信仰对西方三圣的观念与图像重构》，《敦煌学辑刊》2019年第3期，第104—120页。

何伟凤《黑城所出〈地理新书〉刻本残片考》，《西夏研究》2019年第1期，第111—116页。

何湘君《内蒙古黑水城出土回鹘景教写本研究》，《吐鲁番学研究》2019年第1期，第72—84页。

侯爱梅《从黑水城所出词讼文书看元代亦集乃路的诉讼审判程序》，

《南方文物》2019年第6期，第207—213页。

胡进杉《三幅西夏文佛经扉画题记释析》，《西夏学》第十七辑，2019年，第191—206页。

胡进杉《三车或四车——一幅西夏文佛经扉画的省思》，《西夏学》第十九辑，2019年，第96—114页。

胡蓉《元末西夏遗民诗人王翰与东南文化》，《西北民族大学学报》2019年第2期，第118—126页。

［日］荒川慎太郎著，孟令兮、麻晓芳译《西夏语的双数后缀》，《西夏研究》2019年第4期，第3—13页。

黄娟《论西夏陶瓷牡丹纹在唐宋文化影响下的发展》，《陶瓷研究》2019年第4期，第64—66页。

黄新、白胤《西夏时期佛塔发展演变及历时性研究》，《居业》2019年第9期，第51—53页。

姬禹《近二十年来国内关于宁夏镇（府）研究综述》，《西夏研究》2019年第4期，第111—121页。

贾常业《〈同义〉中的并列词及其意义》，《西夏学》第十九辑，2019年，第160—164页。

贾维维《宋夏河西地区"八塔变"图像的来源与流布》，《文艺研究》2019年第8期，第127—139页。

贾维维《西夏石窟造像体系与巴哩〈成就百法〉关系研究》，《故宫博物院院刊》2019年第10期，第20—36页。

姜歆《〈天盛改旧新定律令〉征兵制度探析》，《西夏研究》2019年第2期，第71—74页。

靳志佳《俄藏黑水城文书5722星命内容探析》，《宁夏社会科学》2019年第2期，第168—175页。

［俄］克恰诺夫著，闫廷亮、陈建明译《西夏人论中原——以西夏

文资料为中心》,《西夏学》第十九辑,2019年,第18—23页。

孔德翊、马立群《西夏陵遗产的价值内涵探析》,《西夏学》第十九辑,2019年,第152—159页。

孔祥辉《西夏晚期黑水城地区寺院经济研究——基于出土西夏文契约文书的考察》,《中国农史》2019年第3期,第58—66页。

兰书臣《宋夏好水川之战再探》,《军事历史》2019年第3期,第71—81页。

雷家圣《高遵裕与宋夏灵州之役的再探讨》,《首都师范大学学报》2019年第2期,第19—29页。

李海鹏、艾讯《从灵州弃守之争看北宋前期国防战略的转变》,《安康学院学报》2019年第6期,第81—87页。

李华瑞《西夏社会经济史研究的重大成果——史金波〈西夏经济文书研究〉读后》,《中国史研究》2019年第2期,第182—192页。

李进兴《西夏南牟会行宫位置考(一)》,《宁夏史志》2019年第5期,第59—62页。

李进兴《西夏南牟会行宫位置考(二)》,《宁夏史志》2019年第6期,第57—62页。

李进兴《海原县西夏秋苇平遗址出土第十二副将款石牌考析》,《宁夏师范学院学报》2019年第6期,第89—93页。

黎李、黎大祥《武威亥母洞寺出土西夏汉文"宝银"账单及其学术价值》,《西夏学》第十九辑,2019年,第295—301页。

李琼、王德平、徐霖杰《网络传播环境下西夏学文献老化规律研究》,《西夏研究》2019年第4期,第32—37页。

李鹏飞《〈西夏文《宫廷诗集》整理与研究〉评介》,《西夏研究》2019年第4期,第126—128页。

李沁锴《穿越千年的占筮与言说——试论〈卜筮要诀〉的要义与文

化内涵》，《敦煌研究》2019年第3期，第97—103页。

李若愚《西夏时期藏传佛教的流传》，《宁夏社会科学》2019年第1期，第193—198页。

李温《西夏的钱币制度及其立法》，《西夏研究》2019年第2期，第67—70页。

李五奎《简论西夏瓷器文化》，《西夏研究》2019年第4期，第48—50页。

李晓明《甘肃省博物馆藏西夏文诗歌残篇考》，《西夏学》第十九辑，2019年，第302—310页。

李雪峰《夏辽"直路"西夏境内驿站位置考述》，《西夏学》第十九辑，2019年，第69—81页。

李雪峰、艾冲《西夏与辽朝交通干线"直路"的开辟与作用》，《甘肃社会科学》2019年第6期，第211—216页。

李治涛、尤桦《西夏水利立法研究——以〈天盛律令〉〈亥年新法〉为中心》，《西夏学》第十九辑，2019年，第90—95页。

李语、戴羽《俄藏Инв.No.5448号残片考补》，《西夏研究》2019年第3期，第55—59页。

李玉峰《河西地区所见几类西夏农具考述》，《丝绸之路研究集刊》第三辑，2019年，第287—296页。

梁松涛《黑水城出土西夏文四则治风癫疮医方考述》，《山西中医药大学学报》2019年第1期，第7—10页。

梁斌杰、宋浩《宁夏中卫市沙坡头区常乐镇发现西夏窖藏铁器》，《西夏研究》2019年第1期，第2页。

梁松涛《黑水城出土6539号西夏文〈明堂灸经〉考释》，《敦煌学辑刊》2019年第3期，第48—58页。

梁松涛、李鹏飞《黑水城出土西夏文〈宫廷诗集〉性质考》，《宁夏社会科学》2019年第6期，第172—179页。

梁丽莎《英藏西夏文〈庄子〉残片考释》，《西夏研究》2019年第1期，第38—40页。

梁丽莎《英藏西夏文〈贞观政要〉〈新集文词九经抄〉残片考释》，《绵阳师范学院学报》2019年第9期，第32—37页。

梁颖欣《浅谈西夏司法审判中的鞫谳分司》，《法制与社会》2019年第7期，第5—6页。

梁韵彦《制作史视角下的宋夏"一段式"变相扉画阅读顺序再探》，《西夏学》第十八辑，2019年，第109—131页。

林鹄《从熙河大捷到永乐惨败——宋神宗对夏军事策略之检讨》，《军事历史研究》2019年第2期，第56—68页。

刘贺、邓章应《〈大黑求修并作法〉疑难字考释》，《西夏学》第十九辑，2019年，第221—229页。

刘双怡《府州折氏与夏州李氏不同发展轨迹再探》，《西夏学》第十九辑，2019年，第51—59页。

刘文荣《五个庙石窟音乐内容综述——兼及西夏铜角类乐器的考察》，《西夏学》第十九辑，2019年，第115—123页。

刘兴长、孟昱煜《基于HOG特征提取和模糊支持向量机的西夏文字识别》，《西北师范大学学报》2019年第5期，第39—43页。

柳玉宏《〈同音〉二字格探析》，《西夏学》第十八辑，2019年，第207—212页。

刘媛媛《西夏建都兴庆府980周年学术研讨会综述》，《西夏学》第十九辑，2019年，第343—351页。

刘志月《北元初年亦集乃分省若干问题的再探讨》，《西部蒙古论坛》2019年第1期，第46—52页。

罗海山《西夏亲邻之法初论》，《丝绸之路出土各族契约文献研究论集》，2019年，第70—76页。

骆详译《西夏土地的典卖、土地产权与宋夏的"一田二主制"》，《中国农史》2019年第2期，第64—73页。

马万梅《英藏西夏文〈金光明最胜王经〉卷六残片考论——兼与俄藏、国图藏本之比较》，《西夏学》第十八辑，2019年，第339—354页。

马万梅《英藏西夏文〈金光明最胜王经〉卷九残片校译研究》，《西夏研究》2019年第2期，第22—29页。

马文婷《宁夏出土西夏塔龛千佛图唐卡构图及内容解析》，《文物鉴定与鉴赏》2019年第11期，第24—26页。

麻晓芳《〈佛说四人出现世间经〉的西夏译本》，《西夏研究》2019年第1期，第8—16页。

麻晓芳《西夏文〈无边庄严会·清净陀罗尼品〉初、校译本对勘札记》，《西夏学》第十八辑，2019年，第330—338页。

马晓玲《四十年来西夏文物考古研究的回顾与展望》，《西夏研究》2019年第2期，第103—114页。

马旭俊《金夏经济交流途径与特点》，《西夏学》第十七辑，2019年，第54—64页。

孟令兮《〈西夏文藏传佛教史料——"大手印"法经典研究〉出版》，《西夏研究》2019年第3期，第129页。

孟令兮《〈西夏译华严宗著作研究〉出版》，《西夏研究》2019年第4期，第2页。

穆殿云《试论西夏战略文化——以西夏初期李继迁、李德明、李元昊三朝为例》，《长江论坛》2019年第4期，第85—91页。

聂鸿音《〈普林斯顿大学藏西夏文〈法华经〉〉读后》，《西夏研究》2019年第2期，第3—7页。

聂鸿音《中原诗歌在西夏和契丹的传播》，《四川师范大学学报》

2019年第4期，第113—118页。

聂鸿音《再论〈河西译语〉》，《文献》2019年第5期，第144—153页。

聂鸿音《一文双语：西夏文字的性质》，《宁夏社会科学》2019年第5期，第170—175页。

聂鸿音《〈五公经〉：存世谶书的早期样本》，《中华文化论坛》2019年第6期，第46—54页。

聂鸿音《西夏道教补议》，《西夏学》第十七辑，2019年，第1—7页。

牛志文《浅议宋夏关系对北宋"交子"发行的影响》，《文化产业》2019年第22期，第9—13页。

彭向前《出土文献中的推人游年八卦法》，《西夏学》第十八辑，2019年，第1—6页。

彭向前、杨帅《"夏译汉籍"中的断句情况考察》，《西夏研究》2019年第1期，第3—7页。

齐德舜《宋代印度密教高僧金总持研究》，《世界宗教研究》2019年第2期，第74—84页。

任长幸《夏宋盐业朝贡关系研究》，《中国盐文化》第十二辑，2019年，第41—45页。

任怀晟《敦煌莫高窟409窟、237窟男供养人像考》，《敦煌学辑刊》2019年第3期，第91—103页。

任先君《甘肃省博物馆西夏瓷器分析》，《艺术品鉴》2019年第30期，第11—12页。

沙武田《水月观音图像样式的创新与意图——瓜州西夏石窟唐僧取经图出现原因再考察》，《民族艺林》2019年第1期，第5—26页。

沙武田、李晓凤《敦煌石窟六字真言题识时代探析》，《敦煌学辑刊》2019年第4期，第82—99页。

常红红《西夏水月观音中的荐亡图像考释——以东千佛洞第二窟壁

画为中心》，《大足学刊》第三辑，2019年，第310—326页。

常红红《东千佛洞第二窟真实名文殊曼荼罗及相关问题研究》，《西夏学》第十九辑，2019年，第124—134页。

尚平《汝遮城修建与北宋哲宗时期开边政策的转折》，《西夏学》第十八辑，2019年，第15—24页。

邵天松《黑水城出土西夏汉文社会文献词语例释》，《西夏学》第十八辑，2019年，第228—234页。

邵天松《黑水城出土宋代汉文社会文献词语例释》，《汉语史学报》第二十辑，2019年，第102—107页。

史金波《邂逅西夏 结缘文书——深切怀念陈国灿先生》，《敦煌学辑刊》2019年第1期，第1—7页。

史金波《加强民族史研究重视"绝学"维护民族团结和国家统一》，《民族研究》2019年第2期，第1—2页。

史金波《西夏文军抄账译释研究》，《军事历史研究》2019年第3期，第36—47页。

史金波《英藏黑水城出土抵押贷粮契考》，《文津学志》第十二辑，2019年，第307—316页。

史金波《西夏首都兴庆府（中兴府）》，《西夏学》第十九辑，2019年，第1—17页。

史金波《西夏文契约概论》，《丝绸之路出土各族契约文献研究论集》，2019年，第40—47页。

史金波《黑水城出土西夏文雇工契研究》，《丝绸之路出土各族契约文献研究论集》，2019年，第50—57页。

［捷克］施立策著，聂鸿音编译《西夏虚字考源》，《西夏研究》2019年第3期，第3—10页。

宋坤《四十年来黑水城汉文佛教文献研究的回顾与展望》，《西夏研究》2019年第1期，第73—79页。

孙伯君《西夏文〈三观九门枢钥〉考补》，《宁夏社会科学》2019年第4期，第176—186页。

孙伯君《"西夏文化研究"专题》，《中华文化论坛》2019年第6期，第45页。

孙伯君《元代〈河西藏〉编刊资料补正》，《中华文化论坛》2019年第6期，第55—80页。

孙伯君、胡进杉《西夏文〈菩提心及常作法事〉研究》，《西夏学》第十八辑，2019年，第244—294页。

孙伯君《西夏国师法狮子考》，《中国少数民族碑铭研究》，2019年，第40—45页。

孙昌盛《〈胜住仪轨〉夏藏文对勘研究》，《西夏学》第十九辑，2019年，第238—250页。

孙飞鹏、梁松涛《Дx19078西夏文针灸文献残片及相关问题考》，《西夏研究》2019年第4期，第14—16页。

孙广文《西夏天文历日研究综述》，《西夏研究》2019年第4期，第103—110页。

孙利光《关于李慧月金银字〈华严经〉的扉画》，《新美术》2019年第1期，第67—71页。

孙圣国《唐宋文化影响下的西夏陶瓷牡丹纹样发展研究》，《中国陶瓷》2019年第2期，第79—84页。

孙毅华《甘肃西夏石窟中的建筑画与中原建筑之比较》，《中国建筑史论汇刊》第十七辑，2019年，第25—35页。

孙宜孔《后晋定难军节度副使刘敬瑭墓志铭考释》，《西夏学》第十八辑，2019年，第34—43页。

孙颖新《再论西夏文献中的通假现象》，《语言研究》2019年第3期，第113—120页。

孙颖新《西夏文〈大宝积经·无量寿如来会〉对勘研究》，《世界宗教文化》2019年第3期，第7页。

唐均《西夏语"狮子"词源考》，《北方工业大学学报》2019年第3期，第60—65页。

田晓霈《西夏"水军"新考》，《史志学刊》2019年第3期，第10—13页。

田晓霈、崔红风《俄藏Инв.No. 5147西夏文借贷契研究》，《西夏研究》2019年第3期，第49—54页。

田晓霈《黑水城出土5147—1号西夏文典身契研究》，《宁夏社会科学》2019年第4期，第187—192页。

田晓霈《黑水城出土西夏文典地契研究》，《中国农史》2019年第4期，第55—63页。

田晓霈《俄Инв.No.5996—1西夏文卖奴契考释——兼论西夏奴隶阶层的等级关系与买卖制度》，《宁夏师范学院学报》2019年第9期，第46—50页。

佟建荣、崔韶华《西夏文〈高王观世音经〉底本源出考》，《西夏研究》2019年第3期，第42—48页。

王军辉、杨浣《民国时期的两部西夏史著:〈西夏纪〉与〈宋史·夏国传〉集注》，《西夏研究》2019年第3期，第116—120页。

王凯《西夏对域外信息的搜集》，《西夏研究》2019年第4期，第43—47页。

王丽娟《阿拉善与西夏学研究》，《传播力研究》2019年第9期，第239页。

王丽娜《西夏、元时期河西走廊手工匠作行业组织流变考》，《美术大观》2019年第3期，第80—82页。

王龙《西夏文草书〈显扬圣教论·成不思议品第十〉考补》,《西夏研究》2019年第1期,第17—31页。

王培培《西夏"计都星"考》,《西夏学》第十九辑,2019年,第197—201页。

王培培《西夏语"罗睺星"的来源》,《宁夏社会科学》2019年第3期,第194—196页。

王琦《甘肃武威塔儿湾遗址出土西夏瓷器初探》,《文物天地》2019年第3期,第66—77页。

王荣飞《英藏西夏文〈明堂灸经〉残叶考》,《北方民族大学学报》2019年第1期,第116—119页。

王荣飞、景永时《艾尔米塔什博物馆藏西夏文佛经木雕版考论》,《宁夏社会科学》2019年第5期,第180—185页。

王胜泽《敦煌西夏石窟中的花鸟图像研究》,《敦煌学辑刊》2019年第2期,第153—168页。

王胜泽《莫高窟第95窟水月观音图为西夏考》,《西夏学》第十八辑,2019年,第173—181页。

王巍《西夏时期四柱预测与星占术合流之考论》,《西夏研究》2019年第4期,第17—20页。

王巍《黑水城出土纳甲筮法文书初探》,《中华文化论坛》2019年第6期,第88—93页。

王艳春《宁夏社会科学院西夏学科组考察纪》,《西夏研究》2019年第3期,第2页。

王阳《黑水城元代法制文书校读札记》,《北方民族大学学报》2019年第6期,第122—127页。

汪正一《敦煌西夏水月观音变"僧人与猴行者"身份新释》,《丝绸之路研究集刊》第四辑,2019年,第283—299页。

魏淑霞《西夏文〈大宝积经〉卷十三、十四字词句翻译问题举偶》，《西夏研究》2019年第2期，第13—21页。

魏淑霞《制度史视域下的西夏监军司探析》，《宁夏师范学院学报》2019年第9期，第51—54页。

魏文、［俄］索罗宁、谢皓玥《西夏文星曜礼忏文献〈圣曜母中道法事供养根〉译考》，《敦煌研究》2019年第3期，第84—92页。

魏亚丽《从"莲花化生"到"连生贵子"——论西夏"婴戏莲印花绢"童子纹样的文化内涵》，《装饰》2019年第8期，第70—73页。

文志勇《西夏文〈华严经〉帙号考》，《西夏学》第十九辑，2019年，第269—277页。

［日］武内绍人著，陈明迪、陆离译《黑水城和额济纳出土藏文文献简介》，《西夏学》第十八辑，2019年，第295—314页。

吴晓红《西夏时期宁夏平原引黄灌溉开发与管理述略》，《西夏研究》2019年第1期，第54—58页。

吴雪梅、邵译萱《新见西夏文〈三才杂字〉残片考释》，《西夏研究》2019年第3期，第60—68页。

吴雪梅、于光建《凉州瑞像的"新时代"——凉州瑞像在西夏的流传特点分析》，《宁夏社会科学》2019年第6期，第180—187页。

吴宇、邓章应《西夏文〈同义〉重复字研究》，《西夏学》第十八辑，2019年，第213—227页。

吴宇、邓章应《西夏文〈同义〉文字考订》，《西夏学》第十九辑，2019年，第208—220页。

席鑫洋《飞来峰第90龛大势至菩萨头冠宝瓶及与西夏渊源关系考》，《西夏学》第十九辑，2019年，第135—151页。

许娜云《党项：消失在塞北羌笛之中》，《中国民族教育》2019年第5期，第61—64页。

许鹏《论西夏语的词义移植》，《中央民族大学学报》2019年第3期，第156—162页。

徐伟玲《多元交融——〈西夏经变画艺术研究〉读书笔记》，《艺术大观》2019年第15期，第28—29页。

许伟伟《西夏边防的基层军事建置问题》，《西夏研究》2019年第1期，第47—53页。

许伟伟《西夏中期河西地区的军事建置问题——以西夏法典〈天盛律令〉为中心》，《西夏学》第十八辑，2019年，第7—14页。

闫强乐《西夏法律文献与法律史研究述论》，《西夏研究》2019年第2期，第75—86页。

闫中华、王艳《从图像艺术看西夏女性的社会地位》，《民族艺林》2019年第3期，第122—134页。

杨冰华《试论元代西夏文佛经版画对明清水陆画的影响》，《世界宗教文化》2019年第4期，第115—120页。

杨富学《裕固族初世史乃解开晚期敦煌石窟密码之要钥》，《敦煌研究》2019年第5期，第9—12页。

杨富学《敦煌石窟"西夏艺术风格"献疑》，《黑河学院学报》2019年第10期，第26—29页。

杨富学、王庆昱《党项拓跋驮布墓志及相关问题再研究》，《西夏研究》2019年第2期，第36—41页。

杨浣、付强强《省嵬城与省嵬山》，《宁夏社会科学》2019年第2期，第176—184页。

杨浣、段玉泉《黑水城出土版画〈释迦牟尼佛说三归依经处〉与〈释迦摩尼佛说三贤劫经之处〉的比较研究》，《西夏研究》2019年第2期，第8—12页。

杨浣、段玉泉《克夷门考》，《北方民族大学学报》2019年第5期，第120—126页。

杨浣、魏亚丽《黑水城版画残图研究两题》,《西夏学》第十八辑,2019年,第132—137页。

杨际平《4—13世纪汉文、吐蕃文、西夏文买卖、博换牛马驼驴契比较研究》,《敦煌学辑刊》2019年第1期,第109—123页。

杨占河《西夏历史题材油画创作构图研究》,《美术》2019年第4期,第144—145页。

姚蔚玲《宁夏考古70年综述》,《宁夏师范学院学报》2019年第12期,第56—62页。

叶娇、徐凯《"旋襕"考》,《敦煌研究》2019年第4期,第78—85页。

［俄］И.Ф.波波娃编著,崔红芬、文健译《宋时期的非汉族政权之西夏（982—1227）》,《西夏研究》2019年第3期,第11—25页。

尤桦《西夏时期浑脱考述》,《宁夏师范学院学报》2019年第2期,第75—80页。

尤桦《西夏棍棒类兵器及其相关问题考论》,《西夏学》第十八辑,2019年,第55—64页。

于博《西夏与辽宋时期涅槃图像的比较研究》,《西夏学》第十八辑,2019年,第182—199页。

余斌、余雷《"以形论变"——西夏王陵形制演进探讨》,《宁夏社会科学》2019年第2期,第185—190页。

于业礼、张如青《西夏汉文〈杂集时用要字〉药物部再论》,《图书馆理论与实践》2019年第3期,第72—77页。

袁頔《莫高窟第363窟壁画组合与丝路元素探析》,《西夏研究》2019年第1期,第101—110页。

张东祥《筚路蓝缕 玉汝于成——〈英藏黑水城出土社会文书研究：中古时期西北边疆的历史侧影〉评介》,《西夏研究》2019年第1期,第

121—125页。

张多勇、马悦宁、张建香《西夏对宋构筑的铁钳左翼——金汤、白豹、后桥考察研究》,《宁夏社会科学》2019年第2期,第160—167页。

张海娟《2011—2018年国内西夏佛教文献研究综述》,《西夏研究》2019年第2期,第115—128页。

张惠强《俄藏黑水城文献〈新雕文酒清话〉校读献疑》,《西夏学》第十九辑,2019年,第289—294页。

张九玲《俄藏西夏本〈佛说十王经〉述略》,《首都师范大学学报》2019年第2期,第30—34页。

张九玲《俄藏西夏文〈大宝积经〉卷九十三释读》,《宁夏师范学院学报》2019年第2期,第61—74页。

张九玲《俄藏西夏文〈大宝积经〉卷九十五释读》,《绵阳师范学院学报》2019年第9期,第10—16页。

张九玲《定州佛像腹中所出西夏文〈十王经〉残片考》,《西夏学》第十九辑,2019年,第311—319页。

张美晨《西夏水月观音图像研究——以瓜州东千佛洞二窟〈水月观音〉为例》,《美与时代》2019年第3期,第120—121页。

张彤云《西夏类书〈圣立义海〉故事新考三则》,《西夏研究》2019年第1期,第68—72页。

张文平《西夏北部边防军司城寨探考》,《草原文物》2019年第2期,第88—93页。

张笑峰《西夏的兵符制度》,《西夏研究》2019年第4期,第38—42页。

张笑峰《黑水城出土X24国公令印文考辨》,《宁夏社会科学》2019年第5期,第176—179页。

张映晖《西夏文〈大宝积经〉卷十"密迹金刚力士会"考释——兼论西夏时期的金刚力士形象》,《绵阳师范学院学报》2019年第9期,第

17—31页。

张永富《西夏语的禁止式标记》，《西夏学》第十九辑，2019年，第202—207页。

章治宁《西夏塔式擦擦造像艺术》，《西夏学》第十八辑，2019年，第138—146页。

张竹梅《说说西夏韵图〈五音切韵〉的韵等问题》，《西夏学》第十九辑，2019年，第165—196页。

赵江红《西夏文〈谨算〉星禽研究》，《西夏研究》2019年第1期，第32—37页。

赵露、唐婧《西夏仁孝时期汉乐来源考》，《西夏研究》2019年第2期，第53—56页。

赵沈亭《莫高窟西夏洞窟壁画弥勒经变考》，《西夏研究》2019年第1期，第59—67页。

赵沈亭《莫高窟西夏石窟壁画无量寿经变定名考》，《宁夏大学学报》2019年第6期，第71—79页。

赵声良《供养人 榆林窟第29窟北壁 西夏》，《敦煌研究》2019年第6期，第2页。

赵生泉《西夏的苏风书迹》，《中国书法报》2019年10月29日第7版。

赵生泉《四十年来西夏文草书研究的回顾与分析》，《西夏研究》2019年第1期，第80—86页。

赵廷虎《西夏南疆"萧关"故址及宋、夏对天都地区的经营述论》，《宁夏史志》2019年第3期，第52—59页。

赵晓星《西夏时期敦煌涅槃变中的抚足者——西夏石窟考古与艺术研究之四》，《敦煌研究》2019年第1期，第20—27页。

赵彦龙、扶静《西夏借贷契约的性质与程式——西夏契约性质与程式研究之三》，《中国档案研究》第七辑，2019年，第3—26页。

赵彦龙、张倩《西夏典当契约的性质与程式——西夏契约性质与程式研究之五》，《西夏研究》2019年第4期，第24—31页。

赵彦龙、张倩《西夏租赁契约的性质与程式——西夏契约性质与程式研究之六》，《宁夏师范学院学报》2019年第9期，第41—45页。

钟翠芬《西夏文密教典籍〈主承因教求顺〉考》，《西夏学》第十九辑，2019年，第330—342页。

周腊生《西夏状元释褐职任窥斑》，《湖北职业技术学院学报》2019年第2期，第49—53页。

周胤君《西夏"寒山拾得"鎏金铜像解析》，《天津美术学院学报》2019年第3期，第85—88页。

周泽鸿《俄藏黑水城出土〈阴思鬼限〉释论》，《西夏学》第十九辑，2019年，第320—329页。

周泽鸿、于光建《四十年来西夏丧葬习俗研究的回顾与展望》，《西夏研究》2019年第3期，第105—115页。

〔日〕佐藤贵保著，王玫译《西田龙雄博士的西夏语研究成果以及对历史研究的影响》，《西夏研究》2019年第4期，第21—23页。

第七章

2020年西夏学研究

第一节 2020 年西夏学研究综述

据不完全统计，2020年共出版西夏学著作25部，发表学术论文220余篇。内容涵盖西夏的政治、经济、文化、法律、军事、佛教等多个方面，尤其对出土文献的考释和宗教艺术的研究比较集中。下面分著作、论文两大部分予以介绍。

一、著 作

西夏历史方面，邱树森《辽西夏金元》（福建人民出版社，2020年），第二章介绍了西夏的文学艺术、科学技术、宗教信仰和社会风俗。李锡厚、白滨《辽金西夏史》（上海人民出版社，2020年），下篇分六章阐述了党项的兴起与夏州政权的建立、西夏王朝的兴亡、西夏的政治制度、西夏的经济制度、西夏的宗教与文化、西夏与周边王朝及民族的关系。

西夏政治方面，魏淑霞《西夏职官制度研究》（甘肃文化出版社，2020年），将西夏职官制度研究纳入中国古代职官制度史中进行审视，分十一章，以专题形式梳理、探讨了西夏职官制度的状况，以期从职官制度层面来反映少数民族政权的发展变迁及不同民族政权间的政治文化交融。许伟伟《西夏宫廷制度研究》（甘肃文化出版社，2020年），在梳理《天盛律令》西夏宫廷制度内容的基础上，全面运用西夏出土的文书和传统史籍文献，采用多重证据法，甄选史料、纠正以往谬误，第一次全面系统地探讨了西夏的宫廷制度，丰富了辽宋西夏金时期宫廷制度的研究内容，揭示了西夏政治文化的特色。孙继民《黑水城出土文书研究》（甘肃文化出版社，2020年），分综合研究、宋代文书研究、金代伪齐文书研究、西夏文书研究、元代文书研究、附录六个部分，是作者研究论文的辑录，内容主要涉及不同历史时期的军事文书。赵彦龙《西夏档案及其管理制度研究》（中国社会科学出版社，2020年），结合《俄藏黑水城文献》《中国藏西夏文献》《英藏黑水城文献》《续资治通鉴长编》《宋史》等史籍和新近研究成果等进行全面搜集、整理，对西夏时期用不同文字书写的档案进行了分析和研究，既复原了西夏社会生活各方面的面貌，又完善了中国古代档案的构成成分。

西夏经济方面，李发军《西夏钱币收藏研究》（内蒙古人民出版社，2020年），分为西夏货币史、西夏钱币辨伪、附件三部分，作者着重阐述了西夏钱币的辨伪。潘洁、李玉峰《西夏农业研究》（甘肃文化出版社，2020年），利用黑水城出土文献，结合图像资料，围绕土地、水利、农具做了补充，有助于对西夏农业及相关社会历史的研究。

西夏文化方面，戴光宇《〈番汉合时掌中珠〉词汇历史研究》（甘肃文化出版社，2020年），对《番汉合时掌中珠》中的语音、词汇做了系统研究，并将其与满语、彝语、苗语等其他民族的语言词汇做了对比研究，对解读西夏文字、构拟西夏语言具有重要意义。贾常业《西夏韵书〈五音切韵〉解读》（甘肃文化出版社，2020年），采用了《文海》《同音文海宝韵合编》等材料进行验证和反证，试图从音韵学的角度对西夏韵书《五音切韵》做原原本本的解读，是西夏语韵母构拟的基本依据，具有很高的学术价值。贾常业《西夏音韵辞书〈音同〉解读》（甘肃文化出版社，2020年），对《音同》新旧版本中的词组做了对比研究，对西夏文部首检字方式做了说明，既构拟声韵，又解读字义，使《音同》真正成为了解西夏文字、音、义的辞典。邵天松《黑水城出土宋代汉文社会文献词汇研究》（中华书局，2020年），分别从历时层面及共时层面对黑水城宋代汉文社会文献中不同性质、不同使用层次的词语进行统计分析，勾画出其词汇系统的总体特征，同时将传统训诂学理论、考据学方法与现代语言学理论方法相结合，考察其中的新词新义、疑难字词以及不同语义场中的特色词汇，对于汉语词汇史的建构、汉语辞书的编纂修订均有一定的学术价值及应用价值。许生根、孙广文《11—13世纪中医药学在西北边疆的传播：以黑水城文献为中心的研究》（凤凰出版社，2020年），有助于了解中医药文化在西北边疆传播的状况。周峰《辽金西夏碑刻研究》（甘肃文化出版社，2020年），对稀见辽、金、西夏时期的碑铭文作以系统整理，并通过对大量碑刻文献的校注和解读，全方位展现了辽、金、西夏政权的语言文字、地域经济、社会历史、民情风俗和科技艺术等。

西夏佛教方面，樊丽沙《出土文献所见汉传佛教在西夏的传播及影响》（中国社会科学出版社，2020年），结合传统史料和考古资料，表明早期西夏佛教如同回鹘佛教一样，也是汉传佛教在西夏地区的翻版，是汉文化影响西夏民族文化的范例。麻晓芳《西夏文〈大宝积经·善住意天子会〉研究》（甘肃文化出版社，2020年），以《大宝积经》第三十六"善住意天子会"的西夏文译本为研究对象，通过对该佛经的全面解读，探讨与此相关的西夏语语法问题，为西夏语研究提供了一份新的语言材料，为深化西夏语语法研究提供了第一手资料。宋坤《黑水城汉文藏外佛教文献若干问题研究》（甘肃文化出版社，2020年），分黑水城出土汉文藏外佛教文献整体概述及价值分析、西夏汉文藏外佛教文献缀合复原与拟题考辨、《佛说寿生经》与民间寿生信仰问题研究、《慈觉禅师劝化集》与宗赜及其佛教伦理思想研究、《建置曼拏罗真言集》与民间密教信仰研究等五个方面，对宋、夏、金时期民间佛教的相关问题进行了探讨。张震州、蔡彤华《黑水城出土擦擦整理研究》（甘肃文化出版社，2020年），对擦擦的起源及流传做了介绍，将黑水城地区擦擦的出土概况、分类、演变流传及其与其他地区的擦擦做了比较探讨，对夏元时期黑水城地区佛教宗派和藏传佛教等内容进行了整理研究，附录部分则收录了国内各时期的擦擦图版。

其他方面。杜建录主编《西夏学》第二十、二十一辑（甘肃文化出版社，2020年），共辑录了57篇西夏学研究方面的论文，围绕西夏历史文化、语言文献、文物考古、综述回顾等进行了不同专题的研究。

二、论　文

下面分佛教文化艺术、语言文字考释、政治军事地理、石窟考古、法律经济制度、学术动态等六个部分择要论述。

（一）佛教、文化艺术

关于水月观音，朱淑娥《俄藏黑水城西夏水月观音头冠考》（《西夏研究》2020年第1期），指出水月观音所戴头冠为化佛冠，形制有三角形冠和通天冠两种，火焰宝珠、步摇成为水月观音头冠的主要配饰。三角形化佛冠受早期印度佛教和中亚佛教艺术的影响，结合中原佛教、藏传佛教在西夏时期成为水月观音头冠流行样式。张瑞、于光建《武威博物馆藏水月观音水陆画艺术特点探析——兼与西夏水月观音图像的比较》（《西夏研究》2020年第4期）、郭子睿《镜像的美术、思想与礼仪——肃北五个庙第1窟西夏水月观音图像研究》（《西夏学》第二十一辑，2020年）、王胜泽《风俗画时兴背景下西夏千手观音的图式之变》（《丝绸之路研究集刊》第五辑，2020年）、赵帆《张大千临摹〈西夏水月观音〉之审美探析》（《内江师范学院学报》2020年第3期），亦从不同角度分析了西夏水月观音。

关于西夏文佛经，段玉泉、王博楠《西夏佛教序跋题记的史料分析》（《中国藏学》2020年第1期），认为在西夏佛教史的构建方面，保留有不少印度佛教史料、吐蕃佛教史料、蒙古汗国佛教史料及元朝佛教史料，也保存了不少非佛教史料，在职官、族姓、地名、国名、年号等方面有一定的研究价值。田孟秋、杨浣、任怀晟《黑水城出土西夏〈阿弥陀佛接引图〉中龙凤纹佛衣考》（《西夏研究》2020年第2期），指出龙凤纹样组合作为中原王朝皇帝服装纹样组合最早出现在南朝梁时期，大约到了宋代开始成为帝王的专用服饰纹样。饰有"龙凤纹"的佛教服装应该早在西夏时期已经出现，西夏佛衣上出现龙凤纹大致是受到帝王造等身佛像、中原道教及唃厮啰佛教信仰的影响。闫中华《黑水城出土西夏绢画〈阿弥陀佛来迎图〉中的华盖意涵探究》（《西夏研究》2020年第3期），因西夏净土信仰的盛行，华盖与不鼓自鸣的乐器、飞天和宫阙等图案相结合，创造出西夏人所向往的"理想世界"。从装饰审美特征看，华盖既具有多样化的装饰功能，也有其紧密的装饰手法，使《阿弥陀佛来迎图》在整体效果上形成一种独特的韵律美感。陈丽娟、龙忠《俄藏TK58〈观弥勒菩萨上生兜率天经〉卷首版画弥勒经变研究》（《西夏研究》2020年第3期），指出《弥勒经变》为木版线刻，保存完好，是西夏木刻版画中的精品。画面构图追求对称、均衡，采用斜俯视的透视方式来表现宏大场面，人物众多、层次分明。该幅版画与壁画中的弥勒经变有鲜明的区别，出现了前代没有的新样式，此幅版画弥勒经变代表了西夏佛教艺术的水平，也反映出西夏弥勒信仰的兴盛。刘江《文殊山万佛洞与北庭西大寺〈弥勒上生经变〉的比较研究》（《西夏学》第二十辑，2020年），指出甘肃文殊山万佛洞《弥勒上生经变》壁画内容依据沮渠京声所译《佛说观弥勒菩萨上生兜率天经》绘制，通过将其与新疆吉木萨尔县北庭西大寺《弥勒上生经变》的比较，认为万佛洞《弥勒上生经变》的图像绘制粉本有可能来源于北庭西大寺，且绘制时间可能在西夏乾祐二十年（1189）之后。由此论证西夏与回鹘的弥勒信仰存在着继承关系。王龙、庞倩《西夏译义净所传〈根本说一切有部律〉研究》（《西夏学》第二十一辑，2020年），系统梳理了现存三卷四个编号的西夏文本《根本说一切有部律》典籍，指出存世的两个抄件Инв.No.357和Инв.No.2737可以缀合为完整的卷十，这一点是前人在著录中没有注意到的。通过解读这四部具有明确汉文来源的文献，从中总结出一批专有西夏律藏词语的夏、汉对当关系，摸清西夏人对这些文献的理解方式和翻译手法，为了解"根本说一切有部律"律藏思想于12世纪至14世纪在中国北方的传播和发展提供了重要的参考。吴强、彭佳慧《西夏十一言〈功德宝集偈〉：罕见的汉文佛教偈颂体式》（《西夏学》第二十一辑，2020年），指出传世汉文佛典偈颂一定程度上受汉文诗歌影响，多止于九言。西夏的十一言汉文偈颂，虽然是汉译的形式，却没有受到多少古汉语的影响，更多地表现为对藏文本的继承，这在汉语偈颂体式中，实属罕见。

关于西夏与汉藏佛教交流，李梦溪《西夏文〈《金刚经广释》复注〉研究与汉藏佛教文化交流》（《中国藏学》2020年第1期），指出西夏地区所流行的《金刚经》注释书是活跃于西夏地区的藏传佛教僧人学习、修行所必需的文本，主要以藏文原本和西夏文译本两种形式流传，该文献在遵循藏传佛教阐释习惯的同时，亦含摄了西夏王朝建立以前即流行于敦煌地区的汉传佛教学说，体现出当地僧人博收广纳的学习方式以及该地区多元交融的文化氛围。沈卫荣《论西夏佛教之汉藏与显密圆融》（《中华文史论丛》2020年第1期），通过对《大乘要道密集》收录的"大手印"传轨文本，黑水城出土文献《持诵圣佛母般若多心经要门》《欲护神求修》与《四字空行母记文》四种汉文藏传佛教文本的分析，披露西夏时期所传藏传密教所附带的明显的汉传佛教和显宗佛教成分，反映了西夏佛教具有汉藏和显密两种佛教传统交融的特色。曾汉辰《西夏觉照国师法狮子之教法来源与身份考》（《中国藏学》2020年第1期），根据西夏文教法的藏文原本，考察其教法师承，并利用藏文史料，探究法狮子其人。杨杰《西夏对藏传佛教的吸收与融创——以〈大乘要道密集〉所收数篇大手印文本为例》（《中国藏学》2020年第2期），通过藏文原本进行相应的释读，初步厘清了这些文本的传承来源，反映出西夏的传译者基于藏文原本所做的重组、编集与再阐释，由此彰显西夏对藏传佛教的本土化理解与融创，以及西夏佛教文化兼收并蓄、圆融汇通的特色。孙昌盛《方塔出土两部西夏文藏传续典源流考》（《北方民族大学学报》2020年第4期），通过《吉祥遍至口合本续之解喜解疏》和《吉祥遍至口合本续之广义文》著传译者题款考证，两部文献的作者为藏传佛教俄派大德俄·协当多吉，由俄派高僧不动金刚传至西夏，指出它们的藏文底本为《吉祥三菩怛之注疏文明灯》，是对《三菩怛本续》的注疏性文本，这些西夏语译的藏传佛教俄派传规文献表明俄派噶举僧人在西夏有相当的影响。谢继胜、才让卓玛《宋辽夏官帽、帝师黑帽、活佛转世与法统正朔——藏传佛教噶玛噶举上师黑帽来源考》（《故宫博物院院刊》2020年第6、7期），从黑水城出土药师佛唐卡黑帽上师身份的辨别入手，利用近年在宁夏、甘肃等地发现的图像材料，结合藏文史籍如《洛绒教法史》《贤者喜宴》《青史》等，梳理了噶举派藏巴帝师与热巴帝师在西夏长达数十年活动的史实，指出藏传佛教噶玛噶举的黑帽来源于西夏帝师制度，代表正朔地位的黑帽的把持与传承引导了藏传佛教活佛转世系统的建立，为元代至明代噶玛噶举教派用黑帽传承延续西藏地方与中原王朝的紧密联系，为活佛转世系统的奠定，以及为后世中央政权与地方的交往等提供了范例。金滢坤《宋辽金西夏元儒家经典与童蒙教育考察》（《童蒙文化研究》第五卷，2020年），认为辽、金、元和西夏效仿了宋代科举考试和官学的设置，其童蒙经典教育都在不同程度上受到了宋代理学和科举考试的影响，同时带有鲜明的民族特点。翟兴龙《西夏三十五佛文本源流考》（《西夏学》第二十辑，2020年），指出汉文本《三十五佛名经》与西夏文《忏罪法事》出现的时间最早，可能是在西夏仁宗的直接干预下形成的，不动金刚在汉文本的形成过程中可能是关键人物，在形成西夏文本的时候，加入了藏传佛教的因素。不动金刚将西夏三十五佛信仰引入汉地，在四川蒙山将礼忏三十五佛纳入重新编订的《瑜伽集要焰口施食仪》，明代还在流行的《三十五佛名经》，其内容来源已经不是唐代菩提流志译本或西夏重编本，而是不动金刚编订的《施食仪》。

其他方面，［俄］索罗宁、谢皓玥《西夏佛典体系两种："心类五种"与"发菩提心"初探》（《复旦学报》2020年第3期），认为在西夏佛教文化中，存在吐蕃"前弘期"所谓"心类五部"文献，在西夏地区流传的"发菩提心"思想中的核心文本是寂天菩萨撰《入菩萨行论》，与其相关的是《菩提心及常做法事》的仪轨法本，而后者可能为西夏晚期官方佛教指定的仪轨本子，并且产生了独特丰富的注释系统，指出西夏仁宗时期《天盛律令》中出现的"起信"一部代表《大乘起信论》。徐阳、韦兵《英藏黑城出土Or.12380-1796西夏文〈百六吉凶歌〉残叶考》（《宁夏社会科学》2020年第6期），指出Or.12380-1796号残页是中原星命著作《百六吉凶歌》的西夏文译本，参考南宋《三辰通载》所录《百六吉凶歌》可以复原其内容，残页记载了星命术中推算"洞微大限"的方法，为了解中原星命占卜法在河西地区的流传提供了材料。赵小明《占卜与西夏社会》（《北方文物》第二十辑，2020年），指出西夏的占卜文化深受汉族占卜文化的影响，来源较为单一，反映了西夏文化发展从内亚性到中原性的趋势，有助于读者了解占卜在西夏民众生育、医疗、婚丧、择日、商业、失物寻找等日常生活中的深刻影响。李颖《历史、美学与互动：西夏音乐文化的三维考察》（《西南民族大学学报》2020年第7期），指出西夏音乐文化因其独特的发展历程，孕育出兼具民族性与包容性的风格特质，在与中原汉族音乐文化的互动交流过程中，西夏音乐文化进一步确证了自身，获得了延展与提升。邓文韬《崔嘉讷、田泽与蔺守真：元代亦集乃籍士人三考》（《西部蒙古论坛》2020年第2期），可补《元史》未收亦集乃籍士人之遗憾。汤晓芳、郭海鹏、周胤君《西夏文碑刻艺术特征探析》（《西夏学》第二十辑，2020年），指出西夏碑的伎乐菩萨造型源于凉州乐舞世俗人物形象，西夏陵碑座力士人物的夸张造型烙上了党项族世代流传祖先崇拜的"人心营构之像"之印记，体现了民族精神，成为西夏艺术的标志性符号，西夏碑刻的制作工艺在传承中原的基础上有其自身的特点。

（二）语言、文字考释

关于西夏语字词考释，［日］荒川慎太郎著，麻晓芳译《西夏文〈天盛律令〉中的西夏语动词前缀》（《西夏研究》2020年第1期），以俄藏《天盛律令》为语料，考察法典中出现的三套动词前缀共计五千余用例，通过与其他西夏文献材料相对照，《天盛律令》中的用例显示出附加在前缀后的动词词义与前缀在位移或行为的方向上存在相似的倾向。同敏、许鹏《西夏语"头项"词义考》（《西夏研究》2020年第1期），认为"头项"是"事宜、事项"的意思，可以用作"同位语"，而非学界认为的"头领、首领"的意思，也非西夏的一种军事组织。同一常用词在夏汉文本中词义的不对等，说明西夏语在词义衍生的思维模式层面与汉语是不一致的。麻晓芳《西夏语动词的命令式》（《语言研究》2020年第2期），对照汉传及藏传西夏文佛经，以及世俗文献中命令式的语法形式，西夏语动词的命令式的形态句法特征与藏缅语族语言，尤其是羌语、道孚语等一致，其来源与趋向范畴的功能转移有关。聂鸿音《"党项人"考辨》（《宁夏社会科学》2020年第3期），认为西夏文学作品里用"黑头"和"赤面"两个词合称境内的党项人，"黑头"指世居河湟地区的番人，"赤面"指后来随西夏太祖李继迁来到河西成为统治者的拓跋部。"赤面"应该视为与"黑头"不同的部族，其语言与河湟的番语差别很大，而"党项羌"仅仅是当代人对两者的统称。西夏统治阶层在与番语使用者的接触中逐步放弃了自己的母语而转用番语，当初的部族意识也随之淡化，原来的语言只零散地保留在西夏中后期的文学作品中。孙伯君《西夏皇帝又称"白天子"考》（《宁夏社会科学》2020年第2期），根据《月月乐诗》所载勒尼语与党项语，推断西夏国名"白高国"用勒尼语来表述应为"大白高国天子"的省称，而非学界猜测的"西夏译经图"中出现的惠宗时代主持译经的安全国师白智光。[日] 三宅英雄著，麻晓芳译《缩合的复杂性：初期党项语的框架》（《西夏研究》2020年第3期），构拟了初期党项语音系，对应的后代西夏语在类型学视角上更接近上古汉语，也可用以解释后代西夏语内部存在的形态转换，西夏语语音史最终会被纳入单音节缩合这一更大的体系之中。高山杉《西夏文佛典中的四个人名》（《中山大学学报》2020年第5期），通过释读，对相关西夏文佛典残页试行缀合，初步确定其内容性质和宗派归属，并对旧有译名提出新的翻译的可能。

关于西夏经典的探讨，[俄] 索罗宁、谢皓玥《西夏宗义书〈诸宗二谛显理要集记〉初探》（《中国藏学》2020年第1期），介绍了《诸宗二谛显理要集记》，并提供西夏录文和汉译，讨论《诸宗二谛显理要集记》在西夏藏译宗义书中的地位，认为文献内容属于西夏本土佛教文献，系圆融汉藏佛教资料而成的宗义书。辛睿龙《英藏黑水城文献Or.8212/1344号写本〈蒙求〉残页考》（《古籍整理研究学刊》2020年第1期），指出英藏黑水城文献Or.8212/1344号写本《蒙求》残页属斯坦因第三次中亚考古所获的汉文文献中未经马斯伯乐刊布的部分，其文字内容正为唐李瀚《蒙求》卷上之始。杨蕤《〈中国历史地图集·西夏幅〉补释》（《中国边疆史地研究》2020年第1期），在对《中国历史地图集·西夏幅》的绘制背景、资料来源、地理要素梳理和考释的基础上，结合北方民族的地缘状况及历史演变，指出《中国历史地图集·西夏幅》在绘制过程中的北部疆界"模糊性"问题并非个案，有必要重新审视与梳理。和智《〈圣立义海〉校译补正》（《西夏研究》2020年第2期），依据《俄藏黑水城文献》第10册刊布的《圣立义海》，对《圣立义海研究》拣选若干字、词、句做校补，有助于我们对克恰诺夫、李范文、罗矛昆整理的《圣立义海》原文的理解。格根珠拉《西夏蒙书〈圣立义海〉史源补考四则》（《宁夏大学学报》2020年第4期），新考出《圣立义海》人物及故事来源，以补充相关研究，即"袁谭攻弟"、司马相如逸事、北宋"顺宁寨李氏女退兵"、《太平御览》两则叔伯养侄女，据考证此四则故事出自《后汉书》《汉书》《梦溪笔谈》《晋书》。崔红芬《黑水城出土〈景德传灯录〉考略》（《河北师范大学学报》2020年第3期），考察了《景德传灯录》入藏、不同版本和传入西夏的年代，发现《景德传灯录》在宋大中祥符四年（1011）入藏，有帙号，而西夏写本《景德传灯录》没有帙号存在，属私人抄本。崔红芬、文志勇《西夏遗存〈弥勒上生经〉之卷首画考略》（《大足学刊》第四辑，2020年），对俄藏汉文和西夏文残经的版式和卷首画榜题进行了分析，确定了卷首画的类型，然后根据卷首画的折页内容与经文作了比对，考察探讨了《弥勒上生经》卷首画出现的年代。孙飞鹏《西夏文〈圣胜慧到彼岸功德宝集偈〉残件补释》（《文献》2020年第5期），新考释出23个编号的残件，其中22个编号为大英图书馆藏，修订2件先前学者考订略有不足的该经残件，新考订的残件分布于《圣胜慧到彼岸功德宝集偈》卷上、卷中、卷下的15个不同品名中，其中属于17品、18品、19品、20品、22品的一些残件可以在一定程度上补充此前所见该文献的缺失内容，为学术界拼配出一部完整的西夏文《圣胜慧到彼岸功德宝集偈》以及相关研究提供了新材料。张九玲《俄藏西夏文〈大宝积经〉

卷九十八考补》（《宁夏师范学院学报》2020年第9期），参照唐菩提流志汉文本首次对俄藏Инв.No.357号西夏文《大宝积经》卷九十八进行了录文、翻译和校注，侧重对西夏原件所缺文字作出拟补，同时简要总结了本卷中一些值得注意的西夏词汇和句子，并指出了经文中一例此前未见的通假现象。

其他方面，聂鸿音《12世纪河西党项方言的文白异读层次》（《北斗语言学刊》第七辑，2020年），通过对中古阳声韵的考察，得知"口语音"与"诵咒音"二者间最明显的区别在于诵咒音能够区分–m、–n两个韵尾而口语音不能。孙伯君《西夏文〈大藏经〉"帙号"与勒尼语〈千字文〉》（《文献》2020年第5期），透过黑水城出土的很多佛经都带有帙号这一事实，以及梳理与桓宗母亲罗太后相关的佛经发愿文，发现西夏汉文佛经的翻译从景宗元昊开始，到桓宗末年（1206）前后在罗太后的主持下，整部西夏文《大藏经》得以编订完成。张蓓蓓《黑水城写本〈劝学文〉考释——兼谈亦集乃路的教育问题》（《敦煌学辑刊》2020年第2期），据其内容及相关文书推知亦集乃路的教育以启蒙教育为主，教材多为儒家经典，学校具有"庙学一体"与"斋舍合一"性，该写本的创作时间应该不会早于延祐二年（1315）。汤君《西夏组诗的作者和编者》（《绵阳师范学院学报》2020年第4期），指出西夏文《新集锦格言集》的初编者为梁德养、增补者为王仁持，《贤智集》的作者为沙门宝源，《宫廷诗集》留下姓名的作者可能是西夏皇家的高僧大德，甘肃武威亥母洞石窟出土的《五更转》作者为嵬勒般若华，拜寺沟方塔的汉文《诗集》残卷作者是某侍行、王学士、高走马。李雷《从〈同音〉旧版本中的"不行"字看西夏文的使用与规范》（《宁夏社会科学》2020年第5期），通过对15个西夏字的形音义进行分析，指出"不行"的主要原因可归纳为存在字形更简易或义项更丰富的通行字。柳玉宏《西夏文字书〈同音〉三音节词研究》（《民族语文》2020年第6期）、梁聪《康有为藏西夏字书〈同音〉残叶版本考》(《西夏学》第二十一辑，2020年)，亦从其他角度对《同音》做了研究。高奕睿《西夏抄本〈孔子和坛记〉新探》(《中古中国研究》第三卷，2020年)，对宋、明宗教文献中迄今尚未被注意的汉文文本进行了辨析，留意到它们与西夏抄本《孔子和坛记》之间的相似性。尽管这些文本晚于西夏译本几个世纪，但它们可以证明已佚失的早期通俗化的汉文文本曾经存在。西夏抄本《孔子和坛记》是该文本系统中目前可见的最早形态。刘文荣《西夏〈杂字〉所载"双韵"乐器及其相关问题考》(《丝绸之路研究集刊》第五辑，2020年)，从《俄藏黑水城文献》编号为Дx.02822的《杂字》卷子及各种史籍文献的零星记载看，西夏与周边民族使用的同样的乐器多达五十余种，如琵琶、笙、筝、箜篌、拍板、笛、筚篥、管、箫等，皆为中原常见的乐器。汤晓龙、刘景云《西夏文四首热病方药破译考释》(《中医典籍与文化》2020年第1期)，通过对西夏文 Инв.No.6476《砼总皛槽扼少治热病要论》四首治热病医方的破译考释，并检索查阅了中原传世相关医药文献，认为西夏文医方多为参考抄录中原医药文献而来。

（三）政治、军事、地理

关于西夏政治，李桥《〈贞观玉镜将〉重译及性质再判定》(《宁夏社会科学》2020年第1期)，根据对西夏临时征战制度——"统军制"的理解与西夏文翻译规范及汉语古籍用词习惯，认为书名应重译为《贞观统玉鉴》，其性质定为"统军制"下察军所用主要针对军官兼顾士卒的西夏军律。汪天顺《招亡纳叛与建国立号：北宋西部民族地区的政治新动向》(《中国边疆史地研究》2020年第2期)，指出北宋时期通过逃亡、民族政权和民族首领招诱、战争掳掠等方式和途径，汉族人口进入西部民族地区和境外民族政权的情形十分普遍，既推动了西部民族地区经济、政治的发展，又加剧了边疆地区的不稳定局势，促进了沿边民族力量的活跃状态。认为西部沿边各少数民族希望与北宋王朝建立各种交往关系。史金波《论西夏对中国的认同》（《民族研究》2020年第4期），根据传统历史文献与近代出土的西夏文献，指出西夏攀附元魏，追认唐朝，以宋、辽为宗主国，尊称宋朝为"大汉"，以唐尧、汉祖为榜样，对中原王朝不同场合以民族、地域方位或朝代名称呼，对中国传统文化多方面的学习、继承，淡化"华夷"界限，把党项族纳入"中华"范畴，表现出对中国的认同，也为后来的元代高度认同中国，并以中华正统身份承袭中国做了思想、理论和实践的准备，打下了厚重的基础。杜建录《西夏政区划分及其相关问题》（《宁夏社会科学》2020年第5期），指出西夏政区划分既保留了党项民族的特点，又广泛吸收中原汉族制度，西夏的城有四种类型：州府的驻地、堡寨号为州、地位衰落的州、地位重要的堡寨，认为西夏转运司"路"不是一级政区，经略司"路"远比转运司"路"管辖的范围要大，和宋朝不尽相同。马旭俊《资源竞争与党项国家的形成：以李继迁党项部族的发展为中心》（《中央民族大学学报》2020年第5期），认为气候干冷导致了西北边疆社会严酷的经济状况，给了李继迁实现政治野心的机会，是党项部族崛起的外在客观原因。党项部族的社会发展是通过与宋朝的紧密互动才得以实现的。胡日查、包海燕《〈青史演义〉中的成吉思汗征西夏部分史料来源探析》（《内蒙古民族大学学报》2020年第6期），文章对《青史演义》中成吉思汗征西夏部分的关键点进行了拉丁文转写和汉译，采用文献比较研究方法，在尹湛纳希创作《青史演义》时所利用的史籍范围内加以比较，说明相应情节究竟来源于哪本史书。

关于西夏军事，张晓非《西夏卓啰和南军司驻地新考》（《宁夏社会科学》2020年第4期），指出卓啰城即今永登城址，卓啰和南军司之"和南"得名于西夏自西凉府六谷蕃部夺取卓啰城后，卓啰城成为西夏与南部邈川和平互市之地。卓啰和南军司隶右厢凉州，因其控扼湟州至凉州、兰州至凉州交通要道，而为斫龙川流域交通枢纽与军政中心。妥超群《喀罗川考辨——西夏卓罗和南监军司境内地名新证》（《西夏学》第二十辑，2020年），认为喀罗川为今兰州秦王川。蒲章臻《北宋中叶朝廷用兵政策探析——以仁宗朝对西夏战争为例》（《宁夏师范学院学报》2020年第8期），自真宗与辽签订澶渊之盟后，整体局势趋于稳定，北宋中叶局势的转变使得朝廷的用兵政策也进行了相应的调整，北宋进入安定发展的阶段。保宏彪《宋夏时期的镇戎军与镇戎军榷场》（《宁夏师范学院学报》2020年第6期），指出宋太宗出于巩固西北边防体系、优化灵州运粮线路、控扼丝路要冲三个方面的战略考虑，在原州故平高县设置镇戎军。"庆历和议"达成后，宋仁宗为加强对西夏的军事防御与经济控制，在高平寨设立镇戎军榷场。北宋利用宋夏经济的差异性和镇戎军的地理特点，将榷场贸易作为制衡西夏的有力武器，一定程度上维护了宋夏关系的稳定。陈瑞青《略论西夏军队中的"负担"》（《西夏学》第二十辑，2020年），从《天盛律令》可知西夏军队兵员构成为正军和辅主，前者为骑兵，后者为步兵，辅主包括正辅主和负担。负担不仅参加战斗，还承担了大量军队杂役，具备战士、工兵和后勤保障兵等多重角色。王战扬《论宋仁宗朝对夏战争的军事决策及攻守理念的转变——以好水川之战的演进为中心》（《西夏学》第二十辑，2020年）、《论宋仁宗朝对夏战争的军事决策及西北边防的战略转向——以定川寨之战的演进为中心》（《暨南史学》第二十一辑，2020年），二文围绕好水川之战、定川寨之战探讨了宋对夏战争的军事战略转向及攻守理念的转变，指出宋廷攻策未兴，好水川之战守御再败，受到了沉重的打击，在西北边防由积极进攻的战略转变为保守防御的理念，认为宋在定川寨之战大败，与军事决策的弱化，以及缘边经略安抚使临敌决策与战场统兵官执行之间的矛盾、失误有极大的关系。刘双怡《以"抄"为例再探西夏社会性质与结构》（《西夏学》第二十一辑，2020年），"抄"作为西夏基层组织单位，可以有效地观察西夏社会性质与结构，至少在《天盛律令》的成书年代，西夏的军队和社会组织都还存在部落制的痕迹，通过对比王安石变法中的保甲法相关内容，也可发现其对西夏社会的影响。

关于西夏地理，杨蕤《论西夏的西缘疆界及相关问题》（《中国史研究》2020年第1期），指出西夏的西缘疆界地带即瓜沙—伊西地区存在着不同政治势力控制范围的起伏变化，不仅表现为西夏如何实质性地控制敦煌地区，而且一些文献、考古等资料表明西夏政权势力有深入伊州地区的迹象，复杂的地缘政治关系导致了西夏西缘疆土的进退收缩，并对陆上丝绸之路的发展演变产生深刻的影响。回鹘、西夏、契丹、吐蕃、宋朝等势力直接或间接参与西夏西缘疆界地带的争夺有其深刻的经济利益诱因，实质上是对陆上丝绸之路利益的瓜分和争夺，这加剧了西夏西缘疆界地区的复杂性，认为政治势力、经济因素、宗教文化无疑成为解析西夏西缘疆界地区地域结构的三条线索。

张多勇《西夏通吐蕃河湟间的交通路线及沿路军事堡寨考察》（《中国历史地理论丛》2020年第3期），通过深入研究历史文献和宋代摩崖石刻，结合实地考察，认为文献所谓"西蕃、夏贼往来便道"为甘肃永登县水磨沟一线。在这条道路上，北宋以湟州为据点，由南往北先后夺取南宗寨、古骨龙城（震武军）、仁多泉城、石门堡，威胁西夏卓啰和南监军司。指出北宋湟州（邈川）为今青海民和回族土族自治县史那古城，南宗寨遗址为今永登县连城镇连城古城，古骨龙城（北宋震武军）在水磨沟山峡中、永登县民乐乡卜洞村登登城，仁多泉城在今永登县民乐乡铁峰村羊胸子城，石门堡在今永登县民乐乡三角城村的三角城遗址，统安城为永登县通远乡新站村新站古城。认为西夏卓啰和南监军司是连接庄浪河谷地和水磨沟的节点，其古城遗址在今甘肃永登县中堡镇罗城滩村。雷家圣《北宋时期绥州的战略地位与宋夏关系》（《中边疆史地研究》2020年第4期），指出绥州因为位于横山之东，可以威胁宋之延州，而有重要的战略地位，著名的三川口之战即西夏由绥州攻击延州的例子，宋朝因此任命种世衡修筑青涧城以防绥州，后种世衡之子种谔攻占绥州，企图西出横山，威胁西夏，然元丰四、五年宋夏战争中宋军大败，加上"元祐更化"时期对边防的消极态度，使得种谔的计划无法实现，直到徽宗时期攻占银州，种谔的计划才有了初步成果。高建国、李田田《宋夏宁星和市位置考辨》（《西夏学》第二十辑，2020年），指出宁星和市是宋夏在河东路边境设立的重要贸易场所，其名在文献中有简单的记载，但地址不详。经调查，今陕西佳县和市塌村位于秃尾河下游，河川处出现与横山区多地发现"牛碾子"类似的石碾，为宋夏时期的遗物，村对岸的山梁寨峁盖，有土石墙体遗存，或为宋夏时期的堡寨关隘遗迹。据地方志记载，和市塌村在明清时有里、都建置。作者结合和市塌村的地理位置、宋夏在晋陕黄河段沿河关津渡口的设置以及今和市塌村周边分布较多以"会"命名的村镇名称等综合因素判断，和市塌村大体符合宁星和市的位置。

（四）石窟考古

关于洞窟考古，邓虎斌、方喜涛、张小刚等《瓜州东千佛洞第5窟佛台遗迹考古清理简报》（《敦煌研究》2020年第1期），东千佛洞是敦煌石窟群的重要组成部分，主要保存了西夏时期重要的佛教遗存，2018年7月，为配合抢救性壁画保护修复的工作，敦煌研究院考古研究所对东千佛洞第5窟佛台遗迹进行了清理，基本弄清了佛台的形制和结构，出土了一些塑像残块、壁画残片及其他遗物。郭子睿《肃北五个庙第1窟八塔变考论》（《民族艺林》2020年第1期），八塔变是敦煌石窟宋夏时期新出现的重要题材，除了莫高窟第76窟、榆林窟第3窟、东千佛洞第5窟外，还见于肃北五个庙第1窟。五个庙第1窟中心柱南向面画八塔变，右侧由上而下第二塔漫漶，经作者考证为"初说法"塔，指出这铺八塔变的艺术风格呈现出多样化特点，而这种粉本源自印度的图像在进入敦煌石窟后不断"本土化"的进程。另外，五个庙第1窟八塔变绘于中心柱南向面，巧妙地将中心塔柱与八塔变有机结合。杨富学《敦煌晚期石窟研究的若干思考》（《天水师范学院学报》2020年第1期），指出西夏时期，敦煌地位不彰，及至元代后期，由于蒙古黄金家族成员的入居，敦煌成为蒙古西宁王的驻扎地，瓜州为肃王的驻扎地，其政治地位甚至在甘肃行省之上。认为蒙古豳王家族崇奉藏传佛教，敦煌许多原来被界定为西夏时期的洞窟其实都是在该家族的支持下营建的；一些所谓的"西夏窟"是回鹘人兴建的，依据是着装和回鹘文榜题；入居河西的蒙古人与沙州回鹘融合形成了裕固族，敦煌晚期石窟的历史与裕固族形成史息息相关。刘永增《敦煌"西夏石窟"的年代问题》（《故宫博物院院刊》2020年第3期），根据莫高窟第409窟回鹘文题记，对该窟重修于西夏的观点质疑，认为该窟是西州回鹘阿厮兰汗在敦煌重修的洞窟；指出第39窟亦是西州回鹘皇室成员或达官显贵在敦煌开凿的洞窟，这两个洞窟的重修和开凿年代都为北宋末年。此外，作者根据莫高窟第65窟存留的西夏文题记及其与重修壁画间的层位关系等，提出该窟重修年代不是西夏初年而是北宋末年的新观点。公维章《瓜州榆林窟第19窟甬道西夏"大礼平定四年"题记考辨》（《西夏学》第二十辑，2020年），指出"大礼平定四年"，根据当时的历史背景及西夏文夏汉对译的特点分析，甬道北壁汉文题记中的"大礼平定四年"应为西夏崇宗乾顺"天仪治平四年"，并非大理国僧俗四人巡礼榆林窟时所留，在该年的四月初八佛诞节，由汉族信众刘添敬、刘克敬等四人受其所在佛社指派，前往榆林窟迎请回鹘高僧白惠登、康惠光。蒋超年、赵雪野《武威亥母寺遗址出土擦擦类型学研究》（《敦煌研究》2020年第3期），通过类型学的分析和比对，推断武威亥母寺遗址出土的擦擦的年代在12～16世纪，艺术风格受到了西藏擦擦的影响，是藏传佛教在武威地区传播和发展的实证史料。沙武田、李志军《莫高窟第353窟西夏重修新样三世佛的思想内涵》（《敦煌学辑刊》2020年第4期），指出窟内西、南、北三壁龛内所塑药师、弥勒和阿弥陀造像虽经清代重塑，但基本维持了西夏重修时的原貌，是西夏人在11~15世纪佛教思想大融合和神系重构背景下为应对末法危机所做的一种创造性组合，药师凭借其信仰的特殊性在特定的宗教空间内被塑造成末法救赎者的角色，认为佛龛上侧左右分布的六铺说法图表达的是诸方世界的佛国净土，与其下方行普贤愿求生西方净土的菩萨众之间形成华严的次第净土观，引导末法众生努力践行普贤十大愿，早日往生净土。杨冰华《瓜州榆林窟〈惠聪窟记〉研究》（《文献》2020年第5期），指出瓜州榆林窟第15、16窟保存有西夏时期阿育王寺赐紫僧惠聪等人在此修行四十余日所留题记，学界对其只做过录文并未深入解读。作者在前人释读基础上重新做了录文，并就题记做了解读。

关于壁画图像，宋若谷、沙武田《敦煌壁画中女性外道表现手法发覆》（《敦煌研究》2020年第1期），通过梳理敦煌壁画发现，在降魔成道图、劳度叉斗圣变、报恩经变等绘画中有特定的外道女性形象，早期是中亚西域式青年美女和婆罗门老年妇人形象，至唐代则基本以汉地贵妇人形象表现，同时在壁画中也有将外道婆罗门女性画成胡人女子的形象；西夏降魔成道图壁画中则是西夏贵夫人和魔女形象。透过敦煌画中外道形象的表现手法，能看到汉文化中外来艺术转变的轨迹。孙毅华《从敦煌唐代及西夏壁画看两种垂脊头瓦饰的演变》（《建筑史学刊》2020年第1期），通过对敦煌石窟古代建筑图像中脊头下端瓦作构件进行考证，指出这一构件仅唐一代就有两种形式：第一种"翘头筒瓦"即为《营造法式》中记载的"瓦头子"，这也是辽代小木作建筑上相似构件的名称，另一种形式是日本文献中的"鸟衾"，该形式在中唐时期出现，也是中国古建筑中曾经流传过的一种瓦作制度。卯芳《西夏壁画中的藏密因子——以瓜州东千佛洞第2窟壁画为例》（《民族艺林》2020

年第2期），西夏石窟壁画最为突出的特点是汉藏结合，尤其在西夏中晚期，藏传佛教绘画在石窟壁画中占据很重要的位置，具有不同于汉传佛教的艺术表现形式。甘肃瓜州东千佛洞石窟群这一特征表现最为集中，其中第2窟藏传佛教风格壁画保存完整，在同时期石窟艺术中极具特色。常红红《西夏玄奘取经图像之研究——以东千佛洞第2窟图像为中心》（《丝绸之路研究集刊》第五辑，2020年），亦对此窟进行了研究。沙武田《敦煌西夏藏传佛教洞窟及其图像属性探析——以西夏官方佛教系统为视角》（《中国藏学》2020年第3期），借助西夏藏传佛教的大背景和黑水城藏传文献，判断敦煌西夏藏传佛教洞窟及其图像的"官方佛教"系统属性，或许对我们理解敦煌西夏洞窟有一定的启示意义。沙武田《西夏仪式佛教的图像——莫高窟第61窟炽盛光佛巡行图的几点思考》（《四川文物》2020年第3期）一文坚持61窟西夏说，可与前述杨富学先生《敦煌晚期石窟研究的若干思考》比较阅读。王慧慧《莫高窟第464窟被盗史实及被盗壁画的学术价值——莫高窟第464窟研究之一》（《敦煌研究》2020年第4期），利用近现代资料阐述了莫高窟第464窟被盗的历史，并结合20世纪初伯希和、奥登堡拍摄的照片，对被盗壁画的内容与价值进行了讨论。梁松涛、李胜玉《黑水城出土西夏砲结构图再考》（《文献》2020年第5期），纠正了日本学者在西夏文录文、译释中的错误，对其没有命名的部件进行了考订，指出西夏砲结构图中未释出的部件分别为鹿耳、狼牙钉和楔子，这类零部件主要起到增强砲身稳定性的作用，并对原图中抛竿残缺部分进行了复原。邵军《宏佛塔出土〈千佛像〉及其塔龛样式初探》（《艺术设计研究》2020年第6期），《千佛像》中的塔龛组合结构与莫高窟第76窟存在密切联系，塔身的造型来自汉地的传统，塔刹部分则反映出西夏艺术接受了藏传佛教的深刻影响，反映了西夏艺术家处理各种文化因素、风格来源和艺术传统的思维模式和方式方法。石建刚、白晓龙《陕北宋金石窟布袋和尚图像调查与研究——兼论与河西地区西夏石窟布袋和尚图像的关联性》（《丝绸之路研究集刊》第五辑，2020年），探讨了陕北宋金石窟布袋和尚图像与河西地区西夏石窟布袋和尚图像的关联性。岳键、李国《关于莫高窟第130窟"谒诚□化功臣"的身份问题——兼及表层壁画年代再讨论》（《西夏学》第二十一辑，2020年），认为供养人为张议潮及其夫人秦国广平郡宋氏，判断莫高窟第130窟表层壁画应为西夏早期绘制。

（五）法律、经济制度

法律制度研究方面，潘洁、陈朝辉《西夏水权及其渊源考》（《宁夏社会科学》2020年第1期），指出西夏继承并发扬了唐代以来的水权获得、分配、转让原则。水资源所有权属于国家，沿渠节亲、议判大小臣僚、税户家主、寺院、官农主等灌水户依时节、次序轮流取水，使用权通过渠道夫役、差役获得，寺院、节亲等有不纳土地税的特权，但差役不能免，体现权利与义务对等，土地、水权、渠道夫役的核心是土地，水权从属于地权。若土地转让，连同附着的水权、赋役一并变更。任改勤、戴羽《西夏権禁制度渊源考》（《西夏研究》2020年第2期），指出西夏権禁制度与唐、五代、北宋的権禁制度关系密切，西夏"巡检""三司""栏头""群牧司"之名移植自五代、北宋，北宋権禁是西夏権禁制度的主要渊源。廖莎莎《西夏文法典官军抄袭任考释》（《西夏研究》2020年第3期），经过整理翻译，认为西夏文法典《亥年新法》卷十甲种本中官、军、抄袭任内容既对《天盛改旧新定律令》卷十《官军敕门》的内容有所继承，又与其有所区别，具体表现为西夏晚期在袭任官、军、抄时，更加凸显大姓情愿的因素，且可以袭任的亲属范围扩大。王培培《〈亥年新法〉引述〈天盛改旧新定律令〉考》（《西夏研究》2020年第4期），考察《亥年新法》对《天盛改旧新定律令》的引述情况分为四类：照搬原文、节选原文、总结内容、合并法条等，指出《亥年新法》中个别引述内容为《天盛改旧新定律令》所无，可以补其缺。许鹏《论西夏文法律文献中的"边等"和"边等法"》（《西夏学》第二十辑，2020年），从构词法的角度，指出西夏文法律文献中常见二词，是西夏语中典型的主谓式双音节词，将其代入律条中文意可达顺畅，对于理解词义和翻译文献具有较为重要的意义。

社会经济研究方面，郝振宇《西夏社会流动趋势及其影响因素》（《宁夏大学学报》2020年第1期），指出有官阶层世官世禄群体可以较容易地将身份和地位等进行代际传递，使社会稀缺资源在相对固定的阶层中配置，而庶人阶层受制于家庭经济等因素，很难有行之有效的途径向有官阶层移动，从而减少了庶人群体向上流动的频率，认为有官阶层和庶人阶层纵向流动的有限性无形中固化了社会阶层，使西夏社会流动呈现出以横向流动为主、纵向流动为辅的时代特征。黎树科《西夏时期河西地区的货币经济——以武威发现的西夏遗物为例》（《甘肃开放大学学报》2020年第1期），通过对社会民间契约文书借粮契、卖畜契、集资单、欠款单、买地券及碑刻等资料的梳理，真实地再现了当时河西地区乃至整个西夏境内货币经济的情况，有助于进一步研究西夏时期的社会经济状况。田晓霈《西夏典借制度的几个问题——以Инв.No.5147②西夏文典畜契为中心》（《敦煌研究》2020年第2期），结合《天盛律令》与唐代敦煌契对比分析，指出西夏继承了唐代的质押类型，但在收息方式上灵活多变，表现出"以典充息"和"典息两立"并存的特点；在债权担保制度方面表现出"使军"担保的意义，其担保方式有财产担保和劳工担保两种形式；西夏民事契约关系中违约罚款的官方收缴机构为罚赃库。赵彦龙、扶静《西夏序跋碑类文书种类功用与体式研究》（《档案学研究》2020年第2期），结合留传或出土的实物文书对西夏序跋碑类文书如序、跋、发愿文、题记、榜题、碑文、墓志铭等的功用、体式等做了具体全面的研究，总结归纳出各自大致的体式，方便了学习者使用。史金波《俄藏5147号文书10件西夏文贷粮契译考》

（《中国经济史研究》2020年第3期），作者首先将各件西夏文契约进行了翻译，然后对契约内容进行了解析，包括立契时间、借贷者和借贷数量、债权人和利息、契约保证和抵押、违约处罚、契尾签署画押等。这10件契约是古代契约中稀见的品类，具有重要的学术价值和文献价值。陈瑞青《凭空消失的七尺绢：西夏榷场尺度新论》（《宁夏社会科学》2020年第5期），指出宋、夏、金通过榷场贸易实现了南北商品的流通，在西夏榷场中既有南宋的川绢也有金朝的河北绢。川绢既是商品，也是一般等价物。南宋川绢为四十二尺一匹，而非四十尺一匹。河北绢的质量高、尺度长，在价格上高于川绢，这也是西夏榷场通过人为减少七尺绢，维持川绢与河北绢2∶1比价的前提。

（六）研究述评及其他

关于西夏学的发展与意义，杜建录《西夏学的传承与发展》（《西夏学》第二十辑，2020年），谈到了西夏学发展的三个阶段，史金波《西夏对中国印刷史的重要贡献》（《中国史研究》2020年第1期）、《努力构建有中国特色、中国气派的西夏学》（《西夏研究》2020年第3期）、《开拓创新，成就辉煌——中国民族古文字研究70年》（《民族语文》2020年第4期）、《深入推进宋辽夏金史研究的思考》（《河北学刊》2020年第5期）、《丝绸之路出土的少数民族文字文献与东西方文化交流》（《敦煌研究》2020年第5期）等系列文章对西夏学的地位作了界定，并从宏观的角度给予了西夏学发展的未来期待。王文光、江也川《辽夏金的中华文化认同与中华民族共同体建设》（《烟台大学学报》2020年第4期），从中华民族共同体意识角度出发谈了西夏的中华文化认同。陈育宁《西夏文化的形成及主要特征》（《西夏学》第二十辑，2020年），从文化特征的角度分析了西夏的历史文化。魏淑霞《历史研究"碎片化"境遇下的西夏学研究》（《社会科学文摘》2020年第7期），从微观方面透视了西夏学在历史研究"碎片化"境遇下的研究状况。

一些西夏学重大课题项目，有《"五代宋辽西夏法华美术研究"项目简介》（《民族艺术》2020年第5期）、段玉泉《国家社科基金重大项目"出土西夏字书整理研究及语料库建设"介绍》（《西夏研究》2020年第2期）、崔红芬《国家社科基金重大项目"西夏文佛教文献遗存唐译经的整理与综合研究"简介》（《西夏研究》2020年第3期）。

关于西夏学研究者的史学观，有林光钊《从〈〈西夏书事〉凡例〉看吴广成的史学观》（《宁夏师范学院学报》2020年第2期）、孙祎达《陈寅恪与西夏学》（《历史教学问题》2020年第3期）、崔壮《再议周春〈西夏书〉的著者、义例与卷次——兼与胡玉冰教授商榷》（《图书馆理论与实践》2020年第4期）。

有一些是关于日本、俄罗斯西夏学研究成果的介绍，如王玫《2010—2019年日本西夏学研究综述》（《中国史研究动态》2020年第5期）、李华瑞《西夏是一个中亚国家吗？——评俄国近三十年的西夏史研究》（《西夏学》第二十辑，2020年）等。

其他方面，保宏彪、张琰玲《西夏遗民文献研究的全新力作——〈西夏遗民文献整理与研究〉》（《西夏研究》2020年第1期），赵雅洁《21世纪中国学界辽金民族关系研究回顾与展望》（《赤峰学院学报》2020年第2期），杨迪、邵军《黑水城出土西夏汉式风格绘画的研究成果与前景展望》（《陕西师范大学学报》2020年第6期），邓孟青、杨蕤《西夏妇女史研究综述》（《西夏研究》2020年第3期），蒋超年、赵雪野《甘肃武威亥母寺遗址出土钱币述略》（《中国钱币》2020年第5期），郭艳华《北宋与西夏文学互动关系探论》（《北方民族大学学报》2020年第4期），孔德翊、马立群《西夏陵申遗背景与策略探析》（《宁夏师范学院学报》2020年第9期）等从不同角度做了综述与评析。

第二节　2020 年西夏学研究论著目录

据不完全统计，2020年出版西夏学著作25部，发表学术论文220余篇。

一、著　作

陈育宁《中国民族史学理论与实践研究》，北京：科学出版社，2020年。

戴光宇《〈番汉合时掌中珠〉词汇历史研究》，兰州：甘肃文化出版社，2020年。

杜建录主编《西夏学》第二十辑，兰州：甘肃文化出版社，2020年。

杜建录主编《西夏学》第二十一辑，兰州：甘肃文化出版社，2020年。

樊丽沙《出土文献所见汉传佛教在西夏的传播及影响》，北京：中国社会科学出版社，2020年。

韩银梅、郭文斌《西夏王》，北京：华文出版社，2020年。

胡同庆、郑怡楠《甘肃美术史图鉴》，兰州：甘肃教育出版社，2020年。

贾常业《西夏韵书〈五音切韵〉解读》，兰州：甘肃文化出版社，2020年。

贾常业《西夏音韵辞书〈音同〉解读》，兰州：甘肃文化出版社，2020年。

李发军《西夏钱币收藏研究》，呼和浩特：内蒙古人民出版社，2020年。

李锡厚、白滨《辽金西夏史》，上海：上海人民出版社，2020年。

麻晓芳《西夏文〈大宝积经·善住意天子会〉研究》，兰州：甘肃文化出版社，2020年。

潘洁、李玉峰《西夏农业研究》，兰州：甘肃文化出版社，2020年。

邱树森《辽西夏金元》，福州：福建人民出版社，2020年。

邵天松《黑水城出土宋代汉文社会文献词汇研究》，北京：中华书局，2020年。

史金波《学海汲求》，兰州：甘肃文化出版社，2020年。

宋坤《黑水城汉文藏外佛教文献若干问题研究》，兰州：甘肃文化出版社，2020年。

孙继民《黑水城出土文书研究》，兰州：甘肃文化出版社，2020年。

魏淑霞《西夏职官制度研究》，兰州：甘肃文化出版社，2020年。

许生根、孙广文《11—13世纪中医药学在西北边疆的传播：以黑水城文献为中心的研究》，南京：凤凰出版社，2020年。

许伟伟《西夏宫廷制度研究》，兰州：甘肃文化出版社，2020年。

张震州、蔡彤华《黑水城出土擦擦整理研究》，兰州：甘肃文化出版社，2020年。

赵彦龙《西夏档案及其管理制度研究》，北京：中国社会科学出版社，2020年。

周峰《辽金西夏碑刻研究》，兰州：甘肃文化出版社，2020年。

二、论　文

保宏彪、张琰玲《西夏遗民文献研究的全新力作——〈西夏遗民文献整理与研究〉》，《西夏研究》2020年第1期，第122—126页。

保宏彪《宋夏时期的镇戎军与镇戎军榷场》，《宁夏师范学院学报》2020年第6期，第72—75页。

陈丽娟、龙忠《俄藏TK58〈观弥勒菩萨上生兜率天经〉卷首版画弥勒经变研究》，《西夏研究》2020年第3期，第59—63页。

陈瑞青《凭空消失的七尺绢：西夏榷场尺度新论》，《宁夏社会科学》2020年第5期，第190—195页。

陈瑞青《略论西夏军队中的"负担"》，《西夏学》第二十辑，2020年，第102—110页。

陈玮《后汉党项贵妇沛国郡夫人里氏墓志研究》，《西夏学》第二十一辑，2020年，第42—54页。

陈旭《〈天盛改旧新定律令〉西夏文题名的汉文移译与成书年代》，《西夏研究》2020年第1期，第52—58页。

陈彦平《灵武窑出土西夏褐釉刻花大瓶装饰图像考释》，《西夏学》第二十辑，2020年，第288—294页。

陈育宁《西夏文化的形成及主要特征》，《西夏学》第二十辑，2020年，第38—45页。

崔红芬《国家社科基金重大项目"西夏文佛教文献遗存唐译经的整理与综合研究"简介》，《西夏研究》2020年第3期，第2页。

崔红芬《黑水城出土〈景德传灯录〉考略》，《河北师范大学学报》2020年第3期，第53—59页。

崔红芬《黑水城遗存〈弥勒上生经〉考略》，《西夏学》第二十辑，2020年，第192—202页。

崔红芬、文志勇《西夏遗存〈弥勒上生经〉之卷首画考略》，《大足学刊》第四辑，2020年，第229—254页。

崔宁、姜欧《从中国藏西夏文献看西夏文写经书法风格及成因》，

《西夏研究》2020年第2期，第49—55页。

崔壮《再议周春〈西夏书〉的著者、义例与卷次——兼与胡玉冰教授商榷》，《图书馆理论与实践》2020年第4期，第117—121页。

邓虎斌、方喜涛、张小刚等《瓜州东千佛洞第5窟佛台遗迹考古清理简报》，《敦煌研究》2020年第1期，第72—75页。

邓孟青、杨蕤《西夏妇女史研究综述》，《西夏研究》2020年第3期，第120—128页。

邓孟青、杨蕤《来自西北的讯息：民国报刊中的"西夏"》，《西夏学》第二十一辑，2020年，第331—342页。

邓文韬《崔嘉讷、田泽与蔺守真：元代亦集乃籍士人三考》，《西部蒙古论坛》2020年第2期，第46—52页。

邓文韬、刘志月《合法性的接续：元代昔里钤部家族构建沙陀认同的地方因素》，《西夏学》第二十辑，2020年，第144—153页。

杜建录《西夏学的传承与发展》，《西夏学》第二十辑，2020年，第21—26页。

杜建录《西夏政区划分及其相关问题》，《宁夏社会科学》2020年第5期，第184—189页。

杜立晖《西夏的户籍制度来源与丁中制》，《西夏研究》2020年第3期，第40—46页。

段靖《西夏职官"承旨"小考》，《西夏研究》2020年第4期，第46—53页。

段玉泉《国家社科基金重大项目"出土西夏字书整理研究及语料库建设"介绍》，《西夏研究》2020年第2期，第2页。

段玉泉、王博楠《西夏佛教序跋题记的史料分析》，《中国藏学》2020年第1期，第170—179页。

方璐、佟建荣《论西夏偈颂的诗化——以西夏文〈贤智集〉为例》，

《西夏研究》2020年第1期，第15—19页。

高建国、李田田《宋夏宁星和市位置考辨》，《西夏学》第二十辑，2020年，第174—183页。

高山杉《西夏文佛典中的四个人名》，《中山大学学报》2020年第5期，第132—135页。

高奕睿、吴宇《西夏的北邻》，《西夏研究》2020年第4期，第82—92页。

高奕睿《西夏抄本〈孔子和坛记〉新探》，《中古中国研究》第三卷，2020年，第69—91页。

格根珠拉《西夏蒙书〈圣立义海〉史源补考四则》，《宁夏大学学报》2020年第4期，第154—156页。

龚溦祎《西夏文〈贤智集〉中的传统文学素材》，《西夏研究》2020年第3期，第25—31页。

龚溦祎：《西夏文〈贤智集〉研究》，四川师范大学硕士学位论文，2020年3月。

公维章《瓜州榆林窟第19窟甬道西夏"大礼平定四年"题记考辨》，《西夏学》第二十辑，2020年，第295—304页。

郭恺《西夏始祖神话体系初探》，《西夏研究》2020年第3期，第53—58页。

郭明明《西夏文献中"二十四孝"故事文本生成考略》，《西夏学》第二十一辑，2020年，第66—80页。

郭艳华《北宋与西夏文学互动关系探论》，《北方民族大学学报》2020年第4期，第153—158页。

郭子睿《肃北五个庙第1窟八塔变考论》，《民族艺林》2020年第1期，第139—152页。

郭子睿《图像·历史·信仰——五个庙石窟第1窟弥勒经变研究》，

《西夏研究》2020年第1期，第37—43页。

郭子睿《镜像的美术、思想与礼仪——肃北五个庙第1窟西夏水月观音图像研究》，《西夏学》第二十一辑，2020年，第306—323页。

韩树伟《西北出土契约文书所见习惯法比较研究》，兰州大学博士学位论文，2020年6月。

郝振宇《西夏社会流动趋势及其影响因素》，《宁夏大学学报》2020年第1期，第105—110页。

郝振宇《西夏维护家庭秩序的法律规范分析》，《西夏研究》2020年第3期，第47—52页。

郝振宇《西夏同居的内涵、范围及成员财产问题考察》，《社科纵横》2020年第11期，第118—123页。

何晓燕《西夏陵出土砖饰纹样与特点》，《西夏学》第二十一辑，2020年，第324—330页。

和智《〈圣立义海〉校译补正》，《西夏研究》2020年第2期，第15—20页。

胡进杉《吉祥遍至口合本续之解生喜解补第三章第一至第三品述要》，《西夏学》第二十一辑，2020年，第146—171页。

胡日查、包海燕《〈青史演义〉中的成吉思汗征西夏部分史料来源探析》，《内蒙古民族大学学报》2020年第6期，第29—34页。

胡蓉《从〈述善集〉看元代小人物的创作》，《西夏研究》2020年第1期，第93—97页。

胡双全、刘嘉伟《西夏遗民余阙对魏晋六朝诗歌的接受》，《西夏研究》2020年第1期，第44—51页。

［日］荒川慎太郎著，麻晓芳译《西夏文〈天盛律令〉中的西夏语动词前缀》，《西夏研究》2020年第1期，第3—14页。

［日］荒川慎太郎著，张玲译《日本西夏学的回顾与展望》，《西夏

学》第二十辑，2020年，第27—37页。

蒋超年、赵雪野《武威亥母寺遗址出土擦擦类型学研究》，《敦煌研究》2020年第3期，第71—85页。

蒋超年、赵雪野《甘肃武威亥母寺遗址出土钱币述略》，《中国钱币》2020年第5期，第58—65页。

蒋超年《武威亥母寺遗址新出土西夏文〈普贤行愿品〉残叶考释》，《西夏学》第二十一辑，2020年，第200—205页。

金滢坤《宋辽金西夏元儒家经典与童蒙教育考察》，《童蒙文化研究》第五卷，2020年，第182—200页。

景利军《莲花纹在西夏石窟藻井中的流变》，《西夏研究》2020年第2期，第73—82页。

孔德翊、马立群《西夏陵申遗背景与策略探析》，《宁夏师范学院学报》2020年第9期，第76—80页。

孔德翊、马立群《西夏陵申报世界文化遗产相关问题探析》，《西夏学》第二十辑，2020年，第336—343页。

孔祥辉《俄藏Инв.No.6740号〈天盛律令〉残页译释研究》，《西夏学》第二十辑，2020年，第111—120页。

李华瑞《西夏是一个中亚国家吗？——评俄国近三十年的西夏史研究》，《西夏学》第二十辑，2020年，第46—80页。

李雷《从〈同音〉旧版本中的"不行"字看西夏文的使用与规范》，《宁夏社会科学》2020年第5期，第196—200页。

李梦溪《西夏文〈《金刚经广释》复注〉研究与汉藏佛教文化交流》，《中国藏学》2020年第1期，第161—169页。

李鸣骥《宁夏中部荒漠翡翠"罗山"地名由来考证》，《中国地名》2020年第3期，第21—23页。

李桥《〈贞观玉镜将〉重译及性质再判定》，《宁夏社会科学》2020

年第1期，第180—186页。

李桥《西夏保辜制度初探》，《西夏研究》2020年第4期，第32—38页。

李尚霖《浅析西夏经济的发展》，《西部学刊》2020年第7期，第83—85页。

黎树科《西夏时期河西地区的货币经济——以武威发现的西夏遗物为例》，《甘肃开放大学学报》2020年第1期，第6—11页。

李晓凤《武威西夏墓所见陀罗尼及其丧葬习俗——兼论西夏时期兰札体梵字的盛行》，《西夏学》第二十一辑，2020年，第295—305页。

李颖《历史、美学与互动：西夏音乐文化的三维考察》，《西南民族大学学报》2020年第7期，第43—48页。

李治涛、彭向前《西夏及其周边吐蕃语地名考释举隅》，《西夏学》第二十一辑，2020年，第91—95页。

雷家圣《北宋时期绥州的战略地位与宋夏关系》，《中国边疆史地研究》2020年第4期，第119—128页。

梁聪《康有为藏西夏字书〈同音〉残叶版本考》，《西夏学》第二十一辑，2020年，第235—238页。

梁松涛、李胜玉《黑水城出土西夏砲结构图再考》，《文献》2020年第5期，第64—73页。

梁松涛、苏红《西夏河渠技术述论》，《西夏学》第二十一辑，2020年，第22—32页。

梁维：《辽代春捺钵研究》，吉林大学博士学位论文，2020年6月。

廖莎莎《西夏文法典官军抄袭任考释》，《西夏研究》2020年第3期，第21—24页。

林光钊《从〈〈西夏书事〉凡例〉看吴广成的史学观》，《宁夏师范学院学报》2020年第2期，第62—66页。

刘江《文殊山万佛洞与北庭西大寺〈弥勒上生经变〉的比较研究》，

《西夏学》第二十辑，2020年，第305—335页。

刘双怡《以"抄"为例再探西夏社会性质与结构》，《西夏学》第二十一辑，2020年，第33—41页。

刘维栋《西夏使臣群体小考》，《西夏研究》2020年第2期，第44—48页。

刘文荣《西夏〈杂字〉所载"双韵"乐器及其相关问题考》，《丝绸之路研究集刊》第五辑，2020年，第354—366页。

刘永增《敦煌"西夏石窟"的年代问题》，《故宫博物院院刊》2020年第3期，第4—14页。

柳玉宏《西夏文字书〈同音〉三音节词研究》，《民族语文》2020年第6期，第46—55页。

刘志月《菏泽博物馆藏两方元代西夏遗民墓碑史料价值初探》，《西夏学》第二十辑，2020年，第154—162页。

骆艳《已刊俄藏西夏文献〈天盛改旧新定律令〉的编号系统》，《西夏研究》2020年第2期，第21—31页。

马升林、彭向前《试论辽宋西夏金时期少数民族政权的"中国观"》，《宁夏社会科学》2020年第2期，第167—172页。

马万梅《西夏文〈金光明最胜王经〉卷六讹误汇考》，《西夏学》第二十一辑，2020年，第214—229页。

麻晓芳《西夏语动词的命令式》，《语言研究》2020年第2期，第120—127页。

麻晓芳《〈佛说智炬陀罗尼经〉的西夏译本》，《西夏学》第二十辑，2020年，第203—210页。

马旭俊《资源竞争与党项国家的形成：以李继迁党项部族的发展为中心》，《中央民族大学学报》2020年第5期，第120—130页。

卯芳《西夏壁画中的藏密因子——以瓜州东千佛洞第2窟壁画为

例》，《民族艺林》2020年第2期，第132—139页。

苗润博《〈辽史·西夏外记〉史源补说》，《西夏研究》2020年第3期，第92—97页。

聂鸿音《党项语谓词前缀的分裂式》，《西夏研究》2020年第2期，第115—116页。

聂鸿音《"党项人"考辨》，《宁夏社会科学》2020年第3期，第178—185页。

聂鸿音《12世纪河西党项方言的文白异读层次》，《北斗语言学刊》第七辑，2020年，第3—16页。

聂鸿音《西夏语陈述句到一般疑问句的转换方式》，《西夏学》第二十一辑，2020年，第108—115页。

潘洁、陈朝辉《西夏水权及其渊源考》，《宁夏社会科学》2020年第1期，第187—190页。

彭向前、张林《释"方马埋轮"与"拐子马"》，《西夏研究》2020年第4期，第3—6页。

蒲章臻《北宋中叶朝廷用兵政策探析——以仁宗朝对西夏战争为例》，《宁夏师范学院学报》2020年第8期，第53—58页。

任改勤、戴羽《西夏榷禁制度渊源考》，《西夏研究》2020年第2期，第37—43页。

［日］三宅英雄著，麻晓芳译《缩合的复杂性：初期党项语的框架》，《西夏研究》2020年第3期，第76—85页。

［日］三宅英雄著，麻晓芳译《西夏语》，《西夏研究》2020年第4期，第75—81页。

沙武田《西夏仪式佛教的图像——莫高窟第61窟炽盛光佛巡行图的几点思考》，《四川文物》2020年第3期，第92—111页。

沙武田《敦煌西夏藏传佛教洞窟及其图像属性探析——以西夏官方

佛教系统为视角》，《中国藏学》2020年第3期，第211—220页。

沙武田、李志军《莫高窟第353窟西夏重修新样三世佛的思想内涵》，《敦煌学辑刊》2020年第4期，第63—76页。

沙武田《读图的厚背景和被表象误导的历史图像——重新认识敦煌西夏石窟艺术史之面貌及其内涵》，《丝绸之路研究集刊》第五辑，2020年，第287—314页。

沙武田《西夏佛教一面相——西夏时期净土思想对敦煌石窟功德和功能的新诠释》，《西夏学》第二十一辑，2020年，第246—275页。

常红红《西夏玄奘取经图像之研究——以东千佛洞第2窟图像为中心》，《丝绸之路研究集刊》第五辑，2020年，第315—334页。

邵军《宏佛塔出土〈千佛像〉及其塔龛样式初探》，《艺术设计研究》2020年第6期，第20—26页。

邵军、张世吉《山嘴沟石窟二号窟壁画性质初探》，《西夏学》第二十一辑，2020年，第276—283页。

沈卫荣《论西夏佛教之汉藏与显密圆融》，《中华文史论丛》2020年第1期，第265—309页。

石建刚、白晓龙《陕北宋金石窟布袋和尚图像调查与研究——兼论与河西地区西夏石窟布袋和尚图像的关联性》，《丝绸之路研究集刊》第五辑，2020年，第434—447页。

史金波《西夏对中国印刷史的重要贡献》，《中国史研究》2020年第1期，第98—115页。

史金波《努力构建有中国特色、中国气派的西夏学》，《西夏研究》2020年第3期，第3—8页。

史金波《俄藏5147号文书10件西夏文贷粮契译考》，《中国经济史研究》2020年第3期，第78—94页。

史金波《论西夏对中国的认同》，《民族研究》2020年第4期，第

103—115页。

史金波、黄润华《开拓创新，成就辉煌——中国民族古文字研究70年》，《民族语文》2020年第4期，第3—14页。

史金波《深入推进宋辽夏金史研究的思考》，《河北学刊》2020年第5期，第1—8页。

史金波《丝绸之路出土的少数民族文字文献与东西方文化交流》，《敦煌研究》2020年第5期，第1—10页。

史金波《中国近代出土文献的文字学、语言学和历史学价值》，《中央民族大学学报》2020年第6期，第13—22页。

史金波《砥砺奋进 发展繁荣——中华人民共和国成立70年来西夏学三大体系建设刍议》，《西夏学》第二十辑，2020年，第1—20页。

史金波《俄藏5949—28号乾祐子年贷粮雇畜抵押契考释》，《西夏学》第二十一辑，2020年，第1—9页。

施立策、黄婷玉《西夏唐古特人名义新考》，《西夏研究》2020年第3期，第72—75页。

宋坤《四件黑水城出土西夏汉文佛教文献残页拟题考辨》，《西夏研究》2020年第4期，第7—13页。

宋坤《三件黑水城出土西夏汉文佛教文献复原与拟题考辨》，《西夏学》第二十辑，2020年，第121—143页。

宋若谷、沙武田《敦煌壁画中女性外道表现手法发覆》，《敦煌研究》2020年第1期，第60—69页。

孙伯君《西夏语语气词sja²小考》，《西夏研究》2020年第2期，第116—118页。

孙伯君《西夏皇帝又称"白天子"考》，《宁夏社会科学》2020年第2期，第180—181页。

孙伯君《西夏文〈大藏经〉"帙号"与勒尼语〈千字文〉》，《文献》

2020年第5期，第74—85页。

孙伯君、孟令兮《汉字音在日译汉音与党项语中变读形式的比较研究》，《西夏学》第二十辑，2020年，第184—191页。

孙昌盛《方塔出土两部西夏文藏传续典源流考》，《北方民族大学学报》2020年第4期，第130—135页。

孙飞鹏《西夏文〈圣胜慧到彼岸功德宝集偈〉残件补释》，《文献》2020年第5期，第48—63页。

孙祎达《陈寅恪与西夏学》，《历史教学问题》2020年第3期，第35—40页。

孙毅华《从敦煌唐代及西夏壁画看两种垂脊头瓦饰的演变》，《建筑史学刊》2020年第1期，第125—135页。

孙颖新《西夏文"孝""柔"通假考》，《西夏研究》2020年第2期，第118页。

［俄］索罗宁、谢皓玥《西夏宗义书〈诸宗二谛显理要集记〉初探》，《中国藏学》2020年第1期，第150—160页。

［俄］索罗宁、谢皓玥《西夏佛典体系两种："心类五种"与"发菩提心"初探》，《复旦学报》2020年第3期，第83—92页。

汤君《西夏组诗的作者和编者》，《绵阳师范学院学报》2020年第4期，第1—10页。

汤君、李伟《西夏"城主"及其渊源考》，《西夏学》第二十一辑，2020年，第10—21页。

汤晓芳、郭海鹏、周胤君《西夏文碑刻艺术特征探析》，《西夏学》第二十辑，2020年，第263—277页。

汤晓芳《西夏陵雕塑与自然人文环境》，《西夏学》第二十一辑，2020年，第239—245页。

汤晓龙、刘景云《西夏文四首热病方药破译考释》，《中医典籍与文化》第一辑，2020年，第91—114页。

田孟秋、杨浣、任怀晟《黑水城出土西夏〈阿弥陀佛接引图〉中龙凤纹佛衣考》，《西夏研究》2020年第2期，第65—72页。

田晓霈《西夏典借制度的几个问题——以 Инв.No.5147②西夏文典畜契为中心》，《敦煌研究》2020年第2期，第68—74页。

同敏、许鹏《西夏语"头项"词义考》，《西夏研究》2020年第1期，第59—63页。

妥超群《喀罗川考辨——西夏卓罗和南监军司境内地名新证》，《西夏学》第二十辑，2020年，第163—173页。

王慧慧《莫高窟第464窟被盗史实及被盗壁画的学术价值——莫高窟第464窟研究之一》，《敦煌研究》2020年第4期，第129—135页。

王葭《基于深度学习的西夏文字识别研究》，宁夏大学硕士学位论文，2020年4月。

王龙《西夏文写本〈瑜伽师地论〉卷五十九考释》，《西夏研究》2020年第3期，第9—20页。

王龙、庞倩《西夏译义净所传〈根本说一切有部律〉研究》，《西夏学》第二十一辑，2020年，第172—184页。

王玫《〈天盛改旧新定律令〉卷九补缀数则》，《西夏研究》2020年第4期，第19—21页。

王玫《2010—2019年日本西夏学研究综述》，《中国史研究动态》2020年第5期，第78—86页。

王明前《青白盐与党项马——西夏、北宋经济战场的博弈》，《南京晓庄学院学报》2020年第3期，第90—95页。

王培培《〈亥年新法〉引述〈天盛改旧新定律令〉考》，《西夏研究》2020年第4期，第14—18页。

王胜泽《风俗画时兴背景下西夏千手观音的图式之变》，《丝绸之路研究集刊》第五辑，2020年，第367—375页。

汪天顺《招亡纳叛与建国立号：北宋西部民族地区的政治新动向》，《中国边疆史地研究》2020年第2期，第24—35页。

王文光、江也川《辽夏金的中华文化认同与中华民族共同体建设》，《烟台大学学报》2020年第4期，第82—90页。

王小蕾《西夏元明清时期汉译密教观音经轨研究》，陕西师范大学博士学位论文，2020年11月。

王战扬《论宋仁宗朝对夏战争的军事决策及攻守理念的转变——以好水川之战的演进为中心》，《西夏学》第二十辑，2020年，第89—101页。

王战扬《论宋仁宗朝对夏战争的军事决策及西北边防的战略转向——以定川寨之战的演进为中心》，《暨南史学》第二十一辑，2020年，第69—86页。

魏淑霞《7—14世纪党项西夏与吐蕃关系述论》，《西夏研究》2020年第3期，第32—39页。

魏淑霞《历史研究"碎片化"境遇下的西夏学研究》，《宁夏社会科学》2020年第3期，第194—198页。

魏淑霞《历史研究"碎片化"境遇下的西夏学研究》，《社会科学文摘》2020年第7期，第95—97页。

文志勇、崔红芬《西夏文〈佛顶心观世音菩萨经〉考略》，《西夏学》第二十一辑，2020年，第185—199页。

《"五代宋辽西夏法华美术研究"项目简介》，《民族艺术》2020年第5期，第2页。

吴丽萍《北宋渭州知州研究》，西北师范大学硕士学位论文，2020年5月。

吴强、彭佳慧《西夏十一言〈功德宝集偈〉：罕见的汉文佛教偈颂体式》，《西夏学》第二十一辑，2020年，第230—234页。

谢继胜、才让卓玛《宋辽夏官帽、帝师黑帽、活佛转世与法统正朔（上）——藏传佛教噶玛噶举上师黑帽来源考》，《故宫博物院院刊》2020年第6期，第45—60页。

谢继胜、才让卓玛《宋辽夏官帽、帝师黑帽、活佛转世与法统正朔（下）——藏传佛教噶玛噶举上师黑帽来源考》，《故宫博物院院刊》2020年第7期，第58—71页。

［俄］谢·维·德米特里耶夫著，陈培军译《俄罗斯西夏文文献之收藏与研究》，《汉籍与汉学》第七辑，2020年，第52—58页。

辛睿龙《英藏黑水城文献Or.8212/1344号写本〈蒙求〉残页考》，《古籍整理研究学刊》2020年第1期，第24—27页。

邢耀龙、沙武田《敦煌西夏洞窟观无量寿经变的新样式——瓜州榆林窟第3窟净土变的释读》，《丝绸之路研究集刊》第五辑，2020年，第335—353页。

许鹏《论西夏文法律文献中的"边等"和"边等法"》，《西夏学》第二十辑，2020年，第246—253页。

许伟伟《西夏中后期地方管理制度问题探讨》，《西夏学》第二十辑，2020年，第81—88页。

徐文钊《江户写本〈西夏地形图〉略考》，《西夏研究》2020年第4期，第54—58页。

徐阳、韦兵《英藏黑城出土Or.12380-1796西夏文〈百六吉凶歌〉残叶考》，《宁夏社会科学》2020年第6期，第186—190页。

闫中华《黑水城出土西夏绢画〈阿弥陀佛来迎图〉中的华盖意涵探究》，《西夏研究》2020年第3期，第64—71页。

杨冰华《瓜州榆林窟〈惠聪窟记〉研究》，《文献》2020年第5期，第116—126页。

杨迪、邵军《黑水城出土西夏汉式风格绘画的研究成果与前景展望》，《陕西师范大学学报》2020年第6期，第168—174页。

杨富学《敦煌晚期石窟研究的若干思考》，《天水师范学院学报》2020年第1期，第68—73页。

杨杰《西夏对藏传佛教的吸收与融创——以〈大乘要道密集〉所收数篇大手印文本为例》，《中国藏学》2020年第2期，第54—63页。

杨梅《俄藏黑水城艺术品中的共命鸟形象》，《西夏研究》2020年第4期，第70—74页。

杨蕤《论西夏的西缘疆界及相关问题》，《中国史研究》2020年第1期，第116—129页。

杨蕤《〈中国历史地图集·西夏幅〉补释》，《中国边疆史地研究》2020年第1期，第164—176页。

杨蕤《沙幕长城：毛乌素沙地之于西夏历史的作用和地位》，《宁夏社会科学》2020年第3期，第186—193页。

余辉《元代唐兀后裔与高丽人交往探论》，《佛山科学技术学院学报》2020年第2期，第58—63页。

岳键、李国《关于莫高窟第130窟"谒诚□化功臣"的身份问题——兼及表层壁画年代再讨论》，《西夏学》第二十一辑，2020年，第284—294页。

张多勇《西夏通吐蕃河湟间的交通路线及沿路军事堡寨考察》，《中国历史地理论丛》2020年第3期，第112—127页。

张多勇《北宋延州与西夏盐州的道路及龙州、藏底河城考察研究》，《宁夏社会科学》2020年第4期，第194—201页。

张蓓蓓《黑水城写本〈劝学文〉考释——兼谈亦集乃路的教育问题》，《敦煌学辑刊》2020年第2期，第140—149页。

张帆《仁宗朝宋夏战争之下的茶马贸易》，《茶叶》2020年第2期，第114—117页。

张光伟《基于深度学习的西夏文献数字化》，《西夏学》第二十一辑，2020年，第206—213页。

张九玲《俄藏西夏文〈大宝积经〉卷九十八考补》，《宁夏师范学院学报》2020年第9期，第65—75页。

张九玲《藏传西夏文〈圣摩利天母总持〉考释》，《西夏学》第二十辑，2020年，第211—220页。

张珮琪《论西夏语动词第二类趋向前缀》，《西夏学》第二十一辑，2020年，第116—145页。

张然《现存西夏文佛经函号整理研究》，《西夏研究》2020年第1期，第20—25页。

张瑞、于光建《武威博物馆藏水月观音水陆画艺术特点探析——兼与西夏水月观音图像的比较》，《西夏研究》2020年第4期，第59—63页。

张涛、于光建《武威出土西夏买地券背记符号考论》，《西夏研究》2020年第2期，第32—36页。

张晓非《西夏卓啰和南军司驻地新考》，《宁夏社会科学》2020年第4期，第202—207页。

张笑峰《西夏的信牌制度》，《西夏研究》2020年第4期，第39—45页。

张映晖《西夏文〈大宝积经〉卷九的翻译特点》，《西夏研究》2020年第4期，第22—25页。

张永富《西夏文字书〈择要常传同名杂字〉探析》，《西夏研究》2020年第2期，第3—7页。

章治宁《西夏擦擦研究》，宁夏大学博士学位论文，2020年5月。

翟兴龙《西夏三十五佛文本源流考》，《西夏学》第二十辑，2020年，第221—237页。

赵帆《张大千临摹〈西夏水月观音〉之审美探析》，《内江师范学院学报》2020年第3期，第35—40页。

赵宏伟《西夏要典〈番汉合时掌中珠〉音乐词条研究》,《音乐天地》2020年第12期,第38—42页。

赵生泉《西夏书法研究三题》,《西夏学》第二十辑,2020年,第278—287页。

赵小明《占卜与西夏社会》,《北方文物》2020年第6期,第94—103页。

赵雅洁《21世纪中国学界辽金民族关系研究回顾与展望》,《赤峰学院学报》2020年第2期,第27—32页。

赵彦龙、扶静《西夏序跋碑类文书种类功用与体式研究》,《档案学研究》2020年第2期,第143—148页。

赵彦龙、张倩《西夏上行文书"上书"功用及体式》,《宁夏大学学报》2020年第4期,第149—153页。

赵彦龙、张倩《西夏户籍文书的体式及功用》,《档案学通讯》2020年第6期,第90—98页。

曾汉辰《西夏觉照国师法狮子之教法来源与身份考》,《中国藏学》2020年第1期,第180—186页。

曾发茂、于光建《〈西夏译经图〉版画的艺术特征分析》,《美术大观》2020年第1期,第86—87页。

郑昊《国家决策与个人际遇——〈孙昭谏墓志铭〉中所见宋夏局势变化对北宋沿边武将军旅生涯的影响》,《西夏学》第二十一辑,2020年,第96—107页。

朱淑娥《俄藏黑水城西夏水月观音头冠考》,《西夏研究》2020年第1期,第31—36页。

朱淑娥《俄藏黑水城西夏唐卡〈摩利支天〉供养人解读》,《西夏研究》2020年第4期,第64—69页。

［日］佐藤贵保著,张黎明译《西夏信使的身份凭信研究》,《西夏研究》2020年第3期,第86—91页。

第八章

2021年西夏学研究

第一节　2021 年西夏学研究综述

据不完全统计，2021年出版西夏学著作19部，发表学术论文220余篇。为便于学界同仁查阅，分著作、论文两部分予以介绍。

一、著　作

西夏佛教方面，崔红芬、文志勇《文化认同视域下的西夏藏传佛教研究》（中国社会科学出版社，2021年），分八章对西夏时期藏传佛教的发展进行了考证和论述。作者探讨了藏传佛教经典的翻译、藏传佛教宗派的流传，分析了西夏对藏、汉佛教艺术的吸收与融摄，考察了在西夏担任帝师与国师的藏地僧人，以及西夏藏传佛教对后世的影响等。西夏重要的地理位置、多民族杂居生活状况和宽松的文化政策，使西夏文化呈现缤纷多彩的特色，也使西夏佛教具有多元文化的特色。《俄藏黑水城文献30·西夏文佛教部分》（上海古籍出版社，2021年），收录了俄藏西夏文藏传佛教文献六十余号，黑白图版千余幅，刻本、写本皆俱，卷子装、蝴蝶装、册页装等均有，皆为近千年前西夏王朝珍贵的文化遗存，如《甘露光海生金刚文二部》《大印究竟要集》《六法圆混道次》《大凤凰空明注》《见大虚空遮显疏上卷》等，充分体现了西夏社会对佛教的理解与诠释。[俄]克恰诺夫著，崔红芬、文志勇译《俄藏黑水城西夏文佛经叙录》（甘肃文化出版社，2021年），是对20世纪初科兹诺夫从黑水城掘获的西夏佛经藏品的整理研究成果，包括西夏佛经文献的种类、名称、书籍类型、版式、馆藏编号、保存状况，以及参与译、校、写、印、施经等人员的有关情况等，是迄今为止较为全面地整理汇编的俄藏黑水城西夏佛经综合性目录，对于学者进一步了解和研究俄藏西夏佛经具有较高的参考价值。

西夏文化、艺术方面，〔清〕吴广成撰，胡玉冰校注《西夏书事校注》（上海古籍出版社，2021年），不仅对西夏研究有重要的史料价值，同时也是研究宋夏关系、辽夏关系、金夏关系的重要文献。《西夏书事》仿朱熹《资治通鉴纲目》之体，编年记载西夏二十一主兴废事迹，共四十二卷。该著乃清吴广成编撰，作者以西夏割据西北数百年而史书记载阙略，乃悉心搜采唐以下各种有关文献资料，历十年编成此书。赵彦龙《西夏文书种类功用及体式研究》（上海古籍出版社，2021年），指出西夏的每一种文书，不论是下行文书还是上行文书，抑或行文书，在西夏社会各个管理过程中都发挥着各自功用。该研究成果既是古代文书档案史研究的重要拓展，也是西夏研究的重要补充，还为古代文书功用及体式的研究提供了有益借鉴，具有一定的学术价值。汤晓芳《西夏艺术论集》（上海三联书店，2021年），收集了作者关于西夏艺术遗存、分类、特征及建筑、绘画、雕塑等方面的论文若干篇，这些论文也是在她退休后的近20年里完成的。长年来作者认定一个方向，抓住一个专题，坚持不懈，扩展和深化了西夏艺术的研究，也奠定了西夏艺术在西夏学领域和中国艺术史领域的重要地位。刘峰《西夏陵出土文物纹饰研究》（黄河水利出版社，2021年），全书共分七章，前六章对西夏陵已发现的各类纹饰进行了简述、分类和对比，重点对动物和植物纹饰做了梳理和归纳，第七章对已发现的纹饰做了初步总结。西夏陵出土文物和标本数以万计，文中选取了有代表性和新发现的石、陶、泥、铜等多类约200件文物。杨才年、严复恩《武威西夏碑整理研究》(读者出版社，2021年)，对武威西夏碑的碑文内容、形制、碑刻艺术及发现过程、搬迁保护情况进行了全面的介绍，对学术界的西夏碑研究情况做了回顾，并对汉夏碑进行了比较研究，阐述了它们的异同，让读者对武威西夏碑有深刻的认识。

西夏语言、文字方面，韩小忙编著《西夏文词典（世俗文献部分）》(中国社会科学出版社，2021年)，是根据作者建立的西夏文世俗文献语料库编纂而成，约800万字。该词典征引资料丰富，囊括了目前可见的绝大部分西夏文世俗文献，占有语料远远超过前人。在体例方面，该书参照了《汉语大字典》《汉语大辞典》等权威辞书，体例规范。字头按照左偏旁部首编排，首列西夏文原始辞书的解形，并标注字头在前人著作中的编号，以便核对；次列拟音和原始注音资料；再列释义和例证，进而列出词语和句例。引用的每一个文献都括注原始出处，极便于检核。另外，作者还编制了左偏旁索引、右偏旁索引、声统索引、韵统索引、词语索引等8个索引，极便于查阅，是一部满足学界编纂解形、注音、释义、举证等需要的大型工具书。聂鸿音《西夏文字和语言研究导论》(上海古籍出版社，2021年)，有助于读者了解西夏文字和语言的结构、使用及相关的国内外研究情况，为语言文字学方面的专业人员提供了学术方面的参考，选择中国高等院校教学语法系统中的助词分析方法，更加贴近中国人的接受习惯，读者只要具备一定的古代汉语和普通语言学基础即可读懂这本入门读物。

关于西夏军事，史金波《西夏军事文书研究》(甘肃文化出版社，2021年)，全书分研究和资料两篇，研究篇对西夏史料发掘迄今的军事文书情况予以综述，对文献种类、文献保存情况、文献数量、文献版本价值等问题展开深入探讨；资料篇对西夏法典《天盛律令》中有关西夏军事的条款、新发现的西夏文军事文书、部分汉文军事文书进行了研究。该著作是作者研究西夏军事文化十余年的学术成果，学术价值较高。

关于西夏钱币，田战军编著《西夏钱币集》（世界图书出版公司，2021年），全书分两篇，上篇讲西夏货币简史，从西夏与西夏钱币历史展开，围绕西夏钱币的种类、特征、铸造、铜质、行使、历史研究等方面进行研讨；下篇讲西夏钱谱，以作者所藏为主，辅以名家藏珍，编撰为版别完备、珍品荟萃之西夏钱谱。作者将自己历年秘藏的西夏钱币珍品近千种，以彩图与拓片相结合的方式，并加以定级与版别说明整理出版别，其资料之丰富，版别之详尽，为钱币收藏人士之必读，收集西夏钱币之必需工具书。

其他方面。杜建录主编《西夏学论集（2011—2020）》（科学出版社，2021年），全书共计四编，分别为"西夏历史研究""西夏艺术研究""西夏语言文字研究""西夏文献研究"，以探讨西夏学为主要内容，兼及对辽、宋、金、元等历史展开研究。该著作在史论结合的基础上，论述了2011—2020年西夏学发展的若干基本问题、主要特点及其基本规律，资料翔实，逻辑严密，观点新颖，论证充分，深刻分析了西夏学领域内的重大问题，并对西夏学的前沿问题进行了有益探索。杜建录主编《西夏学》第二十、二十一辑（甘肃文化出版社，2021年），共辑录了61篇西夏学论文，围绕重大项目、西夏历史、西夏文献、语言文字、文化艺术、文物考古、学术综述等进行了不同专题的研究。

二、论　文

发表学术论文221篇，下面分佛教及其经典、西夏文化艺术、语言文字考释、西夏政治军事、法律经济制度、学术动态等六个部分择要论述。

（一）佛教及其经典

关于西夏佛教经典的考释比较集中，如［日］吉藤孝一、［德］彼得·茨默等《〈金刚经纂〉与西夏和汉文本对应的回鹘文本》（《西夏研究》2021年第1期），指出《金刚经纂》由《金刚经》节略而成，内容包括一个女孩的灵验故事、十斋日和十二月礼佛日，它阐述了念诵此经的功德。迄今为止，《金刚经纂》的汉文本和西夏文本均已得到了整理。作者提供了收藏于圣彼得堡和柏林的回鹘文本，通过对文本的比较研究，证明回鹘文本与西夏文本内容接近。赵成仁《英藏西夏文〈大般若波罗蜜多经〉卷八残片考》（《西夏研究》2021年第1期），黑水城出土的《英藏黑水城文献》第五册中，有部分残片尚未释读定名，经作者释读出的标号Or.12380-3764.1、Or.12380-3764.2、Or.12380-3764.3、Or.12380-3764.4的四张残片均属于《大般若波罗蜜多经》第八卷的内容，上下文相继，可互相缀合。文志勇《英藏黑水城出土文献西夏文〈坛经〉释考》（《西夏研究》2021年第2期），经过释读和研究，确定此西夏文《坛经》是依据最早的法海本《坛经》简写而成，在禅法思想上，完全忠实于惠能本人的原意，充分证明了译写经文者对于禅宗义理的解悟能力，这些残片内容对研究禅宗早期历史和禅法思想及其传播影响力都具有重要的意义。朱晓峰《西夏观无量寿经变中的音乐史观察》（《敦煌学辑刊》2021年第2期），通过对榆林窟第3窟主室南壁中部所绘西夏时期观无量寿经变画各类乐舞图像的调查、梳理和考证，以音乐视角观察，将研究结论与乐舞图像的特殊性相结合，在敦煌石窟西夏时期乐舞图像和西夏音乐史研究方面形成了新的观点和补充。

崔红芬《英藏黑水城〈佛顶心观音经〉相关问题考论》（《敦煌研究》2021年第3期），对英藏西夏文《佛顶心观音经》某些残页进行了定名补正和缀合，该经的内容模式主要借鉴了唐智通、伽梵达摩、菩提流志等译观音经典。晚唐、五代以后，此经广泛流行于北方地区，传入西夏后，在天盛十七年（1165）之前被僧人法律翻译成西夏文，汉、夏文本在境内都有传播。马洲洋《西夏文译〈正理除意之暗〉初探》（《中国藏学》2021年第3期），成功同定了夏藏文本的《正理除意之暗》，并讨论了一系列与之相关的西夏译量论文本，指出整个桑浦量论传统在西夏时期深入传播的历史可能。任景琦《俄藏西夏文〈大般涅槃经〉卷二十七释读》（《绵阳师范学院学报》2021年第3期）、王凯《俄藏西夏文〈大般涅槃经〉卷三十八释读》（《绵阳师范学院学报》2021年第3期），参照《大正藏》北凉昙无谶译汉文本，首次分别对俄罗斯科学院东方文献研究所收藏的Инв.No.423、Инв.No.468号西夏文《大般涅槃经》卷二十七、三十八进行了全文录文和校注，指出西夏本中存在的一些翻译失当处，并发现了六例西夏字通假现象。通过题记可知Инв.No.468号是在西夏惠宗时期翻译而成的，经文中通假用例较多，且有些词汇的西夏译法可以为西夏语语料库的积累提供新材料。孙颖新《西夏文〈正道心照〉考》（《世界宗教研究》2021年第3期），对《正道心照》三个西夏本进行了全面释读，对其中部分经偈的出处加以考证，并根据西夏本中名相的翻译以及兼涉禅密二宗等一些特点，推测西夏本的译出时间大概是在元代。

［俄］索罗宁《西夏语〈持《金刚经》仪轨〉初探》（《西夏学》第二十三辑，2021年），指出《持〈金刚经〉仪轨》内容与西夏广为流传的梁傅大士《夹颂金刚经》的本子大致相同，文献现存部分为持诵《金刚经》前仪，包括偈颂以及真言的解释，部分内容和词汇显露出藏传佛教的影响，可视为西夏本土著作，文中所谓八金刚四菩萨的坛城在其他汉文材料中尚未发现，为该文献独特的内容之一。吴雪梅《新见西夏文〈佛说如来一切总悉摄受三十五佛忏罪法事〉缀合研究》（《西夏学》第二十二辑，2021年），认为武威博物馆藏6761号西夏文佛经与本次新发现的西夏文佛经残片可能是俄藏黑水城出土汉文本《佛说三十五佛名

经》的西夏文译本——《佛说如来一切总悉摄受三十五佛忏罪法事》。张善庆《图像的层累与〈观世音菩萨普门品〉的完整再现——莫高窟第395窟研究之一》（《敦煌研究》2021年第4期），指出甬道主题是观世音菩萨之三十三种变化身，和主室观世音菩萨救助八难共同构成了一部完整的观世音菩萨普门品变，虽然经过五代和西夏两次重修，但是洞窟设计理念保持一致，这可能与西夏时期盛行的法华信仰与志公和尚信仰密切相关，这一研究也意在揭示重修洞窟研究的重要价值。庞倩、王龙《西夏文草书〈显扬圣教论·摄胜决择品〉第十一之一考释》（《西夏研究》2021年第4期），首次释读了西夏文《显扬圣教论》卷十七《摄胜决择品》第十一之一，并对西夏文草书加以厘定、录文、释读和校注，有助于人们了解西夏人对"法相唯识"类经典的理解方式和翻译手法，对西夏译玄奘所传"法相唯识"经典的全部解读和这一思想于12—14世纪在中国北方的传播和发展都具有重要的意义。

邓章应、李颖《西夏文佛经写本校改体例研究——以俄藏写本〈大宝积经〉为例》（《西夏学》第二十二辑，2021年），对俄藏写本《大宝积经》中出现的纠正讹文、增补脱文、删除衍文、乙正倒文的校改体例进行了研究，校改体例整体存在力求改动最小化、保持卷面美观性的特点，校改体例中原行右侧书写的补脱字与正讹字仅有细微位置差别，释读时需仔细甄别，还要特别注意因粘贴的修正纸条脱落对文本的影响。王慧慧《莫高窟第464窟〈大乘庄严宝王经变〉考释——莫高窟第464窟研究之三》（《西夏学》第二十二辑，2021年），通过分析莫高窟第464窟观音现身的特殊性，认为作为主流观点的"观音普门品说"及其立论依据存在若干疑问，提出了壁画应该是依据《大乘庄严宝王经》绘制的新观点，填补了这一经文壁画的空白，增加了敦煌经变画的种类，对拓宽敦煌图像的研究范围及研究方法有一定的意义。张九玲、王凯、任景琦《〈圣胜慧到彼岸八千颂经·增上慢品〉夏汉藏对勘研究》（《西

夏学》第二十二辑，2021年），对Инв.No.103卷二十中的增上慢品进行
了西夏录文、藏文转写，主要参考藏文本对西夏本进行了汉译，并将
此经的夏汉藏三种文本进行对勘，旨在为西夏语言、西夏佛教研究提
供一份新的基础资料。张永富《〈真实名经〉汉、夏译本考略》（《西夏
学》第二十三辑，2021年），对《真实名经》汉、夏译本的存世情况做
了简单介绍，然后通过考究其他文本对《真实名经》内容的引用，佐证
了诸文本的年代问题，最后着重探讨了《真实名经》的翻译时间和翻译
底本，认为释智汉译本和西夏译本均译自藏文本，且在译出后，经历了
"执梵本证义"的过程。

关于西夏佛教仪轨、仪式，侯浩然《黑水城文献中发现的藏传佛教
替身仪轨研究》（《中国哲学史》2021年第6期），指出该仪轨起源于古
代印度，经过西藏传入河西地区，流行于西夏和元代。海内外学界对黑
水城出土的替身仪轨的写本关注不多，缺少相应的研究。作者通过对黑
水城出土的汉藏两种语言的替身仪轨文本进行整理、校勘和研究，可以
拓宽11到14世纪河西地区藏传佛教史研究的新视野。沈卫荣《释拙火幻
轮、秘密大喜乐禅定和演揲儿法》（《中国文化》2021年第1期），对见
于《依吉祥上乐轮方便智慧双运道玄义卷》等西夏、元代所传的几个与
"欲乐定"和"拙火定"相关的文本进行了细致解读和分析，将它们置
于藏传佛教新译密咒传统中的"道果法"和"捺啰六法"修习体系中进
行考察，揭开了元朝宫廷藏传密教史上曾被不断误解和渲染的两个修法
的真实面目。

关于西夏佛教题记，张映晖《西夏文佛经款题中所冠帝、后尊号
与西夏政制建构》（《北方民族大学学报》2021年第2期），结合"御
译""御校""谨施"等词语以及佛经序言的内容发现，西夏文佛经款
题中的"尊号"不单纯是政治名号，可能还蕴含着佛教意义上的"觉
悟"。佛教在加强西夏皇帝统治合法性的同时，也迎合了西夏僧俗的

精神需要。郝振宇《佛经题记和发愿文所见西夏人的家庭观与国家观》（《暨南史学》2021年第1期），指出西夏人的佛经题记和发愿文有单式和复式之分，单式的祈愿对象具有唯一性，祈愿内容以家庭为主，私我心理较为明显；复式的祈愿对象则在两个或两个以上，祈愿内容一般以国家和家庭为主，私我心理与超我心理并存。西夏人的家庭观和国家观的形成与他们的生存生活环境以及儒家孝亲与忠君思想的传播有很大关系，同时，民众对以皇帝为首的社会等级秩序也已形成自觉意识与认同观念，甚至言称西夏为"中国"，表现出"中国"意识。

关于西夏佛教遗址，沙武田《西夏瓜州佛教洞窟营建的时代特性》（《中原文物》2021年第4期），通过梳理瓜州洞窟营建的历史，结合洞窟壁画强调新样及新样的善变特性，可以看到瓜州地区西夏洞窟的营建功德主们，作为西夏新政权的统治阶层党项人，把瓜州的佛教洞窟营建作为他们与中央政府在佛教信仰方面保持高度一致的基本宗旨和核心思想的体现，瓜州成为这些新型的地方统治阶层功德主们展示真正具有西夏时代特性的佛教艺术场所。何卯平《试论大足宝顶山涅槃造像所见西夏范式》（《大足学刊》第五辑，2021年），指出在大足宝顶山大佛湾石刻涅槃造像中，佛顶螺发中可见一颗硕大髻珠；安岳卧佛院所见涅槃佛顶具有同样的表现。这种有宋一代广为流行的佛顶髻珠源于西夏民族的髡发习俗。除了蜀地，这种髡发髻珠在南宋东传日本的宁波佛画中有更多反映，并成为宋元之际东渐日韩的净土信仰造像的主流范式。幸运的是，在安岳卧佛院第17窟北岩摩崖，有宋人题刻记录了安岳作品重修于南宋时代的确切时间，从而为我们提供了西夏范式东渐的路线及其在蜀地流布的空间。

（二）文化艺术

关于石窟壁画、图像艺术，杨艳丽《瓜州榆林窟第4窟文殊与弥勒对坐图像考释》（《西夏研究》2021年第1期），指出画面的造像元素可在同时期的版画和唐卡中找到，类似的对坐形式已通过佛经版画的形式广为传播，西夏信众通过改变弥勒菩萨的法器在文殊与弥勒对坐的题材框架内进一步强调文殊的地位，是西夏时期的创新之作。袁頔《榆林窟第2窟正壁普贤行愿图像定名考——兼论榆林窟第2窟营建背景》（《南京艺术学院学报》2021年第1期），指出榆林窟第2窟正壁说法图并南北两端故事画所依粉本为西夏《普贤行愿品》卷首版画，二者结合应定名"普贤行愿经变相"，由此正壁形成文殊、普贤共存的格局以彰显佛之尊格，并体现五台山信仰。同时，整窟建构出以文殊为中心的神圣空间，不仅满足信众参拜圣像的需求，还强调了西夏佛王治世背景与官方佛教信仰。贾维维《甘肃瓜州东千佛洞第7窟西夏壁画的净土主题研究》（《美术研究》2021年第2期），通过分析东千佛洞第7窟的窟室结构、壁画题材内容、组合方式、图像内涵等内容，讨论该窟表现的净土思想，深入理解西夏社会净土思想和宗教信仰特征。净土信仰在该窟的图像与图像之间构建起内在联系，从而将窟室组成一个构思严密的建筑空间，汉地传统信仰题材与新译密续主题共同服务于"净土"思想。李婷《敦煌西夏石窟新样文殊图像研究——以榆林窟第29窟为例》（《美术学报》2021年第2期），关注敦煌前代洞窟的文殊图像对西夏榆林窟第29窟新样文殊图像的影响，探究了西夏新样文殊图像所继承的前代文殊图像特点，分析出西夏新样文殊图像艺术风格的演变过程，并在风格多样的西夏新样文殊图像中找到了图像之间的联系。

李娜、苏伯民等《莫高窟第88窟西夏壁画病害分析》（《文博》2021年第6期），采用多种学科结合的方法，分析了莫高窟第88窟壁画的制备材料、方法、工艺，并在对壁画现状分析的基础上，就其主要病害的状态做出初步评估，为敦煌西夏壁画的研究提供了资料，也为石窟壁画保护提供了实例材料。刘维栋《甘肃瓜州榆林窟第29窟西夏男性供养人再考》（《北方文物》2021年第6期），认为供养人中身份最高者"向赵"

是西夏仁宗为防备西辽与金而派遣到敦煌地区的心腹重臣，赵麻玉并非学界以往认为的赵氏家长，而是与赵祖玉等同属一辈，且其家族应具有番、汉、粟特等多族群成分。在赵氏家族特殊的族属身份和礼佛活动的背后，是西夏王朝以佛教为纽带，对党项、汉等多元文化在精神信仰层面进行的一次统合，进而形成了多族群共融的西夏居民。赵晓星《关于敦煌莫高窟西夏前期洞窟的讨论——西夏石窟考古与艺术研究之五》（《敦煌研究》2021年第6期），在对洞窟进行实地调查的基础上，结合传世史料与前辈的研究成果，对莫高窟与西夏前期营建的洞窟进行了全面梳理，再次对其中所涉及的断代问题进行了讨论，认为绿壁画洞窟主要为北宋曹氏归义军后期和沙州回鹘时期的重修洞窟，沙州回鹘洞窟基本上可视作北宋曹氏营建的余绪，西夏前期实际上在莫高窟只进行了极少的补修重绘，以莫高窟第340窟、第395窟和第206窟为代表。易玲萍《〈西夏皇帝与侍从图〉图像研究》（《西夏学》第二十二辑，2021年），通过梳理史料，从绘画史角度出发，讨论了画作与中原宋代绘画的承继关系。邢耀龙《榆林窟发现西夏第七幅玄奘取经图》（《西夏学》第二十三辑，2021年），根据笔者在榆林窟第3窟文殊变中发现一例疑似玄奘取经图的图像，完善了玄奘取经图的迭代关系，有望厘清保存有玄奘取经图的相关洞窟的开凿时间，为西夏时期洞窟年代分期研究提供了一个新的思路。

关于西夏文化交流，聂鸿音《再论西夏"蕃礼汉礼之争"》（《北方民族大学学报》2021年第4期），指出西夏自建立以后始终如一地推行"汉化"政策，王族和后族的权力斗争并非发端于不同的政治主张，西夏政府机构的设置和运作规则仿中原制度，在追求新的框架下适当保持党项传统社会组织形式，党项人在建国之初规定了具有自己特点的礼仪服色，而一旦建立成功，统治者就自觉地接受中原礼仪，在西夏的教育中，"蕃学"与"汉学"和谐共存，而且在政府的大力提倡下，"蕃学"使用的教材、宣传的思想意识和道德观念与"汉学"并没有本质的差异，区别仅在于使用的文字不同而已。宋华《西夏拜寺沟方塔〈诗集〉的文化功能与艺术特色》（《民族文学研究》2021年第4期），指出《诗集》的主要功用是交际应酬，以五言、七言诗歌为主，古、近体兼备；内容以应酬唱和类居多，至少涉及两次西夏文人的雅集活动，《诗集》在艺术上展现出较为纯熟的诗歌创作技巧，反映了西夏诗人对唐宋格律诗的吸收与借鉴。杜建录《论民族交往交流交融中的西夏文化》（《中央民族大学学报》2021年第6期），指出西夏文化杂糅了汉族文化、党项文化、吐蕃文化、鲜卑文化、回鹘文化等成分，其中中原汉族文化是西夏文化的核心；早期党项和鲜卑吐谷浑交错毗连，在长期的交往交流交融中，形成了你中有我、我中有你的格局；西夏文化还包含着浓郁的吐蕃文化成分，吐蕃语不仅在吐蕃人群中使用，还和党项语、汉语共同构成西夏的佛教用语；甘州回鹘归附西夏后，长期生活在河西走廊，继续使用本民族文字，西夏时期的回鹘文献有写本和印本，敦煌西夏洞窟中有不少回鹘人的形象。王凯《俄藏黑水城出土1042号文书考释》（《西夏学》第二十二辑，2021年），指出俄藏黑水城出土1042号文书为"习抄杜牧诗与柳永词"，认为杜牧诗母本为通过民间渠道流传到西夏的宋太宗手书《寄张祜诗帖》；柳永词则是以传诵的方式进入西夏，因口耳相传，词的内容在传播过程中发生改动，使文书上的内容与流传版本之间产生了差异。该文书的内容是宋夏文化交流的产物，同时反映了西夏人对汉文化的热爱。

关于西夏纹样，李玉峰《西夏联珠纹初探》（《西夏学》第二十二辑，2021年），通过对敦煌莫高窟、瓜州榆林窟、黑水城以及宁夏山嘴沟石窟、宏佛塔等地出土西夏遗存上联珠纹的研究，可知其分为圆形、椭圆形、组合型三种类型，其中多数联珠纹样式承袭了前代固有的模式，部分则通过设色来表现变化，此外还大胆创新出了椭圆加菱形的组合。西夏联珠纹除继续承担装饰作用外，还起到分隔画面的作用，而表现神圣属性的宗教含义几乎不曾显现。苗亚婳《双鱼纹在西夏艺术装饰中的应用研究》(《西夏学》第二十二辑，2021年)，指出双鱼纹也被广泛应用于西夏的金银器、丝织品、陶瓷器、绘画等艺术载体中，其艺术手法表现出省略与添加、统一与变化、抽象与自然等特点，赋予了繁衍、婚合、吉庆等文化内涵，具有装饰和功能的双重作用。同时，双鱼纹在西夏艺术中的应用透视出西夏艺术家对中原传统文化的继承和创新，反映了这一时期多民族多元文化交融发展的史实。阎成红《新见西夏龙纹瓦当探析》(《西夏学》第二十三辑，2021年)，指出该西夏龙纹瓦当的发现与重新断代弥补了此前西夏考古中龙纹瓦当的空白，为研究西夏时期的建筑装饰与艺术提供了新的实物资料。通过解析该瓦当的产生时代和文化意蕴，可以为西夏政权的"中国观"提供新的见证。刘艳荣、魏亚丽《试论西夏纺织物上的几何纹样》(《西夏学》第二十三辑，2021年)，指出西夏纺织物上的几何纹样主要有联珠纹、开光纹、龟背纹、簇六毬纹、琐子纹和菱形点纹等类型，在吸收与继承前代图案的基础上，西夏纺织物几何纹样也呈现出新的时代特征：一是开始作为主题纹样独立运用到纺织物上；二是出现了开光纹、琐子纹等新兴纹样；三是开始与花卉纹结合构成复合纹样。

关于西夏王陵，孔德翊、张红英《文献所见西夏陵选址问题探析》(《宁夏师范学院学报》2021年第2期)，综合各种文献记述，西夏陵在选址中充分考虑了都城、山川、风水观念等因素，并将其与统治者个人喜好结合起来，在这些因素共同作用下陵址最终选在贺兰山下。石若瑀、温睿、马强等《西夏陵瓷质和琉璃建筑构件的工艺特点研究》(《文物保护与考古科学》2021年第6期)，利用科技考古分析方法，探究了西夏时期官式建筑构件的工艺特点，讨论了制作技术反映出的建筑思想，进一步丰富了西夏瓷质和琉璃建筑构件的研究，与宋辽金时期建筑琉璃形成对比，补充了中国古代建筑琉璃技术的研究，同时加深了对西夏官式建筑的认识，也促进了对西夏与中原地区文化融合互鉴的理解。张瑶、刘庭风《"四步法"释读西夏王陵遗址空间格局》（《中国文化遗产》2021年第6期），通过同类文化溯源、实地勘察假设、原初环境考证、地理信息验证，对西夏王陵的空间格局进行了释读，揭示了其容山纳景的视觉构图，以及由贺兰山形势进行定向定位定尺度的平面布局内涵，有效补充了西夏历史文化及西夏陵的遗产价值。基于中国广泛存在史料残缺的古建筑遗址的情况，"四步法"对释读古建筑遗址来说是一条行之有效的路径，对优秀传统文化的解读和"创造性转化、创新性发展"以及当代城市、村庄、风景区建设都具有启发性。

关于西夏医药，鄢梁裕、惠宏《黑水城文献所载"大腹子"等药物考释》（《西夏研究》2021年第1期），指出俄藏黑水城法律文书《天盛改旧新定律令·物离库门》中记载西夏文𗰖𗵉𗦮、𗰖𗵅，分别为古代中药名大腹子、甘松，而俄藏编号TK187医方中载有汉文"山丹花蕊子"。陈陌、丁大伟、沈澍农《黑水城出土医方〈神仙方论〉之"飵"考》（《中医文献杂志》2021年第4期），通过梳理前人学者关于"飵"字识读之"飵"与"酢（醋）"两种不同解释在相关传世医书所载赤白痢方中的使用情况以及服药方式后认为，"飵"字是由"饮（飲）"字经传抄变异而成，因两者字形相似，故而较易发生讹误。许生根《黑水城医药文献所见西北边疆地区民族交往交流交融》（《西夏研究》2021年第4期），指出黑水城医药文献内容丰富，涵盖医经、医方、脉学、本草、针灸等多方面的内容，全面传承中医药理论、诊疗技术和药材分类法。药材名称、归类管理和医方诊疗均依据宋朝医学典籍，反映了宋元时期民族交往交流交融的历程，而传统史料文献记载宋夏大规模的药材贸易，见证了西北边疆与内地相互依存的历史事实，勾勒出西北边疆各民族休戚与共的历史场景。刘景云、汤晓龙《西夏文〈明堂灸经〉版本新考——英藏、俄藏本的启示》(《中医药文化》2021年第6期),对英藏《明堂灸经》残片进行了释读,并与俄藏《明堂灸经》、传世文献《太平圣惠方》卷一百《明堂灸经》及元窦桂芳《新刊〈黄帝明堂灸经〉》对译比较,认为英藏、俄藏本《明堂灸经》属同一版本的不同抄本,与《太平圣惠方》、元窦桂芳本一脉相承,而其真正的价值则可能是佚失的王惟一《新铸铜人腧穴针灸图经》的西夏译本。

关于西夏日历,何伟凤《黑水城出土授时历日"纪年"残页考——兼论传统历日中的"男女九宫"算法》(《西夏研究》2021年第2期),依据传统历日中的男女九宫算法即"三元合婚法",推算出黑水城出土M1·1303〔F19:W32〕号纪年残片属于元至正十八年戊戌岁(1358)授时历日,是目前所能见到的唯一保留的元代授时历日纪年实物。秦光永《步星以历:黑水城出土文献中的"符天类"星历》(《文史》2021年第2期),通过黑水城"符天类"星历文献可复原星命推算俄藏文献《谨算》所载星盘的排盘过程,也可借此揭示当时术士利用星历推星排盘的方式,展示了宋元时期星历的原貌。靳志佳《俄藏黑水城文书5722中的十一曜位置探析》(《中国科技史杂志》2021年第2期),指出Инв. No.5722中十一曜在黄道十二宫的位置信息反映了三种文化的融合,分别是希腊生辰星占术中黄道十二宫命名、印度宿占术与中国传统天文知识,反映了域外文化在中国大熔炉中的变化与发展。

关于西夏舞蹈,卢沁娴《西夏歌舞、戏剧特点及发展——以王国维〈宋元戏曲史〉为视角》(《西夏研究》2021年第2期),对西夏的歌舞、戏剧艺术进行了分类,探析了其特点与发展程度,并将之与宋朝的歌舞、戏剧相联系,以此对西夏艺术发展情况以及宋时周边民族文化交融情况做出补充。金秋《交往交流交融视域下的西夏党项族乐舞》(《当代舞蹈艺术研究》2021年第3期),综合运用文献学、考古学、图像学、文化学等相关研究方法,通过实地考察,从西夏建立之前的党项族乐舞、西夏乐舞、西夏党项族后裔乐舞遗存入手，以西夏党项族与中原、草原、绿洲、高原等民族乐舞文化交往交流交融的史实，来印证、解释和探究西夏党项族与其他民族乐舞共生同构的西夏乐舞历史。

（三）语言、文字考释

西夏语言方面，聂鸿音《十二世纪党项方音考略》（《中国语文》2021年第2期），用"系联法"整理了西夏文献中的汉语译音资料，对此前的结论提出了修正意见，尽管这种特殊的"方言"在党项音韵系统的制约下出现了若干变异，但其主要特征仍然反映了晋语的早期面貌。许多字音在当代山西方言各片中都可以找到相同或相近的形式。孙伯君《北方民族语的"番式"变读与语音构拟》（《民族翻译》2021年第3期），在梳理变读规律的基础上，对相关民族语的音节结构特点进行了归纳与分析，指出这些规律对指导契丹语、女真语和西夏语等没有现代语言可资参考的"死语言"拟音的具体参考价值。段玉泉《西夏语的名物化后缀》（《西夏学》第二十三辑，2021年），认定了6个名物化后缀，指出它们都可以放在动词或动词性短语之后使其名物化，并承担相应的语法功能和意义，这是判定它们是名物化后缀的主要依据，名物化后缀还都具有构词法的功能。麻晓芳《西夏文佛经校勘的语言学价值》（《西夏学》第二十三辑，2021年），从文字和语言两个层面梳理了西夏佛经文献校勘的主要类型，校勘所得的语言材料在文献学、音韵学及训诂学等方面都有重要价值，不仅可以用于判断不同版本佛经的译经年代，而且在认识西夏语语音面貌、订正文字、证明通假、考定词义、推求语法等方面也发挥了功用。胡鸿雁《西夏文的姓名结构与人物族属的判定》（《北方民族大学学报》2021年第2期），指出西夏文献中对不同民族人名的处理方式不同：汉式的姓名和梵式的名字全部音译，藏式的名字全部意译，党项人的姓表音而名表义。利用这些特点可以判断人物的民族属性，从中可以知道作为西夏后族的梁姓和曹姓贵族是党项人，而非此前学界估计的汉族人。许鹏、同敏《西夏语词义考辨四则》（《西夏学》第二十三辑，2021年），利用大宗语料西夏文《大般若经》，结合世俗文献语料库，对一些西夏词的意义或用法进行了考辨。张珮琪《西夏语的复合谓语结构析探》（《西夏学》第二十三辑，2021年），探讨了西夏语中的两种复合谓语结构：连动结构及不定式结构。两种结构由于内在句子结构的不同，其表现出来的语法特征也不同。

西夏文字方面，孙伯君《西夏版刻文献中的刻工、书者和功德主》（《北方民族大学学报》2021年第2期），指出西夏仁宗时期刻字司刻本版口的刻工名字多为简称，这些官方工院的刻工也会接受捐刻人聘请书写佛经，西夏佛经官刻本雕版书字人以李阿善最为活跃，如果是皇家举行的大法会上印施的所谓"寺院本"佛经，一般由"功德司"负责组织翻译，由"工院"负责雕版印制，其功德主是皇帝、皇后、太子等，如果是私人捐刻，往往也是官宦人家。麻晓芳《西夏文"𘟪𘞂"（bə²bjij¹）考源》（《北方民族大学学报》2021年第2期），从字形和字音两方面进行考察，依据出土的西夏文献材料，推测该词意为"蜣螂"，人们用该词专门记录佛经中的"粪扫（衣）""粪（衣）"，成为佛经专用词。杜旭初、孙鹏浩《黑水城文献所见"𣏾麻蘖"考》（《中国文化》2021年第2期），通过对西夏文献用例和宋夏西北方音的考证，构拟出其读音为 la ma gja，扼要地介绍了唐宋西北方音的主要特点和演变方向，并提出前景展望。佟建荣《黑水城汉文文献补考》（《敦煌研究》2021年第2期），对黑水城文献中TK296、TK296V等未考订或考订不准的残页重新进行了判断，有助于认识黑水城文献的全貌与价值。刘贺、邓章应《黑水城汉文文献同形字辨析十二则》（《西夏学》第二十二辑，2021年），对考证疑难俗字、完善大型字书编纂、补充文字义项及文献校勘等方面具有重要价值。佟建荣、郑佳茜《黑水城汉文版刻避讳字补考》（《西夏研究》2021年第4期），指出避讳字中"顺""常"为首次发现的西夏讳，缺笔"明"有西夏讳，也有辽讳，"擁""尧""烧""晓"等为金讳。王玫、许鹏《西夏文世俗文献中的通假字考辨》（《西夏学》第二十二辑，2021年），指出通假字分布于民间文书、夏译汉籍、国家法典等中，使用较为频繁，对重新审视、考证世俗文献释读过程中存疑的词义具有重要意义。

西夏经典方面，崔红芬、文志勇《俄藏黑水城汉文〈报父母恩重经〉卷首画解析》（《青海民族研究》2021年第2期），结合残存经文对俄藏黑水城汉文《报父母恩重经》卷首画内容进行了解析，并与敦煌壁画、绢画和大足石刻浮雕进行比较，探究了黑水城卷首画与其他变相的不同之处和特色。庞倩《〈番汉合时掌中珠〉"笼床"考》（《西夏研究》2021年第2期），指出"笼床"即"蒸笼"，是用来蒸诸如馒头和蒸饼等食物的用具。段玉泉《西夏〈文海宝韵〉译证（之一）》（《西夏研究》2021年第3期），结合近年来公布的材料和解读成果，选取了《文海宝韵》书中的几条解释，或就解释文本的翻译、或就字头的实际意义，对其重新解读、翻译，以期助力这部字书发挥更大的作用。王海榆《西夏文〈三才杂字〉天部"雨"类目考》（《西夏研究》2021年第3期），明确了西夏文《三才杂字》在"杂字一品上天一分"之下"云""雪"之间应增加一"雨"类。景永时、宋歌《关于西夏文〈同音〉字数的新资料及相关问题》（《宁夏社会科学》2021年第6期），指出 Инв.No.6183《佛说佛母三法藏出生般若波罗蜜多经》与 Инв.No.0040即《同音》第56页的残页拼合在一起，可确定为梁德养重校本《同音》的倒数第二页。该残页所载字数虽然是义长校订本之外关于《同音》字数统计的新资料，但其所记录的大字和注字字数却不完全是梁德养重校本《同音》字数的真实体现。

（四）西夏政治、军事

西夏政治方面，张晓非《元代西夏中兴行省初设时间考》（《中国史研究》2021年第2期），认为西夏中兴行省第一次设立的时间段应为中统二年到至元三年。孙伯君《西夏职官与封号的翻译原则》（《西南民族大学学报》2021年第3期），利用《掌中珠》以及存世西夏文献中有夏、汉两种文本可资对照的款题，通过对西夏职官和封号的勘同，讨论了西夏人对这些专有名称的翻译原则，对《官阶封号表》《天盛律令》卷首的"颁律表"，以及西夏文献款题中出现的职官和封号进行了重译，希望对这些译名的勘同、翻译乃至西夏官制的研究有所帮助。张林《略论西夏年号与改元》（《社会科学论坛》2021年第3期），指出西夏改元可以分为新君即位改元和中途改元，西夏前期改元频繁，自仁宗以降，改元频率变低，年号与改元反映着西夏的政局变动与政治走向，客观上对缓和阶级矛盾、促进经济恢复发展起了一定作用。郝振宇《世禄之家的兴替与西夏政治生态演变》（《宁夏大学学报》2021年第1期），指出后族、武将世家和文官世家是西夏主要的世禄群体，随着皇权的不断加强和政治发展方向的逐步确定，后族、武将世家和文官世家在以皇权为中心的历史舞台上以自身兴替的方式演绎着由武治转向文治的发展变化。周永杰《西夏建国前党项拓跋氏的发展》（《历史教学》2021年第9期），依据近年出土的墓志，指出唐朝边疆蕃政从羁縻府州向押蕃落使体制转型过程中，拓跋氏成员一方面进入节度使系统任职，另一方面由嗣子绍袭部落权力，形成双轨发展策略。担任定难军节度后，拓跋氏调试自身政治传统和方镇政治运作实际，通过辟署、奏授等行政程序逐步掌握官员选任、迁转权，在使府、属州人事层面嵌入基于部落宗族的亲属网络。李晓明《西夏文献中的大食——兼议丝绸之路背景下的西夏"回回"》（《暨南史学》第二十三辑，2021年），指出西夏文献中记载的大食应为喀喇汗王朝，依《天盛律令》《亥年新法》《文海》等可知西夏与大食不仅有使节往来、商团贸易，且河西沙州等地还有大食居民与大食寺院，西夏为此设有专司贸易的回鹘通译和管理伊斯兰教事务的回夷务。西夏与大食的交流不仅繁荣了河西社会经济，还为西夏文化带来了西域元素。

西夏军事方面，彭向前、赵军《从西夏文本看孙子"伐交"的本义》（《西夏研究》2021年第4期），指出"伐交"是军事行动，即列阵示威，以屈敌之兵，类似于现在的军事演习，夏译本对今人研读《孙子兵法》具有重要的参考价值。尤桦、杨棋麟《军事视域下的西夏女性群体研究》（《西夏研究》2021年第3期），展示了西夏女性在军事战争中的原貌和西夏全民皆兵的兵制特点，以及党项民族的骑射习性、社会风尚、社会地位和民族特性。李桥《俄藏黑水城西夏〈光定十三年千户刘寨杀了人口状〉新证》（《古籍整理研究学刊》2021年第1期），指出《光定十三年千户刘寨杀了人口状》不仅提供了西夏女兵作战阵亡的实例，且首次出现西夏"千户"一职，类似于一"溜"的首领，西夏似乎专门针对境内汉人施行了模仿吐蕃千户的具有军事、生产职能的军事户籍制度。邵佳楠《西夏的"麻魁"与"寨妇"——西夏女性参战动因探析》（《宁夏师范学院学报》2021年第3期），认为西夏女性参战的动因主要有被迫参战和崇尚参战两方面。马洋《西夏骨朵的类型及其功能考论》（《西夏研究》2021年第4期），全面、系统地梳理出西夏时期骨朵的发展脉络，是西夏时期武器装备和礼仪制度的重要补充。邓文韬《西夏啰庞岭监军司再考——从四库底本〈续资治通鉴长编〉出发的考察》（《西夏学》第二十二辑，2021年），结合四库全书底本《续资治通鉴长编》所载章楶奏议，推知地处西夏右厢、"贺兰山背后"的阿拉善左旗察汗克日木古城就是"啰庞岭"及其汉文意译"白马强镇"监军司的驻地。

西夏地理考证方面，张多勇、庞家伟《西夏肇兴之地地斤泽考察研究》（《中国边疆史地研究》2021年第2期），利用文献"地斤三山之东"的记载，结合野外考察，提出在毛乌素沙地的腹地、今内蒙古自治区乌审旗嘎鲁图镇呼和淖尔嘎查的呼和淖尔盆地为地斤泽，呼和淖尔古城遗址为李继迁所奔之地斤泽的据点。郭明明、段双印《北宋石堡寨与西夏龙州地望新考》（《中国历史地理论丛》2021年第4期），通过实地考察，结合文物资料和文献记载，对石堡寨和龙州地望做出了新的考证，认为今靖边县龙洲镇龙洲一村阎家石寨即为二者地望所在。崇宁三年，北宋在石堡寨旁另筑新堡赐号威德军，新堡位置即今龙州堡旧址。北宋灭亡之后，西夏再次占领该地，在新堡位置上复建龙州，并保留了旧石堡寨的建制。

（五）西夏法律、经济

西夏法律制度方面，和智《西夏文〈天盛改旧新定律令名略〉新探》（《敦煌研究》2021年第1期），指出《天盛改旧新定律令名略》有助于页面整理、文字识别，可补26个门目、201条条款，但《天盛改旧新定律令名略》存在体例不统一、错误、条目与门目不相符、条目归纳不合理等问题，其整理和翻译亦存在问题。对重新认识《天盛律令》、深入研究西夏社会有重要作用。唐博、戴羽《西夏上请制度考述——以〈天盛律令〉为中心》（《西夏研究》2021年第2期），指出西夏八议、官僚犯罪、老弱犯罪的上请适用源于唐代法典，妖言罪、夫役摊派的上请适用借鉴于宋代诏敕，殴打皇族罪、拷囚有疑、投诚、告赏的上请适用属西夏独创，与唐宋上请律文相比，西夏上请具有更加维护皇族权益、维护高阶官僚本身利益、灵活处理突发事件等特点，对西夏上请制度的考察将有利于推进西夏法制史的研究。罗将《西夏买卖契约中的瑕疵担保与违约责任——兼与敦煌契约比较》（《西夏研究》2021年第4期），指出西夏买卖契约中的瑕疵担保仅为权利瑕疵担保，而唐宋敦煌契约中不仅有权利瑕疵担保，还有物的瑕疵担保；西夏对瑕疵担保责任人和违约责任人进行重罚，不仅要加倍处罚，还要罚缴重金甚至承担刑责，而唐宋敦煌契约中一般是等罚制或者比约定值稍高；西夏瑕疵担保与违约责任条款除有统合的一面外，更多时候具有一定的独立性，而敦煌契约中瑕疵担保条款与违约责任条款较为分明，一般有单独的违约责任条款；西夏的公权力向私人领域渗透，契约实践与立法紧密结合。王培培《〈亥年新法〉卷十四考释》（《西夏研究》2021年第4期），对《俄藏黑水城文献》第九册公布的Инв.No.8083的5张文献照片做了考释，指出前4张文献照片的内容为《亥年新法》卷十四内容，《亥年新法》卷十四涉及两个主法条，第5张照片内容属于《亥年新法》卷十六、十七合，并且与Инв.No.945的字迹相符，可以补充并衔接其篇首内容。 张映晖《西夏社会的借贷自由与债务负担——〈天盛律令〉"催索债利门"的制度透视》（《西夏研究》2021年第3期），指出在西夏别籍异财的风尚下，责任承担过程中的"个体识别"亦在情理之中，西夏以畜牧为主的生活方式结合自然地理条件使得"出工抵债"成为实现社会治理的一种手段。王思贤《再论西夏榷酤制度——基于〈天盛改旧新定律令〉的分析》（《西夏研究》2021年第4期），指出在酒价方面西夏相对于宋地趋于平稳、波动幅度小，在实施榷禁时不存在划分禁地进行量刑的现象，且就专卖性质而言属于完全专卖，关于告赏，西夏规定赏金来源于犯罪者且由官府作为最终保障，这与西夏农牧经济并重、社会生产不发达、人口有限和榷酤制度发展不完善有关。戴羽、任改勤《西夏保辜制度探析》（《西夏学》第二十二辑，2021年），通过重新释读《天盛律令》中的保辜条文，发现法典除已知两条保辜条文外，还包括《烧伤杀门》与《出典工门》中各一保辜条文，同时确定与保辜制度密切关联的法律词汇。

西夏经济制度方面，陈希《西夏香料初探》（《西夏研究》2021年第1期），指出西夏本土自产香料极少，但香料来源多样，宋夏贸易为其主要来源，丝路贸易次之。香料的使用反映出西夏的生活、医疗水平和社会生活图景，从侧面说明了西夏与宋以及丝绸之路间密不可分的关系。骆详译《西夏仓库簿册管理及宋夏仓库簿册管理的比较》（《西夏研究》2021年第2期），对仓库出入簿册的制定与审核、年中与年终簿册的审核进行分析，西夏仓库簿册的管理制度有着从中央到地方的完整监察体系，从财计角度也反映出西夏中央集权的加强，从出仓凭据、年中与年终簿册审核及催促交租与簿册磨勘等几个方面，比较了11至13世纪西夏政权与宋朝在财经制度方面的异同。杜建录《西夏的经济形态和生产水平》(《西夏学》第二十二辑，2021年)，指出党项从原始社会向阶级社会的过渡中，沿着奴隶制和封建制两个方向发展，在先进的汉族文明影响下西夏进入封建租佃制，西夏生产发展水平大体与宋代西北地区相同，这种经济关系和生产水平与内地略同的结果，必然带来以儒治国和对中华传统文化的认同。孟月、陈瑞青《西夏文天庆虎年〈集款单〉新解》(《西夏学》第二十三辑，2021年)，通过对大量敦煌社邑文书的考察，指出《集款单》中的集款时间、集款形式与敦煌文献中的燃灯社转帖极其相似，《集款单》应当就是西夏时期类似燃灯社的佛社，收取会众上元节燃灯款项，汇总后交给佛寺的布施账单。高仁《西夏时期阿拉善高原的畜牧经济》(《西夏学》第二十三辑，2021年)，指出大部分干旱荒漠地带，以部落游牧为主，依靠牲畜的移动性利用分散稀疏的水草出产大量的骆驼，并在绿洲及湖泊周边牧养一定数量的牛、羊，而以黑水城为代表，沿河地区借助河水灌溉之便利耕作，并经营农牧混合型经济，牧养着马、驼、牛、羊、驴、骡等，畜种齐全、数量众多。此外，黑水城位于"居延绿洲"，其周边还是西夏官牧的所在地，进行了规模化、专业性的生产。王明前《西夏王朝国家经济统一体的形成轨迹》(《暨南史学》第二十三辑，2021年)，指出兴庆和灵州中心灌溉农耕经济区、平夏农耕畜牧混合经济区、河西走廊灌溉农耕经济区、河湟高寒畜牧农耕混合经济区、黑水城灌溉农耕经济区共同为西夏王朝经济统一体做出贡献，边境榷场贸易成为西夏王朝经济统一体的有益补充。

（六）学术动态及其他

西夏研究介评方面，孙颖慧《〈西夏音韵辞书《音同》解读〉、〈西夏韵书《五音切韵》解读〉出版》（《西夏研究》2021年第1期），对贾常业先生的两部著作做了解读。汪正一《胡同庆、郑怡楠合著〈甘肃美术史图鉴〉出版》（《敦煌研究》2021年第1期），展示了甘肃地区发现的西夏元时的版画、陶器与西夏文书等，有助于读者赏析丰富的地方艺术。［俄］克恰诺夫著，王培培译《〈西夏的《新法》〉导言》（《西夏研究》2021年第2期），论述了黑水城出土西夏法律文献《亥年新法》的研究、著录和文献刊布的情况，考证了这部法典的成书年代，介绍了其中的内容特点，并对其成书的时代背景进行了描述，同时指出《西夏的〈新法〉》在写作过程中仍有遗憾。彭向前《国家社会科学基金冷门绝学团队项目"'夏译汉籍'汇纂通考及数据库建设"简介》（《西夏研究》2021年第2期），对作者主持的项目做了介绍，有助于提高西夏文献释读水平，丰富对西夏社会的认识并促进相关汉文传统典籍的研究。赵家栋、吴清颖《掇文献之菁，撷词汇之华——评〈黑水城出土宋代汉文社会文献词汇研究〉》（《常熟理工学院学报》2021年第3期），简要介绍了《黑水城出土宋代汉文社会文献词汇研究》在选题、内容及研究手段等方面的价值、不足以及一些心得体会，对该书做了评介，以期学者们能更好地理解这本书。

研究综述方面，马静楠《四十年来西夏瓷器研究综述》（《西夏研究》2021年第2期），对以西夏瓷器为研究对象的相关论著进行了系统梳理，归纳和总结了两个阶段的研究特点，为今后的相关研究提供了参考。刘宇丽《二十年来国内西夏军事研究回顾与展望》（《西夏研究》2021年第3期），从西夏军事制度、军事战争、军事地理等方面爬梳相关成果，以便读者更好地了解西夏军事领域研究的整体状况。［俄］彼得·科尼基、侯凤《西夏文献史的基石：近年来的新成果》（《西夏研究》2021年第4期），指出《中国藏西夏文献》《俄藏黑水城文献》《英藏黑水城文献》和《法藏敦煌西夏文文献》的出版发行使传统汉文典籍所载的西夏史得到了极大的扩展与丰富。骆艳《俄藏西夏文献〈天盛改旧新定律令〉未刊情况概述》(《西夏研究》2021年第4期)，对《天盛律令》未刊情况做了系统全面的梳理，以窥这部西夏法律文献出土整理的详细情况。魏淑霞《辽西夏金职官管理制度研究综述》(《西夏研究》2021年第4期)，使我们对辽、金官吏的选叙、俸禄、考课、惩奖、监察、致仕有了整体的认知。

其他方面，刘军《民国西夏学分类编年叙录》(《西夏研究》2021年第1期)，采用分类编年的方法，对民国时期的西夏学做了系统完整的梳理。彭向前《西夏学学科发展趋势及研究前沿分析》(《中国史研究动态》2021年第5期)，指出虽然西夏文献数量多、内容丰富，丝毫不逊色于敦煌文献，但由于西夏文字的阻隔，这门学科的发展较为滞后，与其在学术研究中应有的地位很不相称。沙武田《莫高窟第55窟重绘净土菩萨对敦煌晚期石窟断代的意义》(《西夏学》第二十三辑，2021年)，对莫高窟、榆林窟等相关洞窟西夏重绘的时代提出新的证据。王雪瑞《俄罗斯冬宫博物馆馆藏西夏唐卡现状考察》(《文物天地》2021年第10期)，有助于读者了解西夏王朝及同时期宋、辽、金王朝的重要文物。张永萍、郭玉龙《张思温对西夏研究的贡献》(《西夏学》第二十三辑，2021年)，谈到了张思温对西夏的研究等，特别谈到了他将家藏西夏文《华严经》五卷献于甘肃省图书馆保存至今，对于保护西夏文物做出了积极贡献。

第二节　2021年西夏学研究论著目录

据不完全统计，2021年出版西夏学著作19部，发表论文221篇。

一、著　作

崔红芬、文志勇《文化认同视域下的西夏藏传佛教研究》，北京：中国社会科学出版社，2021年。

杜建录主编《西夏学论集（2011—2020）》，北京：科学出版社，2021年。

杜建录主编《西夏学》第二十二辑，兰州：甘肃文化出版社，2021年。

杜建录主编《西夏学》第二十三辑，兰州：甘肃文化出版社，2021年。

杜建录、［俄］伊琳娜·波波娃主编《俄藏黑水城汉文文献释录》（全五册），兰州：甘肃文化出版社，2021年。

杜建录、［俄］伊琳娜·波波娃主编，于光建整理《类林（西夏文）》，兰州：甘肃文化出版社，2021年。

俄罗斯科学院东方文献研究所、中国社会科学院民族学与人类学研究所、上海古籍出版社编，《俄藏黑水城文献》第30册《西夏文佛教部分》，上海：上海古籍出版社，2021年。

韩小忙编著《西夏文词典（世俗文献部分）》，北京：中国社会科学出版社，2021年。

刘峰《西夏陵出土文物纹饰研究》，郑州：黄河水利出版社，2021年。

刘建丽《西夏民族关系研究》，兰州：甘肃文化出版社，2021年。

聂鸿音《西夏文字和语言研究导论》，上海：上海古籍出版社，
2021年。

史金波《西夏军事文书研究》，兰州：甘肃文化出版社，2021年。

史伟《东千佛洞西夏壁画研究》，兰州：甘肃文化出版社，2021年。

汤晓芳《西夏艺术论集》，上海：上海三联书店，2021年。

田战军编著《西夏钱币集》，北京：世界图书出版公司，2021年。

〔清〕吴广成撰，胡玉冰校注《西夏书事校注》（全二册），上海：
上海古籍出版社，2021年。

杨才年、严复恩《武威西夏碑整理研究》，兰州：读者出版社，
2021年。

〔俄〕克恰诺夫著，崔红芬、文志勇译《俄藏黑水城西夏文佛经叙
录》，兰州：甘肃文化出版社，2021年。

赵彦龙《西夏文书种类功用及体式研究》，上海：上海古籍出版社，
2021年。

二、论　文

〔俄〕彼得·科尼基、侯凤《西夏文献史的基石：近年来的新成
果》，《西夏研究》2021年第4期，第123—128页。

才让《"帝师╒ð"名号在西藏的使用和含义变化之探析》，《中国藏
学》2021年第4期，第51—58页。

陈连龙、李颖《我国影视文化传播中的符号景观与民族形象建
构——以西夏题材影视作品为例》，《电影文学》2021年第5期，第24—

28页。

陈陷、丁大伟、沈澍农《黑水城出土医方〈神仙方论〉之"酢"考》，《中医文献杂志》2021年第4期，第1—4页。

陈陷、沈澍农《黑水城出土涉医文献初探》，《西部中医药》2021年第6期，第48—51页。

陈希《西夏香料初探》，《西夏研究》2021年第1期，第36—42页。

陈朝辉《黑水城文书所见元代公文传递——以至元三十一年提调钱粮文卷为中心》，《西夏研究》2021年第4期，第96—99页。

程嘉静、杨富学《辽朝佛教在西夏境内的流播与影响》，《西夏学》第二十二辑，2021年，第246—259页。

崔红芬《英藏黑水城〈佛顶心观音经〉相关问题考论》，《敦煌研究》2021年第3期，第114—125页。

崔红芬、文志勇《俄藏黑水城汉文〈报父母恩重经〉卷首画解析》，《青海民族研究》2021年第2期，第204—212页。

崔红芬、文志勇《西夏遗存〈圆觉经〉科判、略疏及其相关问题考》，《西夏学》第二十二辑，2021年，第169—184页。

［俄］C·绍玛赫玛多夫著，孙颖新译《俄罗斯科学院东方文献研究所藏哈喇浩特所出SI6564号陀罗尼集》，《西夏研究》2021年第2期，第102—106页。

戴羽、任改勤《西夏保辜制度探析》，《西夏学》第二十二辑，2021年，第59—66页。

邓文韬《西夏啰庞岭监军司再考——从四库底本〈续资治通鉴长编〉出发的考察》，《西夏学》第二十二辑，2021年，第78—87页。

邓章应、李颖《西夏文佛经写本校改体例研究——以俄藏写本〈大宝积经〉为例》，《西夏学》第二十二辑，2021年，第124—138页。

杜建录《论民族交往交流交融中的西夏文化》，《中央民族大学学报》2021年第6期，第5—15页。

杜建录《西夏的经济形态和生产水平》，《西夏学》第二十二辑，2021年，第1—18页。

杜旭初、孙鹏浩《黑水城文献所见"糒麻蘗"考》，《中国文化》2021年第2期，第366—372页。

段靖《〈文海宝韵〉"杂类"残缺字初探》，《西夏学》第二十三辑，2021年，第71—75页。

段利娟《元代黑水城汉文文献时间词研究》，山西大学硕士学位论文，2021年6月。

段玉泉《西夏〈文海宝韵〉译证（之一）》，《西夏研究》2021年第3期，第3—7页。

段玉泉、马万梅《新见法藏敦煌出土西夏文献考释》，《敦煌研究》2021年第4期，第42—49页。

段玉泉《论西夏文形声字的形成》，《西夏学》第二十二辑，2021年，第48—58页。

段玉泉《西夏语的名物化后缀》，《西夏学》第二十三辑，2021年，第1—19页。

樊泽峰《西夏官印研究》，内蒙古大学硕士学位论文，2021年6月。

房浩楠《陕北地区水月观音造像的调查与认识》，《西部学刊》2021年第1期，第9—12页。

方璐《西夏文〈贤智集〉"辩"文中的修辞举隅》，《西夏研究》2021年第3期，第25—31页。

方璐《从西夏文〈三惊奇〉看西夏的联章歌辞》，《西夏学》第二十二辑，2021年，第157—166页。

冯雪俊《西夏王室佛教活动探析》，《青海师范大学学报》2021年第4期，第77—81页。

高仁《西夏"职"体系再探析》，《西夏学》第二十二辑，2021年，第19—39页。

高仁《西夏时期阿拉善高原的畜牧经济》，《西夏学》第二十三辑，2021年，第121—130页。

高鑫淤《〈中国墓室壁画史论〉（节选）汉译英翻译实践报告》，东南大学硕士学位论文，2021年5月。

公维章《西夏时期敦煌的观音信仰》，《泰山学院学报》2021年第4期，第29—35页。

郭海鹏、周胤君《俄藏黑水城双头佛造像探析》，《天津美术学院学报》2021年第4期，第59—62页。

郭恺《西夏神话研究》，宁夏大学硕士学位论文，2021年4月。

郭明明、段双印《北宋石堡寨与西夏龙州地望新考》，《中国历史地理论丛》2021年第4期，第144—152页。

郭子睿《肃北五个庙石窟第1窟研究》，陕西师范大学硕士学位论文，2021年6月。

郝振宇《世禄之家的兴替与西夏政治生态演变》，《宁夏大学学报》2021年第1期，第107—112页。

郝振宇《西夏晚期社会流通货币的类型、范围及特点分析》，《西夏研究》2021年第2期，第34—42页。

郝振宇《西夏寺院土地的来源、经营与税役考察》，《西夏学》第二十二辑，2021年，第88—100页。

郝振宇《佛经题记和发愿文所见西夏人的家庭观与国家观》，《暨南史学》第二十二辑，2021年，第25—37页。

和智《西夏文〈天盛改旧新定律令名略〉新探》，《敦煌研究》2021年第1期，第78—85页。

侯浩然《黑水城文献中发现的藏传佛教替身仪轨研究》，《中国哲学史》2021年第6期，第118—128页。

何卯平《试论大足宝顶山涅槃造像所见西夏范式》，《大足学刊》第五辑，2021年，第42—58页。

何伟凤《黑水城出土授时历日"纪年"残页考——兼论传统历日中的"男女九宫"算法》，《西夏研究》2021年第2期，第15—22页。

何伟凤《黑水城出土宋刻〈历代名画记〉残片及相关问题考论》，《西夏学》第二十二辑，2021年，第192—201页。

胡鸿雁《西夏文的姓名结构与人物族属的判定》，《北方民族大学学报》2021年第2期，第146—150页。

［日］吉藤孝一、［德］彼得·茨默著，张九玲、王凯译《〈金刚经纂〉与西夏和汉文本对应的回鹘文本》，《西夏研究》2021年第1期，第99—110页。

贾维维《甘肃瓜州东千佛洞第7窟西夏壁画的净土主题研究》，《美术研究》2021年第2期，第54—60页。

姜文姬《论宋代信息传播对西夏信息传播方式的影响》，《宁夏师范学院学报》2021年第3期，第52—55页。

蒋超年、赵雪野《武威亥母寺遗址出土卜骨及相关问题探讨》，《西夏学》第二十三辑，2021年，第331—337页。

金秋《交往交流交融视域下的西夏党项族乐舞》，《当代舞蹈艺术研究》2021年第3期，第61—68页。

靳志佳《俄藏黑水城文书5722中的十一曜位置探析》，《中国科技史杂志》2021年第2期，第215—224页。

景永时、宋歌《关于西夏文〈同音〉字数的新资料及相关问题》，《宁夏社会科学》2021年第6期，第204—207页。

［俄］克恰诺夫著，王培培译《〈西夏的《新法》〉导言》，《西夏研究》2021年第2期，第107—111页。

孔德翊、张红英《文献所见西夏陵选址问题探析》，《宁夏师范学院学报》2021年第2期，第79—82页。

孔祥辉《西夏法典〈天盛律令〉词汇研究》，陕西师范大学博士学位论文，2021年6月。

雷蓉《元代黑水城汉文文献粮食作物词研究》，山西大学硕士学位论文，2021年6月。

李发军《解读西夏钱币》，《宁夏画报》2021年第6期，第86—91页。

李国、沙武田《敦煌石窟西夏时期汉文题记辑录——兼谈西夏占领瓜沙的时间问题》，《西夏研究》2021年第1期，第50—61页。

黎李、黎大祥《从武威亥母洞石窟寺出土的"宝银"记账单谈西夏使用银锭的相关问题》，《甘肃金融》2021年第9期，第68—71页。

李娜、苏伯民等《莫高窟第88窟西夏壁画病害分析》，《文博》2021年第6期，第80—89页。

李桥《俄藏黑水城西夏〈光定十三年千户刘寨杀了人口状〉新证》，《古籍整理研究学刊》2021年第1期，第11—19页。

李尚霖《西夏对北宋文化的认同研究》，重庆师范大学硕士学位论文，2021年3月。

李婷《敦煌西夏石窟新样文殊图像研究——以榆林窟第29窟为例》，《美术学报》2021年第2期，第24—30页。

李晓明《西夏文献中的大食——兼议丝绸之路背景下的西夏"回回"》，《暨南史学》第二十三辑，2021年，第81—95页。

李晓明《夏仁宗西巡凉州圣容、护国寺考辨——以西夏文〈圣寺同乐歌〉为考察重点》，《西夏学》第二十三辑，2021年，第131—141页。

李玉峰《内蒙古出土野猪纹圆形金牌饰探析》，《西夏研究》2021年第2期，第55—59页。

李玉峰《西夏联珠纹初探》，《西夏学》第二十二辑，2021年，第

279—291页。

李志军《教宗华严　行归净土——莫高窟第365窟西夏重修思想初探》,《西夏学》第二十二辑, 2021年, 第302—316页。

梁聪《西夏文〈大宝积经·佛为阿难说处胎会〉释读研究》, 河北大学硕士学位论文, 2021年6月。

林航、周扬《西夏活字印刷术应用和发展原因探析——兼论夏宋活字印刷条件差异》,《河西学院学报》2021年第6期, 第49—55页。

刘贺、邓章应《黑水城汉文文献同形字辨析十二则》,《西夏学》第二十二辑, 2021年, 第237—245页。

刘景云、汤晓龙《西夏文〈明堂灸经〉版本新考——英藏、俄藏本的启示》,《中医药文化》2021年第6期, 第568—578页。

刘军《民国西夏学分类编年叙录》,《西夏研究》2021年第1期, 第8—17页。

柳青权《章楶与宋哲宗时期西北边防经略研究》, 西北师范大学硕士学位论文, 2021年6月。

刘维栋《甘肃瓜州榆林窟第29窟西夏男性供养人再考》,《北方文物》2021年第6期, 第105—110页。

刘艳荣、魏亚丽《试论西夏纺织物上的几何纹样》,《西夏学》第二十三辑, 2021年, 第296—303页。

柳玉宏、贾雨晴《〈同音〉互见二字格考》,《西夏学》第二十三辑, 2021年, 第54—62页。

刘宇丽《二十年来国内西夏军事研究回顾与展望》,《西夏研究》2021年第3期, 第121—128页。

刘媛媛《西夏后妃的政治参与》,《西夏研究》2021年第1期, 第43—49页。

刘云军《内亚史视野下的异族王朝史——〈剑桥中国辽西夏金元

史〉读后》，《国际汉学》2021年第4期，第183—187页。

刘钊、杨翕丞《西夏字体研究与Noto西夏宋体再设计》，《印刷文化》2021年第3期，第25—48页。

娄妍《西夏文〈大般涅槃经〉卷三十译释研究》，西南大学硕士学位论文，2021年4月。

陆离《关于青海化隆丹斗地区佛教遗迹的几个问题》，《西藏民族大学学报》2021年第3期，第37—43页。

卢沁娴《西夏歌舞、戏剧特点及发展——以王国维〈宋元戏曲史〉为视角》，《西夏研究》2021年第2期，第43—48页。

罗将《西夏买卖契约中的瑕疵担保与违约责任——兼与敦煌契约比较》，《西夏研究》2021年第4期，第38—49页。

骆详译《西夏仓库簿册管理及宋夏仓库簿册管理的比较》，《西夏研究》2021年第2期，第27—33页。

骆艳《俄藏西夏文献〈天盛改旧新定律令〉未刊情况概述》，《西夏研究》2021年第4期，第34—37页。

马静楠《四十年来西夏瓷器研究综述》，《西夏研究》2021年第2期，第112—117页。

马万梅《西夏文献中的语义关联性通假现象》，《西夏研究》2021年第3期，第15—20页。

马万梅《西夏字书〈文海宝韵〉义训初探》，《西夏学》第二十三辑，2021年，第63—70页。

麻晓芳《西夏文"𗹙𗢳"（bə²bjij¹）考源》，《北方民族大学学报》2021年第2期，第142—145页。

麻晓芳《西夏文佛经校勘的语言学价值》，《西夏学》第二十三辑，2021年，第231—241页。

马洋《西夏骨朵的类型及其功能考论》，《西夏研究》2021年第4期，第67—73页。

马洲洋《西夏文译〈正理除意之暗〉初探》，《中国藏学》2021年第3期，第138—145页。

孟月、陈瑞青《西夏文天庆虎年〈集款单〉新解》，《西夏学》第二十二辑，2021年，第139—149页。

苗亚婻《双鱼纹在西夏艺术装饰中的应用研究》，《西夏学》第二十二辑，2021年，第292—301页。

苗亚婻《西夏十二生肖文化与创新研究》，宁夏大学硕士学位论文，2021年5月。

莫磊、杨修《西夏典当会计考》，《财务通讯》2021年第5期，第159—163页。

倪允《俄藏黑水城西夏〈阿弥陀佛接引图〉图像艺术探析》，宁夏大学硕士学位论文，2021年4月。

聂鸿音《十二世纪党项方音考略》，《中国语文》2021年第2期，第238—253页。

聂鸿音《再论西夏"蕃礼汉礼之争"》，《北方民族大学学报》2021年第4期，第87—94页。

庞倩《〈番汉合时掌中珠〉"笼床"考》，《西夏研究》2021年第2期，第23—26页。

庞倩《俄藏未刊布5590号西夏写本〈天盛律令〉释补》，《西夏学》第二十三辑，2021年，第196—207页。

庞倩、王龙《西夏文草书〈显扬圣教论·摄胜决择品〉第十一之一考释》，《西夏研究》2021年第4期，第18—28页。

彭向前《国家社会科学基金冷门绝学团队项目"'夏译汉籍'汇纂通考及数据库建设"简介》，《西夏研究》2021年第2期，第2页。

彭向前、赵军《从西夏文本看孙子"伐交"的本义》，《西夏研究》

2021年第4期，第3—6页。

彭向前《西夏学学科发展趋势及研究前沿分析》，《中国史研究动态》2021年第5期，第37—46页。

秦光永《步星以历：黑水城出土文献中的"符天类"星历》，《文史》2021年第2期，第185—201页。

任怀晟《图像中的西夏朝服》，《西夏学》第二十三辑，2021年，第252—259页。

任景琦《俄藏西夏文〈大般涅槃经〉卷二十七释读》，《绵阳师范学院学报》2021年第3期，第14—22页。

沙武田《西夏瓜州佛教洞窟营建的时代特性》，《中原文物》2021年第4期，第119—130页。

沙武田《礼佛窟·藏经窟·瘞窟——敦煌莫高窟第464窟营建史考论（上）》，《故宫博物院院刊》2021年第7期，第24—38页。

沙武田《礼佛窟·藏经窟·瘞窟——敦煌莫高窟第464窟营建史考论（下）》，《故宫博物院院刊》2021年第8期，第39—50页。

沙武田《莫高窟第55窟重绘净土菩萨对敦煌晚期石窟断代的意义》，《西夏学》第二十三辑，2021年，第312—330页。

邵佳楠《西夏的"麻魁"与"寨妇"——西夏女性参战动因探析》，《宁夏师范学院学报》2021年第3期，第56—59页。

邵佳楠《西夏司法证据研究》，宁夏大学硕士学位论文，2021年4月。

沈卫荣《释拙火幻轮、秘密大喜乐禅定和演揲儿法》，《中国文化》2021年第1期，第181—196页。

沈卫荣《从汉藏语文本的厘定到西夏藏传佛教历史的探索——〈拙火能照无明〉研究（一）》，《文史》2021年第4期，第87—123页。

沈卫荣《〈"拙火"十六种要仪〉藏汉文本的比较研究》，《中央民族大学学报》2021年第5期，第74—83页。

史金波《〈木兰辞〉中"军书十二卷"新解——西夏军籍文书的启发》，《智慧中国》2021年第8期，第53—55页。

史金波、佟建荣《西夏风俗概论》，《西夏学》第二十二辑，2021年，第40—47页。

石若瑀、温睿、马强等《西夏陵瓷质和琉璃建筑构件的工艺特点研究》，《文物保护与考古科学》2021年第6期，第37—46页。

宋华《西夏拜寺沟方塔〈诗集〉的文化功能与艺术特色》，《民族文学研究》2021年第4期，第132—140页。

宋梦瑶《西夏吏制研究——以〈天盛革故鼎新律令〉为中心》，陕西师范大学硕士学位论文，2021年5月。

宋兆辉《俄藏Инв.No.7887号残页考释》，《西夏研究》2021年第3期，第32—36页。

宋兆辉《俄藏黑水城出土8071号文书残页考释》，《西夏学》第二十二辑，2021年，第210—219页。

苏红《黑水城出土占卜文献与当地文化新探》，河北大学硕士学位论文，2021年6月。

孙伯君《西夏版刻文献中的刻工、书者和功德主》，《北方民族大学学报》2021年第2期，第129—134页。

孙伯君《西夏职官与封号的翻译原则》，《西南民族大学学报》2021第3期，第60—71页。

孙伯君《北方民族语的"番式"变读与语音构拟》，《民族翻译》2021年第3期，第82—87页。

孙颖慧《〈西夏音韵辞书〈音同〉解读〉、〈西夏韵书《五音切韵》解读〉出版》，《西夏研究》2021年第1期，第2页。

孙颖新《西夏文〈正道心照〉考》，《世界宗教研究》2021年第3期，第46—57页。

孙颖新《西夏文献中通假的类型和起因》，《北方民族大学学报》2021年第4期，第95—101页。

［俄］索罗宁《西夏德慧上师两种传承与汉藏佛教圆融》，《中国藏学》2021年第3期，第130—137页。

［俄］索罗宁《西夏语〈持《金刚经》仪轨〉初探》，《西夏学》第二十三辑，2021年，第158—168页。

唐博《西夏中后期治安维护研究》，《西夏研究》2021年第4期，第50—58页。

唐博、戴羽《西夏上请制度考述——以〈天盛律令〉为中心》，《西夏研究》2021年第2期，第9—14页。

田正《西夏文化元素在民宿建筑设计中的应用研究》，《美与时代》2021年第5期，第34—35页。

佟建荣《黑水城汉文文献补考》，《敦煌研究》2021年第2期，第131—139页。

佟建荣、郑佳茜《黑水城汉文版刻避讳字补考》，《西夏研究》2021年第4期，第7—12页。

佟建荣《黑水城出土版刻研究中的几个问题探讨》，《西夏学》第二十二辑，2021年，第150—156页。

王海榆《西夏文〈三才杂字〉天部"雨"类目考》，《西夏研究》2021年第3期，第21—24页。

王慧芳《〈中国藏黑水城汉文文献〉俗字与〈敦煌俗字典〉俗字比较研究》，宁夏大学硕士学位论文，2021年6月。

王慧慧《莫高窟第464窟〈大乘庄严宝王经变〉考释——莫高窟第464窟研究之三》，《西夏学》第二十二辑，2021年，第317—331页。

王静雯《西夏时期上乐金刚图像研究》，宁夏大学硕士学位论文，2021年4月。

王凯《俄藏西夏文〈大般涅槃经〉卷三十八释读》,《绵阳师范学院学报》2021年第3期,第7—13页。

王凯《俄藏黑水城出土1042号文书考释》,《西夏学》第二十二辑,2021年,第202—209页。

王雷《榆林窟第3窟山水图像研究》,西北大学硕士学位论文,2021年6月。

王龙《从出土文献看西夏与鞑靼的关系》,《西夏学》第二十二辑,2021年,第113—120页。

王玫、许鹏《西夏文世俗文献中的通假字考辨》,《西夏学》第二十二辑,2021年,第228—236页。

王明前《西夏王朝国家经济统一体的形成轨迹》,《暨南史学》第二十三辑,2021年,第59—80页。

王培培《〈亥年新法〉卷十四考释》,《西夏研究》2021年第4期,第13—17页。

王珊珊《西夏时期敦煌石窟壁画中的乐舞图像研究——以西夏建窟为中心》,西安音乐学院硕士学位论文,2021年5月。

王思贤《再论西夏榷酤制度——基于〈天盛改旧新定律令〉的分析》,《西夏研究》2021年第4期,第59—66页。

王涛《基于深度学习的西夏古籍文本检测》,宁夏大学硕士学位论文,2021年5月。

王鑫《西夏瑞兽文物图像增强与三维重建研究与实现》,宁夏大学硕士学位论文,2021年3月。

王雪瑞《俄罗斯冬宫博物馆馆藏西夏唐卡现状考察》,《文物天地》2021年第10期,第130—139页。

王阳《黑水城〈麦足朵立只荅站户案卷〉补正》,《集美大学学报》2021年第2期,第102—107页。

王阳《黑水城"也火汝足立嵬地土案卷"校读》，《大连大学学报》2021年第2期，第65—70页。

王宇飞《西夏武官服饰探析》，《服装设计师》2021年第6期，第109—113页。

汪正一《胡同庆、郑怡楠合著〈甘肃美术史图鉴〉出版》，《敦煌研究》2021年第1期，第36页。

魏淑霞《辽西夏金职官管理制度研究综述》，《西夏研究》2021年第4期，第117—122页。

魏亚丽、关静婷、陈可心《西夏服饰中梅花纹饰的类别及文化渊源》，《服装设计师》2021年第1期，第80—85页。

［俄］维·彼·扎伊采夫著，戴忠沛译《英国国家图书馆藏西夏文残片 Or.12380/3495再考》，《西夏研究》2021年第1期，第111—118页。

文志勇《英藏黑水城出土文献西夏文〈坛经〉释考》，《西夏研究》2021年第2期，第3—8页。

吴清颖《俄藏黑水城非佛教汉文写本文献字词研究》，南京师范大学硕士学位论文，2021年3月。

吴伟明《西夏〈易〉学初探》，《中国学术年刊》2021年第43期，第1—23页。

吴雪梅《10—13世纪"八塔变"擦擦在西夏地区的流传》，《西夏研究》2021年第3期，第50—57页。

吴雪梅《新见西夏文〈佛说如来一切总悉摄受三十五佛忏罪法事〉缀合研究》，《西夏学》第二十二辑，2021年，第183—191页。

辛婉怡、高石钢《浅析北宋与西夏间贸易走私原因》，《西部学刊》2021年第2期，第119—121页。

邢耀龙《榆林窟发现西夏第七幅玄奘取经图》，《西夏学》第二十三辑，2021年，第260—272页。

徐乐《西夏博物馆藏陶瓷旅游文创产品设计研究》，北方民族大学硕士学位论文，2021年4月。

许鹏、同敏《西夏语词义考辨四则》，《西夏学》第二十三辑，2021年，第242—251页。

许生根《黑水城医药文献所见西北边疆地区民族交往交流交融》，《西夏研究》2021年第4期，第106—109页。

徐文钊《〈西夏地形图〉的传抄与版本问题研究》，宁夏大学硕士学位论文，2021年3月。

徐希平《中原与边陲、书面与民间文学互动之范例——西夏〈五更转〉源流及最早作者伏知道创作简论》，《中原文化研究》2021年第6期，第107—114页。

闫安朝《新见俄藏西夏文〈三才杂字〉考》，《西夏研究》2021年第4期，第29—33页。

阎成红《新见西夏龙纹瓦当探析》，《西夏学》第二十三辑，2021年，第304—311页。

鄢梁裕、惠宏《黑水城文献所载"大腹子"等药物考释》，《西夏研究》2021年第1期，第3—7页。

鄢梁裕《黑水城出土文献中的药物研究》，宁夏医科大学硕士学位论文，2021年1月。

闫中华《西夏家具研究》，宁夏大学硕士学位论文，2021年4月。

杨梅《俄藏黑水城出土净土变绘画艺术研究及对绘画创作的指导》，宁夏大学硕士学位论文，2021年4月。

杨昕《宁夏出土西夏瓷器特点研究》，中南民族大学硕士学位论文，2021年4月。

杨雪《敦煌西夏时期〈文殊变〉、〈普贤变〉研究》，南京师范大学硕士学位论文，2021年3月。

杨艳丽《瓜州榆林窟第4窟文殊与弥勒对坐图像考释》，《西夏研究》2021年第1期，第62—70页。

姚二涛《论三川口之战中宋夏双方对情报的运用》，《西夏研究》2021年第4期，第74—82页。

叶利阳《拜寺沟方塔出土〈"佚名"诗集〉用典考》，《西夏学》第二十三辑，2021年，第220—230页。

叶楠《额济纳旗黑水城文献流失始末》，《黑龙江工业学院学报》2021年第1期，第28—32页。

易玲萍《〈西夏皇帝与侍从图〉图像研究》，《西夏学》第二十二辑，2021年，第268—278页。

尤桦、杨棋麟《军事视域下的西夏女性群体研究》，《西夏研究》2021年第3期，第37—43页。

余雷《"以形论轴"——西夏王陵中轴体系初探》，《西夏学》第二十三辑，2021年，第351—359页。

袁楠《榆林窟第2窟正壁普贤行愿图像定名考——兼论榆林窟第2窟营建背景》，《南京艺术学院学报》2021年第1期，第126—133页。

张多勇、庞家伟《西夏肇兴之地地斤泽考察研究》，《中国边疆史地研究》2021年第2期，第175—181页。

张海娟《俄藏未刊黑水城出土木星星神图像志研究》，《西夏学》第二十三辑，2021年，第285—295页。

张九玲《俄藏西夏文〈佛说宝雨经〉卷十译释》，《绵阳师范学院学报》2021年第3期，第1—6页。

张九玲、王凯、任景琦《〈圣胜慧到彼岸八千颂经·增上慢品〉夏汉藏对勘研究》，《西夏学》第二十二辑，2021年，第167—182页。

张林《略论西夏年号与改元》，《社会科学论坛》2021年第3期，第99—109页。

张林《西夏正副兵制比较研究》，宁夏大学硕士学位论文，2021年3月。

张珮琪《西夏语的复合谓语结构析探》，《西夏学》第二十三辑，2021年，第20—53页。

张善庆《图像的层累与〈观世音菩萨普门品〉的完整再现——莫高窟第395窟研究之一》，《敦煌研究》2021年第4期，第17—31页。

张涛《西夏丧服制度研究》，宁夏大学硕士学位论文，2021年3月。

张晓非《元代西夏中兴行省初设时间考》，《中国史研究》2021年第2期，第208页。

张晓源《〈帝师热巴传〉所见西夏政史考论》，《西夏学》第二十二辑，2021年，第113—123页。

张瑶、刘庭风《"四步法"释读西夏王陵遗址空间格局》，《中国文化遗产》2021年第6期，第97—104页。

张怡《西夏民事法律制度中的婚姻家庭和继承制度研究——以〈天盛律令〉为例》，北方民族大学硕士学位论文，2021年12月。

张映晖《西夏文佛经款题中所冠帝、后尊号与西夏政制建构》，《北方民族大学学报》2021年第2期，第135—141页。

张映晖《西夏社会的借贷自由与债务负担——〈天盛律令〉"催索债利门"的制度透视》，《西夏研究》2021年第3期，第44—49页。

张永富《〈真实名经〉汉、夏译本考略》，《西夏学》第二十三辑，2021年，第185—195页。

张永萍、郭玉龙《张思温对西夏研究的贡献》，《西夏学》第二十三辑，2021年，第360—366页。

赵成仁《英藏西夏文〈大般若波罗蜜多经〉卷八残片考》，《西夏研究》2021年第1期，第18—22页。

赵家栋、吴清颖《掇文献之菁，撷词汇之华——评〈黑水城出土宋代汉文社会文献词汇研究〉》,《常熟理工学院学报》2021年第3期, 第112—117页。

赵生泉《西夏文篆书分类释名》,《西夏学》第二十二辑, 2021年, 第260—267页。

赵天英《西夏文草书的形成与发展》,《兰州文理学院学报》2021年第1期, 第48—55页。

赵晓星《关于敦煌莫高窟西夏前期洞窟的讨论——西夏石窟考古与艺术研究之五》,《敦煌研究》2021年第6期, 第1—18页。

赵彦龙、张倩《西夏上行文书"呈状"功用及体式》,《西夏研究》2021年第1期, 第23—28页。

周永杰《西夏建国前党项拓跋氏的发展》,《历史教学》2021年第9期, 第46—55页。

周泽鸿《六时礼忏与佛教唱导——黑水城出土的两件〈寅朝礼〉研究》,《西夏学》第二十三辑, 2021年, 第208—219页。

朱晓峰《西夏观无量寿经变中的音乐史观察》,《敦煌学辑刊》2021年第2期, 第58—71页。

第九章

2022年西夏学研究

第一节　2022年西夏学研究综述

2022年，西夏学研究方面出版著作35部，发表学术论文284篇，不仅在语言文字的考释、文献的整理与研究、军事历史与社会制度的探讨、文化艺术与考古资料的阐释和归纳等方面有新突破，而且研究还成功地将人工智能与互联网数据分析技术引入其中，极大地推动了研究的多元化与深入化。

一、著　作

在文献整理方面，由北方民族大学西夏研究所、英国国家图书馆国际敦煌项目、宁夏回族自治区档案馆编著的《英藏西夏文文献整理与研究》第五册（中华书局、宁夏人民出版社，2022年），是英国国家图书馆所藏西夏文资料整理与研究的最新成果，作为系列丛书的一部分，该书不仅以高清彩色形式公布原件图版，而且由国内知名专家学者对原始文献进行鉴定，纠正了过去在文献定名等方面的不足，同时对所有原件的内容进行了释读。补充了以往出版的英藏西夏文文献图版不清晰、内容未获解读的遗憾，也为西夏学研究者提供了珍贵的基础资料，在西夏文文献研究方面发挥了重要作用。

在文献研究方面，聂鸿音《党项文献研究导论》（上海古籍出版社，

2022年），概述了党项文献的形式、内容及其产生的历史渊源，详细探讨了党项文献的产生背景、西夏文字的创制与应用、西夏王朝的文化输入、党项文献的编译和流传、书籍制作工艺等问题，为研究者提供了丰富的资料和实用的方法。

在文书研究方面，赵彦龙《西夏文书种类功用及体式研究》（上海古籍出版社，2022年），对西夏文书的种类进行了分类，探讨了文书种类功用及体式，是古代文书档案史研究的重要拓展。在社会经济研究方面，张玉海、陈瑞青《黑水城出土西夏榷场文书整理与研究》（凤凰出版社，2022年），通过对西夏榷场文书的深入研究，揭示了西夏时期的贸易制度、商品种类、税收制度等方面的信息，为研究古代贸易制度提供了宝贵的资料。

在西夏历史地理研究方面，张多勇《西夏监军司遗址及军事布局》（中华书局，2022年），通过对传世文献和出土文献的梳理，并结合古城遗址的野外调查，确定了西夏监军司的驻地，对监军司周边的堡寨进行了考察，并对西夏监军司的边防体系进行了相关的研究，补漏和纠误了此前的研究成果。

碑刻题记是党项史与西夏史研究最为重要的史料依据，也为西夏学的研究提供了新的视角和丰富的资料。杜建录、邓文韬主编的《党项与西夏碑刻题记》（三秦出版社，2022年），搜集整理了百余方党项与西夏碑刻题记，包括早期党项碑刻题记、西夏碑刻题记、宋金境内党项人碑刻题记与元明西夏遗民及其后裔碑刻题记四部分，不仅填补了西夏与党项碑刻资料的空白，还为促进西夏学相关问题的深入研究提供了丰富的一手资料。

此外，杜建录主编的《成蹊集》（社会科学文献出版社，2022年），收录了近年来多篇高质量的西夏学论文，内容涵盖西夏学研究、黑水城文献研究、中国古代史研究以及求学经历等多个方面，是一部综合性的学术论文集。

同时，甘肃文化出版社"西夏学文库"出版了数十部西夏学相关领域的研究著作，包括沙武田编著《敦煌西夏石窟艺术新论》（甘肃文化出版社，2022年）、王静如《西夏文字与文献译解》（甘肃文化出版社，2022年）、王龙《黑水城出土西夏律藏研究》（甘肃文化出版社，2022年）、杨志高《百年中国西夏学研究报告》（甘肃文化出版社，2022年）、于光建《武威西夏木板画墓研究》（甘肃文化出版社，2022年）、杨富学《〈述善集〉与河南濮阳西夏遗民研究》（甘肃文化出版社，2022年）、段玉泉《绿城出土西夏文献研究》（甘肃文化出版社，2022年）、刘玉权《西夏石窟艺术研究》（甘肃文化出版社，2022年）、杜建录《〈天盛律令〉与西夏法制研究》（甘肃文化出版社，2022年）、刘文荣《西夏乐器研究》（甘肃文化出版社，2022年）、赵天英《西夏文草书研究》（甘肃文化出版社，2022年），以及［俄］索罗宁《西夏汉传佛教文献研究》（甘肃文化出版社，2022年）、日本学者西田龙雄著，那楚格译《西夏语研究新论》（甘肃文化出版社，2022年）等。这一系列著作内容涵盖了西夏学研究的多个领域，同时，外国学者的研究论著也体现了西夏学作为国际显学在世界范围内研究的全面性和深入性。

二、论　文

下面从西夏语言文字、文献整理与研究、西夏文书研究、军事历史与社会制度、石窟艺术与考古、学术动态等方面择要论述。

（一）语言文字研究

西夏文作为西夏王朝独有的文字系统，不仅是西夏历史文化的重要标识，也是解开西夏文明之谜的关键钥匙。近年来，随着学界对西夏文献的不断整理与研究，西夏语言文字研究成为西夏学领域的核心议题之一。孙颖新《由汉语引发的西夏文同音借用——兼谈音义关系》（《宁夏社会科学》2022年第4期），注意到在西夏译本中存在一种跨语言的通假现象，而这类通假是由汉语语音引起的。孙伯君《十二世纪汉语河西方音声韵特征再探》（《中国语文》2022年第5期），指出十二世纪汉语河西方音的声韵中有的延续了唐五代时期汉语西北方音，有的则属于党项式汉语的变读。麻晓芳《西夏语复数后缀刍议》（《民族语文》2022年第3期），系统考察了西夏语名词复数后置语法标记"弛nji²、汕nji²和驳ŋewr²"的语法功能与分布，并重新梳理与一致关系标记同形的语素"汕nji²"的语源及语法功能演变路径，探讨了名词复数标记功能交叠的原因。聂鸿音《西夏语谓词趋向前缀的连用型》（《语言科学》2022年第4期》），注意到西夏文献中偶见谓词前面有连用两个趋向前缀的例子，指出连用的两个前缀可以理解为"趋向＋体式"和"体式＋趋向"两种组合。段玉泉、刘畅《西夏语缀词sji²补论》（《宁夏社会科学》2022年第4期），对西夏语"舐"sji²词缀进行了补充。

聂鸿音《元明时期京畿地区的党项方言岛》（《宁夏社会科学》2022年第4期），14世纪到16世纪初的京畿地区存在两个"党项方言岛"，作者深入探讨了这种现象出现的原因和"党项方言岛"的特征与演变过程。魏皓《西夏语动词重叠研究》（《西夏研究》2022年第2期），重新梳理了西夏语动词重叠的语法意义，为西夏语动词重叠研究提供了类型学上的依据。柳玉宏、甄娇娇《〈同音〉同素异序词研究》（《西夏学》第二十五辑，2022年），通过逐一梳理西夏文字书《同音》，在与《文海宝韵》《番汉合时掌中珠》等比对后，分类讨论了同素异序词的特征和演变趋势。

彭向前、苏雪乔《西夏谚语旧译勘误二则》（《西夏研究》2022年第1期），重新对西夏谚语集《新集锦合辞》做出考释。周佳慧《〈番汉合时掌中珠〉"局分"考释》（《西夏研究》2022年第1期），指出"局分"是各官署中的低级职事吏员，活跃于内宫、朝廷各司及不同地方官署。阎成红《夏译汉籍中的"句式转换"译法》（《西夏研究》2022年第2期），指出夏译汉籍可以按照句型不同分为肯定句与反问句的互译、否定句与反问句的互译、否定句与疑问句的互译、否定句与肯定句的互译、肯定句与双重否定句的互译五种情况。吴宇《西夏语第一人称代词复数敬语借自汉语"我弥"初探》（《北方民族大学学报》2022年第3期），认为西夏语第一人称代词的复数敬语𗁅𗆫来源于中古汉语西北方言的"我弥"。赵天英《论西夏文草书结体规律与书写特色》（《敦煌研究》2022年第4期），认为西夏文草书受汉文草书影响，结体方式与汉文草书多有相似之处。

（二）文献整理与研究

西夏文献是一个庞大而丰富的文化宝库，涵盖了佛经、世俗文献、文学作品、字典韵书、宗教经典等多个方面，是研究西夏历史、文化、语言等方面的重要资料。孙颖新《唐玄宗注〈孝经〉西夏译本考》（《北方民族大学学报》2022年第2期），对唐玄宗注《孝经》西夏文草书译本注文进行了楷书转写和考释，纠正了此前经文识读中的一些错误。聂鸿音《西夏译〈尚书〉零句辑存》（《西夏学》第二十四辑，2022年），辑出译成西夏文的《尚书》引文25则，并认为儒家典籍在西夏深入人心的程度与同时代的中原还有很大距离。彭向前《试论西夏文〈孙子兵法三注〉的注疏价值》（《西南民族大学学报》2022年第12期），认为西夏文《孙子兵法三注》注疏可以填补古代注家在词语解释方面的空缺，同时还能为我们今天标点整理《孙子》及其相关古籍提供借鉴。

彭向前《西夏文刻本〈孙子兵法三注〉缀合整理研究》（《北方民族大学学报》2022年第2期），指出黑水城出土的《孙子兵法三注》是一个新的版本系统，并对西夏文《孙子兵法三注》已刊图版重新排序整合。梁鑫磊《西夏文Инв.No.4926号文献残卷考》（《西夏研究》2022年第1期），重新考察指出西夏文Инв.No.4926号文献实为《孙子兵法》残篇及黑水地区军事文献，并非《俄藏黑水城文献》中定名的《亥年新法》与《法条》，其书写时间当在1215年8月之前。聂鸿音《西夏〈文海〉和中原韵书》（《中国语言学研究》2022年第1期），认为西夏政府编纂的《文海》虽可归入"韵书"一类，但其主要目的在于规范文字的写法而非规范诗歌用韵。郑子龙《〈同音文海宝韵合编〉甲种本校补》（《西夏学》第二十五辑，2022年），对西夏辞书《同音文海宝韵合编》已有录文中的部分缺字、讹字进行了校补。

聂鸿音《〈贤智集〉：仅见的西夏个人诗文汇编》（《中华文史论丛》2022年第2期），对西夏国师鲜卑宝源的个人诗文集《贤智集》进行了全文汉译，并指出集内汇编的作品均是身为僧人的作者讲经说法时的开篇词或者收束语，同时就诗歌的创作背景和语言特点进行了探讨。黄婷玉《西夏〈宫廷诗集〉再探讨》（《西夏研究》2022年第4期），对俄罗斯科学院东方文献研究所收藏的西夏文《宫廷诗集》的两个抄本进行了对比，指出二者来自不同的底本且未经过精心排校。侯浩然《黑水城文献中发现的藏传佛教替身仪轨研究》（《清华国学》2022年第1期），指出这些写本中描述的仪轨是藏传佛教的替身仪轨，且该仪轨起源于古代印度，经过西藏传入河西地区，流行于西夏（1038~1227）和元（1206~1368）时期。

佛教经典作为西夏历史的重要见证之一，对于研究西夏的宗教信仰和文化交流等方面具有重要意义。相关研究主要有，陆韦志《新见宁夏佑啟堂藏西夏文〈瑜伽集要焰口施食仪〉残片考》（《西夏研究》2022年第1期），在与现存的几部汉文本《瑜伽焰口轨仪经》对照后，发现佑啟堂藏残片与《明嘉兴楞严寺方册本大藏经》本、《大正新修大藏经》中元译本重合度高但并不完全匹配，应译自其他版本。孙伯君《天理图书馆藏八思巴"赞叹"〈大乘无量寿宗要经〉：至元三十年（1293）

的西夏文译本考释》（《敦煌研究》2022年第4期），研究指出日本天理图书馆藏西夏文《大乘无量寿宗要经》后附八思巴所撰颂赞《出有坏无量寿智莲华鬘赞叹》是目前发现的翻译年代最晚的西夏文刻本，并对其卷尾发愿文进行了译释。郑蕊、游程宇《中央民族大学图书馆藏西夏文〈大方广佛华严经〉经卷考》（《佛学研究》2022年第2期），利用文字释读、版本考订、文献爬梳等方法，确定了中央民族大学图书馆藏西夏文经书的经名、卷帙号、存世情况以及同源文献。

次珠拉姆《西夏文〈正理滴论〉义理探微》（《西藏大学学报》2022年第2期），指出西夏文《正理滴论》虽存在误译、漏译等现象，但其使用的精简术语超越了藏文原文，在一定程度上表明西夏文《正理滴论》是藏文本的西夏本土化产物。王凯《九件内蒙古藏西夏文献未定名残片考释》（《西夏研究》2022年第3期），通过对《中国藏西夏文献（内蒙古编）》中的九件残片进行考释，发现其中有四件来自《大般若波罗蜜多经》，另有五件残片分别来自其他的佛经。宋歌《存世西夏文〈妙法莲华经〉的版本关系及元抄本校勘特点》（《敦煌学辑刊》2022年第4期），对各地收藏的西夏文《妙法莲华经》版本关系进行了考证，认为西夏仁宗校勘本是在惠宗初译本基础上进行的，而元代各版本是以西夏仁宗本为基础校勘的。张九玲《俄藏西夏文〈五十颂〉考释——兼论西夏的偈颂》（《文献》2022年第5期），在对俄藏西夏文《五十颂》进行录文、汉译和校注的基础上，揭示了其中偈颂存在押韵现象，并判断它很有可能是西夏本土的原创作品。王龙《俄藏7979号西夏文草书佛经考释》（《文献》2022年第5期），研究认为俄藏7979号西夏文草书佛经的内容是此前尚未发现的西夏文本《佛说大迦叶问大宝积正法经》《广大宝楼阁善住秘密陀罗尼经》和《大乘庄严经论》的摘译，并结合西夏文《大藏经》编订的大致时间，推测该文献大概为仁宗或桓宗两朝从不同的文献中摘取编撰而成。

［俄］索罗宁《西夏佛教与汉藏圆融》（《世界宗教研究》2022年第4期），揭示了西夏时期汉传佛教与藏传佛教在宗教实践、文本传承以及思想体系上的广泛交流与深度融合，强调了"汉藏圆融"在西夏佛教发展中的重要地位和作用。麻晓芳《汉藏佛教融合背景下西夏佛经的藏式特征》（《中华文化论坛》2022年第5期），通过梳理西夏文佛经文献，从文本体例、佛教术语、陀罗尼用字、语法规则等几个方面考察了佛经中的藏式翻译原则，为理解藏传佛教在历史上的传播和影响提供了新的视角和证据。王小蕾《西夏新传译的密教观音法门——以国图藏〈修习法门〉与〈观音密集玄文〉观音经轨为中心》（《宗教学研究》2022年第4期），以国图藏《修习法门》与《观音密集玄文》两部共27篇密教观音经轨合辑抄本为中心考察，窥探了西夏新传译密教观音法门的源流、传译者、特点及各类成就法。许鹏《国图藏西夏文〈大般若经〉价值发覆》（《西夏学》第二十五辑，2022年），在比较国图本和俄刊本后，得知大宗西夏文佛经的校勘过程是比较复杂的，先后生成的文本不能以初译本和校译本简单概括。王凯《黑水城出土的〈华严感通灵应传记〉再探》（《西夏学》第二十五辑，2022年），指出黑水城出土的《华严感通灵应传记》由正文和双行小注构成，正文是截取五代宋初时期吴越国僧侣延寿大师所写的《华严感通赋》中的若干语句而成，注文中的灵验事迹主要来自《华严经感应传》中的灵验故事。

其他文献研究有，秦光永《俄藏黑水城文献〈谨算〉所载星禽术释读》（《中华文史论丛》2022年第2期），指出《谨算》是一种以星禽术和星命术为人推算吉凶的批命书，并结合传世典籍对其进行了释读。张建《黑水城出土俄藏Инв.No.2546号西夏具注历日残片考》（《西夏研究》2022年第3期），利用天文历法知识对俄藏Инв.No.2546号文书的年代进行了考证，确定其为西夏皇建元年庚午岁（1210）具注历日。赵江红《西夏星历的定名与考补——以X37、Инв.No.8085为例》（《文献》

2022年第5期），通过对X37和Инв.No.8085两件历书与唐宋时期流行的星曜行度文献进行对比后发现，西夏星历与应用于星命推算的星曜行度文献内容体例一致，属于同一类文献，皆可定名为"《百中经》残卷"或"《立见历》残卷"。周泽鸿《西夏类书〈圣立义海〉"月之名义"新译校注》（《西夏研究》2022年第2期），翻译与校注了西夏类书《圣立义海》"月之名义"部分，指出其思想来源与文本创作受到儒家思想以及《礼记·月令》的深刻影响，所体现的应天顺时、依时寄政的政教设计与施政理念是儒学影响下西夏政教文化中的一个重要方面。崔彦娟《西夏文〈圣立义海〉故事补考四则》（《西夏研究》2022年第2期），新考证出西夏文类书《圣立义海》收录的四则"忠孝节义"的故事——"孝女贾氏故事、王章故事、窦滔妻苏氏织锦制回文诗故事、四知先生杨震故事"，分别出自《旧唐书》《汉书》《晋书》《后汉书》。

（三）西夏文书研究

军事文书研究。赵彦龙、张倩《西夏军事文书"檄文"之功用及体式研究》（《档案》2022年第3期），在与中原王朝檄文进行比较研究后发现，西夏檄文的功用及体式均是据中原王朝借鉴而来，其功用主要为告晓、声讨及征召。赵彦龙、张倩《西夏军籍文书体式及功用研究》（《档案》2022年第12期），考察了西夏军籍文书的体式与书写特点。

契约文书研究。田晓霈《西夏文契约的担保制度与处罚制度补考——以新译释西夏文契约文书为中心》（《中国经济史研究》2022年第3期），通过对新译释西夏契约文书的梳理和观察，对西夏担保与处罚制度有了新的补充和认识。陈瑞青《日本天理图书馆藏〈西夏回鹘文书断简〉初探》（《敦煌研究》2022年第3期），推断《断简》出土地点在敦煌莫高窟北区，其内容都是西夏天庆十年（1203）至光定十一年（1221）间的典当契约，为研究西夏中后期敦煌地区民间借贷关系、家庭经济状况、民族构成等提供了真实可靠的珍贵资料。马万梅、田晓需《利率、花押与富户——新译释西夏文契约文书研究三题》（《敦煌研究》2022年第4期），在整理未释西夏契约文书的基础上，对西夏借贷契约中的利率结构、花押制度以及契约中的富户群体等问题进行了阐发。

史金波《新见莫高窟北区石窟出土西夏契约释考》（《敦煌研究》2022年第4期），对莫高窟北区石窟中发现的西夏草书契约进行了转录、翻译和注释，这些契约包括贷粮契、贷粮抵押契和租地契；涉及的当事人有党项族和汉族，反映了当时民族间的密切关系和经济生活。邵方《西夏民间契约中的违约责任》（《法学评论》2022年第4期），在结合西夏法典以及相关汉文史料后对西夏契约不同类型契约文本中的违约条款及法律规制进行了梳理，探讨了西夏契约的违约责任构成要件。罗将《吐蕃文买卖契约中的违约责任探析——兼与汉文、西夏文契约比较》（《社科纵横》2022年第3期），分析了吐蕃文契约中的瑕疵担保条款和违约责任条款，并与汉文、西夏文契约文书进行了比较。杜立晖《日本天理图书馆藏西夏契约文书的内容、性质与运作》（《西夏研究》2022年第4期），指出日本天理图书馆所藏敦煌西夏契约文书的内容包括对无抵押（或无质押）借贷、质押借贷及还贷信息的记录等，其性质属于借贷契约账簿。

法律文书研究。王培培《五组俄藏黑水城法律文献的定名与出处》（《西夏研究》2022年第4期），对《俄藏黑水城文献》第九册公布为"亥年新法"或"法典"的五组文献进行了详细定名，并对其出处进行了考证。史金波《再论西夏法典〈天盛律令〉》（《西夏学》第二十四辑，2022年），系统阐述了《天盛律令》的版本、内容和译本情况，并指出今后应持续推进《天盛律令》的深入研究，加大校勘和研究力度，进一步发挥其作用，争取有新的学术突破。

（四）历史文化与社会制度

历史与文化研究。彭向前《西夏文献所见黄帝形象研究》（《民族研究》2022年第1期），指出黄帝作为民族共祖形象在辽宋西夏金时期继续得到弘扬，西夏王朝也曾参与对黄帝形象的塑造，宣称党项拓跋出自鲜卑拓跋，进而认为黄帝是党项人的远祖。于熠《西夏法律中的儒学因素及其对中华法系的丰富》（《原道》第四十四辑，2022年），指出西夏的法律制度体现了当时少数民族政权中较为发达的法律文化，同时丰富了以儒家文化为主导的中华法系的制度内涵。王雪梅、袁志伟《西夏佛教与党项民族的汉文化认同》（《宗教学研究》2022年第4期），认为佛教在西夏和党项民族文化中占据文化主体地位，而以西夏佛教为中心的文化认同是党项民族与汉民族文化认同的重要组成部分。佟建荣《汉文史料所见党项人名考》（《中央民族大学学报》2022年第3期），借助夏汉语音对照资料和西夏文社会文书中的人名，对部分党项音译人名的本义进行了解释。房子超《多重视角下的西夏帝师热巴研究》（《中国藏学》2022年第2期），通过文献材料对西夏帝师热巴展开了较为细致、全面的考察。周云飞《西夏渠头诸问题述论》（《西夏研究》2022年第3期），通过对西夏文法条的重新译释，进一步廓清了西夏渠头的承充人户。顾婷、黄勇、李其江《西夏瓷器装烧工艺研究》（《陶瓷学报》2022年第2期），指出西夏瓷器的装烧工艺与辽金制瓷窑口关系密切，与北宋窑口无明显联系。李贝、杨富学《西夏陶瓷的订烧问题》（《西夏学》第二十四辑，2022年），根据出土窑具上所刻铭文可以看出订烧人群分官府、寺院、民间三类，订烧形式有官烧、寺院订烧、民烧三种，同时西夏订烧制度管理严格，陶瓷烧制工匠也服务于百姓。

军事与历史地理。赵坤、李玉峰《再论西夏后族政治——以权力整合为中心》（《宋史研究论丛》第三十辑，2022年），深入剖析了西夏后族政治，认为西夏后族能够长期主政得益于西夏建国时王族与豪酋势力的实力对比和后续的权力整合。岳凯峰《军事对抗与信息沟通——禹藏族与宋夏兰州争夺战的展开》（《宋史研究论丛》第三十一辑，2022

年），探讨了禹藏族在宋、西夏之间复杂多变的政治、军事关系及其对兰州地区控制权争夺的影响。杨浣、马小斌《论西夏的区域分野与地理形势》（《西夏研究》2022年第1期），从文献记载和传统认知两个方面对西夏的区位优势及其资源禀赋展开讨论。杨浣、许伟伟《再论西夏的地方行政制度》（《西夏研究》2022年第3期），指出西夏地方行政建置可以分为前后两个时期，前期以景宗元昊统治时期为代表，实行监军司—州（城）二级制；后期以仁宗统治时期为代表，实行经略司（路）—监军司—地边城司三级制。郝振宇《北宋前期"禁盐制夏"措施及其实施困境》（《中国历史地理论丛》2022年第2期），深入剖析了北宋前期为应对西北边疆安全挑战而实施的"禁盐制夏"政策及其复杂多变的实施过程，揭示出禁盐未能取得成功的主要原因是北宋无法保持解盐低价销售和解决内属蕃部生计问题。高建国《宋夏三川口之战二则地理辨析》（《西夏学》第二十四辑，2022年），对宋夏三川口之战中的一些地理细节进行了考辨。

社会制度研究。魏淑霞《借鉴、趋同、变迁：辽西夏金选官制比较》（《中华文化论坛》2022年第6期），指出辽、西夏、金选官制在保留旧有传统的基础上，不断地吸收借鉴中原官制，从而形成了适合自身的选官制度。梁松涛、周龙龙《再论西夏的"安排官"》（《中华文史论丛》2022年第3期），利用新译释的西夏文《法则》《亥年新法》等文献，证明"安排官"为西夏经略司属官，除负责对客商敕禁物的搜检外，还参与对地边官财物及地方司法事务的管理。骆详译《从纳椽与应役看西夏赋役与籍帐制度——兼与唐宋籍帐制度的比较》（《中国社会经济史研究》2022年第4期），西夏春季修渠徭役出工日数为5日至40日不等，这不仅与西夏计田出役的徭役科派制度有关，同时也和西夏每年一交之租税簿册的编制与呈递过程有关。这种税账内容不仅包含赋税数据，还有徭役日数，税账在下一年的二三月递交中央，中央根据此账制定春季修渠、科派徭役事宜。同时，春天修渠"百伏免一伏"的纳椽免役制中，"百伏"和西夏迁溜掌百户的籍帐制度有关。西夏税账分为几种类型不同、用途不一的文书，但相互间联系紧密。西夏除了独有的民族籍帐制度与唐宋有所不同外，也继承了两税法以来以土地为中心的中原籍帐制度这一历史特征。张玉海《和而不同：制度史视域下的西夏榷场体制》（《河北学刊》2022年第4期），对西夏在榷场职官设置以及内部管理制度等方面进行了讨论。张永富《"元朝帝师制度源于西夏说"考辨》（《中国藏学》2022年第5期），认为西夏文献中的"𘀢𗹙dzjwɨ¹ dzjij²"（帝师）只是"皇帝之师"的统称，并不是正式的官职称谓。

（五）文化艺术研究

石窟艺术研究。张丽卉《莫高窟第464窟首次重修年代再探》（《西夏研究》2022年第1期），判断莫高窟第464窟重修年代确在西夏中晚期。杨富学、杨琛《榆林窟第二、三、四窟为五台山组窟说》（《五台山研究》2022年第3期），提出石窟内的西夏装男女供养人并非西夏国时代的西夏人，而是元代敦煌的西夏遗民，因此这些石窟也均非西夏之物，而是元代之遗墨。杨富学、刘璟《榆林窟第3窟为元代西夏遗民窟新证》（《敦煌研究》2022年第6期），从多方面综合判断榆林窟第3窟当为元代敦煌西夏遗民所营建，绝不是西夏国时代之遗物。郭阿梅《榆林窟第3窟文殊、普贤变绘制年代与甬道供养人身份辨析》（《中国美术研究》2022年第4期），通过分析西夏时期的绘画发展背景和榆林窟第3窟绘画风格与元素推测，两幅壁画的绘制时间应早于1302年，晚于1227年西夏灭亡，属元代时期。

孙伯君《莫高窟第464窟莲花冠上师为西夏国师鲜卑宝源考》（《石河子大学学报》2022年第6期），在考察莫高窟第464窟后，推测西夏国师鲜卑宝源是该窟壁画所展现藏传佛教观音信仰内容的传译者、功德主。郭海鹏、汤晓芳《西夏壁画中的猴面人物再探》（《西夏学》第二十四辑，2022年），提出西夏壁画中的猴面人物出现在榆林窟等《水月观音图》和《普贤变图》的唐僧取经人物图中，人物母题产生于佛教取经、译经、刻经活动故事。何卯平《榆林窟第2窟分期断代新证》（《西夏学》第二十四辑，2022年），根据榆林窟第2窟南北壁壁画《说法图》中发现的两处保存完整的佛陀髦发后的头皮细节，与相关文献记载进行比对后推定该窟南北壁的绘制时间为西夏政权建立前后，不应晚于11世纪中叶。易玲萍、杨蕤《画中中原：西夏时期榆林窟第三窟普贤变壁画新探》（《西夏学》第二十五辑，2022年），从文献学和图像分析的角度重新对榆林窟第3窟普贤变壁画的视觉元素、绘画语言与结构章法进行了探讨。

图像、绘画与版画研究。王悦、于光建《武威西夏墓木板画艺术风格探微》（《西夏学》第二十四辑，2022年），指出武威西夏木板画题材和风格大部分沿袭中原绘画传统，是对我国传统绘画艺术的继承和发展，在一定程度上反映了西夏和周边区域各文化之间的互动。王胜泽、王艳《多元一体视域下的西夏绘画》（《西夏学》第二十五辑，2022年），指出西夏绘画包括壁画、卷轴画、唐卡、木板画、版画等，在绘画风格上是以中原传统绘画为主，又吸收了回鹘、辽和金等周边民族绘画的笔墨、造型和色彩。到西夏晚期，随着藏传绘画的流传，西夏绘画发生了很大变化，逐渐形成了多元共存、汉藏杂糅的艺术风格。袁頔、褚丽《新题材、功能性与造像观——试论佛教版画对敦煌西夏石窟影响的几个方面》（《艺术设计研究》2022年第4期），指出西夏时期，敦煌石窟壁画创作颇为重视对佛教版画图像的应用，而版画艺术施加于敦煌石窟中的烙印实则是西夏官方佛教在该地区扎根发展的图像证据。吴雪梅《俄藏X.2326唐卡及宁夏绢质八相塔残图缀合研究》（《青海民族研究》2022年第3期），根据俄藏X.2326唐卡的辨识结果对宁夏贺兰县宏佛塔出土的绢质八相塔残图做出辨识和缀合，认为西夏八塔变唐卡在文本的选择上依从汉传佛教"八塔"体系。吴雪梅《预修净土与接引往生——西夏阿弥陀版画及其图像解读与思考》(《南京艺术学院学报》2022年第4期)，通过对黑水城出土的四件阿弥陀版画的分析，讨论了西夏净土思想，以及西夏边地净土信仰和阿弥陀图像的发展特征。

单彬、杨浣《俄藏黑水城文献〈佛说阿弥陀经〉版画三题》(《西夏学》第二十五辑，2022年)，认为俄藏TK176可能为经中所述西方净土景象，俄藏Инв.No.7564为集释迦佛与弥陀佛于一身的一体两圣说法图，俄藏Инв.No.763扉画为典型的中原汉地艺术风格，内容是释迦佛携文殊、普贤、阿难、迦叶与舍利弗说法图。吴雪梅《西夏汉文本〈普贤行愿品〉卷首版画解读》(《西夏学》第二十四辑，2022年)，通过图像志研究，认为《普贤行愿品》版画呈"说法式"和"经变式"两种构图模式，卷首说法图由"说法者""请法者""听法者"组成，版画局部图像存在替换和借用现象，而宋金版画的流通为《普贤行愿品》版画的刊刻提供了版本来源。丰悦华《西夏文〈金光明最胜王经〉卷一扉画研究》(《西夏学》第二十四辑，2022年)，指出西夏文刻本《金光明最胜王经》卷一扉画表现的《序品》及《无量寿限品》相应情节，展示出西夏时期创作的金光明最胜王经变之新面貌，反映了金光明信仰在佛教史上的重要地位。房子超《武威亥母寺胜乐金刚双身唐卡曼荼罗图像释读研究》(《西夏学》第二十四辑，2022年)，认为武威金刚亥母寺出土的胜乐金刚双身唐卡，系依据藏传佛教仪轨与成就法绘制。

（六）考古与文物研究

马强《宁夏宁东煤化工基地西夏遗址发掘报告》(《考古学集刊》第26集)，详细介绍了宁东西夏遗址考古发掘的具体情况，并判断此遗址为西夏中期仁宗时期（1140~1193）的皇家佛寺建筑。陈雪飞《中华民族共同体视野下党项丧葬观念的考古学研究》(《西夏研究》2022年第

4期），通过对党项丧葬观念的考古学研究和分析，认为党项丧葬观念是在宗教思想的基础上，受中原文化的影响，逐步形成的包括佛教观念、视死如生、堪舆学说和等级制度等内容的丧葬习俗体系。杨弋《西夏陵防洪系统探析》（《西夏学》第二十四辑，2022年），提出西夏陵防洪设施可分为陵墓自身防洪系统和墓外专用防洪系统两大类，对推断西夏帝陵修建早晚时序、现代防洪规划的编制和西夏陵申报世界文化遗产具有重要的参考价值。刘峰、王飞、温涛《西夏陵区出土"王"字纹文物和龟趺碑研究》（《西夏学》第二十四辑，2022年），依据出土文物质地、类型的不同，将西夏陵区出土的建筑构件和石雕残块纹饰分为兽面"王"字纹、人面"王"字纹和龟背"王"字纹三种。同时，龟背"王"字纹的发现，表明西夏陵区不仅采用石雕力士志文支座驮碑，还使用龟趺碑，以期通过龟这种载体来沟通冥界，延续永恒的权力。马洋《西夏陵管理处藏西夏弩机再考证》（《西夏研究》2022年第2期），认为西夏陵管理处藏西夏弩机的造型与文献中所载西夏"神臂弓"后部所装置的"蝎尾形牙发"相同，推测其为随葬之用的明器。于光建、吕姝莹《灵武出土西夏银碗功能再认识》（《西夏研究》2022年第3期），在结合考古发现的古代金银器实物和有关文献资料后判断，灵武石坝出土的3件墨书西夏文重量的银碗，除了作为上层社会的饮食器具外，还是西夏社会政治身份和等级的象征，被用作奖励军功和政绩的赏赐品。

（七）学术动态及其他

值得注意的是，本年度互联网分析和人工智能技术在西夏学研究中得到了一定应用，为今后西夏学研究提供了全新的路径和广阔的视野。张光伟《基于网络分析与〈文海〉提取的西夏文基本字集》（《西夏学》第二十五辑，2022年），使用网络分析来寻找西夏字基本字集，为研究西夏文提供了一种可以量化分析的途径。罗顺《基于孪生神经网络的西夏文字智能识别》（《西夏学》第二十五辑，2022年），论述了基于孪生神经网络的西夏文字识别方法，不仅解决了常规西夏文字形的识别问题，在对残损字形、模糊字形等特殊字样的识别中也表现突出，并在此基础上初步搭建了西夏文字智能识别平台，为更高效地开展西夏文字、文献的智能识录乃至创建西夏文智能数据库提供了新的技术支持。朱旭东《西夏文信息熵值的初步计算——以〈天盛律令〉文本为基础》（《西夏学》第二十五辑，2022年），依据信息论的"信息熵"概念，对《天盛律令》中的字符进行了统计，得到西夏字的字频统计表，最后根据计算结果表明，西夏文信息熵值大大高于各类表音文字，体现出表意文字字符信息量大的特点。

综上所述，2022年西夏学研究在多个领域均取得了显著成果，不仅丰富了学界对西夏历史文化的认知，特别是利用人工智能技术进行西夏文字的自动识别、语义分析以及数据整理等工作，大大提高了西夏文献的整理效率和研究水平，也为跨学科研究提供了宝贵的案例。今后，西夏学研究应继续深化对历史文献的发掘与整理，加强对语言文字的考释与翻译，继续推动人工智能技术在研究中的应用，为西夏学研究者提供更加便捷和高效的研究工具和方法。此外，加强国际学术交流与合作，共同推动西夏学研究的繁荣发展，将是未来研究的重要方向。

第二节　2022 年西夏学研究论著目录

据不完全统计，2022年出版西夏学著作35部，发表学术论文284篇。

一、著　作

北方民族大学西夏研究所、英国国家图书馆国际敦煌项目、宁夏回族自治区档案馆编著《英藏西夏文文献整理与研究》第五册，北京：中华书局、银川：宁夏人民出版社，2022年。

邓文韬《元代唐兀人研究》，兰州：甘肃文化出版社，2022年。

杜建录《〈天盛律令〉与西夏法制研究》，兰州：甘肃文化出版社，2022年。

杜建录主编《成蹊集》，北京：社会科学文献出版社，2022年。

杜建录主编《西夏学》第二十四辑，兰州：甘肃文化出版社，2022年。

杜建录主编《西夏学》第二十五辑，兰州：甘肃文化出版社，2022年。

杜建录、邓文韬主编《党项与西夏碑刻题记》，西安：三秦出版社，2022年。

段玉泉《绿城出土西夏文献研究》，兰州：甘肃文化出版社，2022年。

俄罗斯科学院东方文献研究所、中国社会科学院民族学与人类学研究所、上海古籍出版社编，史金波、魏同贤、［俄］克恰诺夫主编《俄藏黑水城文献》第31册《西夏文佛教部分》，上海：上海古籍出版社，2022年。

刘峰《西夏陵出土文物纹饰研究》，郑州：黄河水利出版社，2022年。

刘文荣《西夏乐器研究》，兰州：甘肃文化出版社，2022年。

刘玉权《西夏石窟艺术研究》，兰州：甘肃文化出版社，2022年。

马旭俊《金夏关系研究》，兰州：甘肃文化出版社，2022年。

聂鸿音《党项文献研究导论》，上海：上海古籍出版社，2022年。

潘洁《黑水城出土赋役文书研究》，兰州：甘肃文化出版社，2022年。

沙武田《敦煌西夏石窟艺术新论》，兰州：甘肃文化出版社，2022年。

常青、黄山《国宝流失百年祭》，杭州：浙江古籍出版社，2022年。

史金波《西夏文写本〈文海宝韵〉研究》，兰州：甘肃文化出版社，2022年。

［俄］索罗宁《西夏汉传佛教文献研究》，兰州：甘肃文化出版社，2022年。

孙伯君《元代白云宗西夏文资料汇释与研究》，北京：中国社会科学出版社，2022年。

王静如《西夏文字与文献译解》，兰州：甘肃文化出版社，2022年。

王龙《黑水城出土西夏律藏研究》，兰州：甘肃文化出版社，2022年。

［日］西田龙雄著，那楚格译《西夏语研究新论》，兰州：甘肃文化出版社，2022年。

杨富学《〈述善集〉与河南濮阳西夏遗民研究》，兰州：甘肃文化出版社，2022年。

杨浣《蒙藏史籍中的西夏》，兰州：甘肃文化出版社，2022年。

杨志高《百年中国西夏学研究报告》，兰州：甘肃文化出版社，2022年。

于光建《武威西夏木板画墓研究》，兰州：甘肃文化出版社，2022年。

张多勇《西夏监军司遗址及军事布局》，北京：中华书局，2022年。

张玉海、陈瑞青《黑水城出土西夏榷场文书整理与研究》，南京：凤凰出版社，2022年。

赵天英《西夏文草书研究》，兰州：甘肃文化出版社，2022年。

赵彦龙《西夏文书种类功用及体式研究》，上海：上海古籍出版社，2022年。

庄青、马升林主编《再现西夏》，郑州：黄河水利出版社，2022年。

二、论　文

艾冲《辽朝防御西夏的"障塞"地理区位初探》，《西夏研究》2022年第3期，第74—80页。

白进宝、张多勇《北宋策应环庆路防御体系的业乐城考察研究》，《西夏研究》2022年第2期，第78—82页。

保宏彪《三方唐代墓志所补唐肃宗灵武登基史实考述》，《西夏研究》2022年第1期，第107—112页。

卜亚江《西夏宗教管理研究——以〈天盛律令〉为中心》，西南大学硕士学位论文，2022年4月。

陈德洋《辽朝对河西地区的经略研究》，《辽金历史与考古》第十三辑，2022年，第161—167页。

陈虹伊、王旭《陕西横山出土〈后周广顺三年银州都知兵马使宋从实卖地石契〉考释》，《西夏学》第二十五辑，2022年，第42—51页。

陈静静《固原博物馆藏褐釉双系瓷扁壶》，《文物天地》2022年第10期，第37—38页。

陈瑞青《日本天理图书馆藏〈西夏回鹘文书断简〉初探》，《敦煌研究》2022年第3期，第104—113页。

陈瑞青、郭兆斌《西夏军抄"编甲"问题辨析》,《西夏学》第二十五辑,2022年,第62—75页。

陈瑞青、吴玉梅《西夏"父亲"的另一个称谓——从小李钤部墓志铭谈起》,《西夏研究》2022年第3期,第42—47页。

陈乙艺《西夏文〈佛说佛母出生三法藏般若波罗蜜多经〉卷一研究》,福建师范大学硕士学位论文,2022年6月。

陈雪飞《中华民族共同体视野下党项丧葬观念的考古学研究》,《西夏研究》2022年第4期,第13—18页。

次珠拉姆《西夏文〈正理滴论〉义理探微》,《西藏大学学报》2022年第2期,第30—37页。

次珠拉姆《俄藏西夏文因明文献研究——以〈正理滴论〉为中心》,西南民族大学博士学位论文,2022年12月。

崔彦娟《西夏文〈圣立义海〉故事补考四则》,《西夏研究》2022年第2期,第62—67页。

崔彦娟《〈邓珣地券〉考》,《西夏学》第二十五辑,2022年,第52—61页。

达瓦卓玛《"mi—nyag"(木雅)名称考补》,《西夏学》第二十四辑,2022年,第168—180页。

戴鹏燕、陈玮《礼尚往来——宋、辽、金、西夏之间的遗留礼研究》,《西夏研究》2022年第2期,第37—42页。

董紫微《新出〈唐故尚书比部员外郎卢君墓志铭并序〉考释》,《西夏研究》2022年第2期,第73—77页。

邓文韬、刘志月《试论元代唐兀人多元的姓名文化》,《中华民族共同体研究》2022年第2期,第85—102页。

邓章应、徐文《西夏文同形构件例释》,《西夏研究》2022年第4期,第25—28页。

杜立晖《日本天理图书馆藏西夏契约文书的内容、性质与运作》，《西夏研究》2022年第4期，第39—47页。

段玉泉《西夏语的疑问代词 $lji^1\ kji^1$》，《西夏研究》2022年第4期，第19—24页。

段玉泉、刘畅《西夏语缀词 sji^2 补论》，《宁夏社会科学》2022年第4期，第185—189页。

樊玥圻《辽宋夏金碑刻装饰纹样研究》，河北大学硕士学位论文，2022年5月。

方璐《"降魔"的西夏书写——以〈降伏无明胜势赞〉为中心》，《西夏学》第二十五辑，2022年，第149—160页。

房子超《多重视角下的西夏帝师热巴研究》，《中国藏学》2022年第2期，第63—75页。

房子超《武威亥母寺胜乐金刚双身唐卡曼荼罗图像释读研究》，《西夏学》第二十四辑，2022年，第204—220页。

房子超、沙武田《敦煌莫高窟第465窟大成就者黑行师考——兼论藏传佛教艺术中的黑行师图像》，《敦煌研究》2022年第4期，第66—77页。

丰悦华《华严十地图像特征与信仰浅析》，《丝绸之路研究集刊》第八辑，2022年，第379—392页。

丰悦华《西夏文〈金光明最胜王经〉卷一扉画研究》，《西夏学》第二十四辑，2022年，第254—267页。

高建国《宋夏三川口之战二则地理辨析》，《西夏学》第二十四辑，2022年，第77—84页。

高艺鹏《西夏反切中重唇音切上字的分类》，《西夏研究》2022年第4期，第29—38页。

巩嘉旭《第七届西夏学国际学术论坛暨西夏学重点研究基地建设20周年研讨会综述》，《西夏学》第二十四辑，2022年，第335—348页。

公维章《西夏地藏十王信仰考察》,《西夏学》第二十五辑,2022年,第252—264页。

吕丰《衔命而出:北宋熙宁察访使再研究》,《西夏研究》2022年第2期,第96—100页。

郭海鹏、汤晓芳《西夏壁画中的猴面人物再探》,《西夏学》第二十四辑,2022年,第181—193页。

郭勤华《范仲淹的御边思想》,《西夏研究》2022年第2期,第125—128页。

韩佰伟《甘宁地区宋金西夏墓葬研究》,郑州大学硕士学位论文,2022年4月。

郝振宇《北宋前期"禁盐制夏"措施及其实施困境》,《中国历史地理论丛》2022年第2期,第57—66页。

郝振宇、王晓梅《居夏宋人眼中的西夏乡村——以拜寺沟西夏方塔〈诗集〉为中心》,《西夏研究》2022年第1期,第50—56页。

郝振宇、王晓梅《西夏家庭伦理故事的叙事模式及其社会背景——以〈圣立义海〉故事为考察中心》,《西夏学》第二十四辑,2022年,第48—62页。

何川《英藏西夏文〈正理滴论〉残片考释——兼论西夏文因明文献类别》,《西夏研究》2022年第4期,第111—116页。

何美峰《夏元时期党项人(唐兀人)基层互助组织比较研究——以众会组织、龙祠乡社为中心》,《西夏学》第二十五辑,2022年,第76—88页。

何卯平《榆林窟第2窟分期断代新证》,《西夏学》第二十四辑,2022年,第298—308页。

何伟凤《〈授时历〉昼夜时刻制度考——以出土元刻本汉文〈授时历〉残页为中心》,《西夏学》第二十五辑,2022年,第234—245页。

和智《西夏文〈天盛改旧新定律令〉校补六则》,《西夏研究》2022年第2期,第3—9页。

侯爱梅《〈宋故左武卫将军李公墓志铭〉所见北宋归明人问题研究》,《军事历史》2022年第6期,第114—122页。

侯浩然《黑水城文献中发现的藏传佛教替身仪轨研究》,《清华国学》2022年第1期,第195—217页。

胡蓉、杨富学《元代色目进士与仕宦死节现象考析》,《中原文化研究》2022年第3期,第120—128页。

呼斯乐《西夏与金"天会议和"问题研究》,内蒙古师范大学硕士学位论文,2022年6月。

黄超群《西夏医药用具考》,《西夏研究》2022年第1期,第44—49页。

黄婷玉《西夏〈宫廷诗集〉再探讨》,《西夏研究》2022年第4期,第75—78页。

黄婷玉《西夏〈宫廷诗集〉的文学研究》,四川师范大学硕士学位论文,2022年3月。

黄震云《论西夏建元前诗文兼证其族源》,《徐州工程学院学报》2022年第3期,第35—43页。

贾杰《西夏文〈喜金刚九尊坛城灌顶次第〉整理研究》,北方民族大学硕士学位论文,2022年5月。

贾维维、魏文《东千佛洞第四窟中心柱图像新辨》,《新美术》2022年第5期,第153—169页。

江南、臧瑜《西夏时期壁画艺术瑰宝探究——以榆林第2窟〈水月观音图〉为例》,《收藏与投资》2022年第2期,第161—163页。

景利军《敦煌莫高窟第3窟壁画"新特征"》,《西夏研究》2022年第1期,第62—68页。

孔德翊、张学玲、王晓琪《浅析贺兰山对西夏陵选址的影响》,《文化学刊》2022年第7期，第220—223页。

兰晓杰《西夏文〈大宝积经·贤护长者会〉译释与研究》，西南大学硕士学位论文，2022年4月。

雷家圣《守土或弃地——兰州与北宋元祐时期的宋夏战争》，《人文》2022年第2期，第66—82页。

李贝、杨富学《西夏陶瓷的订烧问题》，《西夏学》第二十四辑，2022年，第325—334页。

李海平《固原博物馆藏西夏官印》，《文物天地》2022年第10期，第24—26页。

李进兴《宋夏壁画绘画与摩睺罗之孩童发式探析》，《东方收藏》2022年第2期，第77—85页。

李孟龙、张多勇《近五十年西汉上郡诸县治所研究综述》，《西夏研究》2022年第1期，第113—120页。

李玮璟《〈番汉合时掌中珠〉中的"余麻"考》，《西夏研究》2022年第4期，第124—127页。

李晓凤《文殊山万佛洞佛教故事画的艺术风格与宗教意涵》，《西夏学》第二十四辑，2022年，第221—236页。

李语《英藏、中藏西夏文〈明咒母王大孔雀经〉残片补正》，《西夏研究》2022年第1期，第21—26页。

李愉《从考古发掘看西夏对中原文化的传承与发展——以三号陵、六号陵为中心》，北方民族大学硕士学位论文，2022年5月。

李玉新《观无量寿经变的内容比较研究——以莫高窟盛唐172窟南壁与榆林窟西夏3窟南壁〈观无量寿经变〉为例》，《黄河之声》2022年第9期，第48—51页。

李兆宇《宋徽宗军事决策的依赖群体研究——以宋夏、宋辽战争为对象的考察》，河北大学硕士学位论文，2022年5月。

李志军《末法背景下辽代佛塔对敦煌西夏石窟营建的影响——莫高窟第327窟西夏重修思想造像探析》，《中国美术研究》2022年第2期，第57—67页。

李志军《莫高窟第3窟系列研究之一——〈大乘庄严宝王经〉与西壁主尊身份考释》，《形象史学》2022年第3期，第219—240页。

梁松涛《西夏中晚期的钱禁》，《西夏研究》2022年第4期，第68—74页。

梁松涛、周龙龙《再论西夏的"安排官"》，《中华文史论丛》2022年第3期，第303—324页。

梁鑫磊《西夏文Инв.No.4926号文献残卷考》，《西夏研究》2022年第1期，第11—15页。

廖旸《对仪式元素的追索——从西夏星曜曼荼罗出发》，《世界宗教研究》2022年第10期，第39—46页。

林光钊《中心与边缘：清代宁夏进士梁栋主修旧志考述》，《西夏研究》2022年第2期，第117—124页。

刘贺、邓章应《黑水城汉文文献汉字构件演变探析》，《西夏学》第二十四辑，2022年，第149—157页。

刘峰、王飞、温涛《西夏陵区出土"王"字纹文物和龟驮碑研究》，《西夏学》第二十四辑，2022年，第290—297页。

刘建丽《西凉府吐蕃六谷联盟探析》，《闽南师范大学学报》2022年第1期，第77—85页。

刘烁伟《士人改官的双重困局——以南宋曾丰为例》，《西夏研究》2022年第1期，第86—95页。

刘雪薇《西夏学校教育研究》，河北师范大学硕士学位论文，2022年5月。

柳玉宏、甄娇娇《〈同音〉同素异序词研究》，《西夏学》第二十五辑，2022年，第118—139页。

刘宇丽《西夏军事后勤供给研究》，宁夏大学硕士学位论文，2022年4月。

刘智源《敦煌写经影响下的西夏文写经书法风格》，《东方收藏》2022年第12期，第36—38页。

龙丽《北宋中期富弼经略辽夏研究》，西南民族大学硕士学位论文，2022年3月。

龙忠、陈丽娟《西夏时期敦煌彩塑艺术探析》，《西北美术》2022年第4期，第137—141页。

陆韦志《新见宁夏佑啟堂藏西夏文〈瑜伽集要焰口施食仪〉残片考》，《西夏研究》2022年第1期，第16—20页。

罗家祥、张景素《北宋元祐时期的御夏政策及沿边将帅部署》，《西夏学》第二十五辑，2022年，第89—101页。

罗将《吐蕃文买卖契约中的违约责任探析——兼与汉文、西夏文契约比较》，《社科纵横》2022年第3期，第98—105页。

罗顺《基于孪生神经网络的西夏文字智能识别》，《西夏学》第二十五辑，2022年，第175—184页。

骆如菲《西夏佛教绘画艺术》，《世界宗教文化》2022年第4期，第2页。

骆如菲《国家图书馆藏敦煌纸本千佛像考》，《世界宗教文化》2022年第4期，第128—134页。

骆详译《从纳椽与应役看西夏赋役与籍帐制度——兼与唐宋籍帐制度的比较》，《中国社会经济史研究》2022年第4期，第17—30页。

马力《西夏蒙学研究》，北方民族大学硕士学位论文，2022年5月。

马强《宁夏宁东煤化工基地西夏遗址发掘报告》，《考古学集刊》第二十六辑，2022年，第32—76页。

马淑婷《2010—2019年黑水城出土西夏文诗歌研究综述》，《西夏研究》2022年第1期，第121—125页。

马万梅《俄藏西夏文〈金光明最胜王经〉卷六（初译本）陀罗尼对音汉字的韵母分析》，《中国文字研究》2022年第1期，第211—229页。

马万梅、田晓霜《利率、花押与富户——新译释西夏文契约文书研究三题》，《敦煌研究》2022年第4期，第119—129页。

麻晓芳《西夏语复数后缀刍议》，《民族语文》2022年第3期，第78—87页。

麻晓芳《汉藏佛教融合背景下西夏佛经的藏式特征》，《中华文化论坛》2022年第5期，第16—26页。

马洋《西夏陵管理处藏西夏弩机再考证》，《西夏研究》2022年第2期，第56—61页。

母雅妮、禹凤《固原地区宋夏城址简述——以火家集城址和西安州城址为例》，《文物天地》2022年第10期，第6—10页。

聂鸿音《明代党项人的党项姓和蒙古名》，《西夏研究》2022年第1期，第27—32页。

聂鸿音《西夏〈文海〉和中原韵书》，《中国语言学研究》2022年第1期，第261—273页。

聂鸿音《〈贤智集〉：仅见的西夏个人诗文汇编》，《中华文史论丛》2022年第2期，第213—244页。

聂鸿音《保定莲池公园所存西夏文"胜相经幢"考》，《燕赵文化研究》2022年第2期，第206—221页。

聂鸿音《元明时期京畿地区的党项方言岛》，《宁夏社会科学》2022年第4期，第173—179页。

聂鸿音《西夏语谓词趋向前缀的连用型》，《语言科学》2022年第4期，第378—386页。

聂鸿音《西夏译〈尚书〉零句辑存》，《西夏学》第二十四辑，2022

年，第1—8页。

欧阳姗姗、高秀军《炽盛光佛变相图中的土星形象演变》，《西夏研究》2022年第1期，第69—76页。

欧阳姗姗《西夏炽盛光佛变相图中土星形象及相关问题研究》，宁夏大学硕士学位论文，2022年4月。

庞倩《西夏文〈禅源诸诠集都序〉补释》，《西夏研究》2022年第3期，第14—19页。

庞倩《中国民族古文字研究会成立40周年学术研讨会暨第十一次会员代表大会综述》，《西夏学》第二十五辑，2022年，第351—360页。

彭向前《西夏文献所见黄帝形象研究》，《民族研究》2022年第1期，第126—132页。

彭向前《西夏文刻本〈孙子兵法三注〉缀合整理研究》，《北方民族大学学报》2022年第2期，第111—117页。

彭向前《"畿服理论"和"春秋三世说"对中华民族共同体建设的启示》，《中华文化论坛》2022年第6期，第4—9页。

彭向前《试论西夏文〈孙子兵法三注〉的注疏价值》，《西南民族大学学报》2022年第12期，第48—52页。

彭向前《试论"夏译汉籍"中的史料价值》，《西夏学》第二十四辑，2022年，第9—17页。

彭向前、苏雪乔《西夏谚语旧译勘误二则》，《西夏研究》2022年第1期，第3—5页。

彭向前、何伟凤《汉文史籍中的西夏语词》，《中国文字研究》2022年第1期，第204—210页。

蒲章臻《论西夏对河湟地区的经略》，《内江师范学院学报》2022年第3期，第73—79页。

钱毓山《五代排阵使述论》，《西夏研究》2022年第1期，第77—85页。

秦光永《俄藏黑水城文献〈谨算〉所载星禽术释读》，《中华文史论丛》2022年第2期，第245—270页。

屈格《宋夏在保安军的划界》，《延安职业技术学院学报》2022年第2期，第37—40页。

任怀晟、刘卫《旋类服装再考》，《形象史学》2022年第3期，第12—29页。

沙武田《具有洞窟空间含义的图像——莫高窟第400窟西夏藻井凤首龙身图案探微》，《国学学刊》2022年第1期，第65—79页。

单彬、杨浣《俄藏黑水城文献〈佛说阿弥陀经〉版画三题》，《西夏学》第二十五辑，2022年，第246—251页。

常红红《敦煌西夏、元代的救八难度母图像研究》，《西夏学》第二十五辑，2022年，第275—289页。

尚平《"河南地"与徽宗时期的宋夏战事》，《西夏学》第二十四辑，2022年，第63—76页。

邵方《西夏民间契约中的违约责任》，《法学评论》2022年第4期，第184—196页。

石建刚、赵晓星《山嘴沟西夏石窟白衣尊像考——兼谈文殊老人图像在宋辽金夏时期的新形态》，《中国美术研究》2022年第1期，第63—70页。

史金波《民族交往交流交融的典型例证——中国古代合璧文字文献刍论》，《中央民族大学学报》2022年第3期，第5—23页。

史金波《一部深度反映民族间交往交流交融的奇书——〈番汉合时掌中珠〉》，《中华民族共同体研究》2022年第3期，第82—93页。

史金波《新见莫高窟北区石窟出土西夏契约释考》，《敦煌研究》2022年第4期，第78—94页。

史金波《坚定初心 持续出版 使大量流失海外古籍"活起来"——记

上海古籍出版社出版〈俄藏黑水城文献〉》，《中国出版史研究》2022年第4期，第150—161页。

史金波《再论西夏法典〈天盛律令〉》，《西夏学》第二十四辑，2022年，第31—47页。

史忠平《花屏——莫高窟宋、回鹘、西夏蜀葵图像探究》，《艺术探索》2022年第6期，第41—54页。

司晶晶、刘子明《禅密圆融思想下的西夏图像遗存——瓜州榆林窟第27窟初探》，《西夏学》第二十五辑，2022年，第290—307页。

宋歌《存世西夏文〈妙法莲华经〉的版本关系及元抄本校勘特点》，《敦煌学辑刊》2022年第4期，第89—101页。

宋娟、彭向前《西夏文〈孙子〉注文的文献学价值》，《西夏学》第二十四辑，2022年，第18—25页。

宋兆辉《西夏礼制研究》，宁夏大学硕士学位论文，2022年4月。

孙伯君《汉字对民族古文字的创制和书写的影响》，《云南师范大学学报》2022年第1期，第25—32页。

孙伯君《天理图书馆藏八思巴“赞叹”〈大乘无量寿宗要经〉：至元三十年（1293）的西夏文译本考释》，《敦煌研究》2022年第4期，第95—106页。

孙伯君《十二世纪汉语河西方音声韵特征再探》，《中国语文》2022年第5期，第596—606页。

孙伯君《吐峪沟出土西夏文“大手印”法修持仪轨考释》，《西夏学》第二十五辑，2022年，第194—206页。

孙伯君、夏立栋《张掖金塔寺石窟新见的西夏文榜题》，《敦煌学辑刊》2022年第2期，第116—120页。

孙伯君、郑昊《李惠月及元代河西僧人写刊佛经史实再考》，《北方民族大学学报》2022年第4期，第99—106页。

孙伯君《莫高窟第464窟莲花冠上师为西夏国师鲜卑宝源考》，《石河子大学学报》2022年第6期，第80—88页。

孙灵芝《从一张西夏医方残片谈起》，《中国医学人文》2022年第12期，第62—64页。

孙颖新《唐玄宗注〈孝经〉西夏译本考》，《北方民族大学学报》2022年第2期，第103—110页。

孙颖新《西夏文〈佛说甘露经〉考释》，《西夏研究》2022年第4期，第56—62页。

孙颖新《〈八阳经〉在西夏的流传和变异》，《世界宗教文化》2022年第4期，第121—127页。

孙颖新《由汉语引发的西夏文同音借用——兼谈音义关系》，《宁夏社会科学》2022年第4期，第180—184页。

孙颖新《额济纳河三角洲所出梵文陀罗尼刻本补议》，《文献》2022年第5期，第44—55页。

［俄］索罗宁《西夏佛教与汉藏圆融》，《世界宗教研究》2022年第4期，第18—29页。

汤君《西夏奇文〈骂酒说〉与西北酒史及西夏酒文化之关系》，《西夏学》第二十四辑，2022年，第121—135页。

汤晓芳《西夏雕塑多民族人物造型研究》，《西夏学》第二十五辑，2022年，第1—15页。

陶琦《西夏崇宗皇帝敕建甘州卧佛寺原因考释》，《文物鉴定与鉴赏》2022年第11期，第154—157页。

田晓霈《西夏文契约的担保制度与处罚制度补考——以新译释西夏文契约文书为中心》，《中国经济史研究》2022年第3期，第43—54页。

佟建荣《汉文史料所见党项人名考》，《中央民族大学学报》2022年第3期，第154—163页。

佟建荣《甘肃环县出土的〈故武功大夫密州刺史颍川陈公墓铭〉虚实考辨》,《西夏学》第二十五辑,2022年,第31—41页。

王东《丝路视域下吐蕃与党项关系再讨论》,《丝路文化研究》第七辑,2022年,第42—61页。

王飞《西夏昊王渠考证》,《文物鉴定与鉴赏》2022年第3期,第122—125页。

王海潮、王晓龙、谢东辉《中韩第九届宋辽夏金元史国际学术研讨会综述》,《宋史研究论丛》第三十辑,2022年,第419—425页。

王海榆《西夏文〈三才杂字〉再探讨》,宁夏大学硕士学位论文,2022年5月。

王红梅《从译经到勘经:回鹘译经事业的发展》,《宗教学研究》2022年第1期,第173—182页。

王俊铮《金代佛教缘起与发展的内外因素——以12世纪女真对外关系为背景》,《黑龙江社会科学》2022年第5期,第111—118页。

王凯《九件内蒙古藏西夏文献未定名残片考释》,《西夏研究》2022年第3期,第20—25页。

王凯《黑水城出土的〈华严感通灵应传记〉再探》,《西夏学》第二十五辑,2022年,第225—233页。

王凯《俄藏西夏文〈大般涅槃经〉卷37、38译释研究》,山西师范大学硕士学位论文,2022年5月。

王龙《俄藏7979号西夏文草书佛经考释》,《文献》2022年第5期,第19—33页。

王龙《从阅读史看中华民族共同体的形成——以辽、西夏、金、元为考查中心》,《中华民族共同体研究》2022年第5期,第36—56页。

王培培《五组俄藏黑水城法律文献的定名与出处》,《西夏研究》2022年第4期,第48—55页。

王培培《新见俄藏〈亥年新法〉残叶考释》，《西夏学》第二十四辑，2022年，第113—120页。

王胜泽、王艳《多元一体视域下的西夏绘画》，《西夏学》第二十五辑，2022年，第16—30页。

王小蕾《西夏新传译的密教观音法门——以国图藏〈修习法门〉与〈观音密集玄文〉观音经轨为中心》，《宗教学研究》2022年第4期，第186—194页。

王欣《黑水城土地买卖契约研究》，甘肃政法大学硕士学位论文，2022年4月。

王雪梅、袁志伟《西夏佛教与党项民族的汉文化认同》，《宗教学研究》2022年第4期，第148—154页。

王瑶《宋代地方官员的离任交割——以州县长官为中心》，《西夏研究》2022年第3期，第81—88页。

王悦、于光建《武威西夏墓木板画艺术风格探微》，《西夏学》第二十四辑，2022年，第194—203页。

魏皓《西夏语动词重叠研究》，《西夏研究》2022年第2期，第17—21页。

魏皓《西夏语重叠词研究》，北方民族大学硕士学位论文，2022年3月。

魏慧慧《北宋范宽〈溪山行旅图〉的美学意境》，《西夏研究》2022年第1期，第96—99页。

魏健鹏《敦煌石窟晚期简化净土图像渊源试析》，《丝绸之路研究集刊》第八辑，2022年，第393—404页。

魏平、杨富学《瓜州东千佛洞第2窟元代风格觅迹》，《西夏研究》2022年第4期，第93—100页。

魏淑霞《借鉴、趋同、变迁：辽西夏金选官制比较》，《中华文化论坛》2022年第6期，第10—28页。

文健《20世纪以来黑水城出土医药文献整理研究的回顾与展望》，《西夏学》第二十五辑，2022年，第331—350页。

文志勇、崔红芬《西夏文〈佛顶心观世音菩萨经〉考略》，《佛教文化研究》2022年第2期，第47—93页。

吴珛《易学在西夏传播特点分析》，《西夏学》第二十五辑，2022年，第265—274页。

无我、李悦《西夏语动词一致关系与藏缅语的受事范畴》，《西夏研究》2022年第3期，第32—41页。

吴小龙《唐宋时期党项夏州与中原政权的关系嬗变——以〈夏州节度押衙曹公墓志〉为中心》，《宋史研究论丛》第三十辑，2022年，第319—335页。

吴雪梅《图式的借用：辽金西夏时期蒿里老人与文殊老人形象的互化》，《美术学报》2022年第2期，第68—75页。

吴雪梅《俄藏X.2326唐卡及宁夏绢质八相塔残图缀合研究》，《青海民族研究》2022年第3期，第178—185页。

吴雪梅《预修净土与接引往生——西夏阿弥陀版画及其图像解读与思考》，《南京艺术学院学报》2022年第4期，第125—133页。

吴雪梅《胡汉之相：宋夏以来婆罗门艺术新样探究》，《丝绸之路研究集刊》第九辑，2022年，第482—503页。

吴雪梅《西夏汉文本〈普贤行愿品〉卷首版画解读》，《西夏学》第二十四辑，2022年，第237—253页。

吴宇《西夏语第一人称代词复数敬语借自汉语"我弥"初探》，《北方民族大学学报》2022年第3期，第148—153页。

《西夏佛教学者索罗宁（Kirill Solonin）》，《世界宗教研究》2022年第3期，第131页。

谢德照、麻晓芳《俄国的西夏学研究——东方学研究的精粹》，《西夏研究》2022年第2期，第43—55页。

谢继忠、罗将、毛雨辰《契约文书所见清代石羊河流域的水权交易——民间文书与明清以来甘肃社会经济研究之二》，《西夏研究》2022年第1期，第100—106页。

许博文《宋代党项日常生活初探》，《西夏研究》2022年第4期，第117—123页。

徐超《固原博物馆藏西夏铜腰牌》，《文物天地》2022年第11期，第118—119页。

许鹏《西夏文世俗文献中的通假字续考》，《西夏研究》2022年第2期，第10—16页。

许鹏《国图藏西夏文〈大般若经〉价值发覆》，《西夏学》第二十五辑，2022年，第207—213页。

徐文《西夏文〈大宝积经〉异体字研究》，西南大学硕士学位论文，2022年4月。

许玉龙《坚壁清野：宋夏战争中的战术运用发微》，《华中国学》2020年第2期，第67—82页。

薛钰《北宋武臣赵武墓志铭考释》，《西夏学》第二十四辑，2022年，第85—92页。

闫安朝《〈天盛律令〉附加刑条文整理研究》，宁夏大学硕士学位论文，2022年4月。

阎成红《夏译汉籍中的"句式转换"译法》，《西夏研究》2022年第2期，第68—72页。

阎成红《西夏文"子盖"考》，《西夏学》第二十四辑，2022年，第26—30页。

阎成红《西夏文〈贞观政要〉研究》，宁夏大学博士学位论文，2022年10月。

鄢梁裕、崔为《基于药物计量名再论黑水城出土医药方来源》，《西夏学》第二十四辑，2022年，第158—167页。

严兴《宋代狱空奖谕制度变化探析》，《西夏研究》2022年第2期，第83—90页。

闫中华《拜寺口西塔出土西夏彩绘木座椅研究》，《西夏学》第二十五辑，2022年，第319—330页。

闫珠君、陶蓉蓉《敦煌晚期石窟的分期与断代研究会议综述》，《2022敦煌学国际联络委员会通讯》，2022年，第75—83页。

闫珠君、杨富学《敦煌回鹘石窟分期断代问题刍议——兼论"六字真言"的概念与使用》，《石河子大学学报》2022年第1期，第94—102页。

杨冰华《一座显密圆融的西夏华严道场——瓜州榆林窟第29窟的图像与功能探析》，《文物季刊》2022年第3期，第66—77页。

杨凡《俄藏黑水城文献所见西夏文寒实证方剂研究》，河北师范大学硕士学位论文，2022年5月。

杨富学《莫高窟第409窟的营建时代与民族属性——兼评西夏说与西州回鹘说》，《美术大观》2022年第2期，第42—47页。

杨富学《由观音散施钱财图看莫高窟第3窟的时代——兼论武威出土银锭的铸造地》，《青海民族研究》2022年第4期，第185—193页。

杨富学、刘璟《再论榆林窟第3窟为元代皇家窟而非西夏皇家窟》，《形象史学》2022年第2期，第261—275页。

杨富学、杨琛《榆林窟第二、三、四窟为五台山组窟说》，《五台山研究》2022年第3期，第9—13页。

杨富学、刘璟《榆林窟第3窟为元代西夏遗民窟新证》，《敦煌研究》2022年第6期，第1—12页。

杨浣、马小斌《论西夏的区域分野与地理形势》，《西夏研究》2022年第1期，第33—43页。

杨浣、许伟伟《再论西夏的地方行政制度》，《西夏研究》2022年第3期，第48—59页。

杨翔《北宋环庆路军事地理研究》，青海师范大学硕士学位论文，2022年5月。

杨艳宏《在石窟壁画中实证的中国传统绘画面貌——以榆林窟第3窟文殊变壁画背景山水图为例》，《东方收藏》2022年第9期，第35—37页。

杨艳丽、沙武田《瓜州榆林窟第4窟为西夏洞窟考》，《美术大观》2022年第8期，第34—40页。

杨也《拜寺沟西夏汉文诗集用典研究》，宁夏大学硕士学位论文，2022年5月。

杨弋《西夏陵防洪系统探析》，《西夏学》第二十四辑，2022年，第277—289页。

杨轶婷、陈小锦《党项拓跋氏族源问题综述》，《文化创新比较研究》2022年第31期，第81—85页。

伊丽娜（Elena）《划时代丰碑：克恰诺夫对西夏史研究的贡献》，内蒙古民族大学硕士学位论文，2022年6月。

易玲萍、杨蕤《画中中原：西夏时期榆林窟第三窟普贤变壁画新探》，《西夏学》第二十五辑，2022年，第308—318页。

于光建、吕姝莹《灵武出土西夏银碗功能再认识》，《西夏研究》2022年第3期，第68—73页。

余晟《亡羊补牢：德顺军之建立与山外防线的强化》，《西夏学》第二十五辑，2022年，第102—117页。

于熠《多元一统：宋辽夏金法律文化的融合》，《法学论坛》2022年第1期，第19—28页。

于熠《西夏法律中的儒学因素及其对中华法系的丰富》，《原道》第四十四辑，2022年，第202—212页。

于玉莲、覃代伦《中华民族共同体语境下的元明版画艺术图鉴——以元明两朝汉、蒙古、藏、回鹘、西夏、察合台文版画艺术流变史为例》，《中华民族共同体研究》2022年第5期，第88—99页。

袁顿《延安何家圪石窟再研究——兼论北宋沿边党项熟户佛教信仰特点》，《西夏学》第二十四辑，2022年，第309—324页。

袁顿、褚丽《新题材、功能性与造像观——试论佛教版画对敦煌西夏石窟影响的几个方面》，《艺术设计研究》2022年第4期，第16—24页。

岳凯峰《军事对抗与信息沟通——禹藏族与宋夏兰州争夺战的展开》，《宋史研究论丛》第三十一辑，2022年，第187—200页。

张重艳《再谈北宋智坚的菩萨戒》，《西夏学》第二十四辑，2022年，第136—148页。

张福慧、陈于柱《江苏扬州市曹庄隋炀帝墓出土双人首蛇身俑研究——兼论武威西夏二号墓中的双龙首木板画》，《天水师范学院学报》2022年第3期，第26—29页。

张高彬《急中有缓：宋代缓狱初探》，《西夏研究》2022年第2期，第91—95页。

张光伟《基于网络分析与〈文海〉提取的西夏文基本字集》，《西夏学》第二十五辑，2022年，第161—174页。

张海娟《文化交融视阈下的11—14世纪河西炽盛光佛信仰探析》，《西夏学》第二十四辑，2022年，第268—276页。

张建《黑水城出土俄藏Инв.No.2546号西夏具注历日残片考》，《西夏研究》2022年第3期，第26—31页。

张九玲《俄藏Инв.No.103号藏传西夏文"学品"释读》，《西夏研究》2022年第3期，第3—11页。

张九玲《俄藏西夏文〈五十颂〉考释——兼论西夏的偈颂》，《文献》2022年第5期，第34—43页。

张丽卉《莫高窟第464窟首次重修年代再探》，《西夏研究》2022年第1期，第57—61页。

张凯、于向东《莫高窟97窟搔背罗汉图考释》，《敦煌学辑刊》2022年第2期，第104—115页。

张冉《西夏酒具研究》，内蒙古师范大学硕士学位论文，2022年6月。

张向耀《北宋西北地区蕃官名号述略》，《西藏大学学报》2022年第2期，第79—89页。

张小刚《莫高窟第491窟塑像尊格考辨》，《敦煌研究》2022年第2期，第12—20页。

张璇《西夏环境史研究回顾和展望》，《西夏研究》2022年第3期，第121—127页。

张永富《西夏语第一、第二人称双数后缀与人称范畴再探讨》，《民族语文》2022年第1期，第95—105页。

张永富《"元朝帝师制度源于西夏说"考辨》，《中国藏学》2022年第5期，第87—96页。

张玉海《和而不同：制度史视域下的西夏榷场体制》，《河北学刊》2022年第4期，第83—93页。

张元林《从"法华观音"到"华严观音"——莫高窟第464窟后室壁画定名及其与前室壁画之关系考论》，《敦煌研究》2022年第1期，第20—32页。

张祯《西夏法典中的儒家思想》，《秦智》2022年第11期，第41—43页。

张祯《西夏地方势力政治变迁》，《西部学刊》2022年第22期，第152—155页。

张祯、马力《西夏儒学研究综述》，《南方论刊》2022年第8期，第39—42页。

张总《新见〈十王经〉所示之拓展变化》，《佛学研究》2022年第1期，第31—56页。

赵成仁《府州折氏墓志铭中的先世建构与时代反映——以唐末至北宋时期墓志铭书写为中心》，《西夏学》第二十四辑，2022年，第93—104页。

赵江红《西夏星历的定名与考补——以X37、Инв.No.8085为例》，《文献》2022年第5期，第4—18页。

赵杰文、侯昀《西夏文佛经版画〈梁皇宝忏图〉》，《收藏与投资》2022年第3期，第151—154页。

赵坤、李玉峰《再论西夏后族政治——以权力整合为中心》，《宋史研究论丛》第三十辑，2022年，第360—371页。

赵天英《论西夏文草书结体规律与书写特色》，《敦煌研究》2022年第4期，第107—118页。

赵彦龙、张倩《西夏上行文书"申状"功用及体式》，《西夏研究》2022年第2期，第31—36页。

赵彦龙、张倩《西夏军事文书"檄文"之功用及体式研究》，《档案》2022年第3期，第4—9页。

赵彦龙、张倩《西夏军籍文书体式及功用研究》，《档案》2022年第12期，第13—22页。

郑堆、王振宇《河西藏传佛教文化的包容性及其研究价值——以吐蕃和西夏时期为例》，《中国藏学》2022年第3期，第151—156页。

郑昊《西夏文〈金刚乘十四种根犯堕〉考论》，《西夏研究》2022年第4期，第63—67页。

郑蕊、游程宇《中央民族大学图书馆藏西夏文〈大方广佛华严经〉经卷考》，《佛学研究》2022年第2期，第139—150页。

郑子龙《〈同音文海宝韵合编〉甲种本校补》，《西夏学》第二十五辑，2022年，第140—148页。

周佳慧《〈番汉合时掌中珠〉"局分"考释》，《西夏研究》2022年第1期，第6—10页。

周思成《夏主元昊的赵宋"属籍"辨疑》，《隋唐辽宋金元史论丛》第十二辑，2022年，第128—134页。

周云飞《西夏渠头诸问题述论》，《西夏研究》2022年第3期，第60—67页。

周云飞《西夏三司法度文书再研究》，《西夏学》第二十五辑，2022年，第214—224页。

周泽鸿《西夏类书〈圣立义海〉"月之名义"新译校注》，《西夏研究》2022年第2期，第22—30页。

朱建路《元末明初濮阳唐兀杨氏家族事迹考略》，《西夏学》第二十四辑，2022年，第105—112页。

朱旭东《西夏文信息熵值的初步计算——以〈天盛律令〉文本为基础》，《西夏学》第二十五辑，2022年，第185—193页。

第十章

2023年西夏学研究

第一节　2023年西夏学研究综述

据不完全统计，2023年，西夏学研究方面出版著作12部，发表学术论文246篇，在党项与西夏历史、语言文字、西夏及黑水城文献、文化艺术、考古与文物、学术动态等多个方面均取得了显著成果。

一、著　作

在文献研究方面，聂鸿音《西夏诗文全编》（上海古籍出版社，2023年），从存世史籍、石刻和出土文献中综合全面地辑录了西夏党项文学作品，所收作品时间上起11世纪初，下至15世纪初，收录了包括党项藩镇割据时代的汉文表奏、西夏时代的西夏文和汉文诗文，以及元明两代党项遗民的西夏文原创作品等，为中国古代文学研究提供了一份翔实的资料。王龙《西夏译玄奘所传"法相唯识"经典研究》（中国社会科学出版社，2023年），从黑水城出土文献中拣选与玄奘所传"法相唯识"有关的三部西夏文译本，即《瑜伽师地论》《显扬圣教论》和《大乘阿毗达磨集论》，通过考释这三部具有明确汉文来源的文献，总结出了一批专有"法相唯识"词语的夏、汉对当关系，同时摸清西夏人对这些文献的理解方式和翻译手法，建立了西夏文"法相唯识"类经典所涉术语的数据库，为西夏文献的全面解读和了解"法相唯识"思想曾在中国北方的传播和发展提供了重要参考。彭向前《西夏文〈孙子兵法三注〉研究》（社会科学文献出版社，2023年），尝试借助中国古代少数民族文字西夏文对传统汉文典籍《孙子兵法》加以研究，分别从文献学、语言学、翻译学和历史学等方面，对西夏文版本的《孙子兵法三注》进行了全面而细致的剖析，力求最大限度地还原《孙子兵法》"三家注本"的历史原貌。此书的问世，不仅为学界提供了一扇窥见唐宋时期《孙子兵法》及其注释版本演变历程的独特窗口，还极大地丰富了我们对这一时期军事思想、文化交流以及古籍传播路径的认知与理解。崔红芬、文志勇《英藏黑水城西夏文佛教文献整理考释》（社会科学文献出版社，2023年），系统研究和整理了英藏黑水城西夏文佛教文献，初步完成了80多种佛教文献百余万字的整理和释读，以般若、华严、宝积、涅槃、密教陀罗尼和疑伪经为主，为学界提供了新的参考。此外，［俄］索罗宁《大鹏展翅：藏传佛教新旧译密咒在西夏的传播》（上海古籍出版社，2023年），对西夏时期藏传佛教传播及其文献进行了详尽的文本分析和历史考据，揭示了西夏佛教，特别是藏传佛教新旧译密咒在西夏社会的传播情况，为学界研究提供了丰富的资料和深入的见解。

二、论　文

下面从党项与西夏历史、语言文字研究、西夏及黑水城文献、文化艺术研究、考古与文物、学术动态等六个方面择要论述。

（一）党项与西夏历史研究

政治制度研究。廖莎莎《西夏职官制度迁转考》（《河西学院学报》2023年第4期），考察了西夏职官制度中的"迁转"，指出迁转首先看职官的资历和年限，在西夏前期可迁转职事官的年限以三年居多，后期则愈加细致，不同岗位和职事内容任期不同。骆详译、李天石《西夏与唐朝仓库管理制度比较研究》（《青海师范大学学报》2023年第5期），探讨了西夏与唐朝仓库管理制度中的异同，认为西夏的仓库管理制度在吸收与继承中原制度的基础上，又加以改造与创新，形成了适合自身发展特色的仓库管理制度。骆详译《西夏和金朝水利体系与地方水利管理模式》（《西夏学》第二十六辑，2023年），详细分析了夏金两朝在水利修建方面的组织结构和运作机制，为我们呈现出了一套国家—地方—基层环环相扣的水利制度。高仁、白昀东《西夏官营畜牧体系新探》（《西夏学》第二十七辑，2023年），深入探讨了西夏时期独特的官营畜牧体系，揭示了这一体系在保障西夏政府运作和军事力量方面的重要作用，以及其与唐宋马政制度的异同和其创新之处。张雪丽《西夏圣节探析》（《西夏学》第二十七辑，2023年），通过分析《续资治通鉴长编》《宋史》《金史》《注华严法界观门》发愿文及其他相关史料，得知圣节在西夏同样具有比较重要的地位，其发展与佛教相伴随。杨丛笑、苏凤格《试论儒家礼刑观对西夏刑事法律制度的影响》（《哈尔滨学院学报》2023年第4期），指出西夏刑事法律制度借鉴了儒家"德礼为政教之本，刑罚为政教之用"的礼刑观。宁欧阳《王化蔓延：宋王朝的圣节互动——以夏丽等国及边疆诸"蛮"为例》（《史志学刊》2023年第2期），提出圣节交聘本质上是政治的延伸，而随着宋夏关系的起伏，宋夏间圣节交聘亦呈现出时断时续、缺乏稳定的特点。

张林《试论西夏年号中的中国认同》（《中华文化论坛》2023年第5期），注意到西夏年号中的承唐思想是西夏对唐王朝的政治认同，而从年号用字与引文来看，西夏年号多取自儒家经典，也体现了西夏对儒学的吸收与认同。张林《西夏天盛年号纪年时间辨析》（《内江师范学院学报》2023年第9期），通过对西夏天盛年号纪年材料的爬梳，结合夏仁宗天盛末期西夏政局和乾祐改元动因推断夏仁宗李仁孝天盛年号并非《宋史·夏国传》中记载的二十一年，而是有二十二年。何强《北宋与西夏交往交流的秩序与话语——以交聘文书为中心》（《中央民族大学学报》2023年第5期），通过对宋夏交聘文书中所固有的秩序结构与话语体系的分析，认为北宋与西夏都遵循儒家王道理想下的天子与臣属的关系秩序，运用儒家君臣话语进行交往交流。李晓明《耶律大石通使西夏与耶律余睹反金起事——西夏文〈圣威平夷歌〉所见西夏、金、西辽关系再探》（《中国边疆史地研究》2023年第3期），利用俄藏黑水城西夏文抄本宫廷诗《圣威平夷歌》所记述的耶律大石通使西夏与耶律余睹反金起事的历史事件，重新对西夏、金、西辽之间的复杂关系进行了分析和研究。

社会经济研究。佟宝锁《"国策"与"邦利"：关于宋夏青白盐贸易问题的大讨论》（《盐业史研究》2023年第2期），认为北宋与西夏间关于是否禁止青白盐入边的大讨论表明青白盐贸易问题不是宋夏之间的简单经济纠纷，其实质是宋夏政治对立期间双方综合实力较量中的关键一环。马洋《西夏白银的货币化研究》（《宋史研究论丛》第三十四辑，2023年），提出在西夏社会早期，白银在交换流通中成为商品；夏崇宗以后，西夏白银具备了价值尺度和流通手段的职能，并在频繁履行流通手段的过程中发展成为银锭；夏桓宗至西夏灭亡，货币化初步完成，货币银的使用在官方贸易和民间交易中已得到广泛普及。周爽、史金波《西夏粮食典当借贷的数量、期限、利率与典当物研究》（《贵州社会科学》2023年第4期），注意到西夏粮食典当借贷中的数量、期限、利率与典当物等问题。王寅、周国琴《论夏与吐蕃、回鹘经济文化关系》（《黑龙江民族丛刊》2023年第1期），具体讨论了西夏与吐蕃、回鹘在经济文化上的关系。姜锡东、孙斌《通货共用与一体多元：出土货币见证宋夏民族间的深度交融》（《西南民族大学学报》2023年第7期），指出西夏通过对宋朝"先进货币经验"的学习，货币交流促进了宋夏经济交往与民族深度交融。陈瑞青、郭兆斌《明代西夏遗民的最晚记录：

晋州明代西夏后裔遗迹考》(《西夏研究》2023年第1期),指出晋州发现的明代万历六年《晋州重修儒学明伦堂记》为研究明代西夏遗民在河北的活动提供了新线索。

军事与历史地理研究。孙方圆《宋夏战争中的河川:以环庆路马岭水为研究中心》(《中国史研究》2023年第2期),深入探讨了环庆路在宋夏战争中的特殊战略地位及其实际作战记录相对有限的原因,尤其聚焦于马岭水这一关键自然要素的影响。张明、陈峰《庆州兵变与宋神宗熙宁四年对夏策略的调整》(《史学月刊》2023年第11期),以庆州兵变为研究切入点,深入探讨了庆州兵变影响宋神宗时期对西夏战略政策的重大调整,丰富了我们对北宋中后期政治军事史的理解。岳凯峰《北宋前期熙河蕃部地缘关系考》(《河西学院学报》2023年第6期),详细分析了熙河蕃部在宋初的政治生态和战略地位。岳凯峰《宋代会川城的进筑及对夏防御体系的构建》(《宋史研究论丛》第三十四辑,2023年),聚焦于会川城这一具体军事堡塞的修建及其在宋夏边防战略中的重要地位和影响。张多勇、李昱霖《西夏经略司、五府机构蠡测》(《西夏研究》2023年第2期),在系统研究西夏监军司的基础上,指出经略司是西夏后期设置的地方统军机构,驻地与五府相同,即在兴庆府以外,在灵州大都督府、甘州夷州府、凉州西凉府、夏州中州府设置四个经略司。格根珠拉《西夏时期黑水城地方行政建置及职官考述》(《内蒙古社会科学》2023年第4期),认为西夏时期黑水城地方设监军司,黑水监军司既是地方行政单位又是军事机构,黑水监军司中设转运司和仓储库局,同时,监军司受经略司管辖。郝振宇《党项夏州治所迁移与发展策略》(《西夏研究》2023年第3期),指出自唐中和元年至宋宝元元年,党项夏州治所两易。马郝楠《格局、形态与空间:西夏中兴府考》(《西夏研究》2023年第4期),通过对西夏中兴府城市历时性发展与空间的考察,指出中兴府城市的总体格局为东向,宫城位于城市的西北隅，坐西朝东，未与中兴府构成某种对称形制。张斌《蒙古初征西夏考——以落思城为中心》（《西夏学》第二十七辑，2023年），通过辨析吴广成《西夏书事》所载与《元史》《圣武亲征录》《史集》等文献存在的矛盾之处，认为蒙古初次进攻西夏时两军交战的落思城位于后套平原一带。董惟妙《西夏立国及夏、北宋"和与战"之气候因素研究》（《地理科学》2023年第7期），选取西夏实际上形成独立政权（公元982年）至宋室南迁（公元1127年）之前两个政权共存时段作为研究时段，采用人类生态学的视角和高分辨率的气候资料，分析了西夏立国的原因和西夏前期与北宋频繁发生战争的原因。

（二）语言文字研究

语言研究。安北江《西夏语"𗱲𗾚𗲠"考释》（《南开语言学刊》2023年第2期），对"𗱲𗾚𗲠"一词进行了考释，认为此词应译为动词"放入"或者其他音译动词，而非一名词。马万梅《西夏语的时空限定标记"𗮔"rjar~[1]》（《语言研究》2023年第2期），指出西夏语中"𗮔"rjar[1]字，不只是表示里程和距离的后置词，还可以附着在任何一段空间的距离之后，也可以附着在一段时间之后，是用以限定时空距离的一个语法标记。聂鸿音《贺兰山所出西夏〈春雪〉唱和诗小笺》（《西夏研究》2023年第1期），指出三首西夏《春雪》唱和诗的作者都是西夏境内的汉人，他们的作品形式严守唐宋诗歌格律，可以视为西夏人模仿中原文学的样本。聂鸿音《8至12世纪汉语西北方言的区片划分》（《北方民族大学学报》2023年第4期），深入探讨了8世纪至12世纪中国西北地区汉语方言的多样性和复杂性，通过对不同来源的汉语译音资料进一步分析，揭示了这一时期西北方言区别于中原方言的两个特点，并据此提出了西北方言的四个主要区片划分，对于我们理解古代汉语方言的地理分布和历史演变具有重要意义。

郭艳华《中华民族共同体视域下西夏文学内涵及价值探论》（《北方

民族大学学报》2023年第3期），认为西夏文学生动展现了中华民族的精神图谱与历史镜像，不仅是中华文学的重要组成部分，同时也是中华民族共同体意识不断强化的必然产物，有着深厚的精神内涵及文学价值。孔祥辉《族群称谓所见西夏与多民族语言和文化的交融》（《西南民族大学学报》2023年第1期），认为西夏在与周边各民族交往时，借用了大批外来语中的族群称谓词，这些称谓不仅反映了党项人与横山羌的族群边界，还折射出12世纪晚期西夏与草原部族的互动关系，为厘清西夏与多民族文化交融的演进脉络提供了重要的历史语言证据。

文字研究。史金波《西夏语名词、动词兼类词初探》（《民族语文》2023年第6期），从出土的大量西夏文文献中挖掘西夏语的名词、动词兼类词，按同一字形的兼类词、不同字形的兼类词和双音节兼类词三类，以多种实例、从多角度分析论证，梳理出一批西夏语名词、动词兼类词，丰富了词语义项，可深入理解相关词语的词义及其在语句中的作用，有助于准确地翻译文献，丰富对西夏语的认识。孙伯君《西夏语"时"义时间词及其语法化》（《民族语文》2023年第5期），考察了西夏语中三个表示时点和时段的后置词"𘝯"zjo^2、"𘞪"$zjij^1$和"𗾘"$bjij^2$的语法和使用情况。孔祥辉《〈天盛律令〉俄译本词汇研究发微》（《西夏学》第二十七辑，2023年），借助《天盛律令》俄译本之汉译文，重点梳理了克恰诺夫对《天盛律令》词汇的研究，认为克恰诺夫对西夏法律文献的译释研究是极具开创性的，尽管《天盛律令》俄译本中存在诸多词语误译和条文误读的问题，但此译本对《天盛律令》再译及西夏法律文献研究等仍有参考价值。

史金波《西夏文词语考察新得》（《西夏学》第二十六辑，2023年），分别就确定西夏文词义、发现词的新义项、增添新的词性、核定第一二人称和第三人称对应动词、深入理解重要语句的语法构成和西夏翻译佛经的认真和通融几个方面的举例，论述了在《西夏文大词典》编篆工作中的心得。张永富《夏译藏文文献中的通假字——以俄藏Инв.No.7578文本为中心》（《西夏学》第二十六辑，2023年），通过识别俄藏Инв.No.7578《真实名经》文本中的通假现象40余处，认为相较于汉文，藏文与西夏文在语法和句序上更为接近，因此夏藏对勘更加有利于我们快速且准确地识别通假字。邵军、王怀志《从西夏陵出土汉文碑刻书风看宋金西夏间的书法传播》（《中国书法》2023年第7期），指出西夏陵出土的汉文残碑，主要有偏于欧体兼魏碑风格的一类及柳体兼颜体风格的一类，其发展可分为前后两期：前期主要受北宋墓志碑记书风的影响，后期则与金地流行的柳颜书风碑刻高度一致。贾雨晴、柳玉宏《〈番汉合时掌中珠〉汉文俗字的类型与构字法》（《西夏研究》2023年第1期），综合全部可考《番汉合时掌中珠》版本的字形写法，对其中的俗文字进行了分类和举要例释。孙颖新《西夏字的区别性特征在草书中的表现》（《北方民族大学学报》2023年第4期），深入探讨了西夏文字在草书书写中的独特现象，特别是西夏字区别性特征在草书抄本中的体现与保持。

（三）西夏及黑水城文献研究

佛教文献研究。张九玲《〈护国三宝偈〉夏汉藏合璧考释》（《绵阳师范学院学报》2023年第1期），对《护国三宝偈》夏、汉、藏三种文字的文本进行了对勘研究，指出西夏文和汉文九字本当是由藏文同步译出，且翻译时夏、汉两本之间互有参考，西夏文七字本则是在九字本的基础上缩减而成的。聂鸿音《〈金刚经〉西夏译本考补》（《绵阳师范学院学报》2023年第1期），对西夏时期《金刚经》的译本进行了详尽的梳理和考察。郭垚垚《俄藏Инв.No.2522西夏文〈修菩提心〉考》（《西夏研究》2023年第1期），指出黑水城出土的西夏文Инв.No.2522《二十一种行》中第六修法《修菩提心》受藏传佛教影响，为西夏后期的密教译本，是异于节恒哩所著《发菩提心及常做法事》和裴休纂集《普劝僧俗发菩提心文》的又一菩提心修法文本。王荣飞《新见俄藏Инв.No.7832西夏文〈顶尊总持〉考》（《西夏研究》2023年第2期），认为俄藏黑水城Инв.No.7832西夏文写本是由《佛说长寿经》《顶尊总持》《求生净土法要门》等三种文献合抄成册，其中第二种写本《顶尊总持》此前未见著录和研究。麻晓芳《〈现观庄严论颂〉的西夏译本》（《西夏研究》2023年第2期），以俄藏6449号西夏仁宗皇帝御校的刻本为底本，兼与5130号神宗译本以及《明义释》中的本颂内容相对勘，刊布这部佛经序品及一切相智品的西夏文录文。

张九玲《荣宝斋西夏本〈十王经〉释读》（《西夏研究》2023年第4期），对荣宝斋征集而来的一个最新版本的《十王经》进行了释读，指出荣宝斋本《十王经》与定州所出版本内容接近，同为成书时间更早的俄藏两个编号的简化本，其内容和藏文原本差异颇多。骆艳《新见西夏文草书〈大般若波罗蜜多经〉残页考》（《西夏研究》2023年第4期），通过释读新见民间藏未定名、未刊布西夏文草书残页，勘定其为《大般若波罗蜜多经》卷二百一《初分难信解品》第三十四之二十，是目前所见唯一西夏文草书《大般若波罗蜜多经》，其版本与已刊布《大般若波罗蜜多经》版本均有所不同。张九玲《荣宝斋征集西夏本〈十王经〉述略》（《世界宗教文化》2023年第3期），指出北京荣宝斋征集到一部西夏文《十王经》和此前已知的俄藏两个编号Инв.No.819、4976，以及河北定州本属不同版本，但与定州本同为一系。次珠拉姆《西夏文因明文献〈第三品：自利比量〉考略》（《西藏大学学报》2023年第2期），指出俄藏Инв.No.2516《第三品：自利比量》是由藏族学者于1092年之后撰写的《正理滴论》藏文注疏之西夏文译本，并经对勘发现，俄藏Инв.No.2516《第三品：自利比量》与现存的7部《正理滴论》注疏之藏文本不相吻合，故其藏文原典仍未被发现或已佚失。

孙祎达、张永富《新见西夏文〈佛说寿生经〉考释（上）》（《敦煌学辑刊》2023年第2期），对西夏文孤本《佛说寿生经》刻本的序文和经文部分进行了全文译释，证明其翻译底本与黑水城出土俄藏A32金代汉文抄本极为接近，和明清以来流行的版本存在巨大差别，具有较高的校勘价值。张旭《俄藏黑水城TK326号写本与〈契丹藏〉的关系考辨》（《敦煌研究》2023年第2期），从千字文帙号以及《契丹藏》校勘记两个方面，阐明TK326号写本抄录的《佛说菩萨本行经》《贤愚经》和《佛说护净经》与《契丹藏》紧密相关，其所依据的底本应为《契丹藏》或依据《契丹藏》刊刻的单刻经。聂鸿音《〈夫子功业歌〉：新见的西夏文学作品》（《西夏学》第二十七辑，2023年），认为俄罗斯科学院东方文献研究所收藏的Инв.No.7603号抄件与已刊布的Инв.No.876号抄件是从同一个梵夹装诗歌集里散落的残页，保存的是"宫廷诗集"《夫子功业歌》。李梦溪《黑水城出土西夏译印藏佛教注释文献〈明义灯记〉与敦煌所流行之汉传佛教》（《世界宗教研究》2023年第7期），指出黑水城所出西夏文《金刚经·明义灯记》是一部印藏佛教传统下的佛经注释文献，并认为这些汉传佛教元素即源于《明义灯记》对敦煌汉文遗书的借鉴与吸纳，既展现出汉、藏佛教在西夏交汇融合的情况，亦暗示了敦煌与黑水城两地出土文献之间的联系。

契约文书研究。罗海山《〈俄藏敦煌文献〉Дх19076R号契约文书研究》（《北方论丛》2023年第4期），认为《俄藏敦煌文献》Дх19076R号契约文书应为西夏契约中买卖契、典当契、交换契中的一种。罗将《制定法与习惯法：唐宋与西夏的比较研究——以敦煌、黑水城契约文书为中心》（《天水师范学院学报》2023年第4期），深入探讨了唐宋与西夏时期制定法与民间契约习惯法之间的复杂关系，通过敦煌、黑水城等地出土的契约文书这一独特视角，揭示出西夏的法制化高度体现了对经济活动的严格管控和对私法秩序的维护，而唐宋时期的复杂互动则展示了民间习惯法与制定法之间的动态平衡和相互塑造。韩树伟《吐蕃文、西夏文契约文书格式比较研究——以敦煌、黑水城出土文书为中心》（《青藏高原论坛》2023年第4期），指出敦煌出土的吐蕃文契约和黑水城出土的西夏文契约，在文书格式方面有相似之处，契约的整个程式基本上一致。李胜玉《西夏军抄的财产及继承》（《宋史研究论丛》第三十五辑，2023年），基于黑水城出土的西夏文军抄财务账和契约文书中保留的有关军抄财产的信息，指出西夏军抄是拥有共有财产，军抄财产主要来源于政府发放、战争缴获和军功赏赐等，同时西夏对军抄的承袭有严格的规定。

其他文献研究。和智《西夏〈贞观律令〉残片考》（《中国史研究》2023年第3期），考察认为《俄藏黑水城文献》Инв.No.7214中的《律令》残片属西夏《贞观律令》残页，是西夏崇宗结束母党专权、权臣窃命背景下为巩固皇权、整顿朝政，修订前代律令的产物。崔红芬《俄藏黑水城汉文文献裱纸所涉西夏文残经考》（《西夏研究》2023年第2期），首次对俄藏黑水城西夏文衬补纸或衬纸进行了考证，弥补了学界对汉文文献考证的缺憾，补充了俄藏西夏文佛经的内容，为了解西夏文文献裱补及裱补纸使用提供了资料。孙濛奇《试论西夏文〈将苑〉的版本价值》（《西夏研究》2023年第2期），深入探讨了西夏文《将苑》在版本学上的重要价值，指出夏译本《将苑》译自北宋前后流行的一个久已亡佚的古本，且与汉文今本在总章数、章节、章次以及部分字词句选用方面均存在较大差异，是一个新的版本系统。王凯《西夏文〈黄石公三略〉注文引儒家典籍考》（《西夏研究》2023年第4期），通过对西夏文《黄石公三略》引文中的儒家典籍内容与汉文儒家典籍中相应内容的比勘，认为夏译者对儒家典籍的理解是与儒家典籍的晦涩程度相关，对于文义浅白的内容理解比较准确，而对艰涩难懂、言简意深的儒家典籍在理解上则略显乏力。

汤晓龙《西夏本〈杂字·药物部〉校笺》（《中医文献杂志》2023年

第4期），利用宋代的《证类本草》和西夏的《天盛律令》重新对俄罗斯科学院东方文献研究所收藏的Дx2822号写本中的药名进行了核对校勘，为研究中原医药在丝绸之路沿线的传播补充了资料。黄婷玉《西夏〈宫廷诗集〉成书考》（《国学》第十一辑，2023年），对黑水城西夏文文献"西夏宫廷诗"的成熟过程进行了深入考察和分析。张永富、索朗旺青、高艺鹏、姬越《西夏字书〈择要常传同名杂字〉序言考述》（《中古中国研究》第四卷，2023年），对"西夏文字典"进行了研究，认为该品共由14页西夏文蝴蝶装文献组成，版心处有汉文数字页码；其中第1至第3页为两段序言，第4、5两页为西夏文部首构件的楷书、草书列表，第6至第14页为大小字相间的同音或近音字组。

聂鸿音《四库本〈续资治通鉴长编〉对西夏人名的改译》（《满语研究》2023年第1期），注意到清代四库馆臣曾经大幅度改译《续资治通鉴长编》里的音译词，但由于校改者缺乏对宋代汉语方言的认知，最终校改后的词音有别于实际的口语。谭强《中华本〈续资治通鉴长编〉涉党项西夏民族语名回改指瑕》（《西夏学》第二十七辑，2023年），结合新发现的四库底本《续资治通鉴长编》及其他相关史料记载，对中华本《续资治通鉴长编》中涉及党项西夏而回改未净、回改有误的民族语名给予了分析指正。和智《西夏文〈天盛律令〉三种版本比较研究》（《中华文史论丛》2023年第2期），在系统比较西夏文《天盛律令》三个主要版本的基础上，初步探讨了彩印本的价值与不足，梳理了俄藏本和俄译本的贡献与不足。王培培、周玲艳《〈亥年新法〉卷四考释》（《西夏研究》第二十七辑，2023年），通过解读《亥年新法》卷四内容，指出该文献写作时期正是夏金关系和睦阶段，即1224年至1227年。余格格《黑水城出土两件堪舆书残页考——兼论宋元时期地理术》（《西夏学》第二十七辑，2023年），指出《中国藏黑水城汉文文献》中编号为M1·1316［F13：W90］、M1·1317［F13：W63］两份文献实际上出自《台司妙纂选择元龟》山沙卷"杨救贫先生详说阴阳龙虎四兽神歌""山沙穴法"，应重新定名为"《台司妙纂选择元龟》残页"。刘畅《西夏文写本文献符号研究》（《西夏学》第二十七辑，2023年），认为西夏出土文献中存在大量西夏文写本，其中存在多种形式的符号，并对其分类和特点分别进行了阐释。

[俄]基里尔·米哈伊洛维奇·博格达诺夫《俄罗斯科学院东方文献研究所藏萨满法事写本考释》（《西夏研究》2023年第4期），通过对Танг1621号写本进行深入分析与阐释，揭示了西夏时期党项人萨满教信仰的珍贵历史片段，为探讨党项人的宗教实践与信仰体系提供了直接证据。孙伯君《西夏文献的语文特征》（《北方民族大学学报》2023年第4期），提出西夏文献的汉语特征不仅集中反映在西夏文献用来标记梵文、党项语、藏语的特殊汉字中，而且反映在用"切身"或"形声训读"拼合而成的西夏字中，从而构成了西夏文献有别于其他时代文献的语文特征。孙伯君《西夏文献研究的现状和未来》（《西南民族大学学报》2023年第1期），梳理了存世西夏文文献的情况，就西夏文献研究在理论与方法上的创新趋势进行了归纳与总结，指出今后西夏文献研究应注重"四行对译"和语法标注，并贯彻"因声求义"等训诂学方法，使西夏文献解读成果与历史语言学、文献语言学研究接轨，为藏缅语、古代汉语通语和方言的研究提供素材。

（四）文化艺术研究

石窟艺术与图像研究。朱全稳、沙武田《榆林窟第3窟南北壁净土变内容新论——一场西夏皇家集体礼忏仪式活动的复现》（《形象史学》2023年第4期），重点关注了榆林窟第3窟北壁中间净土变图像内容，并在结合图像和相关文献的基础上，从仪式角度推论榆林窟第3窟南北壁的这两铺经变画所绘内容是西夏王室的一次集体礼忏仪式活动的复现。何卯平《再论西夏时期水月观音与〈取经图〉组合的自我指涉——以东千佛洞第2窟水月观音图内人物形象考释为例》（《美术研究》2023年第3期），指出瓜州东千佛洞第2窟内两铺水月观音图中的两幅《取经图》及两组云中人物形象，是西夏时期水月观音图所有人物形象中最具体而又特殊的代表。彭汉宗《西夏敦煌水月观音像中山石风格演变与图式探析》（《美术观察》2023年第7期），指出西夏敦煌水月观音像中频繁出现的山石图式并不是中原文化对党项民族审美体系的单方面渗透，更应该理解为党项民族主动吸收中原优秀文化并进一步巩固其本民族审美体系的行为。郭梦毓《交融与创新：西夏佛顶尊胜佛母图像研究》（《中国民族美术》2023年第4期），通过分析西夏绘制的佛顶尊胜佛母图像的特点，认为该图像在制作上与周边如中原、回鹘、西藏等地艺术特色相融合，并通过丝绸之路进行佛教交流时产生了艺术样式上的改变。

邵军、张国栋《黑水城出土〈禽鸟花卉图〉考论——兼谈西夏绘画艺术的创造性》（《艺术探索》2023年第1期），认为俄藏黑水城出土的花鸟画《禽鸟花卉图》包含了中原绘画常见的子母鸡与汀渚水鸟图像，其表达了西夏社会的忠孝观念及对这种观念主导下太平盛世的歌颂。贾子萱《西夏新样文殊图像研究》（《故宫博物院院刊》2023年第3期），本文通过对榆林窟、五个庙石窟、东千佛洞、旱峡石窟以及俄藏黑水城出土文殊图像的分析，指出西夏时期新样文殊更进一步强调文殊化现老人典故，且多以"五尊像"为主；同时新样文殊组合样式还在普贤变中延续。戴斌、李婧《西夏佛教壁画的艺术融合特色》（《中国宗教》2023年第6期），认为西夏王朝地处各种文化的交汇点，因此其佛教壁画具有多元融合的艺术特色，不仅保存了中原、西域、吐蕃的艺术风格，还汲取了古印度波罗王朝时期的佛教艺术风格。吴雪梅《俄藏本〈金光明最胜王经忏悔灭罪冥报传〉卷首画解析》（《西夏学》第二十六辑，2023年），根据对西夏文刻本《金光明最胜王经》图像内容的释读，发现这幅版画为表现张居道的灵验故事，其文本源于昙无谶本《金光明最胜王经》"忏悔灭罪传"，版画的初创年代约在惠宗秉常时期。

社会文化研究。刘文荣《西夏"云箫"及中国箫乐器史的研究》（《西夏学》第二十六辑，2023年），通过对西夏云箫乐器的源流及其与周边音乐文化交流的深入剖析，指出西夏云箫乐器在音乐生活中有着普遍的使用，西夏文献和石窟图像中所出现的云箫，是中国云箫音乐发展史的重要载体与见证。汤君《"河西乐"考补》（《西夏学》第二十七辑，2023年），通过对20世纪初在黑水城遗址发现的西夏时期古乐谱残片的考察，为我们揭示了西夏音乐文化的丰富面貌及其与汉地音乐的交融。王龙、王晓庆《西夏佛教仪式中的行香研究》（《西夏学》第二十六辑，2023年），通过对西夏文本《佛前烧香偈》的译释，发现西夏文《佛前烧香偈》和敦煌莫高窟隋代第276窟的《行香说偈文》有密切的关系，指出行香的渊源可能来自道安制定的行香之法。司家民《西夏道教新探》（《宗教学研究》2023年第6期），在考察《天盛律令》所载道经后，认为老子在西夏道教中占有特殊的地位，西夏道教受到了"老子化胡说"的影响。同时，西夏在创建之时，其建国策略有意保持党项民族特性，最终导致道教在西夏遭受冷落，佛教则愈加兴盛。赵坤《西夏易类知识的来源与官方易学流派探微》（《敦煌研究》2023年第1期），本文结合出土文献的记载，认为西夏民间使用的易类知识大多是汉地术数中的卦象符号，与义理之学关系不大；西夏官方获取的易类书籍多为义理易学著作。周泽鸿、于光建《品藻与禄命：从相人术文献看西夏对中原文化的传承》（《西夏研究》2023年第4期），指出西夏相人术在继承中原文化的基础上融入了儒学和佛教的思想精髓，从而形成了独具特色的文化体系。

（五）考古与文物

考古调查与研究。朱存世、柴平平、白婷婷《宁夏贺兰山东麓西夏瓷窑址调查简报》（《北方文物》2023年第4期），指出宁夏贺兰山东麓西夏瓷窑址中，苏峪口瓷窑址规模较大，推测该窑址应为西夏时期专为皇室烧造瓷器的御窑遗址。朱存世、柴平平、郑建民、李苗苗、任秀芳《宁夏贺兰县苏峪口西夏瓷窑址》（《考古》2023年第7期），对苏峪口西夏瓷窑址进行了考古发掘，认为新发现的窑业类型可命名为贺兰窑，首次发现了能复原完整制瓷流程的系列遗存，并确认了该瓷窑址为西夏宫廷用瓷的烧造地。常欣、张红英、张宇轩、文少卿《宁夏闽宁村西夏野利氏家族墓地人骨古DNA研究》（《西夏研究》2023年第3期），对闽宁村西夏墓地M7夫妇合葬墓的两具人骨材料进行了古DNA分析研究，分析指出M7男性个体的母系来源与氐羌人群有关，而父系来源更接近欧亚草原人群；M7女性个体与北方民族有关，该个体可能来自党项内部与北方民族有关的氏族部落，也可能来自族外人群如与党项混居的吐谷浑等民族，或与西夏政治联姻的其他北方民族。蒙海亮、熊建雪、谭婧泽《闽宁村西夏墓主族源：党项人群构成初探》（《西夏研究》2023年第3期），从体质人类学角度讨论了党项贵族野利氏的族源问题，认为闽宁村男性墓主的颅骨形态特征、多元统计均显示其偏向甘青人群，暗示该家族长期与羌人通婚；女性墓主在形态上兼有甘青与草原人群的体质特征，并推测女性墓主可能来自草原。

刀怡元、白婷婷、生膨菲《西夏早期贵族饮食与役畜饲养模式探微》（《西夏研究》2023年第4期），通过对宁夏回族自治区银川市永宁县闽宁村M7墓葬出土西夏贵族夫妇及陪葬马、骆驼的遗骸，进行碳、氮稳定同位素分析，显示闽宁村西夏早期贵族饮食中较多摄入C_4类作物（主要为粟黍）和肉奶食品，家马摄入较多的C_4类草料（包含较多粟黍），人工饲喂管理水平较好；而骆驼摄入了较多的C_3类旱生草类和灌木植物，可能为荒漠放牧饲养。于光建、王俊俊《从墓葬考古看西夏与吐蕃葬俗文化的交融与互动》（《西夏学》第二十六辑，2023年），提出党项西夏的丧葬习俗，经历了青藏高原居住的党项旧俗到内迁黄土高原的夏州党项葬俗，再到西夏建立后丧葬习俗的多元民族文化融合变迁的过程。张景明、管佳钰《草原丝绸之路视域下西夏墓葬空间分布及文化交往交流交融》（《西夏学》第二十七辑，2023年），根据考古发掘资料对西夏墓葬的分布、类型、墓制、葬俗等方面进行了综合考察，总结了西夏墓葬时空分布特征，从侧面也反映出草原丝绸之路各民族文化交往交流交融的状况。

出土文物研究。陈朝辉《黑水城、武威出土两组税票比较研究》（《西夏研究》2023年第3期），对黑水城和武威出土的两组税票进行了研究，认为前者为征税前亦集乃路总管府下发的催粮由帖和纳税后广积仓开具的完税凭据，后者是具有"一式两份"性质的收执和存根。李玉峰《内蒙古巴彦淖尔高油房遗址出土西夏贮饮器研究》（《西夏研究》2023年第3期），重新对内蒙古巴彦淖尔高油房遗址出土的3件西夏金质贮饮器进行定名，提出西夏金质贮饮器的造型和用途深受唐宋茶酒文化的影响，从侧面也反映出西夏与周边民族存在广泛的交往交流交融。蒋超年《武威西夏博物馆藏鎏金铜造像为摩利支天考》（《西夏学》第二十六辑，2023年），经过比对和分析，指出武威西夏博物馆的这尊鎏金铜造像并非金刚亥母，而是一尊坐姿四面八臂的摩利支天像，其年代应在西夏时期。

陈舒怡《银川新华街出土三大士鎏金铜像研究》（《西夏学》第二十七辑，2023年），基于对新华街三大士艺术风格与题材衍变的考察，在关注铜像出土伴随物的同时，利用地方志等史料文献，追溯铜像窖藏的历史背景，分析宋元时期多民族艺术的并鉴与承袭。李玉峰《西夏植物纹样之卷草纹》（《西夏学》第二十六辑，2023年），通过对西夏时期卷草纹的造型、绘制技法与佛教法器和坐佛的组合等方面的研究，指出西夏境内卷草纹绝不是对中原汉地的简单移植和模仿，而是有其自身的特点。马洋《西夏瓷牡丹纹饰的考古学研究》（《西夏学》第二十六辑，

2023年），对西夏窑址、窖藏考古挖掘出土及瓷器纹饰定名统一的牡丹纹瓷器进行了类型学研究，指出牡丹纹经历了由繁至简的演变过程，延续至元朝时期的灵武窑，牡丹纹的造型变得程式化。商立宏、燕宁娜、张茂正、袁宜红、赵振炜《西夏三号陵陵塔复原研究》（《西夏学》第二十六辑，2023年），通过实地调研和对考古发掘文献资料的系统性梳理，采用Revit软件建立西夏三号陵陵塔复原后的参数化三维模型，为西夏三号陵陵塔未来的模拟复建提供了一定的参考。

（六）学术动态及其他

西夏文字作为一种独特的古代文字体系，其识别任务因文字结构复杂、样本分布不均、数据残缺等问题而极具挑战性。近年来，宁夏大学和北方民族大学相关研究团队的一系列研究成果表明，通过应用深度学习技术，可以有效提升西夏文字的识别精度和效率。王维淇《基于深度学习的西夏古籍文本检测与识别算法研究》（宁夏大学硕士学位论文，2023年4月），利用深度学习算法，研究西夏古籍中的文本区域检测和文本识别。王天辉《样本不平衡的西夏古籍文字识别研究》（宁夏大学硕士学位论文，2023年4月），针对西夏文字识别方面仍然存在采集西夏古籍数据难度高、数据集类别不均衡、文字结构烦琐、字体难辨认等问题。在数据扩增的基础上，采用卷积神经网络进行西夏文本图像的识别研究。王喆霖《基于KR-CTPN的西夏文字检测研究》（宁夏大学硕士学位论文，2023年4月），使用深度学习算法来改进CTPN网络模型，进行西夏文本检测研究。胡永琴《西夏文字图像识别模型优化改进》（宁夏大学硕士学位论文，2023年4月），针对西夏文字图像识别创建并优化相关模型。郝赫《基于深度学习的西夏古籍文字图像检索研究》（宁夏大学硕士学位论文，2023年4月），设计并实现了西夏古籍文字图像检索系统。郝超华《西夏文字的无监督识别算法研究与应用》（北方民族大学硕士学位论文，2023年3月），鉴于西夏文字结构复杂、笔画烦琐、相似性高的特点，开展了一种无监督识别算法的研究，以提高识别效率和准确性，尤其是在处理残缺文字的情况下。这些研究不仅展示了人工智能技术在解决西夏文字、图像识别难题上的潜力，也为今后建立西夏学相关检索系统和数据库提供了资料和技术支持。

综上所述，2023年西夏学研究呈现出多元化和深入化的发展趋势，涌现出了一批高质量的研究成果。与此同时，人工智能等现代科技手段的巧妙应用，为西夏学研究开辟了新的路径，提高了研究效率，拓宽了研究视野。展望未来，随着数字化技术的持续革新与多学科交叉学术研究的深度融合，西夏学研究将迎来更加广阔的发展前景。

第二节　2023年西夏学研究论著目录

据不完全统计，2023年出版西夏学著作12部，发表论文246篇。

一、著　作

秉勋《文范士林》，银川：宁夏人民出版社，2023年。

陈光文《敦煌通史·西夏元明清卷》，兰州，甘肃教育出版社，2023年。

崔红芬、文志勇《英藏黑水城西夏文佛教文献整理考释》，北京：社会科学文献出版社，2023年。

杜建录主编《西夏学》第二十六辑，兰州：甘肃文化出版社，2023年。

杜建录主编《西夏学》第二十七辑，兰州：甘肃文化出版社，2023年。

韩树伟《西北出土契约文书所见习惯法比较研究》，兰州：甘肃文化出版社，2023年。

聂鸿音《西夏诗文全编》，上海：上海古籍出版社，2023年。

彭向前《西夏文〈孙子兵法三注〉研究》，北京：社会科学文献出版社，2023年。

［俄］索罗宁《大鹏展翅：藏传佛教新旧译密咒在西夏的传播》，上海：上海古籍出版社，2023年。

王龙《西夏译玄奘所传"法相唯识"经典研究》，北京：中国社会科学出版社，2023年。

张祯《"蕃法汉政"——西夏文臣生平考》，北京：研究出版社，2023年。

郑炳林主编《丝绸之路石窟艺术丛书：瓜州东千佛洞》（全四册），合肥：安徽美术出版社，2023年。

二、论　文

安北江《西夏语"𘀘𗟲𘆧"考释》，《南开语言学刊》2023年第2期，第142—145页。

柴建华《西夏"尊孔子为文宣帝"情势发微——兼述西夏王权合法性的三个来源》，《中古中国研究》第四卷，2023年，第147—168页。

陈凯源《图像的转变与重构：敦煌"佛陀波利与文殊老人"图像研究》，《中国美术研究》2023年第2期，第56—64页。

陈凯源《法器·持物·装饰——敦煌金刚杵图像研究》，《西夏学》第二十七辑，2023年，第299—313页。

陈苗苗《俄藏黑水城西夏汉文书法研究》，河北大学硕士学位论文，2023年5月。

陈瑞青、郭兆斌《明代西夏遗民的最晚记录：晋州明代西夏后裔遗迹考》，《西夏研究》2023年第1期，第3—11页。

陈舒怡《银川新华街出土三大士鎏金铜像研究》，《西夏学》第二十七辑，2023年，第274—287页。

陈玮《蕃部礼佛：志丹城台石窟金代党项人石刻造像记研究》，《西夏学》第二十六辑，2023年，第296—308页。

陈希《俄藏4489号西夏推禄命文书考释》，《西夏学》第二十六辑，

2023年，第144—156页。

陈小霞《〈番汉合时掌中珠〉整理与研究〉评介》，《西夏研究》2023年第2期，第128页。

陈盈诺、霍维洮《铸牢中华民族共同体视域下辽夏和亲与民族关系建构》，《宁夏师范学院学报》2023年第12期，第15—23页。

陈朝辉《黑水城、武威出土两组税票比较研究》，《西夏研究》2023年第3期，第63—68页。

次珠拉姆《西夏文因明文献〈第三品：自利比量〉考略》，《西藏大学学报》2023年第2期，第45—52页。

崔红芬《俄藏黑水城汉文文献裱纸所涉西夏文残经考》，《西夏研究》2023年第2期，第28—36页。

崔彦娟《西夏文写本〈孙子兵法〉研究》，宁夏大学硕士学位论文，2023年3月。

董惟妙《西夏立国及夏、北宋"和与战"之气候因素研究》，《地理科学》2023年第7期，第1310—1316页。

戴斌、李婧《西夏佛教壁画的艺术融合特色》，《中国宗教》2023年第6期，第78—79页。

戴忠沛《英藏附有藏文注音西夏文残片Or.12380/3910解读——兼论与俄藏同类残片的关系》，《西夏研究》2023年第1期，第56—61页。

刀怡元、白婷婷、生膨菲《西夏早期贵族饮食与役畜饲养模式探微》，《西夏研究》2023年第4期，第90—98页。

邓文韬、吴仪《元代泰定四年进士索元岱榜别、籍贯与仕履考》，《西夏学》第二十七辑，2023年，第117—124页。

杜立晖《〈日本藏西夏文文献〉所收〈汉文借绢马文书〉的时代、性质及意义》，《西夏研究》2023年第4期，第68—74页。

杜维民《夏州拓跋政权墓志反映的民族交往交流交融》，《西夏学》

第二十六辑，2023年，第58—64页。

段玉泉《西夏序跋题记考辩六题》，《敦煌研究》2023年第5期，第85—89页。

方璐《西夏语"㦻"补议》，《西夏研究》2023年第1期，第42—45页。

方璐《西夏文〈贤智集〉研究》，宁夏大学博士学位论文，2023年9月。

付裕《西夏家庭规模与赋役关系研究》，河北师范大学硕士学位论文，2023年5月。

高仁、白昀东《西夏官营畜牧体系新探》，《西夏学》第二十七辑，2023年，第16—38页。

格根珠拉《西夏时期黑水城地方行政建置及职官考述》，《内蒙古社会科学》2023年第4期，第102—109页。

郭恺《墓志文献所见党项丧葬文化》，《文化学刊》2023年第9期，第227—230页。

郭梦毓《交融与创新：西夏佛顶尊胜佛母图像研究》，《中国民族美术》2023年第4期，第88—95页。

郭梦毓《西夏佛顶尊胜佛母信仰研究》，北方民族大学硕士学位论文，2023年3月。

郭巍《中国民族古文字研究会年会暨民族古文字文献与汉语通语、方言研究学术研讨会举办》，《西夏研究》2023年第4期，第129页。

郭艳华《中华民族共同体视域下西夏文学内涵及价值探论》，《北方民族大学学报》2023年第3期，第147—153页。

郭垚垚《俄藏Инв.No.2522西夏文〈修菩提心〉考》，《西夏研究》2023年第1期，第62—72页。

韩树伟《吐蕃文、西夏文契约文书格式比较研究——以敦煌、黑水城出土文书为中心》，《青藏高原论坛》2023年第4期，第102—109页。

郝凤凤《从"文化异域"到"中国奥区"——"河西"文化地理想

象在中古时期的转变》,《西夏研究》2023年第1期，第89—94页。

郝振宇《党项夏州治所迁移与发展策略》,《西夏研究》2023年第3期，第57—62页。

郝振宇《解盐在陕运销与北宋前中期西北边疆经略》,《西夏学》第二十六辑，2023年，第46—57页。

何川《西夏文〈正理滴论〉夏藏对勘研究》，宁夏大学硕士学位论文，2023年3月。

何卯平《再论西夏时期水月观音与〈取经图〉组合的自我指涉——以东千佛洞第2窟水月观音图内人物形象考释为例》,《美术研究》2023年第3期，第45—55页。

何强《北宋与西夏交往交流的秩序与话语——以交聘文书为中心》,《中央民族大学学报》2023年第5期，第146—155页。

何伟凤《西夏"德师"考辨》,《西夏学》第二十七辑，2023年，第1—7页。

和智《西夏〈贞观律令〉残片考》,《中国史研究》2023年第3期，第189—197页。

和智《西夏文〈天盛律令〉三种版本比较研究》,《中华文史论丛》2023年第2期，第291—313页。

黄荣光《西夏陶瓷建筑构件的社会经济史阐释》,《西夏研究》2023年第3期，第69—76页。

黄婷玉《西夏〈宫廷诗集〉成书考》,《国学》第十一辑，2023年，第201—212页。

霍无忌《辽廷三次遣使与崇宁末年宋夏议和》,《西夏学》第二十七辑，2023年，第50—63页。

纪蒙山《西夏汉文文书用语汇释与研究》，宁夏大学硕士学位论文，2023年5月。

贾连港《北宋王韶〈平戎策〉相关问题再考释》，《中国边疆史地研究》2023年第2期，第42—52页。

贾维维《东千佛洞西夏壁画图像新释》，《艺术设计研究》2023年第2期，第22—27页。

贾雨晴、柳玉宏《〈番汉合时掌中珠〉汉文俗字的类型与构字法》，《西夏研究》2023年第1期，第106—114页。

贾子萱《西夏新样文殊图像研究》，《故宫博物院院刊》2023年第3期，第121—132页。

蒋超年《武威西夏博物馆藏鎏金铜造像为摩利支天考》，《西夏学》第二十六辑，2023年，第309—318页。

姜锡东、孙斌《通货共用与一体多元：出土货币见证宋夏民族间的深度交融》，《西南民族大学学报》2023年第7期，第43—49页。

孔祥辉《族群称谓所见西夏与多民族语言和文化的交融》，《西南民族大学学报》2023年第1期，第22—28页。

孔祥辉《〈天盛律令〉俄译本词汇研究发微》，《西夏学》第二十七辑，2023年，第176—185页。

［俄］基里尔·米哈伊洛维奇·博格达诺夫《俄罗斯科学院东方文献研究所藏萨满法事写本考释》，《西夏研究》2023年第4期，第61—67页。

李大可《西夏遗址建筑风格及其内涵》，《炎黄地理》2023年第12期，第89—91页。

李华瑞《韩荫晟〈党项与西夏资料汇编〉述评》，《丝路文明》第八辑，2023年，第247—256页。

李洁《哲宗时期的宋夏和战研究》，重庆师范大学硕士学位论文，2023年6月。

李静杰《敦煌石窟经变画发展情况的总体观察》，《敦煌研究》2023

年第4期，第99—125页。

李梦溪《西夏译印藏佛教注释文献〈明义灯记〉的藏文底本及其思想倾向》，《国学学刊》2023年第2期，第35—47页。

李梦溪《西夏文〈金刚经〉注释、仪轨文献综述与考补》，《西夏研究》2023年第3期，第31—43页。

李梦溪《黑水城出土西夏译印藏佛教注释文献〈明义灯记〉与敦煌所流行之汉传佛教》，《世界宗教研究》2023年第7期，第43—54页。

李巧林《宋夏对峙下的秦凤路边民群体民族互动研究》，西北民族大学硕士学位论文，2023年5月。

李秋菊《宁夏博物馆藏两幅西夏唐卡解析》，《文物天地》2023年第8期，第42—44页。

李胜玉《西夏军抄的财产及继承》，《宋史研究论丛》第三十五辑，2023年，第429—439页。

李伟《成都宝光寺藏金银写本〈华严经〉述略——关于李惠月生平事迹再考察》，《西夏学》第二十六辑，2023年，第170—181页。

李伟《西夏文〈类林〉词汇研究》，北方民族大学硕士学位论文，2023年5月。

李晓明《耶律大石通使西夏与耶律余睹反金起事——西夏文〈圣威平夷歌〉所见西夏、金、西辽关系再探》，《中国边疆史地研究》2023年第3期，第76—85页。

李语《俄藏5910号西夏法律文献残页译释研究》，《西夏学》第二十六辑，2023年，第182—192页。

李玉峰《内蒙古巴彦淖尔高油房遗址出土西夏贮饮器研究》，《西夏研究》2023年第3期，第99—106页。

李玉峰《西夏植物纹样之卷草纹》，《西夏学》第二十六辑，2023年，第319—327页。

李志军《十一面千手观音新元素的再解读兼论洞窟功能——莫高窟第3窟系列研究之二》，《形象史学》2023年第4期，第201—226页。

李志军《莫高窟第164窟西夏重修思想探析——以五台山为核心含摄十方的华藏净土和法界救度》，《西夏学》第二十六辑，2023年，第258—270页。

廖莎莎《西夏语中的"愚"》，《西夏研究》2023年第1期，第46—50页。

廖莎莎《西夏职官制度迁转考》，《河西学院学报》2023年第4期，第49—53页。

刘畅《西夏文写本文献符号研究》，《西夏学》第二十七辑，2023年，第156—175页。

刘畅、彭向前《〈宋史·党项传〉校勘订补十三则》，《宋史研究论丛》第三十四辑，2023年，第238—356页。

刘栋《盛唐酒泉西沟牛生肖模印砖图像探析——兼与西夏牛形象的比较》，《天津美术学院学报》2023年第4期，第50—54页。

刘贺、邓章应《黑水城汉文文献类化字辨析十则》，《西夏学》第二十六辑，2023年，第131—138页。

刘进宝《民族融合与宗教平等的典范——以〈莫高窟六字真言碣〉为中心的探讨》，《丝路文明》第八辑，2023年，第167—181页。

李进兴《宁夏海原出土第十二副将款石牌补考》，《丝绸之路研究集刊》第十辑，2023年，第526—532页。

刘拉毛卓玛、杨富学《元代印本在莫高窟的发现及其重要性——兼论元代敦煌在中西交通中的地位》，《青海民族大学学报》2023年第3期，第140—149页。

刘硕《金朝使臣选派的量化考察》，《黑龙江民族丛刊》2023年第6期，第95—105页。

刘文荣《西夏"云箫"及中国箫乐器史的研究》，《西夏学》第二十六辑，2023年，第205—216页。

刘馨阳《西夏图像中的人物佩饰研究》，宁夏大学硕士学位论文，2023年4月。

刘永胜《北宋会州城及会宁关等城址考证》，《宋史研究论丛》第三十三辑，2023年，第262—273页。

罗海山《〈俄藏敦煌文献〉Дx19076R号契约文书研究》，《北方论丛》2023年第4期，第30—40页。

罗将《制定法与习惯法：唐宋与西夏的比较研究——以敦煌、黑水城契约文书为中心》，《天水师范学院学报》2023年第4期，第44—51页。

骆详译《西夏和金朝水利体系与地方水利管理模式》，《西夏学》第二十六辑，2023年，第33—45页。

骆详驿、李天石《西夏与唐朝仓库管理制度比较研究》，《青海师范大学学报》2023年第5期，第27—33页。

骆艳《新见西夏文草书〈大般若波罗蜜多经〉残页考》，《西夏研究》2023年第4期，第55—60页。

吕梁《北宋招降政策探析——以西夏为中心》，《运城学院学报》2023年第5期，第33—38页。

马郝楠《格局、形态与空间：西夏中兴府考》，《西夏研究》2023年第4期，第80—89页。

马万梅《西夏语的时空限定标记"𘟙"rjar~[1]》，《语言研究》2023年第2期，第116—120页。

麻晓芳《〈现观庄严论颂〉的西夏译本》，《西夏研究》2023年第2期，第37—50页。

麻晓芳《〈大宝积经·菩萨见实会〉持心要门西夏译本考》，《西夏学》第二十七辑，2023年，第223—233页。

马洋《西夏瓷牡丹纹饰的考古学研究》，《西夏学》第二十六辑，2023年，第328—339页。

马洋《西夏白银的货币化研究》，《宋史研究论丛》第三十四辑，2023年，第357—368页。

马洋、戴羽《〈天盛改旧新定律令〉"谋杀罪"考探》，《西夏研究》2023年第2期，第64—70页。

马洲洋《法称的"七部量论"在西夏》，《西夏研究》2023年第1期，第73—83页。

蒙海亮、熊建雪、谭婧泽《闽宁村西夏墓主族源：党项人群构成初探》，《西夏研究》2023年第3期，第88—98页。

米治鹏、靳艳《西夏对宋鏖战中的屯田探蠡》，《苏州教育学院学报》2023年第2期，第80—86页。

苗壮《破译天书：西夏文字的发现与识读》，《书城》2023年第8期，第94—101页。

莫磊、朱潇丽、杨修《西夏出纳专职考》，《财会通讯》2023年第1期，第165—171页。

娜日娜《西夏瓦当研究》，内蒙古大学硕士学位论文，2023年6月。

聂鸿音《〈金刚经〉西夏译本考补》，《绵阳师范学院学报》2023年第1期，第119—126页。

聂鸿音《贺兰山所出西夏〈春雪〉唱和诗小笺》，《西夏研究》2023年第1期，第51—55页。

聂鸿音《四库本〈续资治通鉴长编〉对西夏人名的改译》，《满语研究》2023年第1期，第80—85页。

聂鸿音《8至12世纪汉语西北方言的区片划分》，《北方民族大学学报》2023年第4期，第127—134页。

聂鸿音《〈夫子功业歌〉：新见的西夏文学作品》，《西夏学》第二十七辑，2023年，第216—222页。

宁欧阳《王化蔓延：宋王朝的圣节互动——以夏丽等国及边疆诸"蛮"为例》，《史志学刊》2023年第2期，第4—14页。

彭汉宗《西夏敦煌水月观音像中山石风格演变与图式探析》，《美术观察》2023年第7期，第72—73页。

彭向前《释"背嵬"》，《西夏研究》2023年第1期，第84—88页。

齐凯、张瑶《西夏王陵的空间思想渊源探析》，《居舍》2023年第23期，第149—152页。

任怀晟、谢静《俄藏西夏文〈梁皇宝忏图〉时代问题及其对后世的影响》，《西夏学》第二十六辑，2023年，第230—242页。

商立宏《西夏三号陵陵塔复原及现存遗迹环境分析》，宁夏大学硕士学位论文，2023年4月。

商立宏、燕宁娜、张茂正、袁宜红、赵振炜《西夏三号陵陵塔复原研究》，《西夏学》第二十七辑，2023年，第256—265页。

常欣、张红英、张宇轩、文少卿《宁夏闽宁村西夏野利氏家族墓地人骨古DNA研究》，《西夏研究》2023年第3期，第77—87页。

邵京涛《浅析金夏交聘制度之确立》，《运城文博研究（2023）》，2023年，第70—79页。

邵军、张国栋《黑水城出土〈禽鸟花卉图〉考论——兼谈西夏绘画艺术的创造性》，《艺术探索》2023年第1期，第17—26页。

邵军、王怀志《从西夏陵出土汉文碑刻书风看宋金西夏间的书法传播》，《中国书法》2023年第7期，第160—167页。

圣南仁杰《俄藏西夏文藏传密续〈胜住仪轨〉题记再考——兼考大乘玄密帝师慧称》，《西夏学》第二十六辑，2023年，第157—169页。

史金波《西夏语名词、动词兼类词初探》，《民族语文》2023年第6期，第108—120页。

史金波《西夏文词语考察新得》，《西夏学》第二十六辑，2023年，第1—16页。

史金波《治学六十年琐谈》，《宋史研究论丛》第三十二辑，2023年，第3—12页。

司家民《西夏道教新探》，《宗教学研究》2023年第6期，第157—162页。

宋歌《西夏文〈妙法莲华经〉（卷六）对勘研究》，北方民族大学博士学位论文，2023年1月。

宋锦、杨洪钰《〈天盛律令〉：西夏法律移植的经典之作》，《文史天地》2023年第4期，第47—50页。

孙伯君《西夏文献研究的现状和未来》，《西南民族大学学报》2023年第1期，第14—21页。

孙伯君《西夏文献的语文特征》，《北方民族大学学报》2023年第4期，第135—145页。

孙伯君《西夏语"时"义时间词及其语法化》，《民族语文》2023年第5期，第109—120页。

孙昌盛、贾杰《夏译藏传佛教术语解读举隅——以〈口合本续〉诸经为例》，《西夏学》第二十六辑，2023年，第17—26页。

孙方圆《宋夏战争中的河川：以环庆路马岭水为研究中心》，《中国史研究》2023年第2期，第136—148页。

孙飞鹏《西夏文字义词义补正五则》，《西夏学》第二十六辑，2023年，第27—32页。

孙濛奇《试论西夏文〈将苑〉的版本价值》，《西夏研究》2023年第2期，第118—122页。

孙濛奇《西夏文〈将苑〉研究》，宁夏大学硕士学位论文，2023年4月。

孙森《新见西夏文〈真实名经〉考》，《西夏研究》2023年第2期，第51—59页。

孙颖新《中国文字博物馆藏西夏文〈大般若经〉草书残片》,《西夏研究》2023年第4期,第31—35页。

孙颖新《西夏字的区别性特征在草书中的表现》,《北方民族大学学报》2023年第4期,第146—153页。

孙祎达、张永富《新见西夏文〈佛说寿生经〉考释（上）》,《敦煌学辑刊》2023年第2期,第163—174页。

［俄］索罗宁、侯浩然《西夏的藏传佛教：研究现状与研究视角（英文）》,《China Tibetology》2023年第1期,第14—38页。

谭强《中华本〈续资治通鉴长编〉涉党项西夏民族语名回改指瑕》,《西夏学》第二十七辑,2023年,第242—255页。

谭强、杨浣《中华本〈续资治通鉴长编〉民族语名勘误》,《宋史研究论丛》第三十五辑,2023年,第415—428页。

汤君《试论西夏仁孝"番表汉里"汉学的历史意义》,《西夏研究》2023年第4期,第3—15页。

汤君《论西夏〈贤智集〉的新型佛教通俗文学性质》,《中国俗文化研究》第二十四辑,2023年,第37—54页。

汤君《"河西乐"考补》,《西夏学》第二十七辑,2023年,第186—202页。

唐均《西夏文"东"字汇释》,《西夏学》第二十六辑,2023年,第103—111页。

汤晓龙《西夏本〈杂字·药物部〉校笺》,《中医文献杂志》2023年第4期,第1—4页。

田晓霈、赵璞《西夏语"𗧁𗙫""𗧁𗙫"小考》,《西夏研究》2023年第2期,第71—77页。

佟宝锁《"国策"与"邦利"：关于宋夏青白盐贸易问题的大讨

论》，《盐业史研究》2023年第2期，第38—48页。

王德朋《10-12世纪区域史视域下的东北亚佛教文化交流——以辽朝为核心》，《黑龙江民族丛刊》2023年第5期，第105—111页。

王凯《西夏文〈黄石公三略〉注文引儒家典籍考》，《西夏研究》2023年第4期，第25—30页。

王龙、王晓庆《西夏佛教仪式中的行香研究》，《西夏学》第二十六辑，2023年，第217—229页。

王培培、周玲艳《〈亥年新法〉卷四考释》，《西夏研究》2023年第4期，第36—43页。

王培培《〈亥年新法〉初编时间及稿本性质探析》，《西夏学》第二十六辑，2023年，第139—143页。

王璞《河西走廊上的昌马石窟》，《甘肃日报》2023年8月30日11版。

王倩《从同义互见看党项民族诗歌创作》，《西夏学》第二十七辑，2023年，第203—215页。

王荣《西夏畜牧技术述略》，《西夏学》第二十七辑，2023年，第39—49页。

王荣飞《新见俄藏Инв.No.7832西夏文〈顶尊总持〉考》，《西夏研究》2023年第2期，第114—117页。

王荣飞《西夏文〈顶尊总持〉比较研究》，《西夏学》第二十七辑，2023年，第140—155页。

王思贤《唐至宋初定难军墓志铭研究述评》，《西夏研究》2023年第4期，第117—121页。

王小娟《西夏钱币的考古学研究》，内蒙古师范大学硕士学位论文，2023年6月。

王耀辉《试析司马光〈道德真经论〉的政治蕴意》，《老庄学研究》，2023年，第37—47页。

王一凡《重地藩屏：北宋泾原路蕃兵研究》，西夏学》第二十六辑，2023年，第65—75页。

王寅、周国琴《论夏与吐蕃、回鹘经济文化关系》，《黑龙江民族丛刊》2023年第1期，第105—110页。

王颖《俄罗斯克恰诺夫教授的西夏学成果的翻译与评介》，《西夏学》第二十七辑，2023年，第328—335页。

汪正一《刘玉权著〈西夏石窟艺术研究〉正式出版》，《敦煌研究》2023年第6期，第93页。

魏慧慧《李唐南渡后山水画的审美意蕴及其对西夏山水画的影响》，《西夏研究》2023年第2期，第123—127页。

魏淑霞《辽西夏金选官趋向选贤任能》，《历史评论》2023年第2期，第101—102页。

魏志江、潘清《论辽朝的世界秩序》，《学术月刊》2023年第12期，第160—172页。

文志勇《西夏文〈圣六字增寿大明陀罗尼经〉对勘研究》，《西夏研究》2023年第3期，第44—56页。

吴波、赵茜《敦煌榆林窟第29窟之云镂冠冠式考释》，《装饰》2023年第5期，第92—96页。

邬楠《西夏图像中的纺织品研究》，宁夏大学硕士学位论文，2023年4月。

吴丽敏《近五年来〈天盛律令〉研究综述》，《科学咨询》2023年第7期，第114—117页。

吴丽敏《西夏职务犯罪研究——以〈天盛律令〉为中心》，宁夏大学硕士学位论文，2023年4月。

吴凌卉《西夏文〈大般若波罗蜜多经〉卷四十七释读与研究》，河北师范大学硕士学位论文，2023年5月。

吴雪梅《俄藏本〈金光明最胜王经忏悔灭罪冥报传〉卷首画解析》，《西夏学》第二十六辑，2023年，第243—257页。

谢祺《罗振玉与西域文物古籍研究》，《古籍整理研究学刊》2023年第6期，第92—99页。

谢晓东《中华文化视阈下的西夏文化形成 以西夏出土文物为例》，《收藏》2023年第8期，第68—70页。

行佳丽《"图史互证"在敦煌晚期石窟断代中的使用误区》，《西夏研究》2023年第1期，第95—100页。

杨丛笑、苏凤格《试论儒家礼刑观对西夏刑事法律制度的影响》，《哈尔滨学院学报》2023年第4期，第74—78页。

杨富学《莫高窟第61窟甬道由元末西夏遗民重修新证》，《敦煌研究》2023年第4期，第187—199页。

杨富学《由孙悟空形象演变看敦煌石窟〈唐僧取经图〉的时代》，《世界宗教文化》2023年第6期，第158—165页。

杨富学《振衰起敝：西夏至元代敦煌的凋敝与繁荣》，《暨南学报》2023年第11期，第35—46页。

杨富学、丁小珊《元代敦煌多民族交融史研究述评》，《西夏研究》2023年第3期，第23—30页。

杨富学、丁小珊《语言文字视域下的元代敦煌民族文化认同》，《民族学论丛》2023年第4期，第87—94页。

杨富学、魏平《瓜州东千佛洞第2窟营建时代考论》，《丝路文化研究》第八辑，2023年，第37—51页。

杨可心《西夏与金朝贸易探究》，烟台大学硕士学位论文，2023年5月。

杨茗皓《西夏陶瓷器皿对"文质彬彬"思想的接受》，《中国陶瓷工业》2023年第4期，第93—98页。

杨先亮《北宋前中期朝廷对河湟地区的经略》，《今古文创》2023年第37期，第66—69页。

杨秀礼《西夏〈老〉学刍论》，《老子学刊》第二十一辑，2023年，第3—18页。

殷铭徽、刘海洋《西夏南部榷场贸易对民族交融的影响》，《白城师范学院学报》2023年第1期，第76—80页。

余格格《黑水城出土两件堪舆书残页考——兼论宋元时期地理术》，《西夏学》第二十七辑，2023年，第234—241页。

于光建、王俊俊《从墓葬考古看西夏与吐蕃葬俗文化的交融与互动》，《西夏学》第二十六辑，2023年，第284—295页。

余猛《北宋时期宋夏陕西沿边各族人民交往交流交融探析》，《安康学院学报》2023年第4期，第80—84页。

喻晓刚《从佛典词汇看西夏佛教文化的汉藏交融——以黑水城出土文献中的"骹骴"等词汇为中心》，《中古中国研究》第四卷，2023年，第185—197页。

于玉莲、覃代伦《中华民族共同体孕育时期的版画艺术流变史考略——以肃慎、戎狄到辽、金、西夏、两宋版画文物为例》，《西北民族大学学报》2023年第3期，第48—55页。

岳凯峰《北宋前期熙河蕃部地缘关系考》，《河西学院学报》2023年第6期，第40—48页。

岳凯峰《西夏仁多族述论》，《西夏学》第二十六辑，2023年，第76—92页。

岳凯峰《宋代会川城的进筑及对夏防御体系的构建》，《宋史研究论丛》第三十四辑，2023年，第337—347页。

藏毅《熙宗朝西夏政权对金宋关系的影响》，《辽宁工程技术大学学报》2023年第4期，第316—320页。

曾丽荣《基于AHP法的西夏陵大遗址旅游发展评价与高质量发展模式研究》，《西夏学》第二十七辑，2023年，第314—327页。

张斌《蒙古初征西夏考——以落思城为中心》，《西夏学》第二十七辑，2023年，第109—116页。

张大光《新时代背景下西夏乐舞的文化传承研究》，《吉林艺术学院学报》2023年第5期，第19—24页。

张多勇、李昱霖《西夏经略司、五府机构蠡测》，《西夏研究》2023年第2期，第60—63页。

张多勇、石帅、缪喜平《北宋细腰城等堡寨考察及其防御系统研究》，《西夏学》第二十七辑，2023年，第80—93页。

张恒《唐代手实制度新探》，《中国经济史研究》2023年第4期，第20—37页。

张建《黑水城出土〈西夏乾祐十一年具注历日〉年代再考》，《西夏学》第二十六辑，2023年，第193—204页。

张景明、刘纯《"中华文化共有符号记忆"系列之四 服饰文化：辽夏金元多民族共融的精美记录》，《中国民族教育》2023年第11期，第62—64页。

张景明、管佳钰《草原丝绸之路视域下西夏墓葬空间分布及文化交往交流交融》，《西夏学》第二十七辑，2023年，第266—273页。

张九玲《〈护国三宝偈〉夏汉藏合璧考释》，《绵阳师范学院学报》2023年第1期，第127—135页。

张九玲《疑伪经文本构成的复杂和奇特——以〈十王经〉为中心的考察》，《宝鸡文理学院学报》2023年第1期，第26—32页。

张九玲《荣宝斋征集西夏本〈十王经〉述略》，《世界宗教文化》2023年第3期，第149—156页。

张九玲《荣宝斋西夏本〈十王经〉释读》，《西夏研究》2023年第4

期，第44—54页。

张林《试论西夏年号中的中国认同》，《中华文化论坛》2023年第5期，第14—21页。

张林《民族交往交流交融中的西夏纪年法研究》，《文化学刊》2023年第7期，第252—255页。

张林《宋、辽、西夏、金德运与正统关系比较刍议》，《商丘师范学院学报》2023年第8期，第62—66页。

张林《西夏天盛年号纪年时间辨析》，《内江师范学院学报》2023年第9期，第79—82页。

张林、尤桦《西夏军抄构成及译名问题再探讨》，《西夏学》第二十六辑，2023年，第93—102页。

张明、陈峰《庆州兵变与宋神宗熙宁四年对夏策略的调整》，《史学月刊》2023年第11期，第59—67页。

张晓非《辽金易代之际金夏关于辽宋旧疆问题的交涉》，《西夏学》第二十七辑，2023年，第64—79页。

张旭《俄藏黑水城TK326号写本与〈契丹藏〉的关系考辨》，《敦煌研究》2023年第2期，第98—106页。

张雪丽《西夏圣节探析》，《西夏学》第二十七辑，2023年，第8—15页。

张益哲《厚礼学师以兴族：元代大名路唐兀人的朱子〈家礼〉实践及其影响》，《西夏学》第二十七辑，2023年，第125—139页。

张永富、索朗旺青、高艺鹏、姬越《西夏字书〈择要常传同名杂字〉序言考述》，《中古中国研究》第四卷，2023年，第169—184页。

张永富《夏译藏文文献中的通假字——以俄藏Инв.No.7578文本为中心》，《西夏学》第二十六辑，2023年，第112—130页。

张永富、孙祎达《近年来民间所藏西夏文文献考论》，《西夏研究》

2023年第2期，第14—27页。

张昭炜《宋元时期的中原文化与中华文明共同体》，《河南社会科学》2023年第11期，第16—29页。

张震《宋夏战争中宋军武备问题及其改进措施探析》，《军事史林》2023年第7期，第53—61页。

张祯《西夏儒学研究》，北方民族大学硕士学位论文，2023年10月。

赵坤《西夏易类知识的来源与官方易学流派探微》，《敦煌研究》2023年第1期，第93—100页。

赵天英、县憎憎《西夏契约中的贱名与丑名》，《西夏研究》2023年第4期，第75—79页。

郑昊、赵洁洁《中国北方少数民族古文字文献中的干支纪年法》，《西夏学》第二十六辑，2023年，第271—283页。

郑怡楠、孙杨《刊布最新石窟图像资料力推敦煌石窟艺术研究——〈丝绸之路石窟艺术丛书·瓜州东千佛洞〉评介》，《敦煌学辑刊》2023年第4期，第208—212页。

周荣《"略无所利"与"宅险遏冲"之间——北宋葭芦寨建废问题发微》，《西夏学》第二十七辑，2023年，第94—108页。

周爽、史金波《西夏粮食典当借贷的数量、期限、利率与典当物研究》，《贵州社会科学》2023年第4期，第87—93页。

周泽鸿、于光建《品藻与禄命：从相人术文献看西夏对中原文化的传承》，《西夏研究》2023年第4期，第16—24页。

朱存世、柴平平、白婷婷《宁夏贺兰山东麓西夏瓷窑址调查简报》，《北方文物》2023年第4期，第21—41页。

朱存世、柴平平、郑建民等《宁夏贺兰县苏峪口西夏瓷窑址》，《考古》2023年第7期，第79—98页。

朱婧洁《释意理论指导下西夏历史文物展览旅游口译实践报告》，

西南财经大学硕士学位论文，2023年5月。

朱全稳、沙武田《榆林窟第3窟南北壁净土变内容新论——一场西夏皇家集体礼忏仪式活动的复现》，《形象史学》2023年第4期，第227—246页。

朱淑娥《俄藏黑水城X.2436水月观音菩萨图像解读与思考》，《西夏学》第二十七辑，2023年，第288—298页。

朱希帆《西夏服饰相关问题研究》，《发展》2023年第4期，第83—88页。

庄青《西夏陵文物遗产本体价值的阐释与展示研究》，《科学教育与博物馆》2023年第6期，第57—65页。

后 记

我第一次近距离接触西夏学，是2012年在陕西师范大学听韩小忙教授的课，当时只有我和另外两个学生。印象中韩老师一手拿着字典，一手拿着粉笔在黑板上横七竖八地画着看似汉字却一个也不认识的方块字……后来尽管自己并没有直接把西夏学作为研究对象，但是在持续关注西夏学，特别是在西北出土契约文书的比较研究中，投入了一些时间和精力，也有一些学术成果产生。而围绕西夏学首次所作的论文，是在敦煌研究院杨富学研究员的点拨和署名下，发表了两篇学术综述。从那时起，我就对一些西夏学研究领域的专家和学者格外熟知和敬仰。为何这么说，原因是历史上遗存的西夏文献、文物非常稀少，与之相关的研究资料都是一辈又一辈的学者在浩如烟海的典籍中一点一点搜寻到的，再加上师承相传，最后才形成了国际性显学——西夏学，也正是基于此，西夏学被列入国家"冷门绝学"行列，受到了国家社科基金项目的青睐和大力支持。此其一。

其二，之所以将自己历年的学术综述和目录结集成书，是由一个偶然的因素促成。即是说，这个念头并不是长期规划产生的，恰巧是启发式的心血来潮。学历史的人，对偶然性有着敏感的"嗅觉"，对此我信以为然。那么，这个因素是什么呢？概括起来主要有三点：一则与个人性格有关，乐于"赠人玫瑰，手有余香"，愿为研究者提供学术上的便利，"为他人做嫁衣"；二则与自己目前所处的窘境有关，在总想干点事的习惯使然下，本书的念头便油然而生；三则在与甘肃简牍博物馆苏阳硕士合作研究的过程中，对2022—2023年的西夏学研究成果做了归纳与分析，将本书的下限画上了句号，而向宁夏大学杨志高教授的虚心求教中，最终将本书的关键一环做了弥补，使之成为完整的链条，进而达成了本书出版的条件与动力。

其三，这是我出版的第二部著作，虽然不像第一部《西北出土契约文书所见习惯法比较研究》那样专论，但足以代表我对西夏学的热爱，而且是宁愿当作一个小学生的角色不断去学习和提升。吾本陇右一卒，习惯了"疆场上的南征北战、东征西讨"，如今加入学术队伍，每天要是不敲几下键盘、不查一下知网，不看两本书、不写篇稿子，似乎觉得手心痒痒，不知所措，生怕辜负了光阴，长此以往，读书学习便成了自己的生活常态，"解甲归田"也就顺理成章地成为自己的人生标签。我设想，不久的将来，除了继续出版《佉卢文文献所见鄯善国史研究》外，还想再出版一本中亚方面的专著，因为自己的研究旨趣提醒我，中亚在丝绸之路上具有重要地位，在现实中扮演着重要角色。我有充分的条件，也有十足的把握。

其四，自博士毕业，迄今已有五年。所经所历，形同路人甲乙，无足轻重，从未有过归宿之感。回首人生的"黄金岁月"——而立之年，顿感人生之艰难，淹旬旷月，纵有万般雄心壮志，却不如那卫星楼边上奔腾的黄河水；黄河水，总有入海之时，而吾之小愿却常常难以实现，令人唏嘘不已。《庄子·人间世》云："知其无可奈何而安之若素，德之至也"，可叹自己乃一俗家弟子，无法达到如此之高的境界，倒是叫各种不可预测的因子迷惑了双眼、扰乱了思绪。所幸有一股不服输的韧劲，不想就此蹉跎了人生、便宜了时间，于是想在有限的生命里做点有意义的事。尽管自己的研究领域侧重于敦煌学、西域史，但是跨学科的综合研究，更有助于拓宽视野、增长学识。因拙著中涉及大量的人名和论著名，难免存有讹谬、遗漏之处。为此，诚挚地欢迎各位专家学者多批评、多提醒。

感谢那些与我有缘相识的人，帮助过我的人，对我影响深远的人，特别是在我未知或者无知的情况下"赠我玫瑰"的人。感谢宁夏大学杜建录教授在百忙之中为拙著作序，感谢甘肃教育出版社的支持，保证了本书的顺利出版。

最后，将此书献给我的家人，献给我挚爱的拜巴尔斯，你们是我一直走到今天的坚强后盾，希望一家人"诸事顺遂福康安"。

甘竹石人

甲辰年腊月二十六于金城铁塔鸿翮阁